先刚 主编

世界时代

Die Weltalter

〔德〕谢林 著 先刚 译

图书在版编目(CIP)数据

世界时代/(德)谢林著;先刚译.—北京:北京大学出版社,2018.3
ISBN 978-7-301-29139-9

Ⅰ.①世… Ⅱ.①谢… ②先… Ⅲ.①谢林(Schelling, Friedrich Wilhelm Joseph von 1775-1854)—哲学思想—研究 Ⅳ.①B516.34

中国版本图书馆CIP数据核字(2017)第328791号

书　　名	世界时代 SHIJIE SHIDAI
著作责任者	(德)谢　林　著　先　刚　译
责任编辑	王晨玉
标准书号	ISBN 978-7-301-29139-9
出版发行	北京大学出版社
地　　址	北京市海淀区成府路205号　100871
网　　址	http://www.pup.cn　新浪微博:@北京大学出版社
电子信箱	pkuwsz@126.com
电　　话	邮购部 62752015　发行部 62750672　编辑部 62752025
印 刷 者	北京中科印刷有限公司
经 销 者	新华书店
	650毫米×980毫米　16开本　33印张　328千字 2018年3月第1版　2023年7月第3次印刷
定　　价	118.00元

目　录

中文版“谢林著作集”说明

如果从谢林于1794年发表第一部哲学著作《一般哲学的形式的可能性》算起，直至其1854年在写作《纯粹唯理论哲学述要》时去世为止，他的紧张曲折的哲学思考和创作毫无间断地整整延续了60年的时间，这在整个哲学史里面都是一个罕见的情形①。按照人们通常的理解，在德国古典哲学的整个“神圣家族”（康德—费希特—谢林—黑格尔）里面，谢林扮演着一个承前启后的关键角色。诚然，这个评价在某种程度上正确地评估了谢林在德国古典哲学发展过程中的功绩和定位，但另一方面，它也暗含着一个贬低性的判断，即认为谢林哲学尚未达到它应有的完满性，因此仅仅是黑格尔哲学的一种铺垫和准备。这个判断忽略了一个基本事实，即在黑格尔逐渐登上哲学顶峰的过程中，谢林的哲学思考始终都与他处于齐头并进的状态，而且在黑格尔于1831年去世之后继续发展了二十多年。一直以来，虽然爱德华·冯·哈特曼（Eduard von Hartmann）和海德格尔（Martin Heidegger）等哲学家都曾经对“从康德到黑格尔”这个近乎僵化

① 详参先刚：《永恒与时间——谢林哲学研究》，第一章“谢林的哲学生涯”，北京：商务印书馆，2008年，第4—43页。

的思维模式提出过质疑，但真正在这个领域里面给人们带来颠覆性认识的，乃是瓦尔特·舒尔茨（Walter Schulz）于1955年发表的里程碑式的巨著《德国唯心主义在谢林后期哲学中的终结》[①]。从此以后，学界对于谢林的关注度和研究深度整整提高了一个档次，越来越多的学者都趋向于这样一个认识，即在某种意义上来说，谢林才是德国古典哲学或德国唯心主义的完成者和终结者[②]。

我们在这里无意于对谢林和黑格尔这两位伟大的哲学家的历史地位妄加评判。因为我们深信，公正的评价必须而且只能立足于人们对于谢林哲学和黑格尔哲学乃至整个德国古典哲学全面而深入的认识。为此我们首先必须全面而深入地研究德国古典哲学的全部经典著作。进而言之，对于一位研究德国古典哲学的学者来说，无论他的重心是放在四大家里面的哪一位身上，如果他对于另外几位没有深入的了解，那么很难说他的研究能够获得多少准确而透彻的认识。在这种情况下，对于中国学界来说，谢林著作的译介尤其是一项亟待补强的工作，因为无论对于康德、黑格尔还是对于费希特而言，我们都已经拥有其相

---

① Walter Schulz, *Die Vollendung des deutschen Idealismus in der Spätphilosophie Schellings*. Stuttgart 1955; zweite Auflage, Pfullingen, 1975.

② 作为例子，我们在这里仅仅列出如下几部著作：Axel Hutter, *Geschichtliche Vernunft: Die Weiterführung der Kantischen Vernunftkritik in der Spätphilosophie Schellings*. Frankfurt am Main, 1996; Christian Iber, *Subjektivität, Vernunft und ihre Kritik. Prager Vorlesungen über den Deutschen Idealismus*. Frankfurt am Main, 1999; Walter Jaeschke und Andreas Arndt, *Die Klassische Deutsche Philosophie nach Kant: Systeme der reinen Vernunft und ihre Kritik (1785-1845)*. München, 2012.

对完备的中译著作，而相比之下，谢林著作的中译仍然处于一种非常匮乏的局面。有鉴于此，我们提出了中文版《谢林著作集》的翻译出版规划，希望以此推进我国学界对于谢林哲学乃至整个德国古典哲学的研究工作。

中文版《谢林著作集》所依据的德文底本是谢林去世之后不久，由他的儿子（K. F. A. Schelling）编辑整理，并由科塔出版社出版的十四卷本《谢林全集》（以下简称为“经典版”）[①]。“经典版”《谢林全集》分为两个部分，第二部分（第11—14卷）首先出版，其内容是晚年谢林关于“神话哲学”和“启示哲学”的授课手稿，第一部分（第1—10卷）的内容则是谢林生前发表的全部著作及后期的一些手稿。自这套全集出版以来，它一直都是谢林研究最为倚重的一个经典版本，目前学界在引用谢林原文的时候所遵循的规则也是以这套全集为准，比如“VI, 60”就是指所引文字出自“经典版”《谢林全集》第六卷第60页。20世纪上半叶，曼弗雷德·施罗特（Manfred Schröter）为纪念谢林去世100周年，重新整理出版了“百周年纪念版”《谢林全集》[②]。但从内容上来看，“百周年纪念版”完全是“经典版”的原版影印，只不过在篇章的编排顺序方面进行了重新调整而已，而且“百周年纪念版”的每一页都标注了“经典版”的对应页码。就此而言，无论人们是使用“百周年纪念版”还是继续使用“经典版”，本质上都没有任

---

① F. W. J. *Schelling, Sämtliche Werke*. Hrsg. von K. F. A. Schelling. Stuttgart und Augsburg: Cotta'sche Buchhandlung, 1856-1861.

② *Schellings Werke. Münchner Jubiläumsdruck, nach der Originalausgabe (1856-1861) in neuer Anordnung. Hrsg.* von Manfred Schröter. München, 1927-1954.

何差别。唯一需要指出的是,“百周年纪念版”相比“经典版”还是增加了新的一卷,即所谓的《遗著卷》(Nachlaßband)[①],其中收录了谢林的《世界时代》的1811年排印稿和1813年排印稿,以及另外一些相关的手稿片断。1985年,曼弗雷德·弗兰克(Manfred Frank)又编辑出版了一套六卷本《谢林选集》[②],其选取的内容仍然是“经典版”的原版影印。这套《谢林选集》因为价格实惠,而且基本上把谢林的最重要的著作都收录其中,所以广受欢迎。虽然自1976年起,德国巴伐利亚科学院启动了四十卷本“历史—考据版”《谢林全集》[③]的编辑工作,但由于这项工作的进展非常缓慢(目前仅仅出版了谢林1801年之前的著作),而且其重心是放在版本考据等方面,所以对于严格意义上的哲学研究来说暂时没有很大的影响。总的说来,“经典版”《谢林全集》直到今天都仍然是谢林著作的最权威和最重要的版本,在谢林研究中占据着不可取代的地位,因此我们把它当作中文版《谢林著作集》的底本,这是一个稳妥可靠的做法。

目前我国学界已经有许多“全集”翻译项目,相比这些项目,我们的中文版《谢林著作集》的主要宗旨不是在于追求大而

① F. W. J. von Schelling, *Die Weltalter. Fragmente. In den Urfassungen von 1811 und 1813.* Hrsg. von Manfred Schröter. München: Biederstein Verlag und Leibniz Verlag, 1946.

② F. W. J. Schelling, *Ausgewählte Schriften in 6 Bänden.* Hrsg. von Manfred Frank. Frankfurt am Main: Suhrkamp, 1985.

③ F. W. J. Schelling, *Historisch-kritische Ausgabe.* Im Auftrag der Schelling-Kommission der Bayerischen Akademie der Wissenschaften herausgegeben von Jörg Jantzen, Thomas Buchheim, Jochem Hennigfeld, Wilhelm G. Jacobs und Siegbert Peetz. Stuttgart-Band Cannstatt: Frommann-Holzboog, 1976 ff.

全,而是希望在基本覆盖谢林的各个时期的著述的前提下,挑选其中最重要的和最具有代表性的著作,陆续翻译出版,力争成为一套较完备的精品集。实际上,即使从我们的初步规划来看,中文版《谢林著作集》也已经有十六卷的规模,而如果这项工作进展顺利的话,我们还会在这个基础上陆续推出更多的卷册(尤其是最近几十年来整理出版的晚年谢林的各种手稿)。也就是说,中文版《谢林著作集》将是一项开放性的长期工作,在这个过程中,我们也希望得到学界同仁的更多支持。

本丛书得到了教育部人文社会科学重点研究基地项目“《谢林著作集》的翻译和研究”(项目批准号15JJD720002)的资助,在此表示感谢。

先　刚
北京大学外国哲学研究所
北京大学美学与美育研究中心

谢林的“世界时代哲学”构想及其演进（代序）

一、历史和文本背景

谢林于1809年出版了《论人类自由的本质及相关对象》，该书的最后一句话是：“我们将会以一系列其他论文来补充当前的这篇论文……”（VII, 416）在当时，无论对于公众还是对于谢林本人而言，都没有料到这竟然是他最后一部公开发表的哲学著作。事实上，谢林并没有从事那篇论文的补充工作，而是自1810年起开始构思一部内容庞大、形式新颖的哲学著作——一部在结构上类似于但丁的《神曲》，由“过去”“现在”“未来”三部曲组成的《世界时代》（*Die Weltalter*）。学界对此充满期待，而谢林最初的工作进展也颇为顺利，《世界时代》的第一卷“过去”很快于1811年年初完成。在付印之前，谢林在给出版商柯塔（J. F. Cotta）的信中自豪地写道：“我的这部代表作（Magnum Opus）……在我迄今写就的东西里，就内容而言最为丰富，就表达而言最为通俗易懂。”[①]然而，就在印刷机即将启动的最后关

① Horst Fuhrmans und Liselotte Lohrer (hrsg.), *Schelling und Cotta. Briefwechsel 1803-1848*, Stuttgart, 1965, S. 58.

头,谢林决定撤销出版,重写书稿。第二个版本的"过去"于1813年完成,同样在正式付印的前夜被谢林叫停。如此几番之后,尽管谢林仍然勤奋地埋头伏案工作,但公众对此的期待和兴趣已经在慢慢消退,在很长的一段时间里,他们除了"世界时代哲学"这个名称之外不知道任何具体的内容。这期间,谢林的最大劲敌黑格尔却在不断发表重量级的著作(1812—1816年的《逻辑学》、1817年的《哲学全书》、1821年的《法哲学原理》),它们在不断巩固黑格尔的声望的同时,大大地削弱了谢林的影响力。而谢林直到1854年去世为止,仍然没有发表任何东西,他的1809年之后的哲学思想被冠以一个笼统的"后期哲学"的头衔,不为人们所了解。而且由于谢林晚年闭口不提"世界时代",而是以"神话哲学""启示哲学""否定哲学—肯定哲学"等名义来讲授他的哲学思想,以至于"世界时代哲学"的内容及其意义成为一个谜。

很长一段时间以来,人们对于世界时代哲学的粗略了解只能通过谢林的儿子K. F. A.谢林编辑的《谢林全集》第八卷中收录的"世界时代·残篇"(VIII, 195-344)。在该卷的前言中,K. F. A.谢林说道:"这是人们曾经长久期待的那部著作的第一卷,其中的一些篇章先是在1811年年底,然后在1813年再次付印。而这里发表的内容很有可能写于1814年或1815年,是第一卷的各个修改稿中最完整的一个……"(VIII, V)遗憾的是,由于K. F. A.谢林在整理其父亲遗稿时的偏颇认识和一些编辑学上的失误,这部分"残篇"远非反映谢林世界时代哲学的最佳版本。

直到第二次世界大战期间，施罗特尔(Manfred Schröter)在慕尼黑大学图书馆收藏的谢林手稿里意外地发现了K. F. A. 谢林提到的《世界时代》第一卷“过去”1811年及1813年的排印稿，以及相关的至少12份不同的修改稿。可惜就在他刚把1811年和1813年的排印稿借到家中誊写，整个慕尼黑大学图书馆及其馆藏就在英美联军1944年7月的地毯式轰炸中葬身火海。当施罗特尔1946年以《世界时代·原稿》[①] 的名义将仅存的两份排印稿正式整理出版时，这些带有传奇色彩的文本中蕴含的深刻思想立即引起了学界关注，成为推动谢林哲学复兴的一大动力。

与1811年和1813年的《世界时代·原稿》相对应的，是谢林于1827/1828年冬季学期在慕尼黑大学讲授的《世界时代体系》。此前谢林曾经宣称：“我将在紧接着的冬季学期里第一次宣讲人们长久期待的《世界时代》的内容。”[②] 确实，这是他第一次，但也是最后一次公开讲授世界时代哲学。看起来，谢林想要给持续了十多年的世界时代哲学一个至少是阶段性的总结，所以他特意为这些思想加上了早已慎用的“体系”的头衔。《世界时代体系》[③] 由皮茨(Siegbert Peetz)1990年整理出版，它可以说代表着谢林世界时代哲学的终结，同时也代表着更后期的哲学思

---

① Schelling, *Die Weltalter. Urfassungen*. Hrsg. und eingeleitet von Manfred Schröter, München: Piper, 1946. 以下简写为“WA”。

② Horst Fuhrmans, *Schelling-Briefe aus Anlaß seine Berufung nach München im Jahre 1827*, in *Philosophisches Jahrbuch*, 64. (1954), S. 291.

③ Schelling, *System der Weltalter*. Münchner Vorlesungen 1827/1828 in einer Nachschrift von Ernst von Lasaulx. Hrsg. von Siegbert Peetz, Frankfurt am Main: Vittorio Klostermann, 1990.以下简写为“SWA”。

辨的开端。

作为1811—1827年间中介的谢林于1820/1821年在埃尔兰根大学的授课内容由富尔曼斯(Horst Fuhrmans)在1969年以《全部哲学的本原》[1]的名义整理出版,其中的第一部分已经以《作为科学的哲学的本质》为题收录在《谢林全集》第九卷里(IX, 209-246)。正如富尔曼斯一再强调的,埃尔兰根大学讲授录《全部哲学的本原》是“世界时代哲学的一部分”(Initia, XVII)。

在施罗特尔、富尔曼斯、皮茨整理的原始文献相继出版之后,我们对于谢林的世界时代哲学的基本思想及其发展演进终于可以进行一番梳理。此外,格罗奇(Klaus Grotsch)于2002年根据收藏在柏林—勃兰登堡科学院的谢林遗稿整理出了《世界时代·片断汇集》[2],其中一份大致作于1814年,内容相对完整的第81号手稿(Niederlassung 81)对于我们理解世界时代哲学早期的发展演进有较多的帮助。

二、世界时代哲学的总体规划与时间问题

谢林自从1801年发表《对我的哲学体系的阐述》以来,直到1810年的《斯图加特私人讲授录》,都把自己的哲学称作“同一性哲学”或“绝对同一性体系”(VII, 421),其核心要点在于:1)绝对者或上帝是唯一真实的存在,具体的万物之间只有各种规定

---

① Schelling, *Initia philosophiae universae. Erlanger Vorlesungen 1820/1821*. Hrsg. und kommentiert von Horst Fuhrmans, Bonn: Bouvier, 1969. 以下简写为“Initia”。

② Schelling, *Weltalter-Fragmente*. Hrsg. von Klaus Grotsch mit einer Einleitung von Wilhelm Schmidt-Biggemann, Stuttgart-Bad Cannstatt: frommann-holzboog, 2002.

性的量的差别,在本质上是同一个存在,是绝对同一性;2)一切认识都是绝对者的不同程度的自我认识;3)绝对同一性是哲学的开端和终结。这个与斯宾诺莎哲学颇为相似的“大全一体”(Hen kai Pan)体系也不断遭到来自雅各比、弗·施莱格尔、埃申迈耶尔等持有宗教—神学立场的人的类似指责,即其中没有“上帝”“人格性”“自由”“道德”“时间”等的位置。对此谢林在1804年的《哲学与宗教》以及1809年的《论人类自由的本质及相关对象》里对这些人做出了明确的回应,他不仅指出哲学与宗教在根本上是一种同盟关系,宗教的对象本来也是哲学的对象[①],更指出这些对象(比如“自由”“道德”)只有在一个理性的哲学体系内才能得到充分、正确的阐释[②]。

值得注意的是,在谢林的这些回应里,并没有特别关注到“时间”问题。整个同一哲学强调的是“从永恒的立场看来”“从理性的立场看来”“从思辨的立场看来”等等,所有这些说法都是同一个意思,即杂多及其条件(空间和时间)都是非本质的,不能应用到绝对者或上帝身上的东西。就本质而言,一切都是永恒,与时间没有半点关系(Vgl. IV, 117, 119, 135; V, 375-376; VI, 60; VI, 158-159);通常所谓的“时间”不过是一种片面的、站在有限的立场上来观审事物的方式,就本质而言,甚至可以说时间并不存在(VI, 270-271)。

① 参阅先刚:《哲学与宗教的永恒同盟——谢林〈哲学与宗教〉释义》,北京:北京大学出版社,2015年。

② 参阅先刚:《谢林论人类自由的本质》,载于《哲学门》第十九辑,北京:北京大学出版社,2009年。

因此，当时间问题成为世界时代哲学的主导线索，这无疑是谢林的整个哲学的发展过程中的一个重要里程碑。谢林感到，那种静态的永恒同一关系不再能够充分地表述绝对者或上帝的“活生生的概念”，时间不应该只是一种虚幻不实在的观审方式，“上帝的发展”不应该只是一种逻辑上的、与时间无关的推演顺序，而是应该在现实的、真实的时间里有所反映。于是，在《世界时代》的一份“最早的构思草稿”里，谢林写道：“仅仅认识到那个‘一’，这仍然是不充分的，此外同时还必须认识到那三个部分。因为，作为‘一’和作为‘多’的是同一个东西，或者说，过去存在、现在存在、将来存在的是同一个东西……按照这个理解，我以最简洁的方式给读者提供了这部著作的一个概念，相应地，这部著作也将按照‘过去’‘现在’‘未来’三个时代划分为三卷。”（WA III, 187/188）也就是说，“绝对同一性体系”应当转变为“世界时代体系”或“时间体系”。可以说，在谢林之前，还没有哪位哲学家如此深切地意识到了时间问题的迫切的现实性。正如谢林所说：“长久以来，还没有哪个概念像‘时间’概念那样遭到如此的轻视。但是，如果没有把握住这个概念，任何科学的合理发展都是难以想象的……”（WA III, 224）这并不是谢林一时兴起的夸张言辞，即使在十六年之后，他仍然保持着同样的看法：“时间是哲学里面所有研究的出发点。如果没有对于时间的确切解释，就不可能得出任何合理的发展。”（SWA, 16）

由于篇幅的限制，我们不准备在这里深入讨论谢林的时间学说[①],而是着重指出谢林有关时间的若干思想对于他的世界时代哲学的总体规划的意义。在此首先值得注意的是,无论是在1811年的《世界时代》原稿还是在1820年的《全部哲学的本原》及1827年的《世界时代体系》里,有关时间的讨论都是出现在全书的开端和结尾,这个现象反映了谢林的哲学思辨的一个基本方法,也就是说,在一开始提出时间问题的意义并破除掉一些相关的错误见解之后,仍然要从哲学的最高本原——绝对者或上帝——的概念入手[②],逐步推演出一个完整的(至少就结构框架而言)体系,最后从这个体系出发来揭示出时间及其从属概念的真正意义。就此而言,谢林的基本立场和方法完全不同于海德格尔的那种直接从生活体验出发的生存论时间分析。

在《世界时代》各个版本的开篇的叙述里,谢林都强调了“过去”概念的特殊意义:“‘过去’——一个崇高的,属于所有人但却只被少数人理解的概念。”(WA II, 23)真实的情况是:“认识到真正的‘过去’的人何其之少!”(WA I, 20)那么,这个概念究竟包含着什么玄奥的意思呢?在常人看来,“过去”仅仅意指相对现在而言不再存在,随着每一瞬间的流逝而不断扩大的那个时间段;不仅如此,所谓“过去”“现在”“未来”的区分都只是相对的,从不同的立场看来,每一个时间点都既可能是过去,也可能是现

① 相关的详细研究参阅先刚:《永恒与时间——谢林哲学研究》第二章“谢林对于永恒和时间的先行理解”(第85—103页)及第八章“谢林的时间学说”(第241—309页)。北京:商务印书馆,2008年。

② 用谢林的话来说,就是:“在我们从开端踏上漫长幽暗的时间大道之前,有必要简要地将那个凌驾于一切时间之上的最高者表述出来,是它愿意在整个发展过程中启示自身。”(WA I, 25/26)

在或未来。也就是说,它们其实都是属于一个前后可以无限延伸的大的时间,其中只有相对的区分。谢林并不接受这种线性流逝的时间观,更重要的是,他认为这一将通常的“过去—现在—未来”包揽在内的大的时间并不是时间的全部,而仅仅是时间的一个部分,是“阳光规定下的现世时间(weltliche Zeit)”(WA III, 188)或“这个世界的时间”(SWA, 14),它必须和作为前世时间(vorweltliche Zeit)的“过去”和作为后世时间(nachweltliche Zeit)的“未来”一起才构成完满的世界时代。如果我们注意到“时间”和“世界”这两个概念在谢林那里的亲缘性[①],特别是他的复数形式的“世界时代”概念,那么可以说,谢林已经坚定地突破了斯宾诺莎的“内在论”立场(即认为这个世界是一个完满自足的整体,可以纯粹通过自身而被理解),而是设定了两个现实的、与这个世界时代(现在)区分开的世界时代(作为前世的“过去”及作为后世的“未来”),而且把最大的关注点放在了那两个世界时代(特别是“过去”)上面。谢林从一开始就意识到,世界时代哲学的主要任务“从根本上来说无非就是探究前世的事物”(WA III, 192)。到了后来的《世界时代体系》,他更是明确地指出:“超越世界——这就是哲学的内容、追求和归宿。”(SWA, 16)与之相反,“早先时期的所有哲学的出发点都是‘现在’,即那

---

① 在谢林看来,“世界”(Welt)这个词就是来源于“绵延”(Währung)。在1827年的《世界时代体系》里他说道,世界不过是“一个间断,一段延续,一个特定的时间”(SWA, 16);在1830/1831年的《启示哲学原稿》里,谢林重复了同样的话。Vgl. Schelling, *Urfassung der Philosophie der Offenbarung 1831/1832*. Hrsg. von Walter E. Ehrhard, Hamburg: Meiner, 1992, S. 138. 以下简写为“UPhO”。

个根本错误的前提,以为世界和人类的意识还是一个完满自足的整体。这是所有单纯逻辑性的哲学的基本错误。但是对于我们来说,世界只是一个不可把握的整体,其中包含着一个不确定的‘过去’的产物。”(SWA, 13)这段话不但表达了对于内在论的拒斥,而且与所谓的“单纯逻辑性的哲学”划清了界限:也就是说,内在论同时也是一种逻辑主义,它总是从一个最高的或最基本的概念出发,按照逻辑的必然性推演出整个世界。在这种内在论—逻辑主义里,在先的或过去的东西单纯作为逻辑上的理由就确保并规定了世界的存在;但如今的谢林恰好想要表明,“过去”不仅仅是“现在”的先验根据,更重要的是,它包含着一种实实在在的行动,使得现在存在,并将过去与现在区分开。《世界时代》的“过去”卷,就是要探究那个原初实在发生了的行动,这不仅是世界时代哲学,也是更后期的神话哲学和天启哲学的各种“导论”所主要考察的对象。

与此相应的是谢林在《世界时代》的导论一开始就提出的那句神谕一般的箴言:“过去的被知道,现在的被认识,未来的被憧憬。知道的东西被叙述,认识的东西被呈现,憧憬的东西被预言。(Das Vergangene wird gewußt, das Gegenwärtige wird erkannt, das Zukünftige wird geahndet. Das Gewußte wird erzählt, das Erkannte wird dargestellt, das Geahndete wird geweissagt.)”(WA I, 3; WA II, 3; VIII, 199)根据这个对称的结构,谢林提出了三个认识对象(过去—现在—未来),三种认识方式(知道—认识—憧憬)和三种表述认识的方式(叙述、呈现、预言);在这里最引人注目的是，谢林将“知道”（Wissen）——随之也就将“科学”（Wissenschaft）——单单指派给了“过去”。在古希腊语里，“科学”或“智慧”一词（sophia）原本和“历史”（historia）是同一个意思，都是指对于发生了的事实的直观把握，并以故事、讲述、寓言、神话等形式直截了当地表述出来。这意味着，科学的对象和内容严格说来并不是从现实世界中汲取的，毋宁说一切知识都已经包含在过去里——没有“新的”知识，或者说，“知识”的意思就是重新意识到过去已经知道的东西。因此谢林也把科学称作“努力做到‘重新意识’（Wiederbewußtweden）”（WA I, 7; WA II, 10），或干脆称之为“回忆”（WA III, 205），在这些地方，他经常引用“神一般的柏拉图”（WA III, 207）作为依据。按照谢林最初对于世界时代哲学的构想，只需把回忆起的东西原原本本地讲述出来就行了，因此他完全不回避，甚至可以说乐于采取讲故事的形式来描述原初发生的事情。也正因如此，他一度相信《世界时代》将是一部“最为通俗易懂”的作品。问题在于，这些完全发自内心的“回忆”的可靠性究竟有没有一个客观的标准，如何与神秘主义者的那些痴迷妄想区别开来？确实，谢林正是在这些地方为他的批评者提供了许多口实，尽管这些批评者经常忽略谢林本人对于神秘主义或非理性主义的明确拒斥。事实上谢林也意识到了这个巨大的困难，所以他一方面提倡“讲故事”，另一方面也强调这些讲述必须伴随着辩证法和概念分析，得到它们的支持（WA I, 16）；在这里，柏拉图仍然被视作最好的榜样和例子。我们看到，《世界时代》1811年的原稿“讲故事”的色彩最为浓郁,而在随后的修改稿里,直到后来的《全部哲学的本原》和《世界时代体系》,谢林又重新回到了艰涩的概念思辨,这主要体现在他对于“自由”“存在”等概念的分析以及对于近代哲学史的梳理中。当然,谢林并没有从根本上背离世界时代哲学的计划,在后期的神话哲学和天启哲学里,谢林不是“讲故事”,而是致力于在史上遗留下来的各种神话和宗教的“故事”里分析、提炼出绝对精神的发展轨迹和走向。

三、自由和存在

前面说到,世界时代哲学的目标是给出绝对者或上帝的“活生生的概念”。之前的哲学家(包括早期的谢林)绝大多数都把上帝的概念界定为“自由”,但如何理解自由,却是一个重大的问题。说自由就是“自因”或自己规定自己,这并没有错,但这只是一个形式上的界定,仅仅意味着上帝的行为不受他者支配;但上帝真正的、实质上的自由必须表现为一个实际的行为。

众所周知,谢林《论人类自由的本质及相关对象》(1809)虽然研究人的自由,但最后的落足点仍然是上帝的自由,因为这是人的自由的根据。在那里,谢林区分了“上帝”和“上帝存在的根据”(vgl. VII, 357),尽管他一直强调这两个因素的“绝对统一”,但仍然透露出某种二元论的色彩。到了《世界时代》,在1811年的原稿里,谢林以讲故事的方式几乎是一开始就把这种二元性呈现在我们面前:原初有着两个本原,一个被称作纯粹自由、宁静、爱、超存在、既非“存在者”亦非“非存在者”、无所欲求的意志、绝对主体、神性(Gottheit)甚至超神性(Uebergottheit)等,另一个被称作黑暗的渴求和攫取,二者的结合才产生出存在,前者成为存在者,后者成为存在的根据。在这里最值得注意的是谢林区分了“神性”(或“超神性”)与上帝,并且将前者置于后者之上(WA I, 28/29, 38, 78, 98; WA II, 50)。在《论作为科学的哲学的本质》(1821)中,谢林甚至说道:“……在这里,要把任何存在的东西抛开,包括上帝,因为上帝从这个立场来看也只是一个存在者……就此而言,绝对主体是超越于上帝。”(IX, 217)在世界时代哲学的早期阶段(即1811和1813年的原稿,1814年的第81号手稿等),谢林处理的一大主题就是神性如何因为那个黑暗本原的纠缠而被束缚甚至囚禁起来,失去了原初的自由,成为存在,然后又努力要摆脱或取消存在。

当然,谢林并非总是用一些讲故事的语言来阐述问题。很可能是在黑格尔1812年发表的《逻辑学》第一卷的激励之下,谢林在《世界时代》之“过去”的1813年原稿中从一开始就提出应该通过辩证法来把握神性的“第一理念”(WA II, 42),这就是这样一个命题:“它是存在者和存在。”在这个命题中,我们既可以把注意力放在主词,那个“单纯的它”(bloß Es)上面,也可以放在其谓词(存在者与存在)上面(WA II, 34)。在前一种情况下,神性本身保持为绝对主体,在后一种情况下,它已经与存在联系在一起。按照谢林起初的看法,前一种情况是自由的表现(与任何他者毫无瓜葛),后一种情况则已经失去了自由,因为在“它是存在者和存在”这个命题里,神性“依据其本性,尚未有主动的作为”(WA II, 34)就不由自主地过渡到了存在。因此谢林在1820/1821年的《全部哲学的本原》中说道:“绝对主体(即永恒自由)没有力量来反抗它的存在,因为存在是绝对主体所无能为力的东西,因为那不是一种外来的存在,而是一个自行生成的形式。这个形式是永恒的纠缠,永恒的魔力,它一再地从自身产生出来,自己形成自己,而没有任何作佣者。”(Initia, 103)由于那另一个本原,黑暗的存在原则,原本自由的神性或绝对主体不得不存在,这是长期困扰着世界时代哲学的一个问题。到了后期阶段的《世界时代体系》(1827),谢林仍然承认那个无根据的存在是“最偶然的东西”(SWA, 106),而这个东西的必然性乃是“最大的偶然性”(SWA 107),是一个“原初偶然事件”(SWA 134)。

但是谢林并没有在存在的问题上束手就擒。在《世界时代体系》里,上帝——谢林这时较少使用“绝对主体”或“神性”等说法,但其意谓的对象与过去并无不同——的存在被区分为“自行存在(von selbst seyn)”和“自决存在(von sich seyn)”两种情况;前者是一种自然而然的、自动的、无须任何行为的存在,后者则是通过自身额外的一个行为才存在。在谢林看来,过去许多哲学家(其中最著名的代表是安瑟尔谟、笛卡尔和斯宾诺莎)主张的“本体论论证”就属于前一种情况,但是,主张上帝按其本性就存在,甚至不可能不存在,这恰好不是什么卓越性的表现;真正的上帝应该是“自决存在”,自己做出决断去存在,只有这样,他才称得上是“存在的主宰”(Herr des Seyns)(SWA, 117)。在后来的《启示哲学原稿》(1831/1832)里,谢林强调指出,上帝不仅仅是按其本性就必然存在，毋宁说他是“按其本性来说能够不去存在的东西。”（UPhO, 34）换句话说，上帝虽然与存在不可分割地捆绑在一起，但其自由则表现在是否以及如何接纳存在，或者说上帝的自由与存在处于一种微妙而又至关重要的张力关系中。和黑格尔从存在出发进行逻辑学的推演不同，谢林回到了更根本的东西，即存在本身的根源。上帝是一个优先于存在的东西，我们关于他的第一个概念是，他是一个“能够存在者”（das Seyn-Könnende）、“将要存在者”“尚未存在者”“存在的源泉”“存在的潜能”等等（UPhO, 24-26; vgl. XIV, 339）。随后我们意识到，上帝能够存在，而且已经存在，仿佛必然地、自动地、甚至是盲目地过渡到了存在；他不能不存在，就像2+2不能不等于4一样，就此而言，我们关于上帝的第二个概念是，他是一个“必然存在者”（das Seyn-Müssende）。但我们还意识到，上帝在过渡到存在的同时并没有停止作为存在的源泉，也就是说，上帝既是能够存在者也是必然存在者，这两个规定性并不相互排斥，而是统一在一起，成为“精神”。和黑格尔一样，谢林也认为精神的特性就在于“它有外化和不外化的自由，在外化的同时并不失去自身”（UPhO, 56）。于是，我们得到上帝的第三个概念，即作为精神的上帝是“应当存在者”（das Seyn-Sollende）（UPhO, 56, 63, 70）。

谢林在他的哲学生涯中曾经多次提出这样一个根本的问题：“为什么毕竟有所存在？为什么不是无？”在1804年同一性哲学时期的代表作“维尔茨堡体系”即《整个哲学尤其是自然哲

学的体系》里,谢林对此的答复简明扼要:“……因为我们认识到存在必然存在。”(VI, 155)时隔将近40年之后,谢林在1842/1843年的《启示哲学导论或肯定哲学的基础》的一开篇又提出了这个问题,这个如今号称“最终的充满绝望的问题”(XIII, 7)。尽管谢林在此并没有给出明确答案,但他的意思显然是:“因为上帝存在。”但是,最关键的地方在于,不是把上帝的存在理解为一种自动的、自然的、盲目的存在,而是应该理解为一种体现着意志和意愿的存在,或者用谢林《世界时代体系》中的话来说就是:“上帝不意愿作为盲目存在者,而是意愿作为精神而存在。”(SWA, 133)在后期的神话哲学和启示哲学里,谢林的一大任务就是更为细致深入地探究上帝的这些意愿及决断,并在人类精神现象的发展中找到更多的例证,梳理出作为绝对精神的上帝的发展线索。

四、从泛神论到基督教的单一神论

“泛神论”曾经是近代德国哲学的争论焦点之一,其肇始正是雅各比和门德尔松围绕斯宾诺莎—莱辛的“大全一体”哲学立场而展开的争论。从此之后,但凡受斯宾诺莎影响较深的哲学,特别是谢林和黑格尔,都每每被扣上“泛神论”的帽子。但实际上“泛神论”这个概念又是十分含糊的,人们经常公式化地将其基本思想归结为:上帝无所不在,一切都是上帝,猪是上帝,狗也是上帝……这个公式的错误在于,漏掉了一个根本重要的限制,即只有“就本质而言”,一切才都是上帝;如果单就某个具体的、个别的规定性而言,则当然不能说某物就是上帝。谢林的绝对同一体系,作为斯宾诺莎色彩最为浓厚的一种哲学形态,也经常遭到类似误解,所以谢林对于泛神论的辩解可谓不遗余力。在1809年的《论人类自由的本质及相关对象》里,谢林指出,如果说泛神论是指主张"事物内在于上帝之内"的学说,那么所有的理性观点都是泛神论;其次,认为泛神论"将上帝和万物完全等同"的观点也是错误的,因为泛神论只是强调上帝和万物在本质上的等同,同时却坚定地将唯一的本质与杂多的个别事物区别开来(VII, 340)。

实则泛神论真正的问题不在于那个"泛",而是在于它的"神"(上帝)究竟是什么意思。斯宾诺莎所说的"上帝"没有理智,没有意志,没有情感,简言之,没有人格性;作为实体,上帝就是这个宇宙本身。谢林同样意识到了这个问题,虽然他从一开始就明言要将斯宾诺莎僵化的"上帝"精神化,但直到从《论人类自由的本质》开始,他才逐步强调上帝的人格性,并提出"我们必须以人的一切来看待上帝。"(VII, 432)在随后1810年的《斯图加特私人讲授录》里,谢林把上帝自身内的两个本原分别称作"利己主义"和"爱",上帝的利己主义使得他凝缩在自身内,排斥一切他者,反之,上帝的爱使得他将自己的本质馈赠给万物,让它们分享。世界之所以被创造出来,就是上帝自身内的爱战胜了利己主义(VII, 434)。在这里,谢林认为主张上帝与万物合一的泛神论恰好代表着上帝的爱的原则,而在《斯图加特私人讲授录》的结尾处,谢林更是写道:"这样一来,上帝就真正是一切中的一切(Alles in Allem),泛神论成为了真理。”(VII, 484)谢林的这些强调表明,尽管有着对于上帝人格性的强调,绝对同一哲学式的泛神论思想(所谓的“一切中的一切”或“大全一体”)在他心目中仍然具有至高无上的地位。

而在进入世界时代哲学之后,由于时间原则的引入,代表着永恒原则的泛神论必然成为一个有待克服的环节,尽管是最初的第一个环节。和黑格尔一样,谢林也认为绝对精神的发展过程对应着现实时间中的各个哲学体系。在这些体系里面,泛神论号称是“上帝的启示中最早的和最古老的体系”(WA I, 96; VIII, 344)。在另一处地方,谢林又说:“所有体系中最古老的体系是流溢说”(WA I, 161)。实际上这两个说法并不矛盾,因为流溢说表现的正是泛神论的基本思想,即万物自上帝那里以一种永恒的方式产生出来,并与上帝保持着本质上的绝对同一。但无论是泛神论还是流溢说,在如今的谢林看来,都有一个明显的问题,即抹杀了上帝的行为:“流溢说之所以行不通,是因为它按照通常的流溢观念把上帝置于完全无所作为的状态。”(Initia, 152)到了1827年的《世界时代体系》,谢林更赋予流溢一种“逻辑”的特性,即是说流溢意味着事物从上帝而出的一种单纯逻辑上的、必然的顺序,而这就没有给上帝的自由留下任何空间。按照这个理解,从笛卡尔以来的整个近代哲学都是一种流溢说,其标志是“必然性”和“逻辑”(SWA, 36)。现实中的各种泛神论和无神论都带有流溢说的色彩,反过来说,“任何流溢说体系都必然是泛神论。”(SWA, 69)

谢林认为，绝对一元论的泛神论—流溢说只能通过一种二元论才能被克服，即承认上帝自身内有另一个不同于他，不依赖于他的本原，而上帝的自由和行动完全体现在他与这个本原的结合和分离的过程中。《世界时代》1811年的原稿对这个过程作了最生动的描述（vgl. WA I, 98-120），最后的结论是：爱摆脱了存在原则的束缚，与它分离，成为新的统治原则，但存在原则并没有被消灭，而是被设定在另一个层面，作为保证爱能够发挥力量的根据，而精神将最终规定着爱的原则和存在原则在未来的重新统一。很明显，基督教的圣父、圣子、圣灵分别就是存在原则、爱的原则和精神的象征，分别主宰着过去（前世）、现在（现世）、未来（后世）。谢林认为，经过泛神论—流溢说、二元论之后，基督教的"三位一体"学说是最为完满的一种学说（WA I, 169）[①]。但在《世界时代》1811年的原稿之后，谢林弱化了基督教学说的色彩，比如在1820/1821年的《全部哲学的本原》里，他又把精神的发展史划分为"泛神论""二元论""自由体系"三个阶段，并把最后一个阶段界定为"上帝真正成为一切中的一切"（Initia, 172）——我们还记得，这个特征在《斯图加特私人讲授录》里本来是归之于"成为了真理"的泛神论的。不管怎样，从原初的泛神论经过二元论发展到基督教的单一神论（即三位一体学说），这条线索保存在了谢林的整个后期哲学里，无论谢林给

① 在后来1831/1832的《启示哲学原稿》里，谢林仍然强调："基督教的三位一体学说以最明确的方式与任何斯宾诺莎式的流溢说划清了界限，这种误导性的观点在从最古老的直到最近的思想家那里都一再地以各种形式和伪装表现出来。" Schelling, *Urfassung der Philosophie der Offenbarung 1831/1832*, Hamburg, 1992, S. 717.

予它们怎样的称谓。在《世界时代体系》里,谢林尤其强调指出,雅各比及通常人们鼓吹的有神论(Theismus)和理神论(Deismus)并不是对于上帝的充分表达,而且一不小心就会走向泛神论甚至是无神论(SWA, 193)。概言之,只有单一神论(Monotheismus)才是真正的基督教(SWA, 191)。那么,单一神论究竟意味着什么呢? 答案是:“上帝并非在与外物的关联中是单一的,而是在与自身的关联中是单一的。……上帝就其本性来说是单一的,但如果不考虑神性的话,他并不是单一的,而是有多个。”(SWA, 188)这句话的意思是,只有神性才是单一的,而上帝却是必然有多个(三个),而它们的统一正是通过神性。换句话说,泛神论和有神论都只是认识到了唯一的一个神性,却没有认识到这个神性包含着的“三位一体”结构,自然也不会认识到这个结构在时间问题和世界时代的划分中的意义。

最后需要指出的是,尽管基督教被认为是“三位一体”的最完满的表达,但这两个东西之间并不能简单划上等号。从根本上看,“三位一体的理念是普遍人类的,从原初的意识自身生发出来并注入到人类精神中的理念,所以它出现在远古世界的所有宗教体系里……这个理念本身比历史中的基督教更古老”[①]。因此,“不是基督教创造了这个理念,而是这个理念创造了基督教。它是整个基督教的种子……”(XII, 78)在后来的神话哲学和天启哲学里,谢林正是用这个三位一体的结构来梳理

① Schelling, *Urfassung der Philosophie der Offenbarung 1831/1832*, Hamburg, 1992, S. 152.

绝对精神在神话—宗教中的发展情况。

如此,引入了时间原则的世界时代哲学扬弃了之前的绝对同一哲学,在对于“神性”“上帝”“自由”“存在”“时间”“三位一体”等概念的思辨中过渡到严格意义上的后期哲学。可以说谢林的世界时代哲学是联系其前期哲学与后期哲学的最重要的桥梁。

译者补记:本文曾经发表于《云南大学学报》(社会科学版)2010年第3期,鉴于它可以帮助读者较为便捷地获得谢林“世界时代哲学”的一个概观,我在这里将其略作修改之后,作为本书的译者序言。关于谢林的《世界时代》,迄今为止最为全面而深入的研究,仍然是以下几部德语著作:1)霍斯特·富尔曼斯《谢林的世界时代哲学》[1];2)于尔根·哈贝马斯《绝对者和历史》[2];3)沃尔夫冈·魏兰德《谢林的时间学说》[3];4)先刚《谢林的世界时代理念及其时间学说》[4]。我的这部著作(图宾根大学哲学系2004年

---

① Horst Fuhrmans, *Schellings Philosophie der Weltalter. Schellings Philosophie in den Jahren 1806-1821. Zum Problem des Schellingschen Theismus*, Düsseldorf, 1954.

② Jürgen Habermas, *Das Absolute und die Geschichte. Von der Zwiespältigkeit in Schellings Denken*, Bonn, 1954.

③ Wolfgang Wieland, *Schellings Lehre von der Zeit. Grundlagen und Voraussetzungen der Weltalterphilosophie*, Heidelberg, 1956.

④ Gang Xian, *Schellings Idee der Weltalterphilosophie und seine Lehre von der Zeit*, Hamburg, 2005.

博士论文）曾经在出版后很快得到德国同行的关注和讨论，所以我将其改写为中文版，以《永恒与时间——谢林哲学研究》为题于2008年在商务印书馆出版。遗憾的是，这部中文著作似乎并没有得到多少赏识，对此我的理解是，首先，德国古典哲学（尤其是谢林哲学）在我国学界仍然遭受着相当程度的轻视乃至敌视；其次，本书是一项与原著密切结合的文本阐释工作，如果读者不熟悉谢林的《世界时代》原著，那么确实很难把握谢林的思想和我的阐释的意义。如今谢林的《世界时代》中译本——这是国内外学界迄今为止最为完整的《世界时代》文本辑录——终于面世，我在这里不揣粗鄙，再次向读者推荐我的相关著述，不为其他，但求抛砖引玉，与有识之士一起共同推进我国的谢林哲学和德国古典哲学研究。

先　刚

2017年7月于北京大学人文学苑

谢林著作集

世界时代

原稿 I

（1811）

F. W. J. Schelling, *Die Weltalter. Erstes Buch: Die Vergangenheit.* Druck I 1811. In ders. *Die Weltalter. Urfassungen,* München, 1946.

导　论

[WA I, 3]

过去的被知道，现在的被认识，未来的被憧憬。(Das Vergangene wird gewußt, das Gegenwärtige wird erkannt, das Zukünftige wird geahndet.)

知道的东西被叙述，认识的东西被呈现，憧憬的东西被预言。(Das Gewußte wird erzählt, das Erkannte wird dargestellt, das Geahndete wird geweissagt.)

按照迄今流行的那个观念，科学是一些独立自足的概念和思想的一个单纯的延续和发展。但真正的看法是，科学在自身之内呈现出来的，是一个活生生的、现实的本质的发展过程。

我们的时代具有一个优势，即科学已经重新获得了本质，而且我们可以断言，它再也不会失去这个本质。自从动力学的精神被唤醒之后，如果一种哲学思辨不从它那里汲取力量，那么我们只能认为，它是对于言说和思维等高贵天赋的一个空洞误用。这个评价并不过分。[WA I, 4]

最高科学里面的生命只能是一个原初生命，一个绝对在先的本质，亦即各种本质里面最古老的那个。

既然在这个原初生命之前或之外，没有任何东西来规定它，那么，就其展开自身而言，它只能以一种自由的方式，按照它自己的冲动和意愿，纯粹从自己出发，展开自身。但正因如此，这个展开不是无规则的，而是必须遵循规则。在它之内没有意愿选择；这是最完满意义上的自然界，正如人虽然并不去考虑自由，但正因为他具有自由，所以他是一个自然界。

当科学在质料方面达到客观性之后，看起来有一个自然的结果，就是它开始寻求形式方面的客观性。

为什么这个工作在过去是不可能的，或者说一直到现在都是不可能的？为什么在最高科学里面，知道的东西不能像任何别的**知道的东西**一样，被直接简明地叙述出来？是什么东西在阻碍着那个憧憬到的黄金时代的来临，到那个时候，真理又将成为故事(Fabel)，而故事又将成为真理？ [WA I, 5]

必须承认，人具有一个超于世界之外和之上的本原；因为，假若在人的内部没有一个先于时间开端的本原，为什么在所有的被造物里面，唯有人能够追溯那条漫长的发展道路，从现在直到过去最深的黑夜，唯有人能够上升至时间的开端？人的灵魂来自于事物的源泉，等同于这个源泉，具有关于创世的共同知识(Mitwissenschaft)。人的灵魂之内包含着万物的最高的明晰性，它不是在认知着什么，毋宁说它本身就是知识(Wissenschaft)。

但是，人的内部的那个超越世界的本原既不是自由的，也没有处于一种原初的纯净状态，而是与另一个较低的本原结合在一起。后面这个本原本身是一个转变形成的本原，因此它在本性上是一个无知的、黑暗的东西，而且必然使得那个与它结合在一起的更高本原也阴沉下来。在那个更高本原内部，安息着一个关于万物、万物原初的关系、万物的转变、万物的意义的回忆。然而事物的这个原型沉睡在灵魂里面，保持为一幅黑暗的、被遗忘的、但尚未完全消解的图像。假若不是那个黑暗本原自身就包含着一种对于认识的憧憬和渴望，也许这个原型永远都不会再苏醒过来。但是较低本原不停地呼唤着更高本原，希望自己得到提升，而更高本原因此注意到，它的身边之所以有一个较低本原，不是为了被它束缚，而是为了让它具有一个他者，让它能够在这个他者之内观审自己，呈现自己，理解自己。因为在更高本原之内，一切东西都没有差别，它们同时存在着，浑然一体；但是更高本原能够把在自身内部浑然一体的东西在那个较低本原之内做出区分，将那些东西呈现出来，或者分解开来。因此，两个本原都同样迫切地要求分离：更高本原是为了回归自己原初的自由，启示自身，而较低本原是为了自己能够被更高本原接纳，并同样进行着认知（尽管是以完全不同的方式）。 [WA I, 6]

这种分离，我们自身的这种双重化，是一种秘密的沟通。其中有两个本质：一个在提问，另一个在回答；一个进行着认知，或更确切地说就是知识（科学）本身，另一个并未进行着认知，但是追求明晰性。这种内在的交谈艺术是哲学家的真正的秘密，至于那种外在的交谈艺术，亦即那种号称“辩证法”的东西，只不过是一个模仿而已。而且，辩证法一旦成为一个纯粹的形式，就是一个空洞的假象和阴影。 [WA I, 7]

也就是说，从本性来看，所有知道的东西都被叙述。但是知道的东西在这里不是从一开始就现成地摆在那里，而是持续不断从内部产生出来。通过一种内在的分离和解脱，科学之光首先冉冉上升，然后发生外化。至于我们称之为“科学”的那个东西，仅仅是一种追求，即努力做到“重新获得意识或知识”（Wiederbewußtwerden），因此，与其说它是科学本身，不如说它是对于科学的一种追求。出于这个理由，古代那个伟大的人物坚定地给予科学以“哲学”的名称①。而长久以来盛行的那个看法，即哲学通过辩证法最终能够转化为一种真正的科学，却暴露出了很大的局限性，因为，正是辩证法的存在和必然性表明，它还根本不是真正的科学。 [WA I, 8]

从根本上来看，哲学家和历史学家的处境没有什么不同。因为，首先，历史学家也需要掌握多门分辨技艺或批判方法，以便在那些保存下来的文献里面区分出虚假的东西和真实的东西，区分出错误的东西和正确的东西。其次，历史学家也需要在自身内部做出那种分离，就像人们通常说的那样，他必须摆脱他那个时代的许多观念，摆脱他的自以为是。至于二者的别的许多共同点，这里再去谈论就将跑题了。

一切东西，完完全全的一切东西，包括那些在本性上即显露在外的东西，在我们能够外在地或客观地将它们呈现出来之前，都必须已经存在于我们自身之内。当历史学家想要为我们描绘

---

① 这里指毕达哥拉斯，他最早提出了“爱智慧”或“哲学”（Philosophia）这个术语。尽管如此，柏拉图才首次在“智慧”（即“科学”）与“爱智慧”之间作出明确的区分。参阅先刚：《柏拉图的本原学说》，三联书店，2014年，第6章“柏拉图的‘哲学’理想”。——译者注

一幅古代的图像的时候，如果古老的时间本身没有在他内心里面苏醒，他将永远不可能做出一种直观的、真实的、生动的表述。所有的“历史”，如果没有受益于一种内在的意义，又算什么东西呢？有很多人，他们尽管几乎知道所有发生的事情，但对于真正的历史却一无所知。不仅人类的事迹有自己的纪念碑，自然界的历史同样也有自己的纪念碑。可以说，自然界在其宽阔的创造之路的每一个阶段都留下了某些东西作为标记。自然界的这些纪念碑大部分都是公开摆放着的，人们广泛地研究它们，甚至在某些方面真正地解释了疑难。但是这些纪念碑并不向我们说话，而是保持死寂，除非行动和创造的那个顺序转变为一种内在于人的东西：原因在于，全部知识和理解都开始于一种内在化（Innerlichwerden）。 [WA I, 9]

然而现在有些人却认为，他们可以把那个居于从属地位的东西扔在一边，在自身内部扬弃所有的二元性，仿佛这样一来，我们就仅仅是一种内在的东西，完全生活在彼岸世界里面了。诚然，把人放置在他的彼岸世界的本原里面，随之把心灵的力量提升到静观，谁能完全否认这样的可能性呢？任何一个物理的和道德的整体，为了在时间中持续存在，都需要回溯到其最为内在的开端。伴随着自己本质的统一感，人一再地青春焕发，获得一种新的极乐。也正是基于这种统一感，尤其是那些寻求科学的人持续地汲取着清新的力量；不单是诗人，哲学家也具有自己的迷醉状态。哲学家之所以需要迷醉状态，原因在于，一旦他感受到那些更高观念的不可描述的实在性，他就能够抵抗一种空 [WA I, 10]

洞的、死气沉沉的辩证法的粗暴概念。但是,如果谁要求这种直观状态一直持续下去,那就是另外一回事了,因为这与现实生活的本性和使命相矛盾。如果我们仔细看看现实生活与那种直观状态的关系,就总是会发现,所有那些在直观状态中浑然一体的东西,在现实生活中都会展开,有时还会分解。我们不是活在直观中;我们的知识是一种零碎的东西,也就是说,它必须以零碎的方式,按照门类和层次产生出来;而如果没有反思,这种情况就不可能发生。

[WA I, 11] 因此,纯粹的直观同样不能帮助我们达到目的。因为,一种自在和自为的直观并没有包含着理智。虽然在那个外在世界里,每个人都或多或少看到了同样的东西,但并不是每个人都能够将它呈现出来。每一个事物都需要穿越某些环节,才能够达到自身的完满:这是一系列前仆后继的演进过程,每当后面的演进过程融入到前面的演进过程之内,就会使事物成熟。比如,对于植物内部的这个演进过程,农民和学者都同样清楚地看在眼里,但是农民并没有真正认识到这个演进过程,因为他不能把其中的各个环节分解开,孤立出来,不能观察它们相互对立时的状态。同样地,从本质之最高的单纯性里最终产生出来的无限杂多的一系列演进过程,也能够在人的内部贯穿而过,仿佛被直接经验到一般。或更正确地说,人必须在自身内部经验这一系列演进过程。但是所有的经验、感觉、直观等等,在其自身或孤立地看来,都是缄默的,都需要通过一个中介官能才能够被呈现出来。如果直观者缺乏这个中介官能,或者故意丢开它,以便直接

[WA I, 12]

从直观出发进行言谈，他就失去了必要的准则，而他也与对象浑然不分，在任何旁人看来就成了对象自身。正因如此，他不能掌握自己的思想，哪怕他在无助的挣扎中把那种不可呈现的东西勉强呈现出来，也一点都不可靠。他所接触到的东西，他诚然接触到了，但是他并没有获得确定性，还不能把这个东西稳定地摆放在面前，在理智中（就好像在一面镜子中那样）重新予以观审。

因此，无论如何，人们不能放弃那个外在的本原。一切东西都必须首先进入到一种现实的反思之内，然后才能够达到最高程度的呈现。这里也是神智学（Theosophie）和哲学的界限，是那些"爱科学者"[哲学家]羞羞答答企图划分的一个界限。神智学在内容的深度、充实度和生命力方面都优于哲学，正如现实的对象优于其影像，自然界优于其呈现；而且，如果人们是把一种僵死的、只会在形式和概念中寻找本质的哲学拿来作比较的话，这种差别甚至会达到一种无以复加的地步。所以，那些关注内在状态的人更加偏爱神智学，就像某些人相对于艺术而言更加偏爱自然界一样，这都是很容易解释的。神智学体系优于迄今所有流行的体系的地方在于，它们至少拥有一个自然界，尽管这是一个不能掌控自己的自然界，而在别的体系那里，只剩下一种非自然的东西，一种虚诞的艺术。但是，真正意义上的艺术还是能够达到自然界的，正如真正意义上的科学也能够达到生命的充实度和深度。科学只能更加耐心和更加迂回地逐步前进，然后达到它的目标，也就是说，一方面，认知者和他的对象始终是区别开来的，另一方面，对象与他保持分离，成为一种沉思的、安 [WA I, 13]

静回味着的观审的客体。

就此而言，辩证法必须贯穿于所有的科学当中。然而，难道那一个时刻永远都不会到来吗，在那个时候，科学成为一个自由的和生动的东西，就好像历史学家在表述历代图景的时候那样，[WA I, 14] 不再想到自己的研究？难道对于事物的原初开端的回忆永远都不会达到如此生动的地步，以至于科学——它在事实上而且按词义而言就是"历史"(Historie)——在外表形式上也成为历史，使得哲学家，就像神一般的柏拉图那样，虽然在其整个系列的著作中都是采取辩证探究的方式，但在其学说的最高点和最终的澄明点却全都变成历史叙述的方式，回归到历史的单纯？

我们的时代看起来具有这个使命，即一劳永逸地开辟一条道路，以通往科学的这种客观性。但是，只要科学还局限于内在的心灵，它就始终缺乏一个进行外在呈现的自然中介。现在，经过长久的混乱之后，科学又回忆起了自然界，回忆起自己曾经是与自然界合为一体的。但思想还不能停留于此。最初把哲学与自然界重新统一起来的步伐还没怎么得到贯彻执行，现在又得承认自然界的崇高年岁，也就是说，自然界绝不是最后的东西，毋宁是最初的东西：一切发展过程，包括神性生命的发展过程，[WA I, 15] 都是从它开始。从此以后，科学不再从抽象概念的遥远地带出发，从抽象概念下降到自然界，而是反过来，从永恒者的无意识的存在出发，把它提升至神性意识之内的最高的澄明。从现在起，那种最超越于感官的思想获得了自然界的力量和生命，另一方面，自然界成为最高概念之越来越明显的印记。无知者对于任何自然事物的蔑视很快就会停止,而那句话——“建筑工人抛弃的石头变成了奠基石”——又将成为真理[1]。随后,人们长久以来徒劳寻找的那种通俗性(Popularität)将会自行出现。随后,思想世界和现实世界之间将不再有任何差别。那将是唯一的一个世界,而黄金时代的和平宁静将首先表现在所有科学的和谐一致的联系之中。

[WA I, 16] 在做这些展望的时候(当前这篇著作将会尝试以多种方式来捍卫它们),可能跃出一个已经深思熟虑过的尝试,为科学的那个未来的客观呈现做一些准备。也许还会出现一个吟唱最伟大的英雄史诗的人,他如同远古的通灵者们所颂扬的那样,在一个无所不包的精神中吟唱那个过去曾经存在、现在存在着、未来将要存在的东西。但是这个时代还没有来临。我们不可以错认我们的时代。作为这个时代的代言人,一方面,我们不愿在时代的果实成熟之前就把它摘下来,另一方面,我们也不愿错失那属于我们的果实。当今仍然是一个充满斗争的时代。研究的目标还没有达到;辩证法仍然必须承载并且伴随着科学,就像节奏必须承载并且伴随着言谈一样。我们不可能是叙述者,我们只能是研究者,不去理睬任何赞成和反对的意见,直到真理确定下来,无可争议地、永远地站稳脚跟。

① 参阅《旧约·诗篇》(118,22):“匠人所弃的石头,已成了房角的头块石头。”——译者注

[WA I, 17]

第一卷:过去

[WA I, 19] 那些来自世界之神圣早年的叙述,其语气是多么和蔼可亲!那时,万事万物仍然团聚在父亲的家里,直到孩子们离家出走,每个人专注于自己的事业,最终出现许多熙熙攘攘的种群和民族!

但这里我们不去谈论这些种群和民族。我们为自己制定的任务,是去描述原初本质的发展历史,确切地说,从它最初的尚未揭示的状态开始,从那个前世的时间开始。

没有任何传说从那个时间飘来,因为那是一个沉默而寂静的时间。只有在神灵启示的言谈中,才亮起几许闪电,撕开这个远古的黑暗世界。

不管怎样,我们必须在自身内部召回"过去",以便发现,什么东西是万物的源头,什么东西最先做出了开端。因为我们愈是以人的方式看待一切,我们就愈有希望接近现实的历史。[WA I, 20]

我们承认有一个具有如此崇高意义的"过去"——即使是这个观点,看起来在很多方面都需要得到辩护。

假若世界,像某些所谓的智者所认为的那样,是一个向后和向前都无限延伸的因果链条,那么就既不存在真正意义上的"过去”，也不存在真正意义上的“未来”。但是这个无所云谓的思想，还有它唯一所属的机械论体系，都可以被随便抛在一边，任其消失。

认识真正的“过去”的人何其之少！如果没有一个强有力的、通过“分离”而自行产生出来的“现在”，就没有“过去”。如果一个人没有能力把自己与自己的“过去”对立起来，那么他就不拥有“过去”，或更确切地说，他永远都没有走出“过去”，毋宁一直活在“过去”当中。同样地，那些总是希望回到“过去”的人，那些不愿意勇往直前的人，也不拥有“过去”。当一切都在前进的时候，有些人仍然在无力地赞颂“过去”，软弱地责骂“现在”，而这一切都表明，他们在当今时代没有能力发挥任何影响。

[WA I, 21] 看起来，绝大多数人所理解的“过去”无非是这样一种东西：它在每一个流逝的瞬间都通过这个瞬间而扩大，但很显然，这个东西本身并没有成为“过去”，也就是说，它并没有和“现在”分离。

假若那个古老的说法，“世界之内没有任何新鲜事发生”，在任何意义上都得到了证实，假若对于“已经发生的东西是什么”和“将要发生的东西是什么”之类问题，正确的回答始终是：“它就是此后将要发生的东西”和“它就是之前已经发生的东西”，那么人们只能由此得出以下结论：世界在自身之内既没有“过去”，也没有“未来”，凡是在世界之内从开端就已经发生的东西，还有直到终点将要发生的东西，都只是属于唯一的一个伟大时间。然而真正的“过去”，亦即绝对意义上的“过去”，乃是前世的

(vorweltliche)“过去”,而真正的“未来”,亦即绝对意义上的“未来”,乃是后世的(nachweltliche)“未来”——在这种情况下,我们面前就浮现出一个时间体系,至于那个属于人类的时间体系,仅仅是前者的一个复制品,仅仅是局促圆圈内的一个重复而已。

所有围绕在我们周围的事物都指向一个难以估量的崇高的[WA I, 22]“过去”。人们必须承认,地球自身及其形成过程必然比植物和动物拥有一个悠久得多的年岁,而植物和动物又比人拥有一个悠久得多的年岁。我们看到的是一系列的时间,其中一个时间跟随着另一个时间,后来的时间总是遮盖住先前的时间;无论在什么地方,都没有一种原初东西展现出来,而是只有大量逐渐堆积起来的层次。人们必须把数千年里的工作掘开,才能够最终达到根基。

既然这个摆在我们面前的世界,是经历了如此之多的中间时间,才最终成为现在这个样子,那么,如果我们没有掌握一种关于过去事物的科学,又如何能够认识现在的事物呢?单是就一个杰出的人类个体而言,除非我们经验到他成长起来的特殊环境,否则他的各种特性对我们来说尚且是不可理解的。既然如此,就自然界而言,人们难道能够如此轻易地达到它的根基吗?一个古代的崇高作品经常作为一个不可把握的整体摆在我们面前,除非我们按着线索认识到它的成长方式以及它的逐渐产生过程,[否则我们绝不会理解它的意义]而像地球这样一个由如此众多的方面组合而成的个体,情况必然还要复杂得多![WA I, 23]这里必然会出现一些根本不同的疑难和纠缠!即使最小的东西，哪怕是一粒沙子，都必然在自身内部承载着一些规定性，而如果它不曾经历创造性自然界直到它那里的整个历程，它也不可能获得这些规定性。一切事物都仅仅是时间的作品，每一个事物都仅仅通过时间才获得自己的独特性和意义。

但是，如果全部认识的基础乃是一种关于“过去”的科学或一个从“过去”出发的推导过程，那么我们应该在什么地方停止呢？因为，即使精神达到了最终可见的事物，它还是发现，有一个不能通过自身而得到说明的前提，这个前提把精神引向一个时间，那时只有唯一的一个不可探究的本质，它把万物都包裹在自身内，万物随后从它的深处产生出来。如果精神继续端详这个本质，又会发现其中有一个新的深渊，这时它会带着一种震惊的感觉认识到，即使在原初本质自身之内，在现在的时间成为可能之前，同样必须有某些东西被设定为“过去”；这个过去的东西始终隐藏在根基之内；同样的一个本原，在没有发挥作用的时候承载并保守着我们，而在发挥作用的时候却会将我们吞噬和毁 [WA I, 24] 灭。这种震惊的感觉，就好像人们突然发现，原来他们的舒适小窝是搭建在一团古老大火的灶头上面！

通过反反复复的观察，我的内心里面形成了关于时间的有机体、时间的三大分部（即我们所区分的“过去”“现在”和“未来”）的一些思想。现在我斗胆把这些思想以书面的方式勾勒出来，只不过不是采用一种严格科学的形式，而是采用了一种易于传达的形式。这样做是为了表明，这些思想的形成过程还不是完满的。因为，由于时间紧迫，我虽然已经做出了长久周详的考虑，但还是不能做到面面俱到。

时间的面貌是多么丰富多姿！有些人把时间看作是我们的思想的游戏产物，仿佛一旦我们不再计算时辰和日子，时间就停止存在——这个观点在概念上就与永恒的真相相对立，虽然它看起来是值得原谅的，但仍然是多么地空洞！现在，一个不易察觉的精神性本质以如此轻盈的步伐四处游荡，以至于我们不得不同意东方人的那个看法："时间安息着，但并未停止飞翔；时间飞翔着，但并未停止安息。"[WA I, 25]现在，伴随着时间到来的脚步，大地震动，各个民族开始分离崩析。

长久以来，假若那些空洞抽象的研究工作不是匆忙地略过时间不予考虑，那么它们本来可以做出一些有意义的贡献，把时间中的形式和现实性，把时间中的假象和本质准确地区分开来。基于科学的现状，我们提出一个合理的要求，即应当在生命和行动中同等地观察和对待一切事物，而不是以孤立的或支离破碎的方式对待那些伟大的对象。我们推算到了一种深深地掩盖在时间之内，渗透到最小事物里面的有机体。我们坚信(有谁不是这样想的呢)，每一个伟大的事件，每一个影响深远的行动，它们的出现都有其注定的日子、注定的时辰、甚至是注定的瞬间，也就是说，除非那个稳持并约束着时间的力量表示愿意，否则它们要提早一秒出现都是不可能的。看起来，如果现在就希望洞察时间的深邃内核，这是一个过于勇敢的想法，但我们确实到了在最大范围内展开时间的伟大体系的时候了。

不过，在我们从开端踏上时间的漫长幽暗的道路之前，请允许我们简要谈谈那个凌驾于所有时间之上，并且愿意在全部发展过程中启示自身的最高者。 [WA I, 26]

在全部更高超和更优秀的学说里，只有唯一的一个纯音，它宣称，存在已经是本质的一个较低状态，而本质之最初的无条件状态乃是凌驾于全部存在之上。我们每一个人都感觉到，必然性作为存在的厄运紧紧跟随着它。全部存在者都追求着自己的开启，并在这个意义上追求着自己的发展；全部存在者都在自身内部挣扎着，想要向前推进、扩展自身，因为它们的内部封闭着无限多的东西，这些都是它们想要呈现出来的。任何一个存在者所要求的，不是仅仅作为一个内在的东西存在着，而是再度（即外在地）作为它所是的东西存在着。真正的、永恒的自由仅仅栖息于存在之上。“自由”乃是永恒性（或者说那个凌驾于全部时间之上的东西）的肯定概念。

绝大多数人从未感受过那个更高的自由，所以在他们看来，存在或主体就已经是最高者。他们问：“究竟什么东西能够被思考为凌驾于存在之上呢？”而他们为自己给出的答案，就是“无”，或一种类似于“无”的东西。

确实，它是“无”，但却是一个类似于纯净自由的“无”；它就像一个无所欲求的意志（der Wille, der nichts will），不追求任何事物，对全部事物都无动于衷，因此也不为任何事物所动。这样一个意志是“无”，是一切东西。之所以说它是“无”，因为它既不要求发挥作用，也不要求具有某种现实性；而之所以说它是“一 [WA I, 27]

切东西”，因为唯有它作为永恒自由而具有全部力量，因为它在自身内部掌控着全部事物，而不受任何事物的掌控。

一般说来，当一个否定分别与内在方面或外在方面相关联的时候，具有大不相同的意义。对于外在方面的最高否定和对于内在方面的最高肯定必然是同一个东西。正因为那个东西在自身之内掌控着一切东西，所以它不可能同时外在地具有什么东西。每一个物都具有一些属性，并通过它们而被认识和把握；它所具有的属性越多，也就越容易被把握。然而最伟大的东西是圆满的，是无属性的。通俗的趣味（即那种进行区分的本领）觉得崇高事物身上的一切东西都是索然无味的，正如人们觉得从山泉中汲取的水是索然无味的。古人曾经说过，一个无所希求、无所畏惧的人是王。同样，某个早期的德国作家玩了一个机智的语言游戏，他满怀虔诚地把那个意志称作“可怜的”，因为它在自身之内掌控着一切东西，竟然没有什么外在的东西可以去欲求。[WA I, 28]

因此，正因为永恒性不是存在者，对外没有发挥任何作用，所以它自身是一种最高的本质性。

我们应当如何着手描述这种纯净性（Lauterkeit）呢？我们只需去问：“在人那里，什么东西先行于全部现实的、有条件的存在？”因为，人之内的最高者，也是上帝之内的最高者，这个东西是全部事物的内在本质，是真正的永恒性。你们不妨看看一个孩子，他存在于自身之内，没有任何区分，在这种情况下，你们将会在他身上认识到最纯粹的神性的一幅肖像。过去我们也曾经把最高者称作主体与客体的真正的、绝对的统一体，它既非主体亦非客体，但又有能力成为主体或客体。它是一种沉浸在自身之内，对自己毫无认识的纯粹欢愉，是一种坦然的、完全被自身充实、未曾思考任何东西的欣喜，是一种为自己的“非存在”而感到喜悦的寂静内省。它的本质不是别的，仅仅是友善、爱和单纯性。它在人之内是真正的人性，在上帝之内是神性。因此，正如某些古人已经谈到了一种“超神性”（Ueber-Gottheit），我们也勇敢地把那个单纯的本质置于上帝之上，而不是像近代人那样，在一种颠倒的狂热中，企图重新扭转这个秩序。这个东西不是上帝，而是一道不可触摸的亮光（上帝就栖息在其中），是纯粹性的吞噬一切的锐利锋芒；只有当人们具有与本质同样的纯净性，才有可能靠近那个纯粹性。因为，既然它把一切存在都置于自身之内，就像置于火中并将其吞噬一样，那么对于每一个仍然受困于存在的人而言，它必然是不可接近的。 [WA I, 29]

所以，对于那个如此广为流传的问题，“我们如何认识这个纯净性？”只有唯一的一个答案：“如果**你**自己成为同样的一个纯净性，在**你**自身之内感觉到、认识到它是最高者，那么你将立即认识到，它是绝对的最高者。”如若不然，对于一个内心分裂、复杂多变的人而言，最高的单纯性如何可能成为“某物”呢？

对人而言，全部科学诚然是一种“回忆”；但对永恒性而言却不是如此，因为它绝不会成为过去。只有人才需要解放，即让他的本质重新成为其自在所是的东西，并且看到那个最纯净的神性，而在这个观看里面，没有主体客体之分，正如在神性里面，也

[WA I, 30] 没有主体客体之分。正因如此,对于最高者的认识是唯一的一种与直接性和内在亲密性有关的认识。——

那么,是什么原因推动着这个极乐离开它的纯净性,走出自身,进入到存在之内呢?——人们通常就是用这个方式来表述“永恒性与存在的关系”或“无限者与有限者的关系”之类的问题。但是我们已经多次指出,下面几种情况全都是不可能的:比如这个纯净性走出自身,或者它把某些东西从自身那里分离出来并将其抛弃,或者它竟然会对外发挥作用,如此等等。**纯洁性**永远都只能停留在自身之内:在这样一种内在亲密性里,我们只能思考一种内在的运动;但即便如此,我们也绝不能说,在纯净性**之内**有什么事情发生,因为纯净性和它的行为完全浑然一体,就是这个行为自身。

在这里,让我们再次以人的方式来考察问题。也许我们能够成功地做到,以一种更直观的方式认识到那个通过抽象概念很难把握到的关系。试问,谁有能力确切地描述自然界在其原初开端中的激奋状态?谁有能力揭示出本质的这个秘密的诞生[WA I, 31]地?无论如何,至少现在我们已经发现,任何一个自然界,其最初的内在亲密状态不是别的,只是一种对于自身的寂静的凝思,又因为自然界不能把这种凝思与自身区分开,所以它不能达到自我意识。这是一种“沉浸于自身”的状态,一种“寻找自身”和“发现自身”的活动,它愈是内在亲密,就愈是充满欣喜,并且产生出一种想要拥有自身、外在地认识自身的**乐趣**(Lust)。而这个乐趣马上就感受到了一个意志，一个作为存在的开端的意志。

这个意志只是被感受到，而不是被生产出来，因为在纯净的本质里，不存在任何生产性的、对外发挥作用的力量。也就是说，这另外一个意志，即存在的意志（Wille zur Existenz），**自己生出自己**。因此人们必须称它为一个永恒的意志。也就是说，这里既不能想象任何生成转变，也不能想象一个从先行者出发的开端，因为在这另外一个意志之前，只有作为“无”的永恒性。永恒性是什么样子呢？就是你的自我还没有发现自身和感受到自身的时候的样子。永恒性存在着，但就跟不存在着一样，因此它既不可能积极地先行于其他东西，也不可能是某些东西的开端。全部开端都是起源于存在的意志。因为无所欲求的意志不可能以一种实实在在的方式先行于存在的意志，所以后者必然和前者一样，都是一个绝对的东西。

[WA I, 32] 人们通常认为，时间是永恒性的一个映像和对立面，同时与永恒性处于一个必然的关系之中。我们不能这样来设想这个关系，仿佛永恒性在时间中停止存在，并通过后者而被设定为“过去”。因为永恒性永远都是永恒性，而全部“过去”本身已经属于时间。如果我们把一粒种子埋在土里，那么种子作为另一个时间的产物，并不依赖于未来的植物的时间，而且就其与后一个时间的关系而言，可以被看作是永恒的：但是，土壤和水分的力量还没来得及作用于种子，种子就已经进入到生成的植物的时间中，这不是因为它在植物中持续存在，而是因为它停止作为种子而存在，并被设定为“过去”。这就足以证明，种子已经把时间作

为可能性包含在自身之内。

但我们同样不能设想,永恒性是时间的直接设定者。因为,永恒性竟然能够发挥作用,以及永恒性作为一种绝对的自身同一性竟然产生出与自己不同的东西,这些都是不能理解的。

[WA I, 33] 只有一个与永恒性本身不同的东西,确切地说,只有一个积极地与永恒性相对立的本原,才可能是时间的最初设定者。但这个本原又不能绝对地脱离永恒性,而且正是由于这层对立关系,它必然又以另一种方式与永恒性合为一体。

如果说那个第二意志,那个在本质的纯净性里面自己生出自己的意志,就是存在的意志,如果说伴随着存在,也出现了一种向着启示和发展的努力,那么这个意志就是时间的可能性的最初设定者。至于时间的现实性,这里还完全没有成为一个问题。

这另一个意志存在于永恒性**之内**,单是这种情况就表明,它在本性上是一个永恒的意志。我们可以这样说:就**实存**(Existenz)而言,这个意志等同于永恒性。

然而第二意志具有一个完全不同的本性,使得它不同于永恒性,甚至与永恒性相对立。也就是说,永恒性是一个无所欲求的意志,而第二意志是一个特定的、欲求着某些东西的意志。如[WA I, 34]果说永恒性在自身之内无非是一种无限的流溢和自身肯定,那么在和它的关联中,第二意志在本性上必然是一个做出限制的、收缩的、否定的东西。

也就是说,我们认识到两个同样永恒的意志,它们在本性上是不同的，甚至是相互对立的，但是就实存而言却构成了唯一的一个本质。

所有的人都同意，神性是“一切本质之本质”，是最纯粹的爱，是一种无限的流溢和分享。他们同时也主张，神性本身就存在着。但是单靠其自身，爱不能达到**存在**（Seyn）。实存是一种自私（Eigenheit），是一种孤立；而爱却是对于自私的否定，爱不追求私有的东西，因此单靠其自身不能存在着。同样，“一切本质之本质”也不拥有什么可以用来承载自己的东西，又因为它本身不是人格性的，所以必须有一个特殊的、人格性的本质（即我们所说的上帝）为它提供一个根据。如果我们希望把一个人格性的上帝看作是一个自明的东西，那么这个东西不可能是由纯粹的爱构成的，正如某个人格性的本质——比如人——也不可能由纯粹的爱构成。因为，爱在本性上是无限扩散的，而如果没有一个聚合的力量给予爱以持存，那么爱将四分五裂，迷失自身。但是，正如爱缺乏了一个与之对立的力量就不能存在着，反过来也是如此。假若只有一种自私的力量存在着，或者假若这种力量占据了优势地位，那么结果就是，要么无物存在，要么只剩下一个永恒地封闭着自身的东西，没有什么能在其中生存——这样一来，“一切本质之本质”概念以及“创世”观念就被抛弃了。上帝自身内部的自私力量针对着万物，它是一团毁灭一切和吞噬一切的火焰，是一种永恒的愤怒，不能容忍任何东西；假若不是爱抵抗着那种力量，那么就像从我们的太阳系移走太阳一样，将只剩下严寒带来的致命凝缩。 [WA I, 35]

就当前的发展状况来看,我们可以把第二意志称作神性的自私意志,它从一开始,至少从概念上来说,就从属于那个无所欲求的意志。爱显现为一个真正的本质。尽管单靠自己不能存在着,但爱在与另一个力量的对立中,恰好是唯一的、真正的存[WA I, 36]在者,而那个力量在这个关系里仅仅是爱的存在的根据,它既不是独立存在着,也不是为了自己而存在着,毋宁说,它的存在仅仅是为了让爱成为一个真正的本质;因此,它是一个相对的"非存在者"(Nichtseyendes)。

第二意志在与本质的关系中表现为一个"非存在者"——这个关系在许多方面都让观察者感到迷惑。有些人相信,在这个关系里,"非存在者"的力量本身也是不存在的,因此是"无"。出于这个原因,唯心主义者通常都是不由分说把"非存在者"看作是一个完完全全不存在的东西。但是神一般的柏拉图已经通过一种最高的普遍性表明,"非存在者"必然存在着[①],而如果人们洞察不到这一点,那么确定性和怀疑,真理和谬误在任何地方都无从区分了。在这里,既然这个本原与一个更高本原的活生生的关系已经呈现出来,那么再提请人们回忆下面的内容,就将足够说明问题了。

无论如何,存在就其自身而言绝不可能是一个存在者;问题的关键在于,恰恰没有什么单纯的存在,没有什么纯粹的、空洞的客观东西(其中没有任何主观东西)。"非存在者"并不是绝对[WA I, 37]地缺乏本质,毋宁说它仅仅是与真正的本质相对立,但正因如

① 参阅柏拉图:《智术师》(241d)。——译者注

此，它本身仍然是一个不折不扣的肯定性本质。如果说真正的本质是统一体，那么“非存在者”这个本质就是对立，是一种绝对的或自在的对立。因此“非存在者”是一个永恒力量，或更确切地说，是一个绝对的永恒力量，是上帝的强悍的一面，正是通过它，上帝自己才在万物之先就是他自己，才是唯一的一个摆脱了任何事物的东西。上帝必须首先存在着，并且独自存在着，其他的东西才能存在着。假若没有这个发挥作用的本原，那么上帝的“唯一性”概念就将是一个空洞的、仅仅具有否定意义的概念。虽然上帝曾经希望这个本原从属于本质，亦即从属于上帝之内的真正的神性，但正因如此，这个本原在其自身同样是一个活生生的东西。上帝，作为真正的存在者，凌驾于他自己的存在之上；天空是他的王冠，大地是他的脚凳。但是那个在与最高本质的关系中表现为“非存在者”的东西，同样充满了力量，甚至能爆发出一种独有的生命。因此，正如拉斐尔描画的那样，在先知的通灵术里，永恒的上帝不是由“无”，而是由一些活生生的动物形象承载着的。同样伟大的是那位希腊艺术家，他在描画奥林匹亚的宙斯安息其上的王座底部时，描画了人类的各种命运中最明显的那个命运，即尼俄柏[①]的孩子们的死，并且用代表着强壮生命力的亚马逊战争来装饰神的脚凳。 [WA I, 38]

另外一些人则是以别的方式被这个概念所迷惑，在他们的

① 在希腊神话中，忒拜国的王后尼俄柏拥有十四个优秀的儿女。她为此过于自豪和骄傲，甚至嘲笑女神勒托只有一子(太阳神阿波罗)一女(狩猎女神阿尔忒弥斯)。在勒托的命令下，阿波罗和阿尔忒弥斯逐一射杀了尼俄柏的十四个子女，而尼俄柏在悲痛中化成了石头。——译者注

盲目感觉中,存在的力量就是最高者,就是上帝自身。这些人诚然感受到了永恒者或者上帝,但却没有感受到那个在上帝之内、并且凌驾于上帝之上的温和神性。又因为存在的力量基于黑暗,或者说基于它与本质及其附庸者的积极对立,所以它似乎是不可言说、不可认识的,或者就像一位古人所说的那样(尽管是在另外的场合),它只有对一个不去认识的人来说才是可以认识的。因此,恰恰是那些最重视,或者说仅仅重视这个力量的人,堕入了一种看法,以为知识就在于无知,以为所有知识着的知识都将瓦解存在、消灭存在。

但在这个观念里,存在的力量被过于高估了,也就是说,它被看作是唯一可以认识的东西。即使不去考虑这一点,那么从中得出的结论,即所有的知识因此在本性上是无知,也是不正确的。因为,就存在作为"非存在者"而言,它是不可把握的,但是,[WA I, 39] 就它作为"非存在者"同时仍然是一个存在者而言,它又是确实可以把握和可以认识的。也就是说,存在者和"非存在者"不是两个本质,而是同一个本质,只是从不同的方面来看才有这个差别。是同一个东西使得"非存在者"是"非存在者",使得存在者是存在者。也就是说,"非存在者"之所以是"非存在者",不是因为缺乏光明和本质,而是因为它是一个积极的封闭性,是一种积极地向着深处和隐蔽处回归的努力,亦即一种发挥着作用的力量。它本身说来同样是一个意志,因此必然是一个存在着的东西,并在这个意义上是可以认识的。

从现在开始，出现了一个新的阶段的考察。

在无所欲求的意志内部，不曾有区分，不曾有主体和客体，而是只有一种最高的单纯性。但那个收缩的意志，亦即存在的意志，却在这种单纯性里面区分出主体和客体。也就是说，存在的意志在无所欲求的意志内部自己生出自己，就好像一个意志在人的心灵内部自己生出自己，稳稳地包裹在其中，而在这种情况下，虽然这个意志是一个独立于人的心灵、有别于人的心灵的意志，但在事实上毕竟不能和后者分隔开。但是，正如心灵的意志捆绑束缚着心灵自身，同样，那个独立的或收缩的意志也紧紧抓握着爱，因为虽然爱本身是不发挥任何作用的，但一切力量都仅仅来源于它，所以，如果没有爱，那个意志就既不可能成为一个创造性的意志，也不可能成为一个发挥作用的意志。因此这个意志不愿脱离爱，而是使自己成为爱的客体或作用者，同时使爱成为主体，成为一个内核或潜伏者，并通过这个方式把原先并未存在着的爱设定为存在者。而在这个收缩活动中，又发生了一个反转，也就是说，那个肯定性本原虽然在与原初凝缩力量相关联的时候成为一个客观东西，但并没有成为一个发挥作用的、自由流溢的东西，而是成为一个被动的、封闭的、潜伏的东西。 [WA I, 40]

而那个居于中间的东西，或者说那个介于主体和客体之间的纽带，恰恰是收缩意志本身，因为相对于上方而言，它使自己成为一个客体，随之紧紧抓握着爱，使爱成为一个存在者；而相对于下方而言，它使自己成为一个主体，并且依据从上方获得的力量把本质凝缩为存在。

因此从现在起，我们所观察到的不是两个意志，而是唯一的[WA I, 41]一个由二者聚合而成的意志。我希望把它称之为“**最初的发挥作用的意志**”，或者按照其整全性而言，简单称之为“最初的现实东西”。

人们已经习惯于把存在看作是一种完全缺乏意志的东西，仿佛它仅仅是本质的一个附属品。与此同时，当他们关注内在的实存，就会发现相反的情况，并且注意到，假若他们自己的自我没有参与进来，那么哪怕是最好的东西（这个东西属于他们的禀赋）也绝不会得到实现。因为，对于那些为他们带来便利、尤其是带来利益的性质，他们很懂得如何通过精心打扮而将其提升上来，使其公诸于众，同样，出于一个善良的或邪恶的目的，他们完全可以放弃自己的实存的各个方面，或如果不能消灭它们，至少要将其隐藏起来。假若一个本质没有接纳它自身，它是不会存在着的。所谓“意愿自身”“接纳自身”“收缩自身”“使自己成为一个整体”等等，全都是一回事，唯有这些情况才是一种行动着的、真实的实存。

现在我们来到了一个关键点，从这里出发，整个发展过程，以及我们的真正事务，才真正开始。

[WA I, 42] 但是，这个收缩力量如何成为实存的核心，如何使自己成为一个统治者，随之使自己成为一个实存者（das Existierende），这件事情仍然是晦涩不清的。因为我们已经明确指出，相对于本质或真正的存在者而言，这个收缩力量只能表现为一个居于从属地位的“非存在者”。

对此我们提出如下解释。首先，我们绝没有宣称这个收缩力量是一个绝对的“非存在者”，而是宣称它同样是一个基于自身的存在者。其次，我们并没有主张这个独立的意志本身是一个实存者，毋宁说，只有当它一方面把本质设定为存在者，另一方面把本质设定为存在，由此产生出的整体才是一个实存者。再次，我们也没有把这个封闭性的意志称之为绝对意义上的实存者，而是仅仅称之为“最初的实存者”。至于这个意志作为主体和客体的纽带，是否仍然是一个相对而言的“非存在者”，我们是不知道的。诚然，最终的唯一的存在者，那个通过发展而启示自身的东西，是爱，但由此并不能得出，那个与爱相对立的原初力量从来不曾占据过统治地位；也就是说，虽然那个原初力量现在看起来是从属于爱，但由此并不能得出，它从来不曾在自身内封锁并掌控过爱。

一切发展都以内敛为前提。否则的话，为什么一切事物都会从小发展到大呢？毕竟对于一个单纯的进程而言，相反的情况也是有可能的。开端就包含在吸引之内。一切存在都是一种收缩，而那个收缩的基本力量乃是自然界的真正的原初力量和根源力量。 [WA I, 43]

“晦暗”和“封闭”是原初时间的特性。一切生命都是首先在暗夜之内形成并塑造自身。因此古人把这个暗夜称之为万物的孕母，甚至把它称之为仅次于混沌的最古老的本质。我们愈是在“过去”中向着更高的地方回溯，就愈是会发现一种岿然不动的宁静，发现各种力量浑然不分地聚拢在一起，这些力量之间起初只有一种轻微的冲突,然后才走向愈来愈激烈的冲突。无论是在原初世界的群山那里(它们仿佛带着一种永恒缄默的超脱心态俯视着山脚下的喧嚣生命),还是在人类精神的最古老的作品里面,都是同样的情形。我们发现,同样的封闭特性不仅表现为埃及人的肃穆,而且出现在印度人的巨型纪念碑那里,这些纪念碑仿佛不是为着任何时间,而是为着永恒性而建造的。甚至[WA I, 44]在希腊人的最古老的艺术作品那里,我们也会发现一种寂静的伟大,一种崇高的宁静,这些作品仿佛是在冲突爆发的前夜直接产生出来的,因此还带着那个更宁静的世界时代的力量的最后余晖。

在世界的多姿多彩的生命里面,我们相信已经看到了本质的各种发展情况,既然如此,本质的原初状态难道不是一个类似的状态吗?难道我们不是恰恰因此获得一个理由,相信有一个比通俗意义上的"过去"崇高得多的"过去"吗?最古老的时代的全部学说都一致认为,那个先行于当前状态的状态是一个无限封闭的状态,是一个不可探究的、寂静的、遮蔽着的状态。一切发展都已经以一个存在为前提,既然如此,那个纯粹的、孤寂的存在,和一种缄默的、封闭在自身内、对自己不理不睬的生命,难道不是具有同一个特性吗?

我们在这里立即宣布一条法则,这条法则虽然是我们早就已经认识到的,但在当前的表述里,它将会通过反复出现的大量事例而得到确证!这条法则就是:同样的一些力,一方面,它们的同时存在和共同作用塑造出了一种内在的生命,另一方面,它们相继露面，显现为一种外化发展的生命的本原，并且主宰着这种生命的前后相继的各个时期。同样的一些层次，一方面表现为存在的各个潜能阶次的同时性，另一方面显现为生成转变和发展过程的各个时期的延续性。因此人们倾向于认为，地球的最初的生命时期是一个磁性时期，然后过渡到一个电性时期；与此同时人们并不否认，在那个原初时期，所有的力量——磁性力量也不例外——都已经作为各种特殊的力量深藏在地球内部，只不过暂时从属于磁性力量而已。我们在这里承认，有一种力量虽然始终被包揽在整体之内，但它反过来又在某种意义上独立于整体，也就是说，它在被整体包揽的同时，也有能力反过来包揽整体。同理，我们看起来必须赞同那种做法，即把那个先行于全部发展过程的原初状态看作是神性生命的一个时期，在那个时候，存在，或者说那个随后看起来居于从属地位的、否定的原初力量，曾经是一个占据统治地位的、普遍的、规定着生命本身的本原。 [WA I, 45]

到这里才可以看出，对立真正是一种崇高的东西，而且它和统一一样，都是无条件的。这两个力量，如果我们可以这样称呼它们的话，一个是爱的寂静流溢的、温柔分享的力量，另一个是收缩的、抗拒着扩张的力量。它们都是唯一的一个自然界的力量，并在这个意义上从属于一个统一体。从另一方面来看，它们不但是独立的，不依赖于统一体，甚至反过来让统一体从属于它们。永恒的上帝借助于自己的意志而存在着，但是他没有自由去选择另一个序列的启示，而是只能按照那两个本原的本性所 [WA I, 46]

规定的序列来启示自身。晦暗状态先行于永恒的上帝，后者的明澈本质只能从前者的黑暗本性那里绽放出来。在发展过程中，较低的东西必然先行于较高的东西；那个否定的、封闭的原初力量必须首先存在着，然后才可能有别的某个东西存在着，这个东西承载并高举着神性本质的仁慈，而这个仁慈除此之外没有办法以别的方式启示自身。同样，愤怒必须先于爱而存在着，严肃必须先于温和，粗暴必须先于温柔。“优先性”(Priorität)和“优越性”(Superiorität)正好处于相反的关系，除非人们陷入到一种门户之见中(遗憾的是，这样一种门户之见恰恰是我们这个时代的标志)，否则要把这两个概念混淆起来是不可能的。

[WA I, 47] 既然我们在这里提到了“统一体”概念，那么我们不妨更加细致地解释一下这个概念的不同意义，这些意义出现在考察的不同环节里面。

我们从一开始就宣称，纯净性(Lauterkeit)是主体和客体的绝对统一体，因为无论主体还是客体都不是存在者，但就二者具有力量来看，它们又是存在者。后面这一点已经通过迄今的阐述而变得很清楚了。也就是说，纯净性就其本性而言已经是本质，或者说一个显现为存在者的东西；但与此同时，纯净性就可能性而言也包含着那另一个意志，这个意志只能在纯净性之内自己生出自己，并且成为全部存在(亦即全部客观东西)的力量。

但还有另一种类型的统一体，它和对立同时出现，因为那个收缩意志使自己成为主体和客体的一个纽带。通过这个方式，收缩意志作为“最初的发挥作用的东西”就是主体和客体的居间者,或者说是二者的一个共同的、共生的东西,而在这种情况下,当相互对立的主体和客体分别与收缩意志相关联,它们都是实存的完全相同的形式,确切地说,在实存的意义上是相同的,但在本质的意义上是不同的,有着高低之分。这种实存意义上的 [WA I, 48] 相同,或者说当两个本原与一个存在者相关联时的相同,我们也曾经称之为主体和客体的“平衡”(Gleich-Gültigkeit)或“无差别”(Indifferenz)。

有些批评家已经习惯于从纯粹外在的角度去考察任何概念或命题,因此他们根本认识不到发展过程的这种内在进路和内在联系,而在这种情况下,他们就认为,这种实存意义上的相同意味着,两个本原本身是“同一回事”(Einerlei)。这个不可原谅的混淆甚至转化为一个简单粗暴的说法,即主体和客体是同一个东西(Eins)。难道还需要我提醒他们,这个说法早就已经通过一个更为细致的说法而得到澄清?也就是说,我们真正的主张是这样的:“同一个实存者,既是主体,也是客体。”很显然,那些批评家之所以做出如此粗暴的误解,原因仅仅在于,他们根本就不懂得任何一个判断的基本法则。质言之,无论在什么判断里面,哪怕是在一个纯粹同语反复的命题或解释里面,都不会有什么“同一回事”,毋宁始终有一种现实的二元性,否则的话,统一体本身就没有任何意义。如果有人说,“上帝和大全是同一个 [WA I, 49] 东西”,并且把这里的“同一个东西”理解为“同一回事”,那么他或许没有注意到,虽然他自以为在这里使用了两个概念,但实际上仅仅使用了一个概念,因此根本没有做出一个判断。同理,人们也不能把两个本原的那个统一体理解为“同一回事”,因为我们无论如何不可能主张,“爱就是愤怒”或“愤怒就是爱”。反之,如果说同一个实存者从它的一个属性来看是爱,从它的另一个属性来看是愤怒,这倒是可能的。

因此真正的统一体是指主词是“同一回事”,而不是指各个谓词是“同一回事”。针对这种意义上的统一体,人们不可能提出任何辩证的辩驳,除非人们主张,这种情况是不可能的,违背了所谓的矛盾律。然而人们对于矛盾律的理解经常是错误的,这种误解表现为一个惯常的说法:“同一个东西不可能同时存在着和不存在着。”然而从我们刚才的讨论必然已经得出,任何一个存在者必定同时是存在者和“非存在者”,因为存在恰恰是这个存在者身上的“非存在者”。正确理解的矛盾律无非是说,相互对立的主词,作为主词,不可能是同一个东西,但这并不妨碍[WA I, 50]它们作为谓词是同一个东西。那些对此仍然执迷不悟的人,我想请他们好好看看自然界,是不是也可以轻易将其打发到一边。因为自然界看起来特别乐意践踏那个所谓的矛盾律,同时并没有因此成为一个错乱的东西,因为它始终保持着实存意义上的相同。自然界乐于区分出各种相互冲突的力,使其中一些力在本性上就弱于另外一些。比如,磁的南极就弱于磁的北极,女性就弱于男性;尽管如此,从存在来看,一个本原并没有因为另一个本原而走向消亡,毋宁说二者恰恰表达出一种最为决定性的相同。

经院哲学家们在解释神性本性的“三位一体”概念时已经发

现，必须在一种比我们当代的逻辑学更精细的意义上规定每一个判断里的纽带[①]的真实意义。莱布尼茨在这个问题上跟随他们，并且指出，那个经常被人们重复的规则，“不同类的东西既不能通过彼此，也不能通过一个第三者而被谓述出来”，是错误的。他的看法是，虽然“铁是木”或“木是铁”之类谓述无疑是糟糕的，但毕竟有这样的可能，即人们可以合理地说：“那从一个部分来看是铁的某个东西，从另一个部分来看，和木是同一个东西。”同理，虽然“灵魂是身体”和“身体是灵魂”是一些不太妥当的说法，但人们可以这样说：“那从一个角度来看是身体的东西，从另一个角度来看，和灵魂是同一个东西。”这里我们希望一般地指出，判断里的纽带绝不是判断的一个单纯的部分（即使人们说，纽带是判断的最卓越的部分，这也是不对的），毋宁说纽带是判断的整个本质，而判断真正说来仅仅是展开的纽带自身。任何一个判断，哪怕是“A 是 B”这样一个最简单的判断，其真正的意义都仅仅是：那**是** A 的东西，**是**那也**是** B 的东西。而这就表明，纽带既是主词的基础，也是谓词的基础。这里不是一个单纯的统一体，而是一个自身复制的统一体，或者说“同一性的同一性”。“A 是 B”这个命题包含着以下几个要素：首先是第一个命题，“A 是 X”（X 指那个并非总是被提到的“**同一个东西**”，而主词和谓词都是它的谓词），其次是第二个命题，“X 是 B”，最后，只有通过这两个命题的重新结合，亦即通过纽带的复制或双重化，才得出第三个命题，“A 是 B”。由此也可以看出，判断已经预先

[WA I, 51] [WA I, 52]

① 这里及随后所说的“纽带”（Band）指我们通常所说的“系词”（copula）。——译者注

包含在单纯的概念里面,而推论已经包含在判断里面,因此概念仅仅是一个内敛的判断,而推论仅仅是一个展开的判断。我之所以在这里写下这些注释,原因在于,如果人们在将来改进这门高贵的理性艺术,这些注释是非常有价值的。尽管辩证法就其自身而言绝不是最高科学,最高科学也必须伴随着辩证法,正如言谈必须伴随着节奏。当然,那些初学者或不懂这门艺术的人就不要急于从事哲学研究了,他们应该首先好好上课,以掌握各种基本规则,就像在其他艺术那里一样。如果一个人没有掌握乐句的基本规则,那么他很难创作出一部音乐艺术作品,也不会有勇气去评价一部音乐艺术作品。

然而有些人却以为,可以把那个"统一体"概念和"联系"概念对立起来。他们无疑认为,为了拯救本原的差异性,必须放弃统一体。对于这些人,我唯一想说的是,他们根本就没有理解我们在这里所置身的观察立场。因为,在本质的那个最原初的纯净性里,既然根本还没有什么二元性,谁会去揣测什么"联系"呢?换言之,谁会把两个本原之内的实存者的统一体称作是一个"联系"呢?后面这种情况是不可能的。举个例子,对于一个有时看起来温和,有时看起来愤怒的人,我们绝不会说,这里指一个温和的人和一个愤怒的人"联系"在一起,毋宁说两种情况都仅仅是同一个人。[WA I, 53]

或许我们将来也可以提供一种情况,在那里,两个本原的统一体可以被看作是一个联系。但是这个联系已经以那个崇高得多的统一体为前提。

经过以上解释，我们可以理直气壮地宣称：最初的实存者是一个双重本质，这个双重本质就好像是由两个意志共生而成的，它既不是爱，也不是愤怒，而是二者的现实的无差别，而在这种情况下，二者都同样隶属于它的实存。

所以，最初发挥作用的意志不是一个无所作为的居间者，而是一个积极行动的居间者，是主体和客体的联系纽带；它在自身内部一方面把二者对立起来，另一方面又把二者设定为不可分割和不可区分的。由此出现一个最完整的统一体，它虽然不同于本质的那个纯净的统一体（因为那里没有任何二元性），但就内在性而言却毫不逊色。[WA I, 54] 在这里，尽管那个起初无感觉的统一体变得有感觉了，但它仍然是一个不折不扣的最为喜乐的统一体。这个环节代表着最初的“自身聚合”（Sich-Zusammennehmen）和“自身掌握”（Sich-selbst-Fassen），可以与之比拟的，只有一个最强有力的意识，在它那里，主体和客体相互感觉，相互作用，共同构成唯一的一个不可分的本质。换言之，因为意识的这种内在性在普通生命中是如此之稀罕，所以那个环节可以比拟于一些出乎常规的状态，在这些状态下，一个人类本质完全沉浸在自身之内，沉浸在一种最高的、内在的明澈性之内，和外部世界完全割裂开。在这个环节，尽管那个起初不发挥作用的本质开始发挥作用，但它仍然仅仅在自身内部发挥作用，而不是向外发挥作用。这就像一粒种子，在自身内部隐藏着一个尚未展开的生命。

即使在这里，我们仍然不能设想主体和客体之间的一个冲突,也不能设想存在之内的各个力量的分裂。毋宁说,在一种亲密无间的嬉戏中,它们为着彼此的发现和被发现而感到欣喜。纯净性带着一丝喜悦感受到自己最初的和最纯粹的实在性,而[WA I, 55]收缩力量则是愉快地发现,它的严肃和粗鲁得到了柔化,它的紧绷的欲望和渴求得到了抚慰。而且,这里没有一个必然的纽带,没有一个把两个力量在存在之内捆绑起来的纽带,毋宁只有收缩本原的一个自由的、在每一个瞬间都重复着的、仿佛自娱自乐的行为。既然如此,两个力量的自由运动也完全没有遭到扬弃,毋宁说,它们在每一个瞬间都自由地绽开,又在每一个瞬间重新温柔地结合在一起,而在这种情况下,它们在实存者内部生产出寂静直观的最纯粹的喜乐,通过这个直观,实存者看到了它自己的本质的诸多奇迹。

有迹象表明,古人确实已经认识到了上帝的最初生命内部的这种嬉戏乐趣。他们意味深长地把这种乐趣称作"智慧",称作神性力量的一面明净无瑕的镜子,称作一幅表现着上帝的仁慈的肖像(最后这个说法的依据是,本质在存在之内采纳了一些活生生的属性)。根据一本理所当然被尊为神圣之书的记载,这种乐趣是伴随着如下言辞而出场的:"主人在他的道路开端就有了我;还在他做什么之前,我已经在那里。从开端,未有大地之前,我已经被永恒地设定:那时群山尚未奠定,清泉尚未涌出大水,而我已经是他身边的工匠,每天有着我的乐趣,自永恒以来[WA I, 56]

就在他面前嬉戏。”[①]

这个学说和科学本身一样古老，它们都认为，事物的本质性具有一个永恒的起源，这些本质性在成为一种外在可见的东西之前，曾经现成地摆放在一些永恒的原型之内。假若过去的人们不是仅仅满足于为这个学说找出一些普通的理由，恐怕他们早就会发现，这个学说具有一个更为生动的意义。在原初本质的生命发展过程中，这类原型的生产是一个必然的环节。这种生产属于一个最初发挥作用的内在性状态。在这里，在本质的安静注视下，那些有朝一日将会存在的东西沿着它的内在目光飘然而过。二元性一再地消融在统一体之内，伴随着这个嬉戏，按照各个力量相互之间的不同地位，分别产生出一个与某个力量相对应的目光或面貌；之所以说“目光”（Blick），因为它们仿佛仅仅是在一个温柔的中介里绽放出来的，而之所以说“面貌”（Gesicht），因为它们在上升的同时重新降落，以至于这里没有任何持久的和稳固的东西，毋宁说一切都处于一个永不止息的塑造活动之中。

“理念”（Idea）这个美好的词语，按照其原本意义而言，和德语的“面貌”（Gesicht）这个词是同一个东西。就此而言，人们不 [WA I, 57]

---

① 谢林的这段话出自《旧约·箴言》第八章，22-30，引用时有所改动。相应的原文为：“在耶和华造化的起头，在太初创造万物之先，就有了我。从亘古，从太初，未有世界之前，我已被立。没有深渊，没有大水的泉源，我已生出。大山未曾奠定，小山未有之先，我已生出。耶和华还没有创造大地和田野，并世上的土质，我已生出。他立高天，我在那里；他在渊面的周围划出圆圈，上使苍穹坚硬，下使渊源稳固，为沧海定出界限，使水不越过他的命令，立定大地的根基。那时，我在他那里为工师，日日为他所喜爱，常常在他面前踊跃。”——译者注

应当把事物的那些原型现象简单看作是通常意义上的自然事物,与此同时,它们也不仅仅存在于理智之内(而这是人们一直以来对于柏拉图的原型的理解),不能脱离一切自然事物而被思考。

不可否认,唯有一种内在的激奋状态才可以比拟于原初本质的当前环节,而在这些状态里,自然事物与精神性东西始终处于一种独特的关系之中。现在,当前的生命环节已经与一种最初的、最温柔的身体性结合在一起,而精神性东西就好像直接披上了这种身体性。在存在里面,收缩的原初力量是一个封闭的力量,而肯定的原初力量则是一个被封闭的力量,也正是在这里,纯净性的本质采纳了最初的一些被动属性。这里产生出了一个已经变得温和的"光明本质"(Lichtwesen),它不同于纯净性最初的那道不可逼视的光芒,因为那道光芒在这里已经由于相反的本原而得到柔化。然而这个最温柔的身体性与存在者本身并没有什么不同,正如在那个自身聚合里——它必然是一切[WA I, 58]内在创造的开端,聚合者和被聚合者也没有什么不同。因此在这里,存在和存在者,身体性东西和精神性东西,完全融为一体。这里不是有两个本质性,而是只有唯一的一个本质性,只不过具有两个不同的样子。

既然精神性东西和身体性东西早早地表现为同一个实存的两个方面,那么我们可以说,它们当前的这个最为内在亲密的环节是一个共同的生育地,而后来针锋相对的物质和精神都是从这里产生出来的。

也就是说,那个在当前瞬间自己生出自己的最初物质尚且不是一个与精神相对立的物质,毋宁说它本身只能是一个精神性物质,它尽管在与存在者相关联的时候具有被动的属性,但仍然是基于自身的,并且在与一切从属者相关联的时候完全表现为一个力量和生命。假若不曾有这样一个点,精神性东西和自然事物在那里完全融为一体,那么物质就不可能把自己重新提升为精神性东西,而这种情况是不可避免的。即使是在那些纯粹的有形事物的物质里面,也有一个内在的升华之点,这个点在有机的物质那里仅仅现实地展开自身,并且……[1] 只要有人能够做到在某种程度上自由地考察事物,他就会知道,虽然事物的实存包含着一个绝对必然的因素,但事物并不是仅仅由于这个因素就达到了完满;在事物周围,或者说在事物之内,还有另外一个东西,正是这个东西才赋予事物以生命的完满光亮和现象:它就像一个泛滥出来的东西,作为一个虽然不可把握,但却并非无法察觉的本质,围绕着事物嬉戏,环绕着事物。这个照亮一切东西、从中透射出来的本质,不就是那个内在的精神性物质吗?不就是那个始终潜伏在这个世界的全部事物内部、仅仅期待着它们得到解放的东西吗?长久以来,在那些最具有形体性的事物里面,人们主要是在金属里面寻找那个本质,因为金属的独特光芒一直都让人的眼光着迷。人们仿佛通过一个普遍的本能预感到,那个本质就在黄金里面,因为黄金具有一种柔韧性和一种肉质般的温柔性,同时与一种最大的延展性结合在一起,让人联 [WA I, 59]

① 这里缺了一行。——原编者注

想到那个精神性—身体性的本质。甚至在那些看起来纯属偶然的语言游戏里(我们经常有机会注意到这些游戏),黄金也被一切民族拿来标记那个幸运无辜的世界时代,以及事物的和谐一致状态,仿佛唯有它才是一个仍然来自于那个极乐的原初时间的标志。 [WA I, 60]

但在绝大多数情况下,这个重生性本原的现象在有机自然界里面才是最为伸手可及的。它是生命之油,使植物具有饱满的绿色,它是生命之膏,使一切事物健壮有力。我们可以发现,它就在透明的骨肉和眼睛里,就在那个不可否认的自然流溢里,通过这个流溢,各种纯粹的、健康的、身体性的东西出现在当前,给我们带来舒适和解脱;我们甚至可以坚定无误地指出,它就在那个精神性本质里,当人的身体性处于一种最高净化的状态,这个本质就作为优雅而洋溢出来。粗鲁和优雅本身并不冲突,换言之,即使粗鲁并不认可优雅,但毕竟会感受到优雅,既然如此,假若没有一个自然本质在当前发挥着作用,那么优雅同样是不可想象的。换句话说,优雅之所以具有神奇的作用,甚至在野蛮人那里至少也会激发起一种惊诧,其唯一的原因岂非在于,它仿佛把物质的神性状态和原初状态展示在我们眼前?

因此对我们来说,最有利的办法莫过于把当前环节解释为……[1]
[WA I, 61] 在这个环节里,本质仅仅感到自己仍然是一个实存者。在最精确的意义上,这里只有唯一的一个本质,即实存者,存在者作为主体隶属于它,而存在则是作为客体隶属于它。这三个东西融

① 这里缺了一行。——原编者注

为一体，根本不可区分。

然而这个最高生命绝不可能停留在当前环节。因为，就连上帝也仅仅是神性的一个躯壳。原初的纯净性作为真正的实存者，始终处于一个遮蔽的状态，而最初的发挥作用的意志仅仅是它的实存的根据。自在地看来，无论主体还是客体都还没有被设定，但如今通过这个发挥作用的意志，主体和客体都被设定了，尽管它们自在地看来始终是一个本质上的统一体。确实有那么一阵子，这个统一体陶醉于它的有所感觉的、已经变得可感的生命——请容许我们暂时在这里使用这种形象的说法——但没过多久，它就以一种更内在和更尖锐的方式感受到它自己的本质的统一体，而这是因为它被置于一个对立之中，并与这个对立产生矛盾。一方面，它与收缩意志的严肃相对立，另一方面，它作为主体又与自己对立，唯其如此，它才能感觉到自己的原初本性的温和，但在这种情况下，虽然它始终是一个统一体，但却不再是一个寂静的、温柔流溢的统一体，而是转变为一个发挥作用的、收缩的统一体。至于最大的对立，却是它与存在的对立，在这个对立中，它感受到了一种现实的二元性和冲突性，因为它就其本性而言是一种流溢的、扩散的东西，但如今却违背了自己的本性，成为一个收缩的、封闭的东西。 [WA I, 62]

接下来，它的要求就是既不要作为主体，也不要作为客体而存在，而是要获得自由，成为一个温柔的、寂静的统一体，脱离主体和客体。

这就是一切生命的厄运：首先，它要求限制自身，从散漫状态来到紧促状态，以便成为一种可以把握的东西，但在这之后，当它处于紧促状态之中，并且感受到这种状态，又反过来要求回到散漫状态，回到它曾经所处的寂静之无里面——而这是不可能的，因为否则的话，它必须扬弃它亲自给予自己的生命。

同样，当纯净性在最初的发挥作用的意志那里获得实存之后，转而要求摆脱实存。现在，主体和客体已经通过发挥作用的意志而融为一体，而实存恰恰是通过这个方式而被设定下来的。[WA I, 63] 于是出现了一个寂静的要求，要让主体和客体分离，这个要求让发挥作用的意志不得安宁，因为这个意志不是一个单纯的本质，而是一个双重本质，爱和愤怒在其中处于一种平衡状态。由于这个意志在自身内部也感受到了爱，由于它也是**爱的**意志，所以在它那里也出现了对于分离的要求。而在它的内部，另一个意志，或者说那个自私意志，对这个分离的要求感到震惊，生怕实存会因此消亡，因此继续保持收缩。

现在的情况是，实存着的意志同样不可能对这个自私意志惘然不顾，因为它自己的现实性恰恰是基于爱和自私意志的平衡。于是在它的内部产生出一个冲突，一种在扩张和收缩之间来回运动的更替：爱驱使着它走向分离，而自私意志驱使着它走向结合。伴随着这两个意志之间的冲突，实存着的意志失去了自己的自由，而作为第一个搏动着的点，它仿佛变成了神性的跳动的心脏，这颗心脏在永不止息的收缩和舒张中寻求着宁静，却始终难以如愿。在这种情况下，它愈是感受到困窘和冲突，就愈是要求解脱，愈是要求把自己从必然性那里拯救出来。

在扩张活动中，存在（和冲突一起）脱离统一体，让其获得自由；但在一体化活动中，统一体又一再地被抓紧，不能逃脱，并且重新收缩为存在，随之再度被设定为存在者。这是一个不由自主的运动，它一旦发起，就永远不能自己停下来。通过每一个收缩活动，发挥作用的意志都会重新感到爱是第一位的意志，于是它再度决定要进行扩张。然而通过分离，另一个意志，作为对于实存的渴求，又在发挥作用的意志那里激发起来，而既然后者不可能对前者惘然不顾（因为实存恰恰基于这样一个事实，即它是**两个**意志），那么就从扩张活动那里重新直接产生出一个收缩活动。如此循环往复，没有任何逃遁之处。 [WA I, 64]

当冲突脱离统一体的时候，存在之内的两个原初力量也必然被设定在统一体之外，互不依赖；或更确切地说，因为在存在之内，只有那个扩张的、肯定的力量处于被动的地位，所以在这个过程中，它从强制中解脱出来。然而当存在被重新召回，与存在者合为一个统一体，随之被重新设定为存在时，那两个原初力量又必须去寻找一个共同的存在，随之重新被固定，成为一个实实在在的东西。 [WA I, 65]

即使在存在之内，也有一种在分离和一体化活动之间来回运动的更替；或更确切地说，存在和存在者的分离以存在之内的分离为前提，这两种分离已经搅和在一起。

一旦存在之内的两个原初力量分道扬镳，它们就获得自由，由此产生出客观事物之内的最初的独特生命。

这个最初的、自己推动着自己的生命就是上帝的原初的永恒本性或永恒自然界，这个自然界一再地呈现出来，又一再地被重新收回，并且只有在这种持续的呼吸更替中才具有一个生命。

也就是说，当爱的意志在存在之内唤出自己的生命，并将各种力量分离开来，另一个意志，即愤怒的意志，就失去了它对于存在的权利，而在这种分离状态下，自由就作为一道闪电而升起。但是，当另一个意志把各种力量从离散状态下召唤回来，爱就失去了它对于二者的权利，而那个开放的点又重新封闭起来。在这个方式下，永恒自然界的生命在这个环节仅仅是生与死的一种持续更替，也就是说，它以交替的方式为着这一个意志生，又为着另一个意志死，一会儿脱离统一体，获得其独立的存在，一会儿又重新失去其独立的存在。因此我们在这里不可能设想任何持久不变的存在，而这整个生产活动仅仅是一个神性现象，这个现象起源于矛盾，其本身既不能成为一个持久不变的东西，也不能产生出一个持久不变的东西。 [WA I, 66]

扩张活动意味着获得精神，而收缩活动意味着获得形体。因此在这个环节里，物质也向着它的最终形态化迈出了一小步。在那个寂静直观的最初状态下，存在尚且与存在者融为一体，两种性质之间也没有什么冲突；那时身体性东西尚且是精神性的，精神性东西尚且是身体性的。如今在这里，物质显现出一个未决断的状态，仿佛置身于精神性和形体性的一个斗争之中。

如果说之前环节的客观方面是一个精神性—身体性的本质，那么我们必须承认，当前环节的客观方面已经具有一种更大程度的形体性，而原初本质的存在内部已经现实地生产出一个 [WA I, 67] 阴郁的物质，这个物质与精神性东西相对抗，不再向其敞开。也就是说，收缩力量其实是一个提供身体性的力量，它在这里与那个提供精神性的力量公开对立，而在这种情况下，它的作用就是仅仅生产出一个与精神性东西相对抗的物质，尽管我们在这里绝不能设想一个持续稳固的诞生。

也就是说，分离和一体化活动的中间状态，当处于悬而未决的情况，就是**冲突**（Streit）。在存在的最初状态里，两个力量之间的关系是一种和谐的嬉戏，充斥着平静的相互激励，但是，当它们一再分离，又一再被召回到统一体之内，在它们之间就出现了一个愈来愈激烈的冲突。它们从每一个新的统一体那里撕裂出来，直到出现一种最高程度的对抗，这时它们看起来必须要寻找彼此，但不是为了现实地融为一体，而是为了相互之间进行争斗。无论什么时候，否定的力量认同的是一体化活动，并从中受益，而肯定的力量认同的是分离，同样从中受益，而这样一来，就没有哪一方能够持久占据优势，毋宁说双方都是在胜利和失败 [WA I, 68] 之间来回更替。

关键在于，即使在这里，我们也应当认识到许多不同的环节。也就是说，在冲突的开端，收缩活动尚且不怎么遭到征服，所以就整体而言，收缩活动相对扩张活动而言占据着上风。冲突尚且没有激化到最尖锐的程度。但在这场拉锯战中，分离愈来愈占据了强势地位，甚至看起来本身就成了强势，而且会持久地保持着这个优势。在这场持久更新的冲突中，当分离变得愈来愈强大,收缩活动变得愈来愈没有招架之力,在这一瞬间,物质作为二者的居间者必然被它们撕裂,并最终分解为最细小的碎片,在这种情况下,存在的最初的封闭统一体就瓦解为一片混沌。

除此之外,我们不妨也把分离和一体化活动之间的冲突看作是两个维度之间的冲突。也就是说,那个收缩的、始终朝向核心发挥作用的原初力量是第一维度的设定者,按照第一维度,事[WA I, 69]物的多样性,事物相互之间的自由和独立都是不可能的,毋宁说这里只有一个牢不可摧的统一体,只有一个压制着全部个别性的必然性。只有通过一个发挥相反作用的、解除了前者的桎梏、并且将其打破的力量(它的作用与前者的作用正好交错),才有可能产生出第二维度,把事物区分开来,使这个伟大整体的各个机能之间获得一个相互自由和相互独立的生命。也就是说,扩张力量一方面获得了相对吸引力量而言的自由,另一方面又没有摆脱吸引力量,所以它把它希望逃遁开的那个统一体撕得粉碎,从所有方面迸发出来,并沿着所有方向逃离中心点,但由于它始终又不能摆脱收缩力量的控制,于是就塑造出无数个别的核心,这些核心在相互冲突的力量的驱动下,看起来具有一个独特的和独立的生命。

引人注目的是,在整个自然界里面,每一个独立的生命都是开始于这样一个运动,即要么围绕着自己的中心点打转,要么围绕着一个外在的中心点打转。无论是在最大的事物还是在最小的事物那里,无论是在行星的轮子那里(看起来,世界的深深隐藏着的统一体是从这里首先揭示出来的），还是在那个几乎只有借助于显微镜才能观察到的充满生机的世界的循环运动里，我们都会看到一个圆周，而这是那个独立而特殊的生命的最初形式和最初启示。如果我们把那个神性的混沌，把那些以不可思议的速度围着自己的中轴和中心点运行着的群星拿来和鞭毛虫的混沌状态进行比较，或许这并不是一个非常糟糕的观点。血液就是一个仅仅被设定在内部，并且已经从属于一些更高力量的混沌，它在整体上和在部分里仍然保留着这个运动的古老形式。自然界向往着更大的宁静，而它最为迫切的追求，似乎就是要摆脱这个运动，并且把相互冲突的力量分离开来。为了做到这一点，自然界从一开始就展示出一个无比崇高的、迄今无人了解的奇迹，即骨的连接，通过这个方式，它能够在一个自由运动的系统里面借助舒张肌肉和弯曲肌肉之间的对立而把两个力量彼此分开，这两种肌肉，作为服从于意志的探测器，虽然始终遵循着一种循环运动，但前者仅仅向着外部颤动，后者仅仅向着内部颤动。 [WA I, 70]

在那个轮子里，通过一个持续不断的内化运动，物质最终获得了它的完满预备。也就是说，通过持续的分裂和重新一体化，那两个力量愈来愈明确地感受到彼此的存在。收缩力量按其本性而言应当是一个无作为的、居于从属地位的力量，但它在这个对立中获得越来越多的精神属性和行动属性；与此相反，扩张力量作为一种最纯粹的精神性，却是越来越深地陷入被动地位和从属地位。这样一来，两个力量就以一种无限的方式相互融合、 [WA I, 71]

相互塑造,并且为未来的感受能力和表象能力奠定了基础。

尽管如此,一切形体属性在这里都仅仅是浮光一现,因为存在之内的两个力量仍然是合为一体的,同样,存在者和存在也仍然是合为一体的,被召回到一个统一体之内。因此可以说,虽然客观东西一直都在跃跃欲试想要外化出来,但始终没能做到这一点。

所以,如果我们把客观东西内部的斗争看作是精神性和形[WA I, 72]体性之间的斗争,那么也可以把存在者和存在之间的斗争看作是内在性和外在性之间的斗争。

现在,是时候回到那个在这场冲突中实存着的本质的内部了。

这个本质既然设定了分离和一体化活动之间的持续更替,就必定在内部和外部同样遭受着各种矛盾的撕裂。这就好比,当那些有机的力量处于各种剧烈的和无规则的运动中,一个本质的内部也会连带受苦。

这就是全部生命发展过程的秩序:通过它与存在的矛盾,最初的生命和谐被打破,转而投入到折磨和痛苦之中。我们不妨想想人类生命在发展过程中遭遇的那些疾病(无论是身体层面的还是道德层面的)。痛苦是某种必然的和普遍的东西,是通向自由的必经之路。我们有勇气指出,原初本质在其发展过程中,也遭受着同样的折磨。折磨是普遍的,不仅对人而言是这样,对[WA I, 73]那位走向辉煌的造物主而言也是如此。造物主既然亲自走了这一条路,必然也会带领他的受造物走同样一条路。一切痛苦都仅仅来自于存在。又因为每一个本质都必须首先把自己封闭在存在之内，然后突破存在的晦暗，走向净化，所以神性本质同样不能摆脱任何痛苦，而是必须首先遭受折磨，然后才能欢庆自己的解放。

本质与它自己的实存的平静统一体——这是我们在最初环节里已经认识到的——在任何地方都是全部生命的最初状态，相应地，通过折磨而走向解脱就是它的目标。最初和谐一致的力量在存在内部分裂了，而存在者和存在的统一体愈是内在亲密，实存者作为存在者就愈是搅和到存在内部萌生的分裂里面。但我们在这里仍然应当区分出不同环节，因为在本质的内部，起初相对宁静的运动后面是各种愈来愈激烈的运动。只要收缩力量相对扩张力量而言仍然占据着优势地位，它就会在内部通过起初的冲突而保持沉闷，并且发挥着一种盲目的、无意识的作用。因为统一体并未发挥安抚作用，所以各种强大的、粗暴的、可怕的生物冒了出来，好比当人做梦的时候，如果理性灵魂没有参与进来，那么各种自行其是的力量就会制造出这些东西。当实存着的本质置身于这个冲突之中时，它不再处于那个内在亲密的状态或洞察一切的状态（那时整个内部就好像充满了光明），同时没有沉醉于一些极乐的、预示着未来的通灵视像，这时它就像置身于一些沉重的、从“过去”浮现出来的梦里面，孵化着什么：但没过多久，伴随着愈加激烈的冲突，各种粗野的幻象在本质的内部横冲直撞，而本质在其中感受到了自己的本性的全部恐怖方面。这种占据支配地位的感觉，这种与那些在存

[WA I, 74]

在之内进退维谷的路线冲突相对应的感觉，就是“畏惧”(Angst)。与此同时，分离仍在推进，使各个力量处于愈来愈严重的分裂状态，以至于就连收缩力量都要为自己的实存感到担忧。但收缩力量愈是保持强硬，实存着的意志就愈是盲目地发挥作用，而在这种情况下，各个力量也是带着一种盲目的渴望，粗野而疯狂地追求重新一体化。当存在内部的力量分离开，随之当存在和存在者本身分离开，自由（或原初纯净性的本质）就从那些力的中心点那里伴随着一道吞噬一切的光明绽放出来，[WA I, 75] 而这种情形无非就像在一个通电过程里，分裂开的力量愈是激烈地对抗，在这个分离情况本身之中，电火花就愈是强烈地作为闪电显现出来。现在，当纯净性与实存着的意志的盲目暴力相对立，它是一个本质上的统一体，其中栖息着自由、精神、理智和区分。既然如此，收缩意志自己也想要把握自由的闪电，并将其据为己有，以便让自己成为一个自由创造的和自觉的意志，从而摆脱冲突，不再面对任何对立，进而让它的各种受造物也分享这个本质意义上的统一体（即理智和精神）。然而这个盲目的意志不可能把握自由，因为自由是一个不可把握的、超级强大的精神。正相反，盲目意志被精神的显现震慑住了，也就是说，其实它非常害怕自由的纯净性，因为它很不情愿地认识到，自由是它的真实本质，尽管看起来温柔宁静，但却比一脸严肃的它更强大。所以，当盲目意志一眼看到那个精神出现，它就像冲昏了头脑一般，盲目地企图抓紧精神，并在自己的受造物那里以一种内在的方式模仿精神，以图能够在某种程度上将其掌握。然而盲目意志的这些举动仅仅像一个陌生的、自己无力控制自己的理智，像一个居于意识的纯粹暗夜和已经显现的精神之间的东西。这是一种疯狂（Wahnsinn），是那种最高程度的内在冲突和内在矛盾的最终状态。 [WA I, 76]

古人并不是无缘无故地谈到一种神性的疯狂。我们不妨看看这个可见的自然界（它仅仅是那个内在自然界的一幅外化的肖像），它愈是接近精神，就愈是显得跌跌撞撞。也就是说，自然界的全部事物都是处在一个昏昏沉沉的状态之中。我们看到，那些在分离和一体化活动的斗争的最后阶段，在意识和无意识的斗争的最后阶段产生出来的事物，都处于一种类似于酒醉的状态之中，仿佛是在疯狂的驱使下四处游走[①]。狄奥尼索斯的车乘全都是由狮子、豹子和老虎拉着前进，这不是无缘无故的。当自然界透过一种内在的目光看到本质，就陷入一种粗野的、跌跌撞撞的激奋状态之中，而那些满怀憧憬的民族的古老的自然崇拜，就是在酒神狂欢节里喝得酩酊大醉，以欢庆这种激奋状态。与此相反，原初自然界的那个疯狂地在自身内运转的轮子，还有圆周运动的那些强大的、令人害怕的力量，则是出现在另一种恐怖的场面里：那是一些古老的敬神仪式，其中充斥着昏昏沉沉的、躁狂的舞蹈，而"万物之母"坐在一辆装备金属车轮的车上，带着人们浩浩荡荡列队前进，同时伴随着一种嘶哑咆哮的，时而令人迷醉、时而摧人心肠的音乐。看起来，唯有在精神性和形体性的斗争中，音响和音调才会产生出来，正因如此，唯有音乐艺 [WA I, 77]

① 参阅《神话哲学》第十九讲，第427页（XII, 427）。——译者注

术才是那个原初自然界及其运动的一幅肖像。就此而言，音乐艺术的整个本质就在于循环，因为它从一个基本音调出发，无论经过多少铺陈，最终总是会回到那个开端。

我们并不是从原初本质的某些特殊力量出发来描述这个状态，毋宁说，我们仅仅勾勒出了那个依靠自己的力量、完全独自发展着的自然界的普遍命运。俗话说，人有人来帮助，甚至有上帝来帮助，然而那个原初本质却是处于一种可怕的孤独之中，得不到任何帮助，它必须独自和这个混沌状态斗争到底。

我们的这些描述是符合真相的，其最大的证明在于，那个运转着的诞生之轮，还有那种粗野的、自己撕裂自己的疯狂，直到现在仍然是事物的最内在的东西，仍然是自然界及其产物的真正力量。只有通过一个更高理智的光明，它才得到控制，就好像受到规劝一样。

[WA I, 78]

现在我们不妨设想一下，从什么角度来看，以上所描述的情况是时间的一个部分。我们预料到，即使在这个场合也会听到一种老调重弹，指责我们以异教的方式把自然界神化了。

细心的读者必定已经注意到，我们在最初的这个时期从来没有开门见山提出"上帝"概念(而在我们的那些更为严格的阐述里，这种情形是很常见的)，而是仅仅很克制地提到这个概念。也就是说，迄今为止我们仅仅宣称，那个原初的纯净性本质是一个凌驾于上帝之上的东西，是上帝之内的神性。至于那个所谓的"最初的现实东西"，我们不敢称之为上帝。

那么按照我们的观点，它究竟是个什么东西呢？——这个东西作为一个整体仿佛是上帝的永恒萌芽，其时并没有一个现实的上帝，毋宁只有一个就可能性而言或就力量而言的上帝。上帝的这样一个萌芽或潜能状态在进化过程中必然先行于上帝，正如内敛在任何地方都必然先行于发展。 [WA I, 79]

我想问问那些否认自然界具有**这样一种**优先性的人，他们真的对于上帝之内的自然界没有任何认识吗？假若缺乏这个认识，那么他们必须把自己限定在那个原初的纯净性本质上面，因为只有这个东西，亦即这个最纯粹的神性，是没有自然界的，因为它凌驾于一切存在之上，是一个永恒的自由；然而他们恰恰粗暴地宣称这个东西是“无”，而他们对“无”的理解和普通人的理解毫无区别。既然如此，这些人的上帝位于什么地方呢？

只要他们从那个地方挪开哪怕一小步，只要他们把“现实性”“实存”“存在”归诸上帝，他们就必须承认在上帝之内有一个自然界。因为，哪里有现实性，那里就有自然界，那里就有收缩力量，那里就有深邃和封闭性。

不仅如此，正是这些人长久以来就采用了这样一个说法：“上帝是他自己的存在的根据！”问题在于，这里所说的“根据”（Grund）究竟是一个单纯的词语呢，抑或意指某种实实在在的东西？如果是前一种情况，我们现在必须在科学里面对其进行更细致的考察，不再允许有人使用一些空无意义的词语。而假若是后一种情况，那么由此已经得出，在那个作为自己的实存的根据的上帝和那个存在着的上帝之间，必定有一个实实在在的差 [WA I, 80]

别;由此进而得出,那些归诸于上帝本身的属性,和那些归诸于作为自己的根据的上帝的属性,不可能是同样一些属性。由此可知,如果我们必须把存在着的上帝看作是一个自由的、在最高的意义上自觉的、理智的本质,那么在这种情况下,那个作为自己的根据的上帝就不可能在同样的意义上是一个自由的、自觉的、理智的东西。绝大多数人总是把那种与这些属性相对立的东西称作"自然的",对其极为反感,既然如此,他们不妨想想,他们是不是恰恰因此以一种惘然不觉的方式承认了上帝之内的自然东西(或潜在东西)的优先性。

我们可以一针见血地指出,当代的哲学思考方式的主要缺陷在于,它缺乏一些中间概念,这就导致人们认为,如果一个东西不是在道德的意义上自由的,就一定是机械式的,如果一个东西不是"**存在者**",或者说,如果一个东西是"**非**存在者",就一定是无,如果一个东西不是理智的,就一定是无理智的,如此等等。然而中间概念恰恰是一些最为重要的概念,因为唯有它们才能够在整个科学里面做出真正的解释。[WA I, 81] 如果有人只愿意按照所谓的矛盾律来进行思考,或许他会擅长于各种辩驳,就和古代那些智术师一样,但是他根本没有能力去发现真理,因为真理从来都不是处于一个赤裸裸的极端。

话虽如此,我们还是有必要更深入地探究一下误解的根源。这里不妨借助一个历史上的解释。是的,斯宾诺莎也曾经把上帝称作是一个自然界。于是人们认为,任何人只要提出类似的主张,就必然在全部方面都和斯宾诺莎的观点一致,更何况那些人自以为已经证明，斯宾诺莎的体系是唯一的一个对理性而言可能的体系。

斯宾诺莎值得我们去严肃地对待；无论如何我们必须承认，他是我们的科学之父，是我们的导师和先驱。甚至可以说，在所有近代哲学家里面，唯有他觉察到了那个原初时间（Urzeit），而我们在当前这本书里面的尝试，就是要为原初时间提出一个概念。

斯宾诺莎认识到了两个原初力量的那种强劲的平衡状态，他把它们称作广延（从根源来说其实是收缩力量）和思维（从对立来看，其实这才是广延力量或扩张力量），使其相互对立。遗 [WA I, 82] 憾的是，他的认识也仅仅止步于这个环节，即二者在实存的意义上的相同。至于他在这里是否认为，其中一方就本性或本质而言从属于另一方，这至少是存疑的。那些在我和斯宾诺莎之间画上等号的人，难道从来没有注意到我的独特的"潜能阶次"（Potenz）概念，难道不知道，单凭这个概念就足以把我们的观点和斯宾诺莎的观点完全区分开？难道他们从来没有发现，我们一向都是把上帝的自然界或实在方面表述为上帝的实存的第一个潜能阶次？——在斯宾诺莎那里，正因为两个原始力量之间的对立是不完满的，它们才处于一个完全的平衡状态和无所作为的平行状态，彼此之间毫无影响，其中一方也不会攀升到另一方之上。基于同样的原因，斯宾诺莎的实体也僵持在一种永恒的相同性和一种封闭的存在之中，缺乏发展过程和提升过程。尽管实体是两个原始力量的统一体，但这个环节仅仅是我们所说的“实存的根据”或“最初的现实东西”，就此而言，它是一种永恒的封闭性，从未走向行动，从未把自己升华为一个存在者。一[WA I, 83]言以蔽之，正如我们早就已经指出的那样，斯宾诺莎是一个纯粹的实在论者。在一种尽可能抽象的关系中，我们也可以说他是一个完满的实在论者，而近代的全部哲学体系都立足于这种抽象关系，反对现实的自然界。

除此之外，我们从一开始就提出的另一个观点，也可能让人感到抵触。也就是说，我们把可见的自然界放置到一个如此之高的地位，并且把所有那些从物质的内部绽放出来的力量看作是真正永恒的力量。诚然，在这个问题上，我们相对古人而言并没有提出什么全新的观点。我们只不过是更准确地理解了他们的思想，同时没有满足于仅仅去设想一些单纯被思考的、或者说单纯可思考的原型。我们谴责那种流俗的观点，在它看来，原始收缩力量和原始扩张力量，作为火和水的元素，作为闪电的力量和光明的温和，仅仅是伴随着这个外在可见的世界才产生出来的。我们的观点是，原初本质先行于世界，而原初本质之内的那些力量并不是没有发挥作用的。正因如此，我们在这里使用的术语并不是像某些人以为的那样，应当在非本真的意义上去理[WA I, 84]解，毋宁说必须在本真的意义上去理解。我们早就已经指出，为了标示我们迄今描述的发展过程的那两个主要环节，必须使用一些自然的、取材于有机自然界或普遍自然界的术语。真正的行家无需我们的提醒就能够看清这里出现的各种关系。

进而言之，绝大多数人一听到“物质”就觉得遭受了奇耻大辱，这究竟是什么原因呢？为什么他们如此看轻物质的身世呢？最终说来，这仅仅表明，他们是如此卑躬屈膝地对待他们如此反感的物质。物质的本质透露出一种泰然处之的意味，而这恰恰表明，它的内部栖息着某种与那个原初本质有关的东西，这个东西向内表现为一种最纯粹的精神性，向外则是表现为一种最彻底的被动性。虽然我们是如此地推崇主动性，但我们毕竟还是怀疑，它是否自在地就是最高的东西。因为本质——上帝自身就是从中现身出来的——是纯净性的一道光芒，这道光芒仅仅流淌着，但不能发挥任何作用。无论在什么地方，一种温柔被动的、接受性的东西看起来都是先行于一种发挥作用的、行动着的东西。基于许多理由，我一点都不怀疑，在有机自然界里，雌性是先于雄性而存在的，而这在某种程度上也可以解释，为什么那些最低级的植物和动物是无性的。

我们已经断定，每一个所谓的体系都必须按照它的本原来接受评判。但现在的问题是，对于“本原”(Prinzip)应当作何理解。 [WA I, 85]

只要人们假定，在任何发展过程中，只有唯一的一个展开自身的主体，那么毫无疑问，任何体系都只有唯一的一个主体，只有唯一的一个在主体中展开自身的生命。但正因如此，我们不可能给这个意义上的本原提出一个一劳永逸的固定概念。也就是说，正因为本原处于一个持续的运动、推进过程和攀升过程之中，所以任何概念都仅仅对其中一个环节有效。事实上，本原作为生命不是“一”，而是无穷的“多”。由此我们也可以看出，在科学艺术的活生生的整体里面，绝不会出现一个可以让人们驻足的点，或者说一个可以被人们固定下来的点，毋宁说，人们必须等待整体的完满发展，直到那个展开自身的主体能够自行给出它的完整概念。无论在开端、中点或是终点，这个主体都是一个完整的东西，而不是一个局限于发展过程中的这个或那个位置的东西；盖言之，它绝不是什么个别的东西，毋宁说它是整体之内的"一"和"全"。所以，当有人指责道，主体在这样一个发展过程中具有一种普罗透斯[①]的本性，虽然这句话本身是带有贬义的，但事与愿违，他恰恰说到了点子上。[WA I, 86]

我们经常听到这样一个断言："一个体系是根本不能的。"但人们在这样说的时候，却没有解释一下，他们所理解的"体系"究竟是什么意思。假若体系是一个由许多平行的命题构成的整体，并且其中的每一个命题都谓述出了一个固定的、持久不变的存在，那么所谓的"自然史"（我们假设它在描述自然界的时候已经做到了滴水不漏）就将是所有体系的一个模板了。又或者，假若体系是一个由许多相互关联的命题构成的整体，并且其中的每一个命题作为个别命题本身就具有真理，那么几何学或许就是唯一可能的体系了，尽管从来没有任何人把真正意义上的几何学看作是这样一个体系。与此相反，对于一种活生生的科学，

① 普罗透斯（Proteus）是希腊神话中的一位具有预言能力的海神，以外形变化多端难以识别而著称。谢林的同时代人和后人经常挖苦他是一位普罗透斯，并且指责他的哲学思想总是处于演进过程中，具有许多不同的形态。谢林在这里为普罗透斯（同时也是为他自己）正名，指出那些批评者以歪打误撞的方式恰恰无意识地触及了本原和主体的本性，即真正的大全一体必然在自身内部包含着一个演进过程。——译者注

人们可以说：任何一个命题，只要它是作为命题而被谓述出来，就已经是错误的了。比如这个命题，“原初本质是主体和客体的绝对统一体”，当它作为一个本身就有效的真理被谓述出来，显然是错误的，因为原初本质在别的情况下也是一个发挥作用的统一体，在某种情况下甚至是主体和客体的对立。同理，相反的另一个命题，“原初本质不是主体和客体的统一体”，作为个别命题，也是错误的。反之，在一个具有活生生的联系的整体里，每一个东西的地位以及相应的有效性范围都得到了规定，而在这种情况下，那两个命题全都是真实的命题。现在，人们可以反过来这样说：体系之外的任何命题都是错误的，只有在体系里，只有在一个活生生的整体的有机联系里，才会有真理。 [WA I, 87]

所以，一个糟糕的体系就和一切恶劣的东西一样，都是因为止步不前，并且缺乏一种发展自己、提升自己、贯彻自己的能力。我们可以清楚地发现，迄今已经出现的各个体系之间的差别仅仅在于，它们各自固守着一个片面的立场；这些立场本身并不是错误的，毋宁说，只有那种停留在一个立场的做法才是错误的。因为所有的立场都必须进一步发展和推进，最终在一个真实的、无所不包的体系里安家落户。

通常说来，人们并不是在一个更高的意义上来理解“本原”概念：对绝大多数人来说，“本原”仅仅意味着一个开端点。不言而喻，如果人们仅仅依据开端的本性来评判整体的本性，就必然会形成各种片面的和颠倒的观点。我们的观点本身就是处在一个发展过程当中，既然如此，什么样的名称能够将其涵盖呢？ [WA I, 88]

在随后的发展过程中，那个纯净性本质显现为唯一真正的存在者或观念东西，如果有谁一直关注着整体的这个最高点，不妨把这个整体称作“唯心主义”。至于我本人的做法，则是把那个本质称作“**绝对**观念东西”，以便把这个意义上的它和后来已经成为现实存在者的它区分开。就此而言，我也可以把这个整体称作“绝对唯心主义”。

当然，我已经注意到，这个名称听起来很是抽象枯燥，而且很容易带来误解。因为自在地说来，那个本质性既不是观念东西，也不是实在东西。或更确切地说，如果它向着内部显现为一个最纯粹的观念东西，显现为一种最纯净的主动性，那么反过来，它向着外部则是显现为一个不发挥作用的东西，显现为一种最纯粹的被动性，随之等同于实在东西的本性。

[WA I, 89] 既然如此，整体的名称就应当取自那个崇高的点，也就是说，我们既不能把这个整体看作是实在论，也不能把它看作是唯心主义。或许我们应当期待，这些对立在进一步的发展过程中才会出现。

然而我们已经证明，在那个本质性里面，根本就没有开端的可能性，毋宁说这个可能性仅仅包含在另一个本原里面。既然如此，我们只能在后面这个本原里面寻找体系的开端或线索。

如果以这个本原为标准，我们就必须宣称这个整体是一种实在论和泛神论，而这种情况已经多次发生了。至于这个做法的合理之处，可以从前面的内容那里得到辩护。

即使从年岁的高低来看，实在论也是毫无争议地排在唯心主义前面。如果有人不承认实在论的这个优先性，那么他想要的就是一种缺乏先行内敛的发展过程；他只想要鲜花和由此结出的果实，却不想要那些提供营养的厚实土壤。正如存在是永恒的上帝自身的力量和强硬方面，同样，实在论也是每一个哲学体系的力量和强硬方面。 [WA I, 90]

每一个人都承认，收缩力量是任何事物真正发挥作用的开端。那个最为辉煌的发展过程，不是起源于一个轻松展开的东西，而是起源于一个封闭的东西，这个东西伴随着一种自身冲突才决定展开自身。遗憾的是，很多人不愿意承认存在的那个古老的神圣力量，他们恨不得从一开始就驱除那个力量，而不是等到它被那个自行生出的爱征服之后才自行消退。

最初那个具有内在感受和内在注意力的人必然已经认识到，在他内部和外部都有一个永恒的对立。他必然已经发现，在自然界的那些原初状态里，冲突是来源于可见事物，所以他早早宣称道，对立的根据比世界更古老，甚至和那个最古老的本质一样古老；此外他还指出，正如所有的生命里面都有一种二重性，同样，那个原初生命里面也有一种二重性，这种二重性自上而下，通过无穷多的层次出现在我们眼前：身体性东西和精神性东西、黑暗和光明、火和水、还有男性和女性。正因如此，那些最古老的学说一致认为，那个最初创造一切的本原是一个具有双重力量的本质，或者说是一个具有相互冲突的两种作用方式的本质。 [WA I, 91]

然而我们这个时代距离人类的那种原初感觉已经非常遥远，而且还处在一个继续疏远的过程之中。所以，当人们感受到那种二元性的时候，他们宁愿将其消灭，或随便通过什么方式将其否定，而不是通过一种现实的承认和理解将其表现出来。

如果人们认为，存在仅仅是一种与我们相对立的东西，如果人们认为，另一个本原仅仅是人（哪怕这是一位单纯的工匠）能够在自身之内找到的东西，那么他们只能想到一个最枯燥的说法，用来表达那种二元性。这就是所谓的“存在与思维”的对立。

对于这里的思维来说，强悍的存在从一开始就显现为一个不屈不挠的力量，而哲学虽然号称能够解释一切，却不得不承认，这个存在恰恰是一个最难解释的东西。哲学必须解释这个不可把握的东西，这个积极地与一切思维相冲突的东西，这个活动着的晦暗之物，这个主动投向黑暗的趋势。但哲学做了什么呢？它宁愿把这个碍事的东西丢在一边，把这个不可理解的东西完全消解在知性里面，或以某种方式消解在表象里面。[WA I, 92]

任何一个人，如果他这样做了，如果他否认有一个主动地与一切思维相对立、并且积极地与一切思维相对抗的本原，他就会否认有自在的实在性，随之有理由号称是一名“唯心主义者”（就这个词的通常意思而言）。

这个意义上的“唯心主义”，即对于存在的那个原初力量的彻底否认，绝非仅仅出现在学术界内部，而且它也不是当前这个时代才出现的新产物。事实上，就这种“唯心主义”在我们这个时代的表现来看，它只不过暴露了一个秘密的方向，而数百年以来,人类的所有探索性的思维工作已经在朝着这个方向前进。

这里也证实了另一个说法:"人在任何时候都按照自己的样子来塑造他的上帝,同时又按照他的上帝的样子来塑造他自己。"相应地,在我们中间愈来愈明确地形成了一个风俗,即认为"人道"(Humanität)是唯一重要的东西,至于美德和力量,本来应当是"人道"的基础,现在反而成了完全不重要的东西。相应地,人们孜孜不倦地把一切权能和力量从"上帝"这个最高理念 [WA I, 93] 那里尽可能排除出去,以至于我们当代的一位哲学演说家吹嘘道,他能够为每一个人描述这个"人道的"上帝,但在这些描述里面,人们除了看到各种光芒四射之外,看不到任何别的东西。

当一个人完全失去了在自身内深化的能力,这个"人道的"上帝就是他的一幅自然的肖像。这种情况可以比拟于一个软弱无能的民族,它信心满满地追求所谓的"文明"和"启蒙",最终却是把一切事物消解在自己的各种思想里面。它在抛弃晦暗之物的同时,也抛弃了全部力量和那个"野蛮的"(我们何必回避这个正确的词呢)本原。这个野蛮的本原虽然可以被征服,但却不可能被消灭,因为它是一切伟大事物的真正基础。

在那位演说家看来,除了神性的那种原初光明之外,一切实存着的东西都仅仅是神性的一幅肖像,仅仅是神性本身的一个空洞的图示化。他进而认为,在这个肖像世界里面,那具有更高可见度的东西,即整个所谓的显现出来的自然界(大地和天空,也可以说是上帝的权力的最佳展示),更是"无中之无",或"阴影 [WA I, 94]

之阴影”——在这种堪比品达[1]的激昂状态下，为什么他不干脆引用这位诗人的“阴影之梦”的说法呢？既然如此，我们奉劝他还不如引用荷马的一句诗，这是老加图[2]在谈到迦太基战争时也曾经引用过的那句诗。老加图的意思是，即使在盛产演说家的罗马民族那里，也只能找到唯一的一个人，对于这个人，就像对于西庇阿[3]一样，人们只能说：

唯有他是强大的，别的人都像阴影一样扑腾。

如果我们在轻快灵动的思维那里找到一个本原，这个本原既不会畏惧最锐利的概念的反复折磨，也不会逃离最具精神性的思维之火的炼冶，这将是一件多么有益的事情！假若没有这个与思维相冲突的本原，或许世界早就已经瓦解在无里面；只有这个不可征服的中心点维持着世界，帮助世界抵御那个始终运动不息的精神风暴。是的，它是上帝的永恒力量。它在最初的实存者里面必定是一个与启示相抗衡的本原。因为，既然有一个推动着启示的力量，岂非必然也有另一个与之相抗衡的力量？难道我们可以设想一种完全静态的无差别吗？在最初的现实东西里面，有一个非理性的本原，一个反抗着分化，随之敌视着受造物的本原，而这个本原是上帝自身内的真正力量：正如在

[WA I, 95]

① 品达（Pindaros，约前522—前442年），古希腊最伟大的抒情诗人。——译者注

② 老加图（Marcus Porcius Cato或Cato Maior，前234—前149年），罗马政治家和演说家，曾任执政官。——译者注

③ 西庇阿（Publius Cornelius Scipio，前236—前184/183年），罗马军事家。公元前205年率罗马军队进攻迦太基，并于公元前202年击败汉尼拔，最终征服迦太基。——译者注

那部最为严肃的悲剧里面，它表现为“力量”和“暴力”，作为宙斯的仆从，用铁链把那位热爱人类的普罗米修斯囚禁在四周环海的岩石上面。我们既然承认上帝的人格性，就必须也承认这个本原。毕竟按照那种更为古老的哲学的说法，人格性已经被解释为一个终极行为或终极潜能阶次，借助于这个东西，一个理智本质以一种直接的方式现身出来。这个本原不是像人们通常认为的那样，把上帝和造物搅和在一起，毋宁说是它使得上帝永恒地与造物分离开来。受造物可以分享一切东西，唯一的例外是，它们不可能依靠自己并且通过自己而存在着。

因此人们根本不应当说，假若承认神性本性内部有这样一个本原，就是对于神性本性的侮辱。因为，如果一个东西必然属于它的存在，这个东西怎么可能是对它的侮辱呢？除此之外，这个指责本身就包含着一个错误的前提。因为，作为一个发挥着作用的本原，它先行于存在着的上帝；而在存在着的上帝那里，它是居于从属地位的；假若它有朝一日重新现身出来发挥作用，那么我们首先得确认，这事是不是已经得到神性意志的认可。

凡是适用于实在论的东西，也适用于泛神论。在全部力量的那个原初的平衡状态下，“一”就是“全”，“全”就是“一”。但是这个统一体同样不是一个静态的统一体，而是通过一个在原初本质内部发挥作用的力量而被设定的。所以，正如实在论就年岁而言优先于所有别的观点，同样无可争议的是，泛神论也优先于它的对立面，即唯心主义和二元论。我们可以说，泛神论在上帝自身之内是一个较早的和较老的体系。然而恰恰是原初时间 [WA I, 96]

的这个泛神论体系，这个以“大全一体”和“全然封闭”为标志的原初状态，应当通过随后的时间而愈来愈遭到排挤，并被设定为“过去”。——

这个状态是通过什么东西而成为“过去”的呢？它已经过去了，对此我们深信不疑。至于这里的证据，就是自然界的外表及其平静下来的容貌，还有它自身内部的有机关系（这个关系与那个粗野的无机时间相对立）。

不是通过任何一种位于原初本质之外的力量，尽管这样一种力量是可以想象的。因为原初本质的力量不可能屈服于任何东西；没有什么东西能够打破它的本质的坚固统一体，也没有什么东西能够扬弃它内部的各种力量的同时性和平衡状态。[WA I, 97]

甚至上帝本身，那个封闭在存在之内的上帝，也不可能依靠自己而改变这个情况。因为单就他自己而言，他是一个不可分的整体，而那个更高的意志（它同时也是他的意志），爱，虽然能够让他陷入到矛盾状态和冲突状态之中，却不能带领他走出这个状态。同样，这个状态也不可能通过封闭在上帝内部的两个本原而得到改变，因为没有任何东西能够脱离上帝。

因此一般说来，只有如下情况是可以设想的：

1）原初本质永远陷身在这个冲突状态里面，既不能达到分离，也不能达到一体化。2）分离现实地发生了，而这又是基于两种情况：要么更高意志占据了绝对优势，要么那个发挥作用的意志放弃了自己的生命。3）最后，那个迫切要求分离的更高意志以另外一种方式得到了满足，与此同时，另一个意志仍然保留着 [WA I, 98] 它的力量和作用。

第一种情况违背了基本设定，而且自在地看来也是不可设想的。因为永恒的紊乱、永恒的混沌、永恒的折磨和畏惧等等都是不可能的；一切矛盾都会通过自己而找到自己的终点。至于第二种情况，即分离绝对地战胜了一体化，同样也是不可能的。因为假若是这样的话，收缩性本原就会被彻底消灭了，而在这种情况下，虽然最初的纯净性重新确立下来，却没有了启示。这不是纯净性想要的结果，也就是说，虽然纯净性总是希望逃脱圆圈的势力，但是这个势力还是得保留下来，因为纯洁性不可能无视自己对于启示的渴望；纯净性的真正希望是要保留对立，这样它就能够作为统一体从那里冉冉上升。没有人会怀疑，假若纯净性的那个超神性本质真的想要摆脱实存，它完全能够在自身之内吞噬一切与之对抗的东西，并且作为一团毁灭性的大火爆发出来。然而爱不能容忍这种情况，启示的意图也不能容忍这种情况。在那个持久的实存中，在大火被持久阻碍而不能爆发出来的形势中，蕴含着一个最高的秘密。最后的第三种情况，即实存着的意志完全放弃了自己的生命（即自私意志），同样也是不 [WA I, 99] 可能的，因为假若是这样的话，它将会收回一切东西，并且将开端扬弃。那样就将会是一个完全倒退的过程了。一切倒退的东西都是混乱不堪的，而神性的行事方式，不是在于自由地收回一切东西，而是在于贯彻已经开始的东西，引领其达到终点。因此自在地看来，那种倒退也是不可设想的。刚才我们已经证明，设想自私意志或收缩性意志通过一个更高的意志而被扬弃，这是不可能的。或者人们还会设想，收缩性意志本身就必须扬弃它自己。然而这个意志是一个自在的盲目意志，它对于它自己也没有自由，而同一个东西通过自己而被克服，这是不可能的。至此只剩下最后一个可能性，即通过另外一个方式，一方面满足本质对于分离的要求，另一方面也满足实存者对于自由和启示的渴求。

这里已经出现了一个看起来不可解决的矛盾，并且以一种愈来愈清晰的方式展现出来：一方面，实存者应当分离自身，另一方面，它同时又应当实存着，亦即保持为一个单一体。假若统一体会消亡，那么矛盾也绝不可能存在；然而在一个最完满的东西里面，任何东西都不容有失。[WA I, 100] 有些人设想，从统一体到二元性只需要一个最为轻微的过渡，在这种情况下，统一体仿佛可以悄悄终止。然而这同样违背了神性本性的完满性和不变性，因为在神性本性里面，不可能有本质的转变，不可能有黑暗和光明的更替。假若太一推动自己走出统一体，进入二元性，统一体必定会走向消亡。是的，二元性应当存在，但统一体同样也应当保留下来。要做到这一点，归根到底只有一种情况是可能的，即那个一体化本原在坚持自身的同时，恰恰设定了一个分离性本原，或者说，一体化本原在设定一个排斥性本原的同时，恰恰坚持自身为一个收缩性本原。即便如此，一体化本原也必须通过它的收缩活动而把一个分离性本原设定在它自身**之外**，这样它才能够在自身之内保持为它自己。问题在于，没有什么东西能够存在于上帝之外（哪怕上帝在这里尚且处于一个萌芽状态），因为上帝是“一切本质之本质”，他包含着一切现实事物的种子和可能性。既然如此，那个被设定在实存者之外的本原，必须同时也是在上帝之内，只不过是在实存者之外而已，也就是说，上帝必须在实存者那里双重化自身，上帝必须具有另外一个人格性，这个人格性虽然不同于实存者的人格性，但和上帝自身没有区别。就上帝是一个实存者或一个封闭在存在之内的东西而言，事情只能是这个样子，因为在这个实存者之外，最初没有任何东西，也没有上帝。但这个东西，这个实存者，是一个不可分割的整体；我们既然以它为前提，它就应当始终保持为这个样子。因此，如果这个封闭在存在之内的上帝设定了另外一个人格性，那么这不是通过分裂，不是通过割裂或脱离而发生的，毋宁说只有一种可能，即上帝在这样做的同时，仍然保留着自己的整全性和封闭性。设定者一方面把一个东西设定在自身之外，另一方面保持着自己的完整性，这样一种设定活动，就是**生殖**（Zeugung）。既然如此，为了最终解决那个最高的矛盾，唯一可能的办法，就是让那个封闭在存在之内的本质进行生殖或自身复制。 [WA I, 101]

人们已经在一种更为宽泛的意义上接受并且频繁使用“生殖”概念，以刻画那样一种情况，即在一个活生生的本质里，最初内在的创造性力量开始向外发挥作用，至于那生产出来的东西，既可以是一个和本质相同的东西，也可以仅仅是一个不依赖于本质的独立东西，这些都是其次的。所以人们认为，那些进行创作的诗人和艺术家也具有一种生殖力，在这种情况下，那生产出

[WA I, 102] 来的东西看起来是不依赖于他们的。在植物那里，生殖的原初形式以一种最为纯粹的方式呈现出来，关键在于，植物的生殖性不是等到真正结出果实之后才有所体现，而是在某种程度上已经体现为一种向着开花过渡的状态，而在这种状态下，植物已经生产出一个不同于它的东西，并且通过这个东西扬弃了它自身的单纯延续。一般说来，不仅是作为整体的有机本质，包括其个别机能（尤其是感官机能）也有着持续的生殖乐趣。比如，耳朵始终都想要倾听，而正如人们看到的，有些人如果没有听到一丁点响动和词语，简直就没法活下去；如果外面一片寂静，他们就自己刺激自己，这就是为什么很多人习惯于自己和自己交谈的原因。同样，眼睛也是持续地想要观看，这种观看是一种真正的"自身外创造"，一种收缩（亦即一种生殖），而如果没有什么外来的刺激，眼睛就会决定，在一种特别诱人的情况下，亲自生殖出某些东西。一般看来，任何一个本质，当它处于一种充盈的状态，再也不能包含着更多的东西，或者说再也不能收缩，就会在自身之外收缩——比如，口头的词语塑造就属于这样一类崇高的奇迹，它是充盈的内心的一个真正生殖，因为内心已经不可能 [WA I, 103] 继续停留在自身之内。

是的，当实存者的内心处于一种不断递增的充盈状态，它所寻求的无非就是词语，而当它说出这个词语，它就能够得到解放和展现。无论什么时候，只有那个被生殖出或被发现的词语才会消解内在的两难。

人也是如此。当他开始展现自己的最初的人格性，当他感受到畏惧，感受到一切生命的那种深沉的内在痛苦，同时又不愿意停留在混沌状态或落入到一种内在的吞噬一切的火焰里面，他就必须为自己生殖出一个拯救者，亦即另一个更高的、更好的人格性，唯有这个人格性才会给最初的人格性带来决断，带来揭示，带来凝思。

爱是一切发展过程的驱动者。爱推动着原初本质放弃了自己的封闭性。因为，收缩性力量不仅在外部，而且在内部同样被征服了。通过持续的分离，收缩性力量在内心里面愈加感受到纯净性本质的启示，同时愈加深切地发觉，这是它自己的真正的原初本质。收缩性力量在本性上是一个严肃的、强硬的和盲目的东西，与那个更高本质的温和、理智和光明相对立，现在却日益失去与之对抗的勇气，但它作为一种永恒的力量和强硬性，又不得不保持为一种收缩性的东西。现在，它愈是屈服于分离，同时又不能放弃收缩，它的心灵就愈是动荡。与此同时，它的本质更加渴望存在，更加充满憧憬；它的运动不再是冬天里的一股寒流，而是即将到来的春天的和风细雨，这时，一丝痛苦而甜蜜的气息牵动着整个自然界的神经，全部本质都好像融化在一种内在的欣喜里面，为自己的最高的生命的实现做好了准备。现在，收缩性力量已经在内心里面自由地放弃了自己的生命，愤怒变得软弱无力，失去了全部意志，随之失去了收缩的能力。但从外在的方面来看，或者说从行为来看，它作为那个唯一的天生就不朽的本质的永恒力量，不可能停止做出创造和收缩。在这种情况下，在原初本质这方面，各种力量的最高激荡也达到了那样一

[WA I, 104]

个环节，在那里，由于原初本质没有能力在**自身之内**进行收缩或生殖，所以它在**自身之外**制造出一个与自己相似的东西，但这是一个独立的、不依赖于原初本质的东西。

[WA I, 105] 那么收缩性原初力量能够生殖出什么东西呢？无非就是本质性所欲求的那个东西——正是通过这个欲求，原初力量才陷入到那种冲突里面——那个与本质性相似的东西，即**最纯粹的爱！**正如爱在内心里面被生出来，同样，永恒儿子从永恒父亲的收缩中心点那里被生出来。

现在，爱的愿望得到了满足。爱第一次认识到，收缩性力量和它自己是合为一体的。因为爱本身作为一种自为的纯粹纯净性，既没有能力去生殖，也没有能力去创造。为此爱需要收缩性力量，把后者当作唯一的作用力和生殖力，正因如此，收缩性力量本身是和爱一样永恒的。然而收缩性力量只能是一种生殖力，也就是说，它只能在实存者自身之内进行生殖，而不能为了它自己而进行生殖。爱抗拒着收缩性力量，直到后者在内心里被征服，决定进行生殖。现在，内在的爱的欲求平静下来了；从现在起，它也让收缩性力量得到了安宁。关键在于，收缩性力量不可以停止下来，毋宁说它必须永恒地持续发挥作用，以确保儿子永恒地从父亲那里被生出来，确保父亲的力量永恒地通过儿子而得以展现，并且通过这个共同作用，征服和被征服的永恒欣 [WA I, 106] 喜产生出来。儿子不是父亲的对立面，毋宁是他的乐趣和爱。用一个不太贴切的比喻来说，这就像我们找到一个朋友时的欣喜，他把我们的封闭内心展现出来，使之自己言说自己，或者说他最终给出了一个词语，解决了我们的生命的全部矛盾。因为只有伴随着儿子，父亲才开始做到自我理解和自我区分，就像一位早期作家所说的那样："儿子是父亲的深奥性的界限，是一切可理解的事物的源泉。"

也就是说，按照一个直接的方式，通过儿子的单纯实存，虽然父亲并没有被设定为"非存在者"，但父亲的那个统一体（它意味着力量的无差别和封闭性）却被设定为"非存在者"——不是就其自身而言的"非存在者"，而是在与儿子相关联时的"非存在者"。但是，如果一个本身存在着的东西在与另一个东西相关联时被设定为"非存在者"，就等于是被设定为"过去"。因此，在生出儿子之后，父亲的黑暗的原初力量本身就退回到"过去"，认识到自己在与儿子相关联时是一个过去的东西。同样，当收缩性力量退回到潜在性，返回到"过去"或内在性，并且被设定为第一个潜能阶次，爱和它之间的矛盾也就终止了，因为它已经处于它的真实关系之中。现在，收缩性力量始终能够内在地发挥作用，而爱对它的作用感到高兴：因为只有通过它的作用，永恒儿子才会存在。现在，父亲的爱在儿子里面安息，再也不会激发起过往时间的冲突。现在，这两个本原首次被设定为对彼此而言都是自由的；它们为彼此的独立性感到高兴，并且共同制造出唯一的一个自然界。 [WA I, 107]

儿子是父亲的调解者、解放者和解救者。如果说父亲的力量是先于儿子的，那么它同样也是先于父亲的。因为，父亲本身只有在儿子**之内**，并且通过儿子，才是父亲。就此而言，儿子反过来也是父亲存在的原因。对于这个情况，炼金术士们熟悉的那个说法是很贴切的："儿子的儿子曾经是儿子的父亲。"

伴随着儿子，开始了第二个时期，即"现在"时间，爱在其中占据着支配地位。之前我们曾经提出一个法则，即同样一些力量，虽然内在地共同发挥着作用，但在外表上却是相互独立的，而且它们作为占据着支配地位的力量，各自拥有一个独特的时间。在这里，所有生命的这个伟大法则通过所有事件中那个最伟大的事件而得到确证。

[WA I, 108]

从父亲的力量这方面来看，儿子造成的第一个后果，就是在父亲的力量里面征服了存在和存在者的统一体。而这意味着，无论在存在里面，还是在存在者里面，存在者或本质都被设定为一个相对存在而言的自由，否则那个征服是不可能发生的。

因为，本质既在存在之内，也在存在者之内，只不过是以对立的方式包含在二者之内。

在存在者之内，本质一度被设定为收缩性力量的主体，随之被设定为一个收缩的东西。在这种情况下，本质是不自由的，因为它按其本性而言是一个流溢的和分享的力量。

反之，在存在之内，本质一度也是不自由的，因为它遭遇收缩，并在这个意义上被设定为客体。

现在，存在者和存在之所以能够形成统一体，原因恰恰在于，本质在存在者之内被设定为主体，在存在之内被设定为客体。就此而言，那个统一体是不可能被扬弃的，除非与此同时，本质在存在者和存在之内成为一个相对于存在而言的自由，或

[WA I, 109]

者说,除非本质摆脱了收缩性力量。

对于这个关系,即本质在存在者之内与收缩性力量的关系,我们最好是借助如下这个关系来设想:一个自在自由的、纯净的心灵,与一个在它内部自行产生出来的特定的意志相对立,这个意志虽然是在心灵内部产生出来的,但很快就把心灵本身囚禁起来,以至于心灵在和它的关联中失去了自己的自由和纯净性。现在,如果这个意志转向内部,退回到封闭性之内,心灵就能够恢复自由,重新流溢出自身并分享自身。

正因如此,本质在存在者之内只能通过如下方式而成为自由的:收缩性力量(即另外那个把本质设定为主体的意志)得到征服,随之被设定为内核,设定为一个潜伏的或相对而言的主体,与此同时,本质成为一个包容并包揽收缩性力量的东西,走向外部,重新成为一种自由地流溢着的爱。

简言之,本质在存在者之内是不自由的,因为它被设定为主体,但自在地看来或按其本性而言,它是一个凌驾于全部主体之上的东西。反之,本质在存在之内也是不自由的,因为它在和那种否定性力量的关联中被设定为一个客观东西,被设定为一个"非存在者",而它在这个关联中本来应当是一个存在者。因此,如果本质要在存在之内获得解放,那么只能是这样,即本质在这里以一种递进的方式被设定为存在者或"现在的东西"(即主观东西),反过来,存在或否定性力量以一种递进的方式被设定为"非存在者"或"过去的东西"(即客观东西)。 [WA I, 110]

也就是说,"分离"不应当意味着两种力量的绝对脱离,或统一体最初的纽带遭到撕裂。假若事情是这个样子,那么父亲的永恒力量就不是通过爱而被征服,而是被消灭了。“分离”只能意味着这样一个解决方案,即每一个本原都独立于对方,或获得其独特的自由。对于这个解决方案,最正确的观点是,把它看作是存在的最初的沉寂纽带的清楚分节(Artikulation),通过清楚分节,纽带转变为一个可倾听的、可言说的词语,在这个词语里,元音和辅音并未脱离彼此,而是被设定在一个合适的、清楚表达的关系之内。[WA I, 111]

现在,当儿子征服了父亲之内的黑暗的无差别力量,也就是说,当儿子使纽带成为一个清楚分节的东西,他就在这个关系里实现了自身。就此而言,已实现的儿子无非是那个活生生的、清楚分段的词语自身,反过来,活生生的词语无非是已实现的儿子。

存在者把收缩性力量作为内核或主体包揽在自身之内,同时对外表现为一个自由流溢的、纯净的本质;通过这个方式,它把自己提升为一个独立的、具有自我意识的、自己认识着自己的本质,简言之,它把自己提升为一个精神性东西。这是一道自身闪亮的火焰,它不需要自身之外的任何存在,其本身毋宁就是完满自足的。

但是,只有通过儿子并且在儿子之内,存在者才与存在分离,并且被提升为一个精神性东西,好比父亲只有在儿子之内才成为一个现实的父亲。但就父亲自身而言,他始终是他曾经所是的东西,而假若儿子会消灭,那么父亲的自我意识也会退回到那种深沉的封闭性里面。如果我们的内心也处于这样一种阴沉的、不自由的、未分离的状态，我们在自身之内同样能找到那种封闭性的一幅黯淡图像。 [WA I, 112]

在同一瞬间，当存在者与存在分离，并且被提升为一种永恒的“自身临在”（Selbstgegenwärtigkeit），存在就必然被设定为“过去”。但是，只有**作为**存在，它才能被设定为“过去”。要出现这个情况，只有一种可能，即在同一瞬间，存在之内的存在者或本质被设定为“现在的”存在者。

因此，无论在存在者之内还是在存在之内，那些发挥着作用的力量都被设定在一个自由的、适合于其本性的关系里面。无论在存在者之内还是在存在之内，活生生的词语都是一个自由的一体化纽带和创造性纽带。也就是说，存在者和存在分别展开为一个独立的世界。

存在展开而成的世界，是自然界。存在者展开而成的世界，是魂灵世界。

自然界和魂灵世界起源于一个共同的核心，属于同一个原初统一体。二者具有同样的形式，同时并存，并且通过同一个永恒的二元化行为而产生出来。

父亲的力量不会停止发挥作用，在这种情况下，那两个世界不是仅仅在开端从父亲那里产生出来，而是持续不断地从父亲那里产生出来。就此而言，父亲被称作自然界和魂灵世界的统一体，这是恰如其分的。假若没有父亲的收缩，自然界作为存在，作为那个从一开始就仅仅依附于收缩状态的存在，便会终 [WA I, 113]

止；而在这种情况下，精神性东西也会终止，因为自永恒以来，只有当收缩性力量被征服，被设定为内核，精神性东西才会出现。

但是，只有通过儿子，两个世界才分离开来；通过儿子，可见世界和不可见世界的全部事物才在真正的意义上被创造出来。假若儿子停止发挥作用，自然界和魂灵世界就会重新凝聚在一起，回归到统一体之内。那个问题，"通过哪一种力量，两个世界在'现在'保持分立？"至少是和这个问题同样重要的，即"通过哪一种力量，两个世界原初地或者说在'过去'被看作是合为一体的"。

现在，通过儿子的作用，两个世界虽然脱离了父亲的统一体，但后者作为一个发挥承载作用的"过去"，始终是两个世界的对立的基础。[WA I, 114] 而在这种情况下，两个世界是不是已经绝对地分割开，相互之间根本没有任何关系呢？难道从这个分离状态自身之中，不会产生出一个更高的统一体？又或许，两个世界之所以分离开，原因仅仅在于，那个更高的统一体应当展示出来？如果说第一个统一体是基于未分离状态，是一个无意识的、必然的统一体，那么后面这个从分离状态那里产生出来的统一体就必须是一个自由的、自觉的统一体。

为了能够回答这个问题，我们有必要回溯到"分离"的最初意义。但是，为了避免以同样的方式重复同样的东西，我们希望把之前主要在叙述的形式下表达出来的东西，在这里主要以辩证的方式加以表达。

就整体而言，存在或客观东西在与存在者的关系中重新表现为“非存在者”，既然如此，我们可以把存在看作是对立，把存在者看作是统一体。由于在实存者里面，存在者和存在已经完全亲密无间地融为一体，所以我们也可以把它称作“统一体和对立的统一体”，这是我们已经多次使用的一个表述。

然而实存者绝不是以自为的方式，而是仅仅以自在的、隐蔽的方式作为“统一体和对立的统一体”。实存者不可能停留在这种亲密无间的状态；每一个实存都追求进一步的发展；每一株植物都要求充实自身，都想要抽条发芽，最终开花结果。永恒者想要的，是唯一的一个本质之内的统一体和对立，它想要重新成为它曾经所是的东西，也就是说，它想要把自己原原本本地启示出来。为了达到这个目标，统一体和对立必须分离开来，或者说成为相互对立的东西。我们之前叙述的发展过程可以说已经达到了这个阶段。 [WA I, 115]

但是这里并不是为了分离而分离，或为了对立而对立。毋宁说，分离或对立之所以发生，仅仅是为了让永恒者借此启示自身，表明自己是“统一体和对立的统一体”。

尽管如此，我们不可能为了达到这个目标，而让那个以内敛的方式包含在实存里面的统一体（即“统一体和对立的统一体”）直接地重新**作为纽带**而出现在存在者和存在之间。因为，假若是这样的话，全部分离就会立即终止，事情在根本上又会回到从前的样子，这等于是说，一个真正的**决断**（Entscheidung）并没有成功实施，而那个古老的封闭性又重新取代了发展。

因此对立必须保留下来；无论统一体还是对立，每一方都必 [WA I, 116]

须自为地存在着，而且，恰恰**基于**每一方的自为存在，在无须扬弃任何一方的情况下，统一体必须显现。

这种情况只能这样来设想，即在二者的对立关系中，分离开的二者各自制造出一个统一体，也就是说，二者通过一个内在的、从各自那里制造出来的和谐，恰恰在分离状态**之内**并且通过这个分离状态，合为一体。

只有通过这个方式，爱的最高本质才启示自身。如果两个本原是通过一种约束力量而被强迫达到一致，那么这没有什么值得惊叹的。但爱却意味着，在实存意义的独立状态下，一个自由的东西被另一个自由的东西所吸引。

无论如何，这样一个自愿结合而成的统一体，其基础或可能性必定已经包含在每一方之内，尽管是以模糊的、未展开的方式。在二者那里现实地存在着的，是同样的本原，即促成分离的词语和促成一体化的词语。不是差异性，毋宁仅仅是二者之内的力量的相反关系，造成了二者的区别。在二者之内，通过一个持续的演进过程，否定的原初力量愈来愈被设定为一个潜伏的东西；在存在者那里，这是因为原初力量愈来愈成为主体，而在存在那里，这是因为原初力量愈来愈成为客体。当存在者之内的收缩性力量被设定为一种内在的东西，在这个情况下，爱就能够作为一种自由分享自身的本质性流淌而出；同样，当存在的收缩性力量被设定为一种外在的东西，在这个情况下，爱就在它的内心里萌生出来，从内向外征服它的强硬外表。在存在者那里，爱是一种发挥作用的外表，是潜伏着的内核的收缩性力量，这个

[WA I, 117]

内核之所以存在，就是为了让爱拥有某个东西，附着在它上面，并且通过它而成为一个独立的东西；反之在存在这里，爱是一种发挥作用的内核，而否定的收缩性力量则是一种不发挥作用的外表。通过这个方式，出现了一个可能性，也就是说，一个最伟大的内在统一体能够和一个最高程度的外在对立结合在一起。好比白天就包含在黑夜里，黑夜也隐蔽在白天里，只是其中一方被另一方征服了而已。同样，恶也包含在善里面，只不过被隐蔽起来，虽然没有发挥作用，但却是善的一个必然的支撑点；反过来，善也包含在恶里面，因为假若没有善的话，恶也绝不可能存在，只会被善死死压制着。

于是在这里首次呈现出第三个统一体，但它仅仅是第一个统一体在现实性之内的启示，同时完全不同于第二个统一体，即那个立足于实存的一致性的统一体。我们可以把这个内在的统一体（第三个统一体）称作一个事关本质的、质的统一体，因为反过来，差异性愈来愈成为一个单纯外在的、无关本质的、量的差异性。 [WA I, 118]

就存在和存在者之间的单纯的"量的差别"（quantitative Differenz）而言，这个概念经常遭到误解，仿佛我们主张各个本原之间是一种无关本质的差别。关于这类问题，我们在绝大多数人那里除了听到一些肤浅的观点和评论之外，很难指望别的什么东西。但是，如果一个人稍稍专注一点，他就必然会发现，存在者和存在之间的单纯的量的差别恰恰预设了，在各个本原之间，纯粹就它们自身而言，有一个最为决定性的质的对立。

此前我们已经通过潜能阶次之间的区别解释了“量的差别”这一概念。比如，存在之内也有一个存在者；而在严格意义上的存在者里面，又有这个存在者的存在者；如果我们按照现在区分本原的方法来标示那个存在者，或用“A=B”这个公式来标示这个清楚分节的差别，那么我们也可以用A^2来标示后面这个已经提升到精神和意识的存在者。 [WA I, 119]

也就是说，存在者（上帝的精神方面）和存在（与上帝分离的身体方面）已经通过它们的内在本性而转变为魂灵世界和自然界。然而这仅仅是一个抽象的说法，仿佛二者都是现成已有的概念。事情的真相是，这个内在的统一体是一个日渐形成的统一体，是一个在分离状态下展开自身的统一体。换言之，自然界和魂灵世界按照一个始终不变的尺度从一个永恒的统一体那里产生出来。当爱在存在之内存在着，并且从“非存在者”那里超脱出来，在这个情况下，在父亲的精神里面，愤怒就潜伏起来，或成为内核，而爱则成为外表，成为启示出来的东西。反之亦然。但正因如此，存在者和存在也分离了，因为只有通过父亲的收缩作用，存在和存在者才是不可分的。简言之，正是通过彼此的分离，存在和存在者才被带到那个更高的统一体，在那里面，它们作为分离的东西重新包揽彼此，并且伴随着它们的全部丰富内容，相互消融在对方之内。也就是说，这是一种真正神圣的分离技艺，通过它的持续演进，原初纯净性的深深遮蔽着的本质在存在之内逐步得到提升，被设定为存在者；同样，当自然界达到它的最终完满，尽管它是从完全不同的另一个方面出发而来的，但 [WA I, 120]

就本质而言，它和精神在上帝之内于同一时间达到的最终完满完全是同一个东西。因为无论是在自然界还是在精神里面，尽管是以相反的方式，爱都被设定为唯一的存在者，而那个否定性本原则是被设定为“非存在者”。

就这样，通过持续的分离，两个世界愈来愈为最终的统一体做好准备，这个统一体只能从每一方的内核里面独自发展起来。

这个统一体不应当是现成已有的。因为“现在”立足于对立，仅仅是一个过渡，即从最初的深深封闭的无差别走向最终的、完全展开的统一体。这个统一体只能是一个始终处于形成过程中、不断创造自身的统一体，简言之，一个对现在的立场而言的“**未来的**”统一体。

这个统一体不是现成已有的，仿佛已经以一种客观的方式被设定在分离开的两个世界之间。但是它应当被设定在两个世界之间，也就是说，它应当就潜能阶次而言（亦即以一种主观的方式）已经存在着——在神性的深邃内核里面，应当栖息着一个隐蔽的、不可见的力量，这个力量总有一天会承认，那个从分离世界的内在和谐里面产生出来的统一体是本质或主体。 [WA I, 121]

相对这个本质而言，自然界和魂灵世界，统一体和对立，如今已经以一种更高的方式（尽管仍然是一种外在可见的方式）合为一体。关键在于，这个本质不可能是父亲，因为父亲始终是第一个统一体的力量，通过这个力量，自然界和魂灵世界交织在一起，不得分离。至于儿子则是这样一个人格性，他把自然界和魂灵世界分离开，但正因如此，他不可能同时也是一个作为主体而把两个世界重新联系在一起的人格性。这样看来，那个不可见的、隐蔽在“现在”中的统一体，既然只能是上帝，那么必定不同于父亲的人格性和儿子的人格性，因此必定是第三个人格性。这个人格性必定已经以一种内敛的方式包含在父亲的人格性里面（因为父亲本身已经是“统一体和对立的统一体”），但是它只有通过儿子才得以现实地展开，而儿子之所以征服父亲的无差[WA I, 122]别，就是为了把那个尚且包裹着对立的统一体分离开来。因此就事情本身而言，我们可以恰如其分地说，第三个人格性潜在地出自父亲，现实地出自儿子。

只有通过第三个人格性，上帝才是一个真正完整的、封闭的、在自身内部达到了完满的本质。事情同时也很清楚，即只有在这个三位一体的人格性之内，本质的最高一体性才能启示出来。第三个人格性同样不是个别的本原，不是神性的一个部分，毋宁说它是整个上帝，但已经处于上帝的最高的、最为活生生的展开状态。

对第三个人格性而言，那个最初主观的、通过分离而被提升为精神性东西的存在者重新与存在或现实东西合为一体。既然如此，关于它的本质，我们最合适的说法就是，在它那里，原初的纯净性，主体和客体的绝对统一体，得到了最高程度的实现。就此而言，我们必须称它为精神[1]。关键在于，这不是一个相对而言的精神，比如那个被提升为精神性东西、与存在相对立的存在

① “精神”(Geist)和基督教所说的“灵”是同一个词。在本书的相关语境里，“父亲”“儿子”和“精神”也可以按照基督教的方式读作“圣父”“圣子”和“圣灵”。以下不作专门解释。——译者注

者。毋宁说，由于它凌驾于存在者和存在之上，所以它是自在的 [WA I, 123] 精神或绝对精神。

关于神性如何发展为多个人格性，请容许我们做出一个普遍的评注。

除非是在那些抽象的、没有生命力的体系里面（从另一个角度看，它们几乎遭到了普遍的谴责），否则我们根本不可能把上帝看作是一个静止的力量。如果上帝之内有生命和人格性，那么其中必定也有一个持续推进的运动，但在这个运动中，上帝只能从自身出发，随之只能重新返回自身。也就是说，上帝同时是运动的开端和终点。这里没有算术意义上的增量，没有外在的“多”，毋宁只有一个内在的“一”，它从“一”出发，同时始终保持为“一”，或者说始终保持在自身之内。如果上帝之内有一个持续推进的运动，那么我们必须也承认，其中有一系列人格性。因为，永恒者通过一个行为而做出创世的决断，假若这个行为被设想为“一”之持续地进入到“二”之内的运动，那么对我们而言，就是只剩下“二”，而丢失了“一”，再者，即使“一”从对立那里推进到一个更高的“一”，亦即“三”，那么也是只剩下“三”，而丢失了“一”和“二”。反之，如果上帝之内虽然有一个推进运动，但却没 [WA I, 124] 有变化，那么“一”和“二”必定同时存在，“三”也必定和“一”“二”同时存在。但如果没有不同的人格性分别对应于其中的一个环节，上述情况就是不可想象的。

假若神性在它的最初状态立即被设定为一个展开的东西，

它也就不需要创世了。因此神性的原初状态必定是一个未展开状态。现在,那个否定并阻碍着发展的力量,和那个肯定并推动着发展的力量,不可能是同一个力量。因此不难理解,所有那些没有认识到神性的自身复制行为的人,至多只是把发展过程推进到我们称之为"实存"的那个环节,然后就无能为力了;从这里开始,如果他们还想要继续前进,除了空谈之外就没有别的办法了。

在人类的所有原初观念里面,在所有宗教里面,无一例外都包含着一个寂静的憧憬,也就是说,为了解释那个已展开的、同时又宁静的创世状态,必须设想一系列人格性。因此印度教让最高神生出第二个神,即梵天,通过梵天,那个隐蔽在最高神内部的世界才产生出来。同样,在希腊神话里面,接续乌兰诺斯[1]统治(即原初的上天神灵的统治)的,是克罗诺斯[2]的统治;在克罗诺斯的本性里面,有两个观念结合在一起,其中一个是永恒创生着而又永恒吞噬着的时间,一个永不止息地在自身内运转的生命之轮,另一个是黄金时间,它是万物的那种和谐状态的原型,而在现在的时间开始之前,万物就共同生活在那种状态下。那些无比深切地感受到自身分裂的人,还有整个世界,都保留着一个憧憬,即总有一天,他们会在整体中存在,甚至本身就作为整体而存在。这个愿望是如此之自然,以至于人们宁愿立即就

[WA I, 125]

① 乌兰诺斯(Uranos),希腊神话中的天空之神,第一代众神之王,后被他的儿子克罗诺斯推翻。——译者注

② 克罗诺斯(Kronos),希腊神话中的时间之神,他阉割了父亲乌兰诺斯,取代他而成为第二代众神之王。后被自己的儿子宙斯推翻。——译者注

返回到整体之内，而不是通过一个漫长的斗争而重新达到这个目标。后来克罗诺斯又被他的儿子宙斯[1]驱逐了，而根据一个预言，宙斯作为"现在"的统治者，未来将会遭遇同样的命运。在宙斯取得统治权之前，只有粗野的、无规则的诞生，没有什么持久的和长在的东西。伴随着宙斯，开始有一个形式王国，开始有一些持久的、静止的形态。但在另一个语境里，由于萨图恩[2]的时间被看作是极乐的时间，所以按照希腊宗教的实在论，宙斯对于他的驱逐必然被看作是一个暴行，并且遭到控诉。 [WA I, 126]

但基督教的理念才是无与伦比，独一无二的。这尤其体现在，它把多数人格和单一的本质结合在一起，并且通过这个方式揭示出，那个持续推进的运动如何从同一个东西出发，经过同一个东西，进入同一个东西，也就是说，本质在任何时候都根本没有发生任何转化。公元初几个世纪的一位杰出教师已经非常贴切地说道：接纳多位神祇是异教徒的做法，只信仰唯一的人格是犹太教的做法，但是，把唯一的神祇展开为神圣的三元性，把人格的三元性重新导入本质的统一体，这才是最正确、最真实的学说。

毫无疑问，基督教的宁静的、不可见的影响比人们通常设想的还要更伟大和更开阔。如果我们在科学和艺术的最重要的作品里面看到一些娓娓而谈的特征，同时发现它们是从基督教那

---

① 宙斯（Zeus），希腊神话中的雷电之神，第三代众神之王，在奥林波斯山上的十二位大神里面名列第一。——译者注

② 萨图恩（Saturnus），罗马神话主神之一，后与希腊神话中的克罗诺斯混同起来。因此谢林在这里说他遭到宙斯的驱逐。——译者注

里流传过来的,这无疑是一件有趣的事情。由于人们从幼年时期开始就参与其中(至少按照早期的更好的教育方式而言是如此),所以基督教学说对于人的整个一生都保持着一种几乎不容回避的迫切现实性。这些学说是一种质料,而所有那些杰出人士,哪怕对此不知不觉,也是从青年时期开始就用这种质料来磨砺他们的自然的精神力量。正因如此,基督教学说能够作为一种寂静的魅力,对某些深思熟虑的心灵产生影响,甚至让一个不谙细节的人认识到那个更高的和更稀罕的东西,即基督教对于人性和自然性的无比独特的理解,而这个理解在那些最高级别的创造活动和研究活动那里,恰恰是一种如此根本重要的东西。启示用一些最清楚和最简单的词语把最崇高的事物陈述出来,让一位研究者和这些事物靠得如此之近,以至于他对这个距离大吃一惊,宁愿把这些事物重新推到科学的远方。尽管如此,他的第一印象还是保留下来了。就此而言,人们确实可以宣称,假若没有启示之光,任何一位科学研究者都没有胆量去设想那个内在的进程,而在最初的神性的作用下,他会如此自然地,尽可能地用一些属人的概念来表述那个进程。反之,如果我们坚持要把这些对象放置在一个非常遥远的地方,我们肯定会寻找一些最为生僻、对所有的人来说最为陌生的概念,并用在它们身上。无论如何,哲学史已经以一种如此引人注目的方式表明,近代以来有这样一些人,他们仅仅信任自己关于那些对象的印象,对于接受启示的做法却是避之唯恐不及,而在这种情况下,他们在自己的思想里面愈来愈深地沉陷下去,最终完全陷入到一片

[WA I, 127] [WA I, 128]

虚空和不毛之地。就我自己的情况而言，可以坦白地说，没有任何一本人类的书，也没有任何一个别的工具，能够比那些文字的寂静启发给我的观点提供更多的帮助。那些文字兼具深刻性和最高的清晰性，即使在一些零碎的、乍看起来完全不知所云的表述里面，也保持着令人惊叹的一致性；此外，关于一些貌似完全不可理解的事物，那些文字也提供了一种只有行家才觉察得到的敏锐性。单凭这几点，那些文字就已经可以跻身"神圣之书"的行列。在它们那里，我最先学到了一些东西，而为了认识这些东西，我从青年时期开始就感受到了一种最为强烈的动力，就是一定要以人的方式去寻找它们，一定要把那些漂浮在云端的思想重新纳入到人类理解能力的自然尺度下面。

但我说这些话的意思，并不是要刻意寻找一种一致性，因为，如果一个人追随纯粹的科学，那么他根本不可能以单纯外在的方式接受任何东西。[WA I, 129] 对他来说，一个神圣的话语必然是已经丢失了的，除非在他的内心里面，有一个内在地产生出来的回声解答他的问题。我也怀疑，如果没有这样一个也许只有通过科学才发展出来的持续推进的运动，人们是否能够真正理解把握基督教的理念。即使在基督教内部，这种活生生的认识也会遭到那种粗暴做法的伤害，即以一种独断的、生硬的、连篇累牍的方式把一切东西树立起来。与此相反，启示是在转变和运动中呈现出一切东西，比如它从来没有宣称三位一体的理念是一个教条，而是表明，父亲应当生出儿子，儿子应当被父亲生出和说出，精神应当来自于二者，或终究来自于父亲。我们当然知道，有一些情况需要解释,即基督教学说从一开始就必须与较早的各种宗教、与内部的敌人进行斗争,并在这个过程中发展自身,而在那段时期,诸如教义信条、特定的教义概念或仪式象征等等都是必要的。虽然到了后来,抗议宗——它就其本性而言应当是一种针对僵化事物的持续斗争——本来有希望提出一种更有生命力的、更自由的发展过程,但它最终仍然不得不屈服于一种 [WA I, 130] 外在的关系。刚开始的时候,抗议宗的信徒由于其信仰而遭到攻击、审讯乃至公开的审判,而这些做法的目的,仅仅是要求他们的信仰回到那些固定的条款和章句而已。这是所有论争的一个令人悲伤的后果,是任何学说都必须避免的,而绝大多数人只有通过经验才能认识到这一点。

但是,伴随着各种关系的完全变化,看起来一个时代已经来临,基督教即将迎来其长久盼望的重生,即一个自由的、活生生的发展过程。但在这个过程中,人们应当保持心平气和,同时期待着,在这个更为人性化的形态里,基督教或许能够重新赢得人心,为关于万事万物的整个观点指出一个完全不同的方向。

基督教学说的常见教义之一,就是认为,上帝内部的各个人格的秩序既不是一个时间序列,也不是一种有高低之分的秩序。诚然,否定一个时间序列绝不是意味着否定任何意义上的 [WA I, 131] 序列,因为就父亲与儿子的特定关系而言,父亲的力量确实是先于儿子的,但同样也是先于父亲的;也就是说,父亲和儿子之间是一个完全的交互关系,在儿子出现之前,也没有父亲,毋宁说只有一个封闭的、隐蔽的、未展开的神性的本性。关键在于,在这个本性和神性的那个已经展开为三个人格性的本性之间，也没有一个时间序列。如果说儿子作为儿子必然是从属于父亲的（因为他毕竟是父亲），那么这个不平等同样直接遭到了扬弃，因为在另一个关联中，儿子又是高于父亲的，正如精神虽然看起来是来自于父亲和儿子，以二者为前提，但在另一个关联中却高于二者。由此可见，任何一个区分都立即重新消融在本质的广袤的统一体里面。

除此之外的一切别的观点（比如在我们这个时代，当科学更加接近这个理念之后，萌生出来的一些观点），都倾向于把三个人格仅仅设定为神性的三个部分或三个本原，或者如果有必要的话，甚至把上帝自身设定为第四个东西。其中一种观点认为，[WA I, 132] 那个已经提升为精神性东西的存在者（A^2）就是精神。但实际上，这个存在者始终是一位仅仅通过儿子而得到升华的父亲，同样，存在（A=B）始终是一个仅仅通过儿子而与存在者分离开的存在，然而这个存在不能脱离父亲的力量，因此终究是父亲的存在。儿子不是父亲下属的某个东西（某个部分），毋宁说，父亲在整体上是什么东西，儿子就是什么东西，他在两个本原（即 A^2 和 A=B）里面征服了统一体，因此他本身仍然是一个完整的人格。同样的情况按照同样的方式也适用于精神。所以，尽管从某个角度来看，我们也可以把三个人格表述为三个潜能阶次，比如父亲是第一个潜能阶次，儿子是第二个潜能阶次，精神是第三个潜能阶次，但经过仔细考察，我们必须宣称这个观点是不妥当的，因为潜能阶次的区别只有在每一个人格的内部才是可能的，但这个区别不能错误地应用到各个人格的关系上面，因为人格本身就其本质而言是一个完满一致的、完整的东西。

[WA I, 133] 我们已经多次宣称，父亲的力量或收缩力量愈来愈被设定为过去的或潜伏的东西。这同时也表达出一个观点，即那个力量不是一劳永逸地，不是仿佛在一瞬间就被征服了。现在，两个发挥作用的东西是相互独立的；但是自在地看来，父亲的收缩力量是一个盲目的力量，只有当父亲通过儿子而被提升到精神性东西或自觉的东西，那种力量才被征服，即是说被设定为不发挥作用。就此而言，那个规定着抵抗的东西既不可能位于父亲的收缩力量之内，也不可能位于整个父亲自身之内。但是这个东西同样也不可能位于儿子之内，因为儿子唯一的意愿和要求就是在父亲那里造成分离，亦即征服父亲之内的那个以无差别为目标的力量。既然这个东西既不能位于父亲之内，也不能位于儿子之内，那么它只能位于他们之外，亦即位于精神之内。精神是自由的，独立于父亲和儿子，正如在同样的意义上，三个人格都是自由的，独立于彼此。但是精神同时是一种本质性的统一体，是父亲和儿子的自由的和自觉的统一体，换言之，精神的内部栖息着父亲和儿子共同的意识。[WA I, 134] 也就是说，精神是原初纯净性的通过父亲和儿子而得以实现的本质，是自在的凝思、最高的自由、最纯净的意志，这个意志在无需推动自身的情况下，就推动一切，贯穿一切。因此精神同时也是父亲和儿子的共同意志，换言之，精神是这样一个意志，父亲和儿子在其中合为一体。正

因如此，除非遵循精神的自由意志，否则父亲不可能对儿子发挥作用，儿子也不可能对父亲发挥作用。

假若父亲的力量没有做出抵抗，那么一切东西，作为存在，都会一劳永逸地被设定为“过去的”，一切存在者都会被设定为“现在的”，随之存在和存在者的那个位于“未来”之内的最高统一体就会被设定为现实的。在这种情况下，三个人格性会作为最明澈的东西完全消融在彼此之内，这样就没有时间，只有一种绝对的永恒性。

但是，按照之前的规定，存在既不可能一劳永逸地，也不可能不加抵抗就遭到征服。

由此出现了两个本原之间的一个持续的搏斗：一个本原要把存在设定为“过去”，另一个本原要把存在设定为“现在”。换言之，存在的“现在”依赖于两个力量的统一体，而存在的“过去”则是取决于存在者从存在那里解放出来，在这种情况下，就会出现两个本原之间的一个持续的搏斗：一个本原要设定统一体，另一个本原要设定二元性。 [WA I, 135]

但在这个搏斗中，一种二元性被持续地设定下来，也就是说，存在者在某种程度上被设定为“现在”，存在在某种程度上被设定为“过去”，至于那种完满的二元化（它直接过渡到最终的和最高的统一体），则或多或少地被设定为“未来”。在这种情况下，每一个瞬间那里都产生出**时间**。这是**完整的时间**（ganze Zeit），是这样一种时间，在其中，“过去”“现在”和“未来”以动态的方式相互隔离，同时恰恰通过这个方式而联系在一起。

然而这个关系不可能永远保持下去，因为存在愈来愈被征服。既然如此，紧接着每一个如此设定的时间，另一个时间又被设定，于是前者通过后者而被设定为“过去”。换言之，**诸多时间**(Zeiten)产生出来了。

时间的起源或开端，就和任何生命的开端一样，都不可能缺乏一种强有力的差异化行动和一种现实的极端对立关系。然而一切机械论观点都不理解这一点。假若时间如同人们通常假定的那样，只有唯一的一个方向，那么这里必定有一个自相矛盾，[WA I, 136] 也就是说，时间必须来自于之前的自己，仿佛把自己预先发射出去一般，但这时它还不是时间。前一种情况意味着，任何一个正在形成中的时间都已经预设了一个已有的时间，而后一种情况则意味着，根本就没有真正意义上的开端。如果事情是这样的(而且事情确实是这样的)，也就是说，如果时间的每一个开端都预设了一个已有的时间，那么开端(这里指一个现实的开端)就不必期待时间的流逝，毋宁说，时间必定在刚开始的时候就已经是过去的。因此，除非把一整块时间设定为“过去”，**同时**把另外一整块时间设定为“未来”，否则时间的开端是不可想象的。也就是说，只有在这个两极对立的隔离状态中，每一个瞬间那里才产生出时间。

根据我们这里已经展开的观点，这样一个开端是显而易见的。接下来就是整个“时间谱系学”(Genealogie der Zeit)的主要环节，这些环节在迄今所说的内容里面已经呼之欲出。

时间的本质或真正力量位于永恒者之内。那个原初的、纯净的本质性从来都没有被看作是永恒者，因为它其实是永恒性本身。相应地，这个本质性从来没有包含着时间的一个预先规定，毋宁说它绝对地凌驾于时间之上。接下来，实存者已经是永恒者，它内部的统一体不再是一个纯净的、寂静的统一体，而是一种实在的、发挥着作用的永恒性。也就是说，在实存者之内，"过去""现在"和"未来"已经以一种隐蔽的方式合为一体："过去"是通过存在而被设定的，"现在"是通过存在者而被设定的，至于那个最高的和最终的统一体（即"统一体和对立的统一体"），同样已经以一种封闭的或内敛的方式包含在其中。 [WA I, 137]

但是，正如我们之前已经指出的，永恒者就其自身而言也仅仅是开端的开端，尚且不是一个现实的开端。比如，种子虽然是植物的开端的可能性，但绝不是植物的开端本身。

现实的开端只能来自于一个绝对自由。爱在最初的那个封闭的统一体里面敦促着分离。关键在于，即使是爱，也只是寻找着开端，却不能找到开端。一切紊乱状态，还有整个混沌状态——每当我们的内心要开始一个新的塑造进程，就是处于这个状态——都是由于一方面寻找开端，另一方面却不能找到开端。如果找到开端，就等于找到一个词语，通过它，全部冲突都得到消解。这个情况也适用于那个矛盾状态和冲突状态，即实存者通过爱而陷入其中的自身冲突状态。正所谓：在**开端**中有词语[①]。 [WA I, 138]

我们必须认为，一个平静而内在的统一体状态先行于矛盾

① 此即《新约·约翰福音》(1:1)的开篇语："太初有道。"——译者注

状态。在这种情况下,我们看起来得提出这个问题:"从什么时候开始,在那个统一体之内,激发了对于启示的要求,并且在敦促着分离的情况下,造成了那个内在的冲突状态?"

如果一个人真正做到身临其境,去设想永恒者之内的那个深不可测的无差别和封闭性,如果他已经认识到并且理解到,那个状态不可能是一个现实的开端,他也就会知道,爱的最初作用是一个绝对的开端,因为没有任何东西能够在一个实在的关系里先行于那个作用。虽然我们从一开始就宣称,那个处于无差别状态的本质是最初的现实东西,但是,正因为它是最初的现实东西,所以它仅仅是一个囿于自身的现实东西;相对一个他者而言,它仅仅是一粒种子,仅仅是现实存在的第一个可能性,也就是说,它虽然就潜能阶次或就概念而言先行于现实存在,但绝不是在行动上先于现实存在。当我们按照原初和谐状态的绵延来规定那个作用的开端,这个原初状态本身就必定已经意味着一个现实的(已展开的)实存,而不是意味着一个完全消沉在自身内、对外根本不发挥任何作用的状态。也就是说,这里没有别的东西,只有永恒性的一个无底深渊,因为这里不能使用任何尺度,也不能规定任何目标和任何时间。同样,对于开端的寻找也只能是一种永恒的、发源于自身的寻找。

[WA I, 139]

当我们谈到那个状态的时候,仿佛它也具有一个绵延,但这个东西只能以一种形象的或神话的方式来看待,而不能以一种科学的方式来看待。

或许有人会指责我们通过一个纯粹的奇迹来解释世界的来

源。但事情确实就是这样的。难道有人相信，如果没有一个乃至一系列奇迹，世界也会产生出来？直到儿子诞生之前，一切都是奇迹，一切都是永恒性。没有任何东西是通过一个先行者的作用而产生出来的，毋宁说一切东西都是以永恒的方式产生出来的。

一旦我们承认那个无所欲求的意志是最高者，从它那里就不可能发生任何过渡。第一个紧跟它而出现的东西，即那个欲求着某些东西的意志，必须自己生出自己，必须以一种绝对的方式产生出来。因此，如果永恒者是一个永恒的东西，它只能就可能性而言先行于一切后来的东西。既然如此，在它那里，渴求的开端必定也是一个绝对的开端。 [WA I, 140]

伴随着最初的分离——爱在其中寻找开端，却没有找到开端——一个内在的时间已经被设定在永恒者之内。确切地说，在永恒者之内，当那些不是单纯合为一体，而是势均力敌的力量发生差别化，时间就直接产生出来。最初的时候，这个时间不是一种持久的、有序的时间，毋宁说，它在每一个瞬间都受制于新的收缩，受制于同时性（这个东西在冲突中已经展现为空间），必须把它已经生出来的儿女重新吞噬。正因如此，这个时间不能找到自己的现实开端，不能被说出来，不能启示出来。在这个意义上，可以说它是一种"无开端的时间"，又因为它仅仅位于永恒者之内，不能外化出来，所以也可以说它是一种"永恒的时间"。我们很容易就会发现，"无开端的时间"和"永恒的时间"之类说法是在与通常意义完全不同的意义上来使用的。

[WA I, 141] 儿子通过父亲的力量而出生，这是第一个实在的关系。伴随着儿子的出生，也有了第一个现实的开端。因此儿子的存在是与开端合为一体的，反之亦然。

只有第二个人格性才决定性地扬弃了第一个人格性内部的各个本原的同时性，把存在设定为第一个时期（Periode）或第一个潜能阶次，把存在者设定为“现在”，并且把二者的本质统一体或自由统一体（它也是封闭在第一个人格性里面）设定为“未来”。同样，只有通过第二个人格性，那个隐蔽在永恒者之内的时间才能够被说出来、启示出来，而这意味着，那些本原——它们在永恒者之内作为存在的潜能阶次曾经是共存的（coexistierend）或同时性的——作为不同的时期产生出来。

如今，一个现实的开端第一次被找到了，时间的一个开端也被找到了。同样，世界的开端也被找到了，因为世界是神性生命的相应形态，虽然没有呈现出神性生命自在的样子，但却呈现出其在启示中的样子。然而这个开端不可能停止作为开端而存在，毋宁说，它始终是一个永恒的开端。因为神的儿子在每一个[WA I, 142]瞬间都被生出来，通过他，永恒性在时间里面被揭示出来、被说出来。这个生殖不是一个转瞬即逝的、一劳永逸的生殖，而是一个永恒的、持续发生的生殖。在每一个瞬间都和在第一个瞬间一样，父亲的严肃和封闭性被征服。由于唯有这个持续发生的行为才在事物之内设定了一个时间，所以它不是一个一次性的行为，而是一个持续发生的行为，一个就其本性而言先于时间的行为。

我们说，这个行为在事物之内设定了一个时间。也就是说，我们绝不能把这个开端的时间看作是一个外在于事物或世界的时间，仿佛事物或世界是在时间**之内**开始存在。按照之前的规定，世界并非等同于大全（All），因为只有唯一的一个东西（就其作为“太一”而言）才是大全。就世界的本性而言，它的存在有一个开端。关键在于，这个开端不是一个时间之内的开端。人们几乎全都认为，世界乃至每一个事物都存在于时间“之内”，但这个错觉是很容易消除的。不只是这个事物或那个事物（比如天体或有机物），毋宁说，全部事物都在自身之内具有各自的时间，只不过在刚才提到的那些事物里面，时间以一种更加充分或更加清楚的方式展示出来。即使一个事物处于高度的未分离状 [WA I, 143] 态，看起来缺乏一个活生生的、内在的时间，它也不是从属于一个外在的时间。没有任何事物具有一个外在的时间，毋宁说，每一个事物都仅仅具有一个内在的、独特的、天生的、固有的时间。康德主义在“时间”问题上的错误在于没有认识到时间的这个**普遍的**主观性，正因如此，它仅仅赋予时间一个有限的主观性，随之把时间当作是我们的表象的一个单纯形式。没有任何事物是在时间之内产生出来的，毋宁说正相反，在每一个事物**之内**，时间一再地、直接地从永恒性那里产生出来。我们不应当说，每一个事物都包含在时间的开端之内，而应当说，时间的开端包含在每一个事物之内，而且每一个事物都包含着一个永恒的开端。世界是通过分离而产生出来的，每一个个别事物也是通过这同一个分离而产生出来的，因此它们从一开始就各自具有一个独特的时间中心点。再者,每一个事物的时间在每一个瞬间都是它的全部时间,这个事物虽然按着一些时间发生转变,但并不是在时间之内发生转变。一个事物之外存在着另外一些事物,它们同样在自身之内具有一个时间,唯其如此,这个事物的时间才有可能和其他事物的时间进行比较。同理,只有通过[WA I, 144]不同的时间的比较和测量,才会产生出那个错觉,仿佛有一个抽象的时间——对于这个东西,我们确实可以说,它是我们的表象活动的一个单纯方式,但这不是一个必然的和天生的方式,而是一个偶然的和假定的方式。这个错觉也激发了另外一些反对意见,它们全都从一开始就反对时间的实在性。

自古以来,人们就提出一个问题:"世界是自无限的时间以来就存在着,还是从一个特定的时间开始存在着?"这个反复的提问表明,虽然有些人自认为已经找到了一个简单的正确答案,但真正的答案还根本没有出现。我们可以轻松地向每一个人指出,"无限的时间"本身就是一个不合理的概念。尽管如此,只要这个概念还没有被连根拔除,人类知性就仍然会前仆后继地提出那个问题。问题的根源在于我们前面指出的那种情况,即时间的每一个开端都以一个已经存在的时间为前提,而按照通常的机械论的时间概念,已经存在的时间不是被思考为与先行的统一体分离,并立即被设定为"过去"(被设定为一个绝对的已经存在的东西),而是仅仅被思考为一个现实的已经流逝的东西,[WA I, 145]而在这种情况下,人们只能认为,每一个可能的时间之前都有一个流逝着的时间,最终说来,就绝不会有一个时间的开端。

但是,如果按照我们提出的那个动力学解释,即时间的开端是通过一种二元化而确立的,人们就不可能再度提出“时间是从什么时候开始的?”或“时间到现在已经延续了多久?”之类问题。这并不是说,时间在每一个瞬间都没有封闭在一个特定的界限之内,而是意味着,时间在每一个瞬间都是“整个时间”(即“过去”“现在”和“未来”),因为时间不是从“过去”开始的,不是从一个界限开始的,而是从正中心开始的,并且在每一个瞬间都等同于永恒性。正因为每一个瞬间都是“**整个**时间”,所以人们不能这样提问,“多少时间已经流逝?”,毋宁只能这样提问,“多少时间已经存在?”这就可以轻松表明,正因为每一个瞬间都是一个时间,所以这些时间的内部有一种真正的、超越了任何数目的无限性(正如物质在它的每一个部分那里也是这样一种内在的、动态的无限性)。在这种情况下,我们就不能假定有一个外在的、无界限或无尽头的时间。

[WA I, 146] 不是因为唯一的一个时间有一些离散的、前后相继的部分,而是因为时间在每一个瞬间都是“整个时间”,而且“整个时间”之后还是“整个时间”,我们才能够理解那种温和的延续性,并且尝试通过“时间之流”这一形象将其表达出来。但是这个时间序列本身必须是与时间无关的,因此不可能又再服从于某一个时间的测量或规定。按照这个观点,所谓的批判主义的那个著名命题(这仅仅是批判主义因为偏爱以机械论的方式解释知性运用而发明的一个命题),“人们不能脱离时间而思考一个实在的序列”,就是毫无根据的了,而且它本身就与感性现象相矛盾。

也就是说，即使一件事情按照通常的“原因”概念和“后果”概念发生了，但在原因和后果**之间**，也根本没有一个时间出现。当一块投入水中的石头激起一波水纹，这些水纹作为结果和它们的原因是同时存在着的；同样，什么地方有雷，什么地方也有电。总的说来，对于每一个因果事件而言，在那个最初的产生时间的过程之前，总是有一个同样的动态的过程，所谓的原因一方的优先性同样也是通过后果而被设定为一个过去的东西。[WA I, 147] 至于这个思想的应用，即解释原因在后果里面的众所周知的合并或消解，或解释碰撞的分配规律及类似事物，我们必须交给别人去做。

我们在这里研究的对象，自古以来就被看作是最为艰涩难懂的对象之一。但我们深信已经给这个问题投去了一道光明，并且已经解答了人们几乎没有勇气提出来的一些问题。尽管如此，我们当然不会认为这些思想已经是完满的或完整的。我们在这里还能找到一些神奇的东西，这些东西能够充实我们已经提出的观点，使之变得更加锐利。

我们已经说过，每一个可能的个别时间都是“整个时间”。这究竟是什么意思呢？我们认为，一个时间之所以在自身内是完整的，因为它同时包含着“过去”“现在”和“未来”。但我们的意思不限于此，而是进而认为，它在自身内包含着那个完整的、现在尚未存在着的“时间本身”（或更明确地说，“绝对时间”），因此它是“时间本身”或“绝对时间”的一幅现实肖像。换言之，只有当“整个时间”不再是“未来的”，它才真正**存在着**，因此我们也可以说，只有“未来”或最终的时间才是**整个时间本身**。在这个正确的意义上，每一个可能的时间都包含着“整个时间”，也就是说，即使它没有把“整个时间”作为“现在”而包含在自身内，但至少是将其作为“过去”或作为“未来”而包含在自身内。进而言之，每一个时间都包含着同样的东西，也就是说，一个时间之所以与一个先行的时间区分开来，原因仅仅在于，它所设定为“过去”的那个部分，被先行的时间设定为“现在”，而它所设定为“现在”的那个部分，被先行的时间设定为“未来”。同样，只有按照相反的方式，一个时间才与随后的时间区分开来。就此而言，每一个个别时间都已经预设了**作为一个整体**的时间。假若“整个时间”不是按理念而言先行于一个个别时间，那么个别时间就不可能把“整个时间”设定为“未来”。也就是说，个别时间不可能自己设定自己，因为假若没有这个已规定的“未来”，个别时间本身就不可能是这个已规定的时间。换言之，一旦“整个时间”在个别时间之内被设定为现实的，后者就不再是它原本所是的那个个别的、已规定的时间。 [WA I, 148]

一般说来，就个别事物与整体的关系而言，如果个别事物的现实性已经预设了理念中已有的整体，这个关系就被看作是一个有机的关系。因此就整体而言，时间是有机的。但是，如果时间在整体里面是有机的，那么它在个别事物里面也是有机的。众多的、甚至无穷多的时间能够重新把一种（相对而言的）“整个时间”预设为**它们的**统一体，而在这种情况下，我们就可以设想“时间有机体”的一个体系，这个有机体向内或以动态的方式表 [WA I, 149]

现为一个无限的东西,向外则是表现为一个有限的或封闭的东西。

假若没有这样一个有机体,整个历史就将仅仅是一个充满难解事物的混沌。那些时间单元相当于不同的时期。每一个时期都在自身内呈现出"整个时间",因为每一个时期都是重新开始于一个不同程度的未分离状态,而在这种情况下,虽然它看起来又回归到了先前时期的最后一段时间,但在整体上却是现实地向前推进。

那么,是哪一个本原使得这些时期成为一个有机体呢?无疑是那个把时间作为一个整体而包含在自身之内的东西。关键在于,"整个时间"乃是"未来"。就此而言,只有精神才是时间的有机性本原。精神独立于父亲的收缩力量和儿子的扩张力量之间的对立,只有在精神之内,二者才重新达到一个完满的平衡。[WA I, 150]精神给予二者同等的权利,因为它永恒地从父亲那里通过儿子而发展起来,所以它的实存同等地需要二者。当我们说,父亲的力量在与儿子的关联中被设定为"过去",我们的意思绝不是指父亲的力量彻底地被设定为"非存在者"。毋宁说,它仅仅是被设定为"现在"的"非存在者",但它在"过去"毕竟是存在着的,并且发挥着作用。再者,它也不是绝对地被设定为"过去"(因为儿子对于父亲的征服始终都在延续),也就是说,除了被设定为"过去"之外,它的某个部分也被设定为"现在",还有某个部分被设定为"未来"。精神的意志既是父亲的意志(与儿子相关联),也是儿子的意志(与父亲相关联)。精神知道,在多大程度上,父亲的永恒封闭性应当得到揭示并被设定为“过去”。因此精神是时间的划分者和组织者。也就是说，各个时间的差异性和序列仅仅基于那样一个东西的差异性，这个东西在每一个时间都被设定为“过去”，被设定为“现在”，被设定为“未来”。唯有精神彻底掌握了一切情况，包括神性的各种深不可测的情况。唯有在精神之内，才安息着一种关于未来事物的科学，唯有精神才有能力揭开那道遮盖着“未来”的印符。那些先知之所以被上帝的精神 [WA I, 151] 驱动，原因仅仅在于，唯有精神才是时间的开启者，而任何一个洞察到了各个时间的联系的人，就是先知。

神性生命是通过父亲的收缩力量和儿子的扩展力量之间的作用和反作用而产生出来的，所以，无论是神性生命，还是一切别的生命，在其发展过程中都具有各自的时间和时期。这里的区别仅仅在于，上帝是一个自由的本质，他的生命的发展过程中的各个时期仅仅依赖于他的自由，而一切别的生命都是通过一些不由自主的限制而不断展现自己。神性启示的每一个时间或时期都是上帝之内的一个划界。有些人借助一些抽象的概念，宣称上帝是一个最不受限制的本质，但这样就能否认神性启示的可能性吗？尺度在任何地方都是最伟大的东西。无论是柏拉图，还是所有在他之前的更高端的魂灵，都把“无定”看作是一个相对的恶本原，把规定和尺度看作是善的本质。如果健全知性不是沉迷于那些空洞的概念，那么它一定会承认，神性启示在每一个瞬间都遭受到限制。这些限制是从哪里来的呢？只能来自于上帝自己，那个不受任何外在东西规定的上帝。上帝能够对 [WA I, 152]

自己施加限制，而这是依据于他自身内的那个真正的自由，依据那个凝思的意志。上帝能够自由地遮蔽或掩饰他的本质的某一个方面，使之不会启示出来。父亲始终发挥着作用，但是他不再借助那个盲目的收缩力量，不再遵循一个单纯出自他的本质的必然性，不再使用他的无条件的实存的摧毁一切的暴力，而是按照精神的意志而发挥作用；与此同时，精神的意志，作为最纯粹的凝思、全知和神意，以一种深不可测的智慧规范着整个发展过程，随之规范着其中的各个时间。精神的自由意志（它同时也是父亲的意志）决定了，什么东西应当走出“过去”，什么东西应当继续封闭在“过去”里面。好比一位深思熟虑的艺术家，他在从事艺术创作或科学研究的时候，更关心的是如何约束发展过程，而不是加速发展过程，唯其如此，正确的光明才会在正确的地方出现。因此，只有通过各个原因的最高升级，那个期待中的结果才会出现，神性的精神也才会平静而小心翼翼地展示出它的本质的奇迹，也只有到了这个时候，经过智慧的柔化之后，那个循环式的封闭力量才成为上帝真正的强大力量。

[WA I, 153] 人们经常焦躁地要求或期待着，世界的发展过程会加速前进；反之，唯一智慧的上帝宁愿驻足不前，务必让世界承受全部痛苦的规范，才让那个带来和解的诞生来临！有多少漫长的时代，许多民族备受折磨，却没有能力改变自己的命运，不能投身到一个更好的时间里面。如果时间对人来说仅仅是一个内在的形式，那么是什么东西阻止这些民族抛开它们亲自设定的限制，不让它们在神奇的转眼之间投身到一个更幸运的时间里面呢？

是什么东西在数百年的时间里面始终保持着威望，哪怕已经导致了最恶劣的后果，也还是岿然不动，而且无论人们提出什么相反的教导、观点、意见或准则，甚至依据那个貌似最简单有效的法则，即“通过经验而长教训”，都仍然无法将其改变？是什么东西长久地、死死地压制着精神的某些性质、天分或努力，直到它们通过一个突如其来的春天而被唤醒，从这个冬眠中苏醒过来，而且不是以个别的方式，而是如雨后春笋一般在所有方面都蓬勃而密集地生长出来？以上仅仅是一些信手拈来的问题，而在一位细致的观察者眼里，这类问题在任何地方都以一种更为引人注目的方式涌现出来。尽管如此，这些问题已经足以证明，一 [WA I, 154] 切东西都有**各自的**时间，而时间不是一个外在的、粗野的、无机的本原，而是一个内在的、在整体里和在部分里都始终保持完整的、有机的本原。

毫无疑问，一切健康而卓越的生命的秘密在于，从不让时间来到自身之外，从不与自身内的那个创造时间的本原发生冲突。一个与自身亲密相处的人被时间承载着，而一个离于自身之外的人承载着时间；或者借用那个著名的谚语来说，时间指引着心甘情愿的人，拖拽着不甘不愿的人[①]。人和上帝一样，都只有通过与自己的存在分离，才会提升到那种最高的“自身临在”和精神性。只有当一个人把他的整个存在当作自己的单纯工具，他才是自由的。一切仍然活在未分离状态的东西，就其这样

① 此处参照斯多亚哲学家塞内卡（Sencca，公元前4—公元65年）的那句名言：“命运指引着心甘情愿的人，拖拽着不甘不愿的人。”——译者注

活着而言，都是活在“过去”里面。当一个人反抗自身内的分离，时间对他而言就显现为一种严峻的、严肃的必然性。反过来，那些不断征服自己的人，那些不是回望身后，而是展望前方的人，就不会感受到时间的强势。爱敦促一切东西走向“未来”，因为只有为了爱的缘故，“过去”才被放弃。渴求紧紧地依附在“过去”那里，它渴望着最初的一体化存在，却缺乏一种积极主动的爱。快乐则是出现在“现在”，但它和渴求一样，都是时间的敌人，反之只有爱才是时间的朋友。[WA I, 157]

正是通过爱，最初那个僵化的、排斥着受造物的统一体才被征服。——创世就是神性的爱对于神性的自私的征服。自然界无非是神性的利己主义经过爱的柔化而温柔绽开的结果。

当父亲的封闭力量与儿子的扩张力量通过精神而成为一种自觉的、服从意图的共同作用，可见世界的形态分化就自行产生出来。

也就是说，当那个黑暗的原初力量被征服，在这种情况下，本质或存在者就从它那里现身出来。但是，由于原初力量在每一个瞬间都仅仅是在某种程度上被征服，所以当它达到一个程度之后，就会抗拒接下来的发展过程，这个抗拒使得已经生成的东西保持下来，显现为一个已规定的东西。我们得知道，让事物保持下来，和让事物发展自身一样，都是一个艰巨的任务。当循环性力量把存在者堵截在发展过程的一个特定的层次生命，它自己就成为这样一个本质，这个本质按其本性而言不可能做出肯定，而是只能去理解个别事物，或者说它只能充当一个辅音，[WA I, 156]

以便个别事物被说出来，并且成为现实的东西。

当可见的事物从不可见的东西那里显露出来，空间同时也产生出来了。为了理解空间的产生，这里有一个最自然的例子，即有机物的各个关节之间的紧张性。空间既不是像人们通常想象的那样，仿佛一次性就浇铸而成，也不是一个沿着所有方向无穷扩展的虚空。毋宁说，空间也是从内部产生出来的，从一个反抗着的力量的中心点那里产生出来；这个力量是空间的真正本质，因为如果不是它持续地抗拒着扩展，那么根本不可能有任何空间。

除此之外，我们刚才关于时间的本性而提出的那些规定，也完全适用于空间的本性。比如，并非事物在空间之内，毋宁说空间在事物**之内**，空间是一个规范着事物的力量；再者，每一个可能的空间都是“整个空间”，空间在整体里和在部分里都同样是有机的。 [WA I, 157]

我们保留了一个计划，即在将来的某个时候更加详细地展开所有这些规定，它们本身还包含着另外一些值得注意的东西。

空间在整体上无非是神性的舒张的心脏，但在一个不可见的力量的作用下，舒张始终有一个限度，并在那里转为收缩。

在所有可见的事物那里，我们首先认识到实在性本身，然后认识到事物的现实性，或它们的外在的自为存在，最后才认识到它们的类别，或它们相互之间的内在差异性。实在性只能由那个真正的创世力量来决定；现实性只能由那个做出言说的本原来决定，而类别只能由那个自由的、凝神从事塑造活动的本质来决定。唯有父亲是创造者(Schöpfer),儿子是制造者(Macher),而精神则是事物的塑造者(Bildner)。

就本性而言,全部事物都仅仅具有一种程度上的区分,也就是说,它们的相互区分取决于肯定性本原在何种程度上在每一个事物那里发展起来,并且摆脱"非存在者"。否定性力量既不是一次性被征服的,也不是在没有尺度和规则的情况下被征服的,而是只有在一个合乎法则的、没有跳过任何中间环节的推进过程中,逐步地和逐渐地被征服。既然如此,在逐渐征服单一体的同时,事物也是按照部门、层次和区分逐渐产生出来,而在这个过程中,较低级的东西必然也是先行于较高级的东西。 [WA I, 158]

也就是说,当否定性力量逐步退缩,肯定性力量就逐步提升。由于时间序列恰恰是通过这个过程而被规定的,所以很显然,事物序列和时间序列是合为一体的,全部事物都仅仅是它们的时间的果实;确切地说,每一个事物都是一个已规定的时间的果实,而且它们只有作为这样的果实才能得到理解。

唯有时间规定着事物的本性、特性和整个本质。但是时间本身和事物一起,仍然一再遭到排斥。

正因为时间在整体里和在部分里都是有机的,正因为每一个随后的时间都是全部之前时间的统一体,所以每一个随后的时间都重新制造出之前时间的作品,把它们设定为"非存在者",设定为"过去",也就是说,设定为一种从属于它自己的产物的东西。 [WA I, 159]

这是产生和消灭之间的一个永恒更替,直到"**整个时**

间”——它包揽一切，与永恒性无异——在一个本质那里发展出来，而这个情况在展开过程的最高层次那里必然会发生。只要达到了这个最高层次，诸时间的全部作品就获得了它们的最终确证。因为，当展开过程达到完满之后，那个被完全设定为“过去”的收缩活动就能够重新完全自由地发挥着作用。

也就是说，当存在得到最高程度的展开，并且通过时间而分布停当，在这种情况下，收缩力量作为承载着一切的“过去”就完全获得了自己的各种权利，而它最后发挥的作用（整个演进过程在这里得以完成），就是把已经展开的东西重新设定为一个单一体，或者说将它们重新整合在一起（但不是把它们重新收回），制造出所有已经形成的东西之间的同时性，使不同时间的果实共同生活在唯一的一个时间里，并且全都处于一个向心的位置，好比同一株植物的叶片和枝条会聚在唯一的一个中心点那里。

就这样，我们已经尽力表明，那个古老的“过去”王国如何通过一个更高的力量而一再遭到排斥，并最终发展为“现在”世界的样子。 [WA I, 160]

如果说在原初时间那里，占据统治地位的体系是“大全一体”（All-Einheit）体系或泛神论，那么我们可以问道，“现在”或这个尚且绵延着的时间的体系是什么呢？

我们已经指出，“现在”乃是立足于对立。因此一般说来，最正确的说法就是，其中占据统治地位的体系是二元论。

但是，由于“现在”本身仅仅是一个过渡，而最终的和最高的体系只能是那个已经展开的统一体(在其中,统一体和对立本身重新得到统一),所以很显然,二元论绝不可能是一个最完满的、最终的、把全部科学都包揽其中的体系。当然,在某种意义上,也可以说二元论是一个最终的体系,因为早先的所有隶属于原初时间的体系都必须发展到这一步。

在我们看来,人类知识的起源也不是服从于偶然性,而且对 [WA I, 161] 人类精神而言,永恒本质只能在一个序列里面展示自身(这是通过它的原初启示可以观察到的)。也就是说,我们会认识到三个主要环节(通过这些环节,神性生命发展为"现在"),而且在其中看到一位机智的作者建立起来的全部宗教和哲学的那三个伟大的原初体系的萌芽[①]。尽管如此,我们并不赞成他为这三个原初体系制定的排列顺序,因为就具体情况而言,我们必然和他有所分歧。

在最初的纯净性里面,在纯粹的永恒性里面,不能设想任何行动或行为;换言之,假若出现了行动或行为,那么我们必须设想,其中已经有了一个自己生出自己的东西。也就是说,不可能有任何东西通过纯净性自身的一个行为或运动而派生出来;纯净性仅仅是一种永恒的涌出或流淌,就像"美"一样,仅仅在一种最宁静的状态下优雅地溢出。所以,所有体系里面最古老的那

① 这位"机智的作者"可能是指新柏拉图主义哲学家柏罗丁(Plotinos, 公元205—公元207年)。柏罗丁的哲学体系是一种流溢说,其最高本原为"太一",从那里首先流溢出"精神",然后流溢出"灵魂"。随后流溢出来的是可感世界,一直下降到最阴暗的物质。前面三个层面可能就是谢林所说的"全部宗教和哲学的三大原初体系的萌芽",虽然柏罗丁本人那里并没有这样的说法。——译者注

个体系，即流溢说，就是属于这个环节。我们可以把这段时间比拟于历史上的神话时间；一切流溢说都是神话式的，也就是说，它逾越了那个仿佛仅仅受它支配的环节或时间，这段时间从东方最初的现象开始，一直延续到犹太教的喀巴拉派[1] 和诺斯替教[2] 的迷梦。 [WA I, 162]

不可否认，在某种意义上，每一个体系都需要流溢说，把它当作自己的开端，因为永恒性之后的第一个东西绝不可能是通过永恒性之内的一个运动而产生出来的，毋宁只能是依靠其自己的力量而产生出来的，好比一个流溢出来的东西是自行离它的源头。

那个自由地、绝对地从纯净性那里流淌出来的意志，就是实存的意志（Wille zur Existenz），由于它和那个无所欲求的意志相对立，所以人们不妨认为，这里出现了第一种二元论。当然，这尚且是一种最温柔、最纯粹的二元论，因此不同于后来那种从一个发挥作用的统一体那里发展出来，并以这个统一体为前提的二元论，更不同于那种与全部统一体相对立，并且否定着统一体的二元论。最后面的这种二元论是一个摧毁了全部理性的体系，它主张有两个相互冲突的本原，认为这两个本原不仅彼此独立于对方，甚至是**同等**原初性的，根本不可能统一起来；就此而

---

① 喀巴拉派（Kabbala）是犹太教内部的一个神秘主义流派，其学说长期依赖于老师和学生之间的口头传承。——译者注

② 诺斯替教（Gnosis）是基督教内部的一个神秘主义流派，其核心思想是，在完满的神性之内，一个自身并不完满的上帝（耶和华）自己生出自己，并通过自己的力量创造了世界和人，因此世界和人包含着两个本原（神性本原和造物主本原）。——译者注

言，我们不承认它属于那个合乎法则的、活生生的发展运动序列。假若我们要给这种二元论指定一个历史地位，那么可以说，只有当人们误解和遗忘了那些更高的和更好的体系，才会生出这类怪胎。[WA I, 163]

我们在这里真正意指的二元论，大致相当于历史上从神话时代到英雄时代的一个过渡。在这里，实在东西已经作为对立激发起来，但它在某种意义上仍然从属于观念东西。

正因如此，人们不可以把这种二元论与那种发挥作用的或实在的二元论混淆起来。后面这种二元论属于一个晚近得多的时间，而它之所以会出现，是因为人们仅仅关注两个本原的理念，却根本不关注实存。也就是说，就实存而言，两个本原已经重新呈现为一个统一体，因为第二个本原虽然独立于第一个本原，但毕竟是在后者之内产生出来的，因此无论如何，二者都是属于唯一的一个本质。

人们更不可认为，这种二元论与泛神论处于一种势不两立的关系之中，因为二元论在自身内就预先包含着泛神论的本原，并且把这个本原当作是它的组成部分之一。

[WA I, 164] 如果我们继续观察这个环节，就会发现，一个类似于琐罗亚斯德教[①] 二元论（按照一些最为精确的研究，我们只能作此理解）的体系出现了。对琐罗亚斯德教二元论而言，那个更高的，作为两个本原的归宿的统一体显然是捏造出来的。至于这种二

① 琐罗亚斯德教是流行于古波斯及中亚等地的宗教，中国史称祆教、火祆教、拜火教，其创始人为公元前7世纪的琐罗亚斯德（即查拉图斯特拉或苏鲁支）。——译者注

元论对于两个本原的关系的观点，我们最有把握了解到的，就是善神奥穆德（Ormurd）高于恶本原阿利曼（Ariman），但后者并不因此就依赖于前者。换言之，如果人们主张善本原的优越性，就只能添补上一种“善最终战胜恶”的学说。如果我们的观察仅仅止步于此，那么不难发现，两个本原的对立只能通过善本原和恶本原的对立表达出来。这个做法是不可避免的，因为人们早就感受到了人类生活的深重的道德腐败和诸多罪恶。

在善本身之内，亦即在最高的善之内，有一个本原，这个本原自己挣脱了隐蔽状态或从属状态，与光明和爱发生冲突；然而现实的善恰恰在于去掌控这个（虽然仅仅以潜在的方式）始终在场的恶——按照我们的概念，我们不仅同意这些观点，而且主张这是一个无可争辩的真理。 [WA I, 165]

通过进一步的观察，我们还会认识到，那两个本原自在地看来确实属于唯一的一个本质，尽管这个统一体尚且是一个遮蔽的、内敛的统一体，就此而言，仅仅是一个存在于概念中的、或潜在地存在着的统一体，而不是那个更高的、把两个本原统摄在自身之内的统一体。因为最高的、根本性的统一体（即主体和客体的绝对同一性）始终是爱本身，换言之，爱是绝对意义上的统一体，正如另一个本原是绝对意义上的对立。

一个无所不包的体系，正因为认识到了那个隐蔽在两个本原之内的统一体，所以可以宣称这是“统一体和对立的统一体”，只不过它也认识到，这与其说是一个“现在的”统一体，不如说是一个“未来的”统一体。

更进一步的话，两个本原的这个最初的寂静统一体就明确显现为一个现实的统一体，而这只有通过一个情况才是可能的，[WA I, 166] 即实存的意志承认另一个本原是自己的统治者。这样一来，实在论（亦即泛神论）就作为一个占据统治地位的体系出现了。这段时期可以比拟为历史上的英雄时代。

刚才提到的那位作者似乎认为，二元论和泛神论之间是一种势不两立的关系，而且他费尽心思想要表明，一种同时也是二元论的泛神论是完全不可设想的。但是，如果我们按照之前发展出来的观点来理解“二元论”，那么很明显，泛神论的本原就是实存的意志，而实存的意志又是二元论本身的组成部分之一。而且，如果泛神论一般说来仅仅意指一种关于本原的统一体的学说，那么同样很明显，统一体已经以一种隐蔽的方式包含在那种二元论里面。假若那个不可见的统一体不是现成已有的，那么绝对对立的双方如何能够察觉和感觉到对方，从而走向一个积极的对立呢？凡是相互敌对的东西，都必定能够相互碰面，而凡是能够相互碰面的东西，都必定以某种方式归于同类。事情 [WA I, 167] 还不止于此。我们相信已经表明，那种最初的二元论不是通过一种腐化，而是借助于全部发展运动的一个必然法则，过渡到实在论或泛神论里面，与之合并，而这个运动的目的，恰恰是为了把那个隐蔽在自身之内的统一体启示出来。因此二元论本身就需要泛神论，需要它作为一个本质性的要素，作为一个必然的过渡点，以便通过它而成为一种真正意义上的、发挥作用的（实实在在的）二元论。

现在，如果最后这种二元论得到了理解，那么在它和泛神论之间，我们唯一能够承认的一个对立，就是一粒种子和一株由之生长出来的植物之间的对立。在这种情况下，我们诚然能够设想一种没有二元论的泛神论，亦即一种保持为种子，没有在二元论中生长起来的泛神论。但反过来，我们却不能设想这样一种二元论，它既不像最初的二元论，包含着一个寂静的统一体，也不像那种从泛神论里面萌生出来的二元论，以泛神论为前提，以之为它的未展开状态。

同样在这里，在从统一体到二元性的过渡中，也出现了一个更高的二元论，在它里面，最初的二元论，亦即那种居于两个体系的本原之间的二元论，重建自身。因为，那个把父亲的力量揭示出来、使之分离的本原，那个就此而言必然不同于父亲的本原，那个自由的本原，就是二元论的本原；相应地，父亲的封闭力量是泛神论的本原。因此同样在这里，一个本原和体系仍然需要另一个本原和体系。而恰恰在这里，即使最初未启示出来的"统一体和对立的统一体"作为一个现实的东西现身出来，统一体依然保持为最高的东西，并且把那两个相互冲突的体系安置在自身下面。基督教学说已经认识到，两个本原是两个不同的人格性，但却是属于唯一的一个本质，通过这个方式，它以一种最完满的方式把二元性与统一体结合在一起。也就是说，这个起初仅仅潜在存在着的统一体虽然现在已经在精神里面成为一个现实的统一体，但并没有扬弃统一体本身，毋宁说它本身仍然仅仅是上帝的一个人格性，在这种情况下，统一体、二元性、还有

[WA I, 168]

二者的统一体，每一个都显现为一个独立的东西。就此而言，那样一种二元论就是最高的二元论，它在自身内仍然包含着二元论和泛神论的对立，以及二元性和统一体的对立。是的，为了解[WA I, 169]决全部人类体系的冲突，最完满的办法早就已经在神性本质的"三位一体"概念里面启示出来。

特别是在道德关系里面，泛神论和二元论之间的冲突也可以被看作是必然性和自由之间的冲突。

我们中的每一个人都感觉到，全部必然性仅仅来自于存在；只有那种从来不能被看作存在者的东西，才活在一种超自然的乃至超神性的自由里面。

自由就像爱，就像最高者的意志的纯粹性。这种自由尚且不是行动中的自由；即便是那些内在的运动，那些我们唯有在这样一种纯净性之内才能设想的运动，也是一种在本质上如此自由的运动（因为它们本身和本质、自由是合为一体的），以至于根本不能与必然性形成对立。

当实存的意志成为一个现实的东西，就已经是一个决定性的行为；从这里开始，应当做出区分；在这里，看起来我们必须要么承认自由，要么承认必然性。

[WA I, 170] 通过最初发挥作用的意志的收缩，原初的纯净性与一个存在纠缠在一起，而这个收缩可以比拟为一个不可探究的行为，通过这个行为，人类本质在全部个别行动或时间性行动之前就已经凝缩为一个内在地已规定的本质，或者说给予自己一个所谓

的“性格”。

我相信，没有谁会轻易承认，每一个人的性格都是他自己选择的；与此同时，没有谁会否认，那些出自他的性格的行动必须被看作是一种自由的行动。因此在这里，每一个人都承认有一种自由，一种在其自身内同时也是一种必然性的自由，而不是后来那种意义上的自由（这种自由仅仅出现在有对立的地方）。所以，普遍的道德判断都承认，在每一个人那里——亦即在所有的人那里——都有一个区域，那里没有根据，毋宁只有一种绝对的自由，一种等同于命运或必然性的自由。

任何一个人，当他意识到永恒性的“非根据”（Ungrund），当他与之如此接近，都会变得惊惶失措。

对于一个来自于那个深渊的行动，不能给出任何根据；它之所以是这样的，因为它就是这样的，因为它是一种绝对的、就此而言必然的行动。人们害怕这种无根据的、通过自身就具有必然性的自由，正如他们害怕魔法，害怕一切不可理解的东西，尤其害怕魂灵世界。所以，每当他们察觉到这样一种来自于“非根据”的行动，他们就跪倒在其面前，就像跪倒在一个来自于更高世界的现象面前一样，因为他们没有力量与之对抗。这种来自于“非根据”的行动是一个秘密的符咒，一种黑暗的、恐怖的暴力，凭借这种暴力，有时候单是一个人的意志就能够征服世界。或许这个秘密也是一种幸运，一种立足于秘密的幸运。也有另外一些人，他们渴望拥有这种暴力，很想使用这种暴力，但是他们不理解这个东西。他们诚然已经发现，一个绝对自由的行动 [WA I, 171]

带有必然性的印记,遗憾的是,他们仅仅在外在事物里面寻找这种必然性。正因如此,长久以来,那些有机会完全从自身出发而做出行动的人,在绝大多数情况下都陷入到一种幻觉之中,仿佛可以为所欲为,然后通过一些最偶然的行动(这些行动完全缺乏内在必然性的印记)来表现他们的自由。即使他们征服了世界,并由于其地位而理应得到人们的敬畏,他们还是会遭到世界的

[WA I, 172] 嘲笑,被认为仅仅是一些迷醉的和疯狂的人。

在我们这个时代,人们已经竭尽所能,不但把实在东西排除在理论之外,而且把性格排除在道德学说之外。诚然,性格仅仅是一个永恒的根据,意志为自己制造出这个根据,是为了让另一个从原初意志那里产生出来的意志具有一个对象,让它找到一个可以对抗的东西,然后将其揭示出来,发展出愈来愈高级的形态分化。我们确实要求一个人应当克服他的性格,但不是要求他没有性格。正因为性格应当被克服,应当得到揭示和提升,所以它必须先行于一切做出克服的东西,也正因如此,它在全部行动和作用中,甚至可以说在全部创造活动(包括内在的创造活动)中,都显示出它的决定性的优先地位。无论在什么地方,我们都发现,最终的决定性因素在于性格,而不是像当今很多人想象的那样,在于天分、理智、计谋和技艺等等——虽然长久以来,人们早就对于理智和天分不屑一顾。如果我们把存在,把那种做出收缩和否定的原初力量,称作上帝之内的强硬因素,那么也

[WA I, 173] 可以说,性格是人唯一的、真正的强硬因素。性格是人里面的那种趋向于孤立化的力量,唯有通过性格,人才是他自己,才能在

一种最高的参与状态中仍然与所有别的人区分开来。我们承认，如果一个人的行动有理有据，那么这是一个优秀的表现。尽管如此，我们既不会钦佩一个在做出行动时有着众多选择的人，也不会把那样一些人看作是一个民族的合格的教育者，他们不知道什么是真正的无条件的行动，反而认为那种循规蹈矩的行动是唯一的行动，进而把意志完全贬低为理智的奴仆。

当意志仅仅服从存在，它就成为一种内在的必然性；至于那种表现在行为中的必然性，已经是另外一种必然性。因为，尽管意志始终是高高在上的（就它作为一种内在的必然性而言），但它毕竟受到了存在者和存在的中项的约束，并且置身于这个中项里面。尽管这个永恒自由的、无限的本质抵抗着约束性，内在地追求着自由，但它毕竟已经不能挣脱这个怪圈了。仅仅依靠神性本性的必然性，是没法做出进一步的发展的。所以，那些停留在神性本性那里的人，也只能承认一个内在创世的体系。[WA I, 174]

因此，自由同样也必须首先把自己封闭在它的对立面之内，然后才能成为一种现实的自由，并且作为这样一种自由而绽放出来。必然性必定先行于道德自由。因为，只有当做出一个分离，做出一个决断，那种现实的自由才是可以设想的；既然如此，自由之前必然有一个未分离状态或必然性状态。在这个意义上，宿命论也必然具有一个相对于二元论而言的优先地位。

我们已经断定，神性本性的必然性刚开始处于各种力量的平衡状态中。这个平衡状态很容易让我们想起一种著名的平衡状态，即某些道德主义者为了解释人类自由或道德自由而发明出来的“意愿选择(Willkür)的平衡状态”。假若这些人的观点是想说,各种力量的平衡状态是精神性诞生的开端,是这样一个黑夜,人类只有诞生在其中,才能进入自由的欣喜光明,那么我们确实可以把他们的概念和我们的概念结合起来。因为,如果[WA I, 175]内敛先行于发展,并且表现为对于发展的否定,那么对于自由的否定必然也是先行于自由。问题在于,道德主义者首先想到的那种平衡状态,不是先行于自由本身,而是仅仅先行于一些个别的自由行为。他们认为,在每一个自由的行为之前,意志都置身于相互对立的动机的完全平衡状态之中,而在这里,如果一个行为是不可能的,那么就会出现如下困难,即同一个东西必须通过同一个东西而被克服,同一个意志必须在同一个时间既处于平衡状态中,也不处于平衡状态中——于是,为了摆脱这个局面,他们发明出一种位于平衡状态之外、独立于一切动机的意愿选择,亦即一种缺乏理智的意愿选择,以一种机械的方式扬弃那种平衡状态。但仔细观察下来,这种意愿选择本身无非是一个绝对的偶然。

这个混乱的、晦涩的、悖理的观点居然得到了普遍的认同,而且直到我们这个时代都还在根本上占据着统治地位。如果人们把它与那个真实的理念——二者乍一眼看是同样的意思——进行比较,立即就会发现,人类中的绝大部分,甚至包括那些自诩精于思维的人,无论对于眼前的事物还是对于最遥远的事物,都只能在云里雾里瞄一眼真理。[WA I, 176]

真理是什么呢? **首先**,各种力量的那种平衡状态不是一种无作为的、静止的平衡状态，而是一种活生生的、强有力的平衡状态，其中有一个现实的收缩力量。**其次**，那种平衡状态仅仅是真正的自由的两个条件或因素之一，至于另一个因素，那个克服着平衡状态的因素，不可能是意愿选择或一个包含着选择的本质，而只能是一个完全已规定的本原，这个本原只能以动态的方式与第一个因素相对立，因此只能采取这个作用方式，不能采取别的作用方式；反过来，平衡状态在与另一个因素的对立中，并不是表现为一种机械的、完全被动的平衡状态，仿佛通过一个单纯的意愿选择（比如"我现在想成为一个有美德的人"这样一个随意的决心）就可以立即被克服。**最后**，从这个追求里面产生出一种二元论，它远远高于相互平衡的力量之间的那种对立，也就是说，这种二元论处于一个居间的位置，前面是第一个设定了平衡状态的力量和人格性，后面是第二个克服了平衡状态的力量和人格性；只有由此出发，才会产生出一个不是流于表面的、机械的、轻松的演进过程，而是一个深入到内部的、极端动态化的、强有力的演进过程，唯有在这个演进过程里面，人才表现为一个道德上自由的本质。 [WA I, 177]

尽管如此，看起来我们还需要进一步表明，那种真正的、道德意义的自由，如何通过这种更高的二元论而同样出现在上帝里面。

首先，既然第二个自我征服了第一个自我，既然第二个自我是从第一个自我那里产生出来，被后者生出来的，那么就有一个问题："第一个自我在进行生殖的时候是表现为一个自由的东西呢，还是表现为一个必然的东西？"诚然，我们只能称它是自由的，这里的意思是，当一个本质热切地追求着一个东西的时候，同样可以被称作是自由的。在每一个实存着的本质那里，对于爱的欲望和渴求愈是紧紧地控制着这个本质，其表现就愈是尖锐，同时又没有能力在和爱的冲突中放弃它自己。这种欲望和渴求驱使着一个本质走向那种自身复制，使第一个自我有能力生出第二个自我。由于每一个自由的本质都需要第二个自我，[WA I, 178] 以便成为一个完全自由的东西，所以每一个本质在追求凝思、意识、自由的时候，也在追求生殖。但是，因为它是通过第二个自我而成为自由的，所以在一个处于紊乱状态的本质（比如人）那里，有可能出现这样的情况，即他不是让第二个自我在其自身之内发挥作用，而是把第二个自我当作一个手段，用来实现他自己的目的和自己的自由——这种情况是真实关系的最为恶劣的颠倒，而这最终会导致一个结果，即那种生殖行为和自身复制变得如此之狭隘，以至于完全成了一个服务于极端自私的手段，而不是把这个本质从自私那里解放出来；是的，这种颠倒最终或许会达到一个点，在那里，人将完全失去那种生殖能力。但反过来，如果第一个自我利用第二个自我而使自己达到现实的解脱，或让第二个自我在其自身之内发挥作用，在这种情况下，第二个自我就会重新帮助第一个自我，让它生出第二个自我。也就是说，那个生殖行为是一个永恒的、绝不会停止的行为，无论在上帝还是在人那里，它在每一个瞬间都会重新发生，而且必然会重新发生。

第二个自我征服了第一个自我，那么它的自由属于什么类型呢？很明显，相对存在而言，甚至相对实存者本身而言，第二个自我都表现为一个自由的东西，而且，如果我们眼里只有这个否定的“自由”概念，那么确实可以称它为自由的。无论它做出什么行动，都不是出于选择而行动，毋宁说，尽管这些行动是极为深思熟虑的，但仍然遵循着它的本性的内在必然性。因为，第二个自我无非是爱，它在自身内拥有的那个意志，无非是爱和温柔的意志。因此这第二个人格性无非是我们寻找的那种道德意义上的自由东西。 [WA I, 179]

第二个自我的作用是帮助第一个自我实现分离，这样一来，第二个自我就成为存在者，挣脱了它的存在，并且提升为一个精神性东西。只要这个存在者是处于挣脱了存在的状态，它就一直享受着它自身内的自由。但问题在于，第一个自我并不是一劳永逸地实现了分离；每一个瞬间，分离都应当发生，每一个瞬间，存在者都应当重新升华为精神性东西。就此而言，第一个自我并不是被消灭了，毋宁说它的统一体仍然具有力量，并且在每一个瞬间都发挥着作用。假若没有分离，第一个自我就将是一个无意识的东西，一个盲目的收缩力量。但是分离发生了，在这个**环节**，第一个自我提升为一个具有自我意识的东西，也就是说，它在每一个瞬间都发现自己是自由的，发现自己是这样一个本质，其身后没有别的什么东西，只有永恒性这个“非根据”，而且它是从永恒性或“非根据”那里直接产生出来的。既然如此，在分离**行为**本身那里，第一个自我既有可能献身于分离，也有可 [WA I, 180]

能把它已有的自由当作一个手段，用来对抗分离——这种可能性不是别的，恰恰是道德自由的最终根据。只有献身于(sich-Hingeben)第二个更好的自我才是真正意义上的“**决定**”(sich-Entschließen, se résoudre)、“揭示”“开启”，也才是真正意义上的“**决断**”(Entscheidung)。反过来，那种抗拒的做法其实不是“决定”，毋宁是“封闭”“顽冥”“硬化”，虽然这些都是自愿的。

长久以来，人们就感觉到，真正的自由仅仅出现在善里面，而在恶里面其实没有自由。因此俗话说得好：“只有一个有美德的人才是自由的。”反过来，恶人被看作是罪的奴仆或类似的人。有些人甚至提出了一个科学的主张，即只存在着一个行善的自由意志——假若这个观点的意思是说，恶的意志虽然不是依靠自身并且通过自身而是自由的，但在除此之外的别的方面都是自由的，那么我们对此没有什么反对意见。因为我们刚才已经表明，第一个自我或自私的自我只有通过第二个更好的自我才获得自由。[WA I, 181] 诚然，第一个自我已经觉察到，自由一直都在诱导着它放弃自私，但它仍然利用自由来达到它自己的目的，也就是说，它会滥用自由。

这几乎已经表明，唯有当善的可能性和恶的可能性同时成为自由的必要条件，唯有在这个意义上，第一个自我才可以叫作道德上自由的——也就是说，第一个自我并非原本就是自由的，毋宁说，只有当各种力量发生分离，只有当乌云被驱散，只有当第一个自我看到永恒性，随之也看到它自己的本质的自由，它才可以叫作一个道德上自由的东西。

所以，在上帝那里也是如此，只有当第一个自我（即父亲）置身于儿子做出的持续分离之中，他才可以叫作道德上自由的。无疑，正是父亲的自由意志作用于那些力量，使它们扬弃了自身内的原初的平衡状态；也就是说，正是父亲的自由意志导致了创世。父亲自愿放弃他自己的生命（一种独有的、排他性的生命），而**父亲本身**则成为那个伟大的、深不可测的学说的第一个例子："谁找到自己的生命，将会失去它，谁失去自己的生命，将会找到它。"[1] 在最初的那种亲密无间的乐趣里，他曾经找到自己的生命，然后不得不失去它；现在，他失去了自己的生命，但却是为了在一种崇高得多的意义上重新赢得生命。通过第二个自我，父亲的本质的自由和永恒性重新启示出来，他也能够抓住这个机会，以便作为**父亲本身**而坚守在一种永恒的、自足的封闭性里面。 [WA I, 182]

在第一个发展过程那里，或许有一个疑问已经呼之欲出："上帝内部的那个非理性的、反抗着分离的本原，是自愿屈服的呢，还是仅仅迫于一个更高势力的强制，才退回到'过去'？"《圣经》里面有一处著名的深奥地方，那里写道，受造物不是心甘情愿地，而仅仅是在反抗的过程中屈服于虚无性；这处地方也许在暗示，自然界的屈服是不甘不愿的。然而随后的地方又写道，自然界是屈服于它愿意为之屈服的那个东西，同时还充满了希望；而这就表明，这里所指的仅仅是一个自然意志或必然意志。因

① 参阅《新约·马太福音》（10: 39; 16: 25），《新约·马可福音》（8: 35），《新约·路加福音》（9: 24; 17: 33），《新约·约翰福音》（12: 25）。——译者注

为，没有任何本质会出于自然意志就去牺牲它自己的存在，也就是说，否定之所以发生，从来都不是为了那个做出否定的东西，而是为了一个更高的东西；但无论如何，这个牺牲或否定不是强迫的，而是自愿的。父亲的心已经归顺一个更高的意志，而出于自然欲望，这颗心始终都在跳动；但是，通过一个更高东西的持续恳求，这颗心不是被征服了，而是如柏拉图的那个美妙比喻所说的那样[①]，被说服了，安抚了，因此自愿停留在隐蔽性之内。这颗内在跳动着的神圣心脏，安静地维护着生命，但绝不对外发挥任何作用。

[WA I, 183]

在这里，谁不会立即想到伟大的柏拉图，他第一个勇敢地断定，在前世，在那个自由沉思着的、用精神管理一切的本质**之前**（而不是仅仅与它**并列**），有一个狂野运动的状态，而这个运动又是来自于一个无规则的、反抗着秩序的本原。在我们的观点里，有一些类似于柏拉图的地方；如果这些观点躲不开我们这个时代的咒骂，我们不妨提出“柏拉图”这个始终震慑四方的名字，把他当作我们的保护人，因为这个时代只知道柏拉图是一位唯心主义者，却不知道柏拉图已经明确指出，存在是一个原初的、积极反抗着理智的本原。

柏拉图在谈到物质的时候，把它当作一个与上帝共存的本原。就此而言，他似乎已经看出了那个关键点，在那里，上帝已经与存在分离，并且作为一个已升华的精神飘游在自己的躯壳之上。但是，如果人们问起一个更早的统一体（上帝和物质在其

[WA I, 184]

①柏拉图：《蒂迈欧》（48a）。——译者注

中合为一体)，那么柏拉图几乎别无选择，只能在那个早已存在着的自然界里面寻找这个统一体，而上帝只有在征服了这个统一体之后才真正成为上帝。也就是说，上帝同样必须从一个先行的状态(那时他还不是上帝)那里现身出来，正如人在最初的状态里仅仅是可能意义上的人，尚且不是现实意义上的人。我们早就已经指出，一切东西，只要超出了神性的真正的、人格性的存在，都应当被称作"自然界"。也就是说，只有上帝的精神性部分才可以被看作是上帝本身，正如只有人的精神性部分才可以被看作是人本身。在当前这个平静的自然界里面，一切理智的、柔和的、有序的东西都起源于那种精神化活动。反之，一切生硬的和令人反感的东西，就像柏拉图在那个具有不可估量的重要性的地方指出的那样，则是起源于一个在先的状态，起源于一种类似于形体的、混沌的东西，起源于它们早先的自然界的共同拉拽状态，因为自然界在成为现在这个井井有条的样子之前，其中有很大一部分都处于紊乱状态。

当然，[关于柏拉图的真正观点]还得有劳专门的注释家来阐发。我们绝没有越俎代庖的意思，而且我们乐意让他们来评判我们的这个解释。 [WA I, 185]

没有一个先行的自然意志，就没有自由。意志内部的二元性只有在这种情况下才会出现，即一个意志已经是现成已有的，然后它察觉到另一个意志。因此在任何一个行动里，必然性都先行于自由。而那种观点，即上帝在创世之前就一劳永逸地做出了创世的决定，则完全颠倒了事实。没错，创世仅仅基于上帝的一个决定,但这个**决定**是一个永恒的、绝不会停止的决定;永恒父亲的自私始终需要通过爱来征服,始终都在开启自身,并转移到受造物里面。每一个白天都在重新宣布这个胜利,而每一个夜晚则是在重复着这个奇迹。

人类知性认为,当它面对一件事情的时候,能够做出选择,并且通过机智和技艺在全部可能的东西里面发现最好的选项。这个崇高的观点有时候也必须应用到上帝身上。但是,如果有人认为,上帝的自由无非就是在诸多可能的世界里面挑出最好的世界,那么这只不过是让上帝具有一种最低限度的自由罢了。俗话说,"选择就是折磨(Wahl ist Qual)";选择是一个未开悟的、未揭示的意志的结果;它不是自由,毋宁是自由的匮乏,是一种未决断状态。如果一个人需要在美德和恶行之间进行选择,那么这仅仅意味着,他根本不知道最大的利益是什么。但如果一个人真正通晓了这样那样的情况,他的行动就和选择毫无关系,也只有在这种情况下,他才具有完满的自由。 [WA I, 186]

如前所述,父亲的自由是一回事,儿子的自由又是另一回事。至于精神,在我们看来,则是具有一种真正精神性的自由,一种立足于绝对的深思熟虑,立足于明澈性和全知的自由。自由的这三个层次或类型,从本质上来看,是同一个自由,对人而言也是如此。

正是通过精神,一切东西最终都得到升华。因为只有精神才是那个完全展开、同时又完全回归统一体的神性。

即使对于人类知识而言，也有一个最终的升华点。上述三个主要体系里面，没有哪一个体系是最高的，尽管一个比另一个更接近发展过程的终点。但所有体系都是必然的，正如一个生命的不同塑造层次全都是必然的。如果真正的整体应当发展起来，也就是说，如果那个唯一真实的体系应当发展起来，那么没有任何一个体系是可以被忽略掉的。 [WA I, 187]

看起来，我在这里已经宣称，这个唯一真实的体系是可能的；尽管如此，我的意思绝不是指这个体系能够出现在每一个人面前。其实我想说，这个体系当然是可能的，甚至是现实的，但它没有办法呈现出来——确切地说，没法以外在的方式呈现出来，仿佛任何人都可以像占有其他知识一样，直接将其拿走。因为，这种完整的知识仅仅存在于一个持续的、绝不停止的创造活动之中，从而绝不可能成为一个僵死的占有物。全部生命都有一个伟大的、不可估量的演进过程，这个演进过程内在地重复着自身，模仿着自身，从它的最初的寂静开端一直发展到“现在”，甚至发展到最遥远的“未来”。有许许多多的人，他们具有足够的力量、能力和自我否定，能够让自己投身到这个演进过程里面。因为，如果没有一个艰苦的内在斗争，如果做不到自己与自己分离，人们就不可能赢得真理。仅仅在理论上为这个演进过程摇旗呐喊，是不够的。如果一个人没有在实践中经验到本书描述的那个演进过程，即全部生命的演进过程，那么他绝不可能理解它。只有当一个人把他灵魂里面的那个作品塑造出来，使之从一粒最初封闭的种子发展为完满的形态，只有当一个人与 [WA I, 188]

看起来顽冥不化的自然界进行斗争,并最终达到明澈性,他才有能力做出评判。至于那些缺乏精神性经验的人,在这里注定是一无所获的。

此外,为了认识到唯一真实的体系,我们必须遵循一个必然的秩序,这个秩序绝不是像那些反对一切真正知识的人所臆想的那样,是一种令各方皆大欢喜的科学;在一条非常自然的道路上,后来的东西更有可能是一个针锋相对的东西。无论什么时候,我都在全力捍卫科学的各种权利,而且将会用我的整个人生去捍卫科学。像我这样一个人,在这样一个场合,有些话必须要说,哪怕这些话听起来不太谦虚。我想说的是我一直以来的一个感受,尤其是在写作本书时的一个深切感受,那就是我几乎已经到了一种对科学沉默不语的状态(我和这种状态有多接近,恐怕是超过了绝大多数人的预料);这种沉默不语是必然会出现的,倘若我们认识到,一切东西都是以一种无限私密的方式运行着,以至于真正说来,我们不可能知道任何东西。[WA I, 189] 科学的这个结果和苏格拉底的那个结论几乎没有什么区别,后者宣称他至少有一样东西是可以夸耀的,即他知道,他什么都不知道。但他毕竟**知道**这一点,这个确定性不是他的研究工作的开端,而是其结论。有些人以为,只要从一开始就承认自己的无知,接下来就可以心安理得了;但据我们观察,这仅仅是一个离奇的错觉而已。因为,当一个真正无知的人站出来宣称,他不知道任何东西,或他的天分在于无知,这种事情值得我们去关注吗?但如果是一个有知识的人这样说,这里就有一种高深的意义。"无知"分为两种完全不同的情况，一种是因为缺乏科学，另一种是因为知识和对象过于丰富。在后面这种意义上，苏格拉底可以夸耀自己的“无知”。然而有这样一些疲软无力弱不禁风的人，他们的精神和心灵已经麻痹了，完全没有能力去从事一件严肃的事情，而他们唯一能做的，就是借助一种令人作呕的诡辩术来反对一切有着严肃目标的知识，同时大张旗鼓地宣扬自己的“无知”；恰恰是这样一些人，居然能够成功地让世人觉得他们是谦虚的人，具有苏格拉底的智慧。而在我们看来，这个现象只不过是时代的诸多症状之一，这些症状表明，我们这个时代已经处于一种可怕的颠倒状态。 [WA I, 190]

一个现实的、无所不包的体系不可能从它的个别环节那里获得它的名称，因为个别环节的孤立形式只会制造出同样多的个别体系。既然如此，那么很明显，这个体系只能按照其最终的升华点来命名，因为最终的升华点是最高统一体，在其中，全部冲突都消解了。

既然这个体系就是精神，那么其最正确的名称就是“精神体系”，而“精神体系”必然也是“真理体系”。

人们可以宣称，那种在公众生活中不受待见的形而上学，同样也在追求那个更高的整体。因为，当今的形而上学已经限定在一种只能和二元论相提并论的有神论上面，并且在根本上和二元论是同一个东西；这种形而上学同时主张，二元论是一种原初的体系，其立场既不是从一个更高的东西那里推导出来的，也不能得到进一步的发展；但它在提出这个主张的时候，遭遇到如此之多的困难，最后只好宣称自己是一个无能为力的东西，同时[WA I, 191]大张旗鼓地放弃了自己的存在。然而这个懦弱的自身消灭是不可能持久的，因为在一个既未在心灵上泯灭，也未在精神上泯灭，而且在本质上如此具有宗教性的民族（比如德意志民族）那里，对于一种真正的形而上学的需要必然会一再复苏。既然如此，我们可以指望，只要形而上学认识到了当前的现实状况，它就会甩掉自己对于更高立场的畏缩，因为它必然会发现，只有承认那种畏缩（需要强调的是，这不是最终的畏缩，而是起初的畏缩），才能够让自己安静地拥有真理——这是它长久以来追求的目标，而这个追求之所以一直徒劳无功，原因仅仅在于，它过去的出发点是错误的。在那种情况下，形而上学闭着眼睛反对任何一个统一体体系，而在根本上则是反对一切活生生的发展运动。就本书而言，形而上学如果大致了解其中的内容，至少会在两件事情上震惊不已：第一，上帝内部有**某个东西**；第二，这个东西被排挤，被设定为“过去”。形而上学从一开始就没有理解到一个关键情况，即泛神论是一粒必然的种子，唯有从它那里，真正的有神论，作为一个真正历史性的、属于历史时间的体系，才能够发展起来。在这里，形而上学也没有注意到，正是它的令人[WA I, 192]反感的泛神论本质必须在上帝内部被排斥，以便为自由或人格性腾出空间。

不可否认，我们经常用一些粗暴的办法来考验人们对于这种古老的形而上学的容忍度，看看公众对于形而上学的宽容还会坚持多久（就这种宽容而言，我们确实没有什么值得夸耀的地方），而且，在当前的这个研究里，我们也没有始终坚持着那个得到认可的科学的尺度和步调。正因如此，我们更应当把这当作一个义务，即去表明，虽然形而上学的行事方式看起来处于一个糟糕的关系当中，但和我们的研究进程相比，还是有一些可参照的地方。

众所周知，关于上帝的存在，形而上学列出了三个证明。第一个证明是名正言顺的本体论论证，其最终的理由是，在上帝之内，存在已经通过本质而被设定，因此上帝本身是一个内在必然的本质。我们对这个证明绝不会有什么反对意见，只要它完全停留在自身之内，而不是让那个内在必然的存在过渡到一个外在的存在，或在本质和存在的那个统一体旁边，又摆出一个作为谓词的"存在"。总的说来，本体论论证只是提出了这样一个本质的理念，对这个本质而言，存在是内在于它的，绝不能以一种外在的方式被谓述出来。就此而言，本体论论证完全对应于原初纯净性的那个状态，在这个纯净性里面，全部存在都被吞噬了，而神性则是太过于纯洁了，以至于不能作为一个存在者而被谓述出来。现在，形而上学不再满足于这个纯粹本体论意义上的本质，而是要求这样一个现实的存在者，存在可以作为它的谓词而被谓述出来。假如形而上学想要借助本体论论证来达到这个目标，这只会摧毁本体论论证，因为它将会超出自身的界限。在这种情况下，形而上学没有别的办法，只能从第一个东西推进到第二个东西，后者和前者不是一回事，毋宁是现实的第二个东西，是第一个东西的存在的根据。但是，为了做到这一点，形而

[WA I, 193]

上学必须假定,上帝内部有一个推进运动或一个流溢活动,而这些假设在它看来太过于自然,太过于生动了,与它的那些静止不动的、抽象的概念相冲突。所以它在这里止步不前,转而以一种不自觉的方式在另一条道路上尝试制造出它所缺乏的东西。

[WA I, 194] 因为形而上学已经意识到,必须要认识一个存在者,所以它让这个存在者通过一个自下而上的推论产生出来;通过第二个论证,即名正言顺的宇宙论论证,形而上学从全部存在着的事物的偶然性出发,最终推导出全部事物的一个最终的无条件的原因,即我们所说的那个最初的存在者。但是,由于形而上学只能把一个必然存在着的本质看作是无条件的原因,所以它被迫把这个在一条完全不同的道路上赢得的理念重新与本体论论证得出的理念结合起来,但它根本不能证明,这两个理念之间有什么联系,或者说是否形成了一个真正的统一体。也就是说,为了给它的本体论论证打圆场,形而上学从别的地方搬来宇宙论论证;而为了给它的宇宙论论证打圆场,形而上学又从别的地方搬来那个根本与此无关的本体论论证。现在,即使有了一个必然存在着的、最初的本质,形而上学还是对于这个理念不能满足,因为它需要的是一个具有自我意识和人格性、并且按照目的和计划而行动的本质,而这样一个本质,无论本体论论证还是宇宙论论证都是不能提供的,除非形而上学驱使二者超出它们的界限。[WA I, 195] 在这种情况下,形而上学必须把那个宇宙论论证的本质重新看作是一个内敛的东西,把它的概念的演进或上升理解为这个本质自身内的演进或上升。但这个做法不但与那些人人皆知

的概念相冲突，而且由于缺乏发展运动的质料，根本就是不可能的，而这又是因为形而上学害怕泛神论，所以它把原因及其后果分割开来，把原因摆在一个完全不自然的高位，设定为一个被遗弃的、孤独的、抽象的、无生命的东西。既然如此，形而上学仍然没有别的办法，只能通过一个新的、完全不同的证明来寻找它通过前一个证明而不能获得的东西。

如果说形而上学之前还坚持认为偶然性是事物的普遍属性，那么它现在已经深入到了事物的内核及其内在联系。由于它在这个内核里面处处认识到一个按照目的和计划、并且伴随着自由和深思熟虑而发挥作用的原因的痕迹，它从这个认识出发，最终追溯到一个具有人格性的、自由的、理智的本质，把它当作世界的创造者。问题在于，一个自由的、理智的本质必须以必然性为根据，否则这个概念就仅仅是一个飘浮在云端的东西。因此形而上学必须从第三个论证即自然神学论证出发，回归到第二个论证即宇宙论论证，而通过这个方式，它已经在不自觉的 [WA I, 196] 情况下认识到，必然性是自由的基础，是自由的先行者。进而言之，由于理智只能解释事物的形式和秩序，而物质其实从之前的环节开始就必然已经存在着，所以，为了表明那个理智的本质是世界的创造者，形而上学必须回溯到一个绝对必然的本质，而这个概念和“多样性”概念是不相容的。就此而言，一切位于这个绝对必然的本质之外的东西，包括物质（因为它不可能属于这个本质），必定都是偶然的。

这三个论证之间的关系就像一个链条中的各个环节之间的

关系,在其中,后来者总是由先行者产生出来;但是,当形而上学采取一种机械的、死气沉沉的行事方式,这种关系就是不可能的。尽管如此,三个论证的原初联系已经启示出来,很明显,它们仅仅表达出了唯一的一个本质的发展过程的不同环节,因为前面的论证需要后面的所有论证,而后面的论证又以前面的所有论证为前提。单凭其中的某一个论证,都不能达到既定的目标,即把上帝的完整理念作为一个实在的东西产生出来。但是,假若它们全部联合起来,进入到一个活生生的、动态的联系之中,或许就能够达到那个目标,而要做到这一点,只有在我们走过的那条道路上才是可能的。

世界时代

原稿Ⅱ

（1813）

F. W. J. Schelling, *Die Weltalter. Erstes Buch: Die Vergangenheit.* Druck II 1813. In ders. *Die Weltalter. Urfassungen,* München, 1946.

导　论

[WA II, 3]

过去的被知道，现在的被认识，未来的被憧憬。

知道的东西被叙述，认识的东西被呈现，憧憬的东西被预言。

“科学”按字面意思而言就已经是“历史”（ἱστορία）。只要人们还在认为，科学是一些独立自足的思想和概念的一个单纯的延续和发展，那么科学就不可能是历史。幸而我们的时代具有一个优势，即科学已经重新获得了本质，而且我们可以断言，它在这种情况下很难再度失去这个本质。从现在起，科学是一个现实的、活生生的本质的发展过程，这个发展过程在科学之内呈现自身。[WA II, 4]

最高科学里面的生命只能是一个原初生命，一个绝对在先的本质，亦即各种本质里面最初的或最古老的那个。

既然在这个原初生命之前或之外，没有任何东西来规定它，那么，就其展开自身而言，它只能以一种自由的方式，按照它自己的冲动和意愿，纯粹从自己出发，展开自身。但正因如此，这个展开不是无规则的，而是必须遵循规则。在它之内没有意愿选择；这是最完满意义上的自然界，正如人虽然并不去考虑自由，但恰恰因为他具有自由，所以他是一个自然界。

当科学在质料方面达到客观性之后，看起来有一个自然的结果，就是它开始寻求形式方面的客观性。

[WA II, 5] 长久以来，哲学不得不跨越世界的界限，随之跨越现在时间的界限，以尝试解释事物的最初起源。就此而言，哲学已经指向最高意义上的“过去”。那么，既然哲学按词义而言而且在事实上就是“历史”，为什么直到现在它都还不可能在形式上做到这一点？为什么这个工作在过去是不可能的，或者说一直到现在都是不可能的？“知道的东西被叙述”，那么为什么在最高科学里面，知道的东西不能像任何别的**知道的东西**一样，被直接简明地叙述出来？是什么东西在阻碍着那个憧憬到的黄金时代的来临，到那个时候，真理又将成为故事，而故事又将成为真理？

必须承认，人具有一个超于世界之外和之上的本质；因为，假若在人的内部没有一个先于时间开端的本质，为什么在所有的被造物里面，唯有人能够追溯那条漫长的发展道路，从现在直到过去最深的黑夜，唯有人能够上升至时间的开端？[WA II, 6] 灵魂的永恒要素来自于事物的源泉，等同于这个源泉，并且具有一种关于创世的共同知识（Mitwissenschaft）。

这个本质是一个纽带，通过它，人不仅能够与最古老的“过去”，而且能够与最遥远的“未来”建立直接联系，因为这个纽带包含着一个内敛的时间。多少次，当他觉得现在的一个瞬间好像早已出现过，或当他觉得自己仿佛见证了一件遥远发生的事情，他会对于这个最内在的东西何其惶恐，他会发现自己处于一种何其奇妙的关联或何其内在的联系之中!

在这个本质之内安息着一个不可探究的前世。尽管这个本质忠实地守护着神圣过去的宝藏,但是它本身是缄默的,不能陈述出那些封闭在它里面的东西。

假若这个本质旁边没有出现一个他者(这个他者本身是一个转变形成的东西,因此在本性上是一个无知的、仿佛永远年轻的东西,就像埃及祭司所说的希腊人那样[①]),那么这个本质绝不会开启自身。而这个他者,为了掌握一种关于已经存在的事物的科学,必须转向那个内在的神谕,转向那个唯一来自前世时间的证人。 [WA II, 7]

然而本质同样也感到自己被那个他者吸引。在本质内部安息着一个关于万物、万物原初的关系、万物的转变、万物的意义的回忆。事物的这个原型沉睡在本质里面,虽然这不是一幅黯淡的、被遗忘的图像,但却是一幅与它自己的本质纠缠不清的图像,也就是说,本质不能够把这幅图像从自己那里挖取出来,并将其高举展示。无疑,假若不是那个无知的东西本身就包含着一种对于认识的憧憬和渴望,也许本质永远都不会再苏醒过来。然而那个无知的东西不停地呼唤着本质,希望自己得到提升,于是这个更高的东西注意到,它的身边之所以有一个较低的东西,不是为了让它保持在无所作为的状态中,而是为了让它拥有一个工具,让它能够在其中观审自己,呈现自己,理解自己。 [WA II, 8] 因为在本质之内,一切东西都没有差别,它们同时存在着,浑然

① 参阅柏拉图:《蒂迈欧》(22b)。——译者注

一体。但是它能够把它自身内部浑然一体的东西在那个他者那里做出区分,或将其分解开来。

因此在人里面有一个东西,它必须被唤起回忆,此外还有另一个东西,它帮助前者达到回忆;在人里面,一个东西包含着任何研究问题的答案,另一个东西把这个答案从前者那里提取出来;这另一个东西独立于一切东西,有能力思考一切东西,但是它和前面那个最内在的东西是捆绑在一起的,而且,假若没有得到这个证人的认可,它不能断定任何东西是真的。反过来,那个最内在的东西原本就是被束缚着的,不能展开自身;但通过那个他者,它成为一个自由的东西,并且在那个他者面前开启自身。正因如此,双方都迫切地要求分离,前者是为了重新占有它的原初的、天赋的知识,而后者则是为了自己能够被前者接纳,并同样进行着认知(尽管是以完全不同的方式)。[WA II, 9]

这种分离,我们自身的这种双重化,是一种秘密的沟通。其中有两个本质:一个在提问,另一个在回答;一个是无知的,但却在寻求着知识,另一个是进行着认知的,但对于自己的知识却一无所知。这个安静的对话,这种内在的交谈艺术,乃是哲学家的真正的秘密,至于那种外在的交谈艺术,仅仅是一种模仿,因此被称作"辩证法"。而且,辩证法一旦成为一个纯粹的形式,就将是一个空洞的假象和阴影。

也就是说,从本性来看,所有知道的东西都被叙述。但是知道的东西在这里不是从一开始就现成地摆在那里,毋宁说那是一种从内核出发,通过一种完全独特的演进过程而持续不断地产生出来的东西。通过一种内在的分离和解放,科学之光首先冉冉上升,然后照亮外面的一切。就形式而言,人们已经掌握的科学就是历史。至于我们称之为“科学”的那个东西,仅仅是一种追求,即努力做到“重新获得意识或知识”,因此,与其说它是科学本身,不如说它是对于科学的一种追求。出于这个理由,古代那个伟大的人物坚定地给予科学以“哲学”的名称。而长久以来盛行的那个看法,即认为最完满的辩证法就是科学本身,却暴露了很大的局限性。因为,正是辩证法的存在和必然性表明,真正的科学(ἱστορία)还没有被发现。 [WA II, 10]

就此而言,哲学家和历史学家的处境没有什么不同。因为,当历史学家追求知识的时候,他必须去盘问古老文献的断言或活着的证人的回忆。历史学家同样需要掌握多门分辨技艺或批判方法,以便从那些杂乱的信息里面提炼出纯粹的事实,并且在那些保存下来的文献里面区分出虚假的东西和真实的东西,区分出错误的东西和正确的东西。除此之外,历史学家也需要在自身内部做出那种分离,他必须远离“现在”,投身到“过去”里面,以便摆脱他那个时代的许多观念,摆脱他的自以为是。 [WA II, 11]

总的说来,一切东西,完完全全的一切东西,包括那些外在给予的、直接出现在意识面前的东西,都必须首先成为一种内在的东西。如果古老的时间本身没有在历史学家内心里面苏醒,那么他将永远都不能做出一种直观的、真实的、生动的表述。所有的“历史”,如果没有受益于一种内在的意义,又算什么东西呢?有很多人,他们尽管几乎知道所有发生的事情,但对于真正的历史却一无所知。不仅人类的事迹有自己的纪念碑,自然界的历史同样也有自己的纪念碑。可以说,自然界在其宽阔的创造之路的每一个阶段都留下了某些东西作为标记。自然界的这[WA II, 12]些纪念碑大部分都是公开摆放着的,人们广泛地研究它们,甚至在某些方面真正地解释了疑难。但是这些纪念碑并不向我们说话,而是保持死寂,除非行动和创造的那个顺序转变为一种内在于人的东西:也就是说,任何东西在成为一种内在于人的东西之前,都是人所不能理解把握的,而这意味着,任何东西都必须回溯到人的本质的那个最内在的东西,因为对人而言,那个东西就好像是全部真理的一个活生生的证人。

然而现在有些人却认为,他们可以把那个外在的工具扔在一边,在自身内部扬弃所有的二元性,仿佛这样一来,我们就仅仅是一种内在的东西,完全生活在彼岸世界里面,直接认识到一切东西。诚然,把人放置在他的彼岸世界的本原里面,随之把心灵的力量提升到静观,谁能完全否认这样的可能性呢?任何一个物理的和道德的整体,为了在时间中持续存在,都需要回溯到[WA II, 13]其最为内在的开端。伴随着自己本质的统一感,人一再地青春焕发,获得一种新的极乐。也正是基于这种统一感,尤其是那些寻求科学的人持续地汲取着清新的力量;不单是诗人,哲学家也具有自己的迷醉状态。哲学家之所以需要迷醉状态,原因在于,一旦他感受到那些更高观念的不可描述的实在性时,他就能够抵抗一种空洞的、死气沉沉的辩证法的粗暴概念。但是,如果谁要求这种直观状态一直持续下去,那就是另外一回事了,因为这与现实生活的本性和使命相矛盾。如果我们仔细看看现实生活与那种直观状态的关系,就总是会发现,所有那些在直观状态中浑然一体的东西,在现实生活中都会展开,有时还会分解。我们不是活在直观中;我们的知识是一种零碎的东西,也就是说,它必须以零碎的方式,按照门类和层次产生出来;而如果没有反思,这种情况就不可能发生。 [WA II, 14]

因此,纯粹的直观同样不能帮助我们达到目的。因为,一种自在和自为的直观并没有包含着理智。虽然在那个外在世界里,每个人都或多或少看到了同样的东西,但并不是每个人都能够将它呈现出来。每一个事物都需要穿越某些环节,才能够达到自身的完满:这是一系列前仆后继的演进过程,每当后面的演进过程融入到前面的演进过程之内,就会使事物成熟。比如,对于植物内部的这个演进过程,农民和学者都同样清楚地看在眼里,但是农民并没有真正认识到这个演进过程,因为他不能把其中的各个环节分解开,孤立出来,不能观察它们相互对立时的状态。同样地,从本质之最高的单纯性里最终产生出来的无限杂多的一系列演进过程,也能够在人的内部贯穿而过,仿佛被直接经验到一般,或更正确地说,人必须在自身内部经验这一系列演进过程。但是所有的经验、感觉、直观等等,在其自身或孤立地看来,都是缄默的,都需要通过一个中介官能才能够被呈现出来。如果直观者缺乏这个中介官能,或者故意丢开它,以便直接从直观出发进行言谈,那么他就失去了必要的准则,而他也与对象浑然不分,在任何旁人看来就成了对象自身。正因如此,他不 [WA II, 15]

能掌握自己的思想，哪怕他在无助的挣扎中把那种不可呈现的东西勉强呈现出来，也一点都不可靠。他所接触到的东西，他诚然接触到了，但是他并没有获得确定性，还不能把这个东西稳定地摆放在面前，在理智中（就好像在一面镜子中那样）重新予以观审。

因此，无论如何，人们不能放弃那个相对外在的本原。一切东西都必须首先进入到一种现实的反思之内，然后才能够达到最高程度的呈现。这里也是神智学和哲学的界限，是那些"爱科学者"[哲学家]羞羞答答企图划分的一个界限。[WA II, 16] 神智学在内容的深度、充实度和生命力方面都优于哲学，正如现实的对象优于其影像，正如自然界优于其呈现；而且，如果人们是把一种僵死的、在形式和概念中寻找本质的哲学拿来作比较的话，那么这种差别甚至会达到一种无以复加的地步。所以，那些关注内在状态的人更加偏爱神智学，就像某些人相对于艺术更加偏爱自然界一样，这都是很容易解释的。神智学体系优于迄今所有流行的体系的地方在于，它们至少拥有一个自然界，尽管这是一个不能掌控自己的自然界，而在别的体系那里，只剩下一种非自然的东西，一种虚诞的艺术。但是，真正意义上的艺术还是能够达到自然界的，正如真正意义上的科学也能够达到生命的充实度和深度。科学只能更加耐心和更加迂回地逐步前进，然后达到它的目标，也就是说，一方面，认知者和他的对象始终是区别开来的，另一方面，[WA II, 17] 对象与他保持分离，成为一种沉思的、安静回味着的观审的客体。

就此而言，辩证法必须贯穿于所有的科学当中。然而，难道那一个时刻永远都不会到来吗，在那个时候，科学成为一个自由的和生动的东西，就好像历史学家在呈现各个时代的图景的时候，不再想到自己的研究？难道对于事物的原初开端的回忆永远都不会达到如此生动的地步，以至于科学在外表形式上也成为历史，使得哲学家，就像神一般的柏拉图那样，虽然在其整个系列的著作中都是采取辩证探究的方式，但在其学说的最高点和最终的澄明点却全都变成历史叙述的方式，又回归到历史的单纯？

我们的时代看起来具有这个使命，即至少开辟一条通往科学的这种客观性的道路。首先，当客观性重新给予科学以本质，一种活生生的发展也就同时被设定了，反之在那些独断推演的命题之间，任何活生生的进步都是不可能的。其次，唯有当人们认识到上升的法则，才能够找到一个真正的开端，找到一个必然的和永恒的基础。而只要科学还局限于观念性的东西，它就绝不可能找到这样一个基础。因此迄今为止，人们还远远没有做到重新赋予科学以生命，而自然事物的崇高年岁又必须得到承认，因为自然事物虽然从尊严来说居于最末位，但就整个发展过程而言却是居于第一位。从此以后，科学不再从抽象概念的遥远地带出发，从抽象概念下降到自然界，而是反过来，从永恒者的无意识的存在出发，把它提升至神性意识之内的最高的澄明。那种最超越于感官的思想现在获得了自然界的力量和生命，另一方面，自然界成为最高概念之越来越明显的印记。无知 [WA II, 18] [WA II, 19]

者对于一切自然事物的蔑视和俯视属于一个短暂的时代，但这种情况很快就会终止，而那句话——“建筑工人抛弃的石头变成了奠基石”——又将成为真理。[①] 随后，人们长久以来徒劳寻找的那种通俗性将会自行出现。随后，思想世界和现实世界之间将不再有任何差别。那将是唯一的一个世界，而黄金时代的和平宁静将首先表现在所有科学的和谐一致的联系之中。

在做这些展望的时候（当前这篇著作将会尝试以多种方式来捍卫它们），可能跃出一个已经深思熟虑过的尝试，为科学的那个未来的客观呈现做一些准备。也许还会出现一个吟唱最伟大的英雄史诗的人，他就像远古的视灵者们所颂扬的那样，在一个无所不包的精神中吟唱那过去曾经存在、现在存在着、未来将要存在的东西。但是这个时代还没有来临。我们不可以错认我们的时代。作为这个时代的代言人，一方面，我们不愿在时代的果实成熟之前就摘下它，另一方面，我们也不愿错失那属于我们的果实。当今仍然是一个充满斗争的时代。研究的目标还没有达到；辩证法还必须承载并且伴随着科学，就像节奏必须承载并且伴随着言谈一样。我们不可能是叙述者，我们只能是研究者，不去理睬任何意见的赞成和反对，直到真理确定下来，无可争议地、永远地站稳脚跟。

[WA II, 20]

① 参阅《旧约·诗篇》(118: 22)：“匠人所弃的石头，已成了房角的头块石头。”——译者注

第一卷:过去

[WA II, 23]

“过去”——一个崇高的概念,每一个人都熟悉,但只有少数人才理解!绝大多数人唯一知道的“过去”,是一种在每一个瞬间都通过这个瞬间而得以扩大的“过去”,它本身仍然在转变着,而非存在着。如果没有一个明确的、决定性的“现在”,就不会有真正的“过去”;试问,有多少人会喜欢这样一种“过去”呢?如果一个人不能让自己与自己分离,不能摆脱一切已经出现在他面前的东西,并且积极地与之相对立,他就并不拥有“过去”,毋宁说,他从未走出“过去”,而是始终生活在其中。唯有当人意识到,他如俗话所说的那样,已经把某些东西“抛在身后”,亦即已经把它们设定为“过去”,他才会心情舒坦,并且从中受益。同样,只有当他把某些东西“置于前方”,在这个条件下,他才会看到“未来”,并且感到轻松。唯有当一个人有能力把自己提升到自己之上,他才能够为自己制造出一个真正的“过去”;也只有这样的人才能够享受一个真正的“现在”,只有他才能够展望一个真正的“未来”。单是这些考察已经表明,不同时间之间之所以 [WA II, 24] 会出现对立,乃是基于一种提升,而不是基于许多时间部分的持续流逝。

假若世界如同某些名不副实的智者所主张的那样，是一个向后和向前都无限延伸的因果链条，那么就既不存在真正意义上的"过去"，也不存在真正意义上的"未来"。但是我们不妨把这个无所云谓的思想，还有它唯一所属的机械论体系，随便抛在一边，任其消失。

假若那个古老的说法，"世界之内没有任何新鲜事发生"，在任何意义上都得到了证实，假若对于"已经发生的东西是什么？"和"将要发生的东西什么？"之类问题，正确的回答始终是："它就是此后将要发生的东西"和"它就是之前已经发生的东西"，那么人们只能由此得出以下结论：世界在自身之内既没有"过去"，也没有"未来"，凡是在世界之内从开端就已经发生的东西，还有直到终点将要发生的东西，都只是属于唯一的一个伟大时间。然而真正的"过去"，亦即绝对意义上的"过去"，乃是前世的"过去"，而真正的"未来"，亦即绝对意义上的"未来"，乃是后世的"未来"——在这种情况下，我们面前就浮现出一个时间体系，至于那个属于人类的时间体系，仅仅是前者的一个模仿，仅仅是局促圆圈内的一个重复而已。[WA II, 25]

所有围绕在我们周围的事物都指向一个难以估量的崇高的"过去"。地球的那些最古老的作品带有一种如此陌生的面貌，以至于我们很难弄清楚，那些作品是什么时间产生的，以及当时那些发挥作用的力量究竟是怎样的情形。我们发现，这些作品的绝大部分都已经坍塌为废墟，而这些废墟见证着一种狂野的破坏活动。随后是一些更为宁静的时间，但这些时间同样也被各种动荡打断,和它们的全部创造物一起埋葬在一个新的时间下面。在一个不可追思的时间序列里,每一个随后的时间都遮盖了之前的时间,而在这种情况下,之前的时间几乎不会留下什么原初性的东西。这是一个巨量的层次累积,人们必须把数千年里的工作掘开,才能够最终达到根基。

既然这个摆在我们面前的世界,是经历了如此之多的中间时间,才最终成为现在这个样子,那么,如果我们没有具备一种关于过去事物的科学,又如何能够认识现在的事物呢?单是就一个杰出的人类个体而言,除非我们经验到他成长起来的特殊环境,否则他的各种特性对我们来说都是不可理解的。既然如此,就自然界而言,人们难道能够如此轻易地就达到它的根基吗?一个古代的崇高作品经常作为一个不可把握的整体摆在我们面前,除非我们按着线索认识到它的成长方式以及它的逐渐产生过程,才能对其略有了解。而像地球这样一个由如此众多的方面组合而成的个体,情况必然还要复杂得多!这里必然会出现一些根本不同的疑难和纠缠!即使最小的东西,哪怕是一粒沙子,都必然在自身内部承载着一些规定性,而如果它从来没有经历创造性自然直到它那里的整个历程,它也不可能获得这些规定性。一切事物都仅仅是时间的作品,每一个事物都仅仅通过时间才获得自己的独特性和意义。 [WA II, 26]

如果认识的根据和开端也是一种从"过去"那里衍生出来的科学,那么要追溯起来的话,何处才是一个尽头呢?因为,即使精神来到了可见事物的边界,还是会发现一个并非通过自身而得以奠定的前提，这个前提把精神指向一个时间，那时没有别的[WA II, 27]东西，只有唯一的一个不可探究的、依靠自己就存在着的本质，从它的深邃内核里面，一切东西生长出来。现在，如果精神进一步仔细考察这个本质，就会发现一些新的深渊，最终它将不无惶恐地认识到，甚至在原初本质自身内部，也必须有某种东西被设定为"过去"，然后"现在的"时间才是可能的；这个"过去"恰恰承载着"现在的"创世，而且始终隐蔽在根据里面。

通过反反复复的观察，我的内心里面形成了关于时间的有机体以及时间的三大分部（即我们区分的"过去""现在"和"未来"）的一些思想。现在我斗胆把这些思想以书面的方式勾勒出来，只不过不是采用一种严格科学的形式，而是采用了一个易于传达的形式。这样做是为了表明，这些思想的形成过程还不是完满的。因为，由于时间紧迫，我虽然已经做出了长久周详的考虑，但还是不能做到面面俱到。

有一个轻率的、如今已经得到普遍接受的观点，它认为时间不是一种现实的东西，不是一种独立于我们的表象方式的东[WA II, 28]西。除此之外，通过各种虚假的表象，已经有很多似是而非的、甚至错误的东西渗透到"时间"概念里面。就此而言，我们似乎可以原谅这种观点，即认为时间是我们的思想的游戏产物，仿佛一旦我们不再计算时辰和日子，时间就停止存在。因为事实恰恰相反。每一个人在他的作为和不作为里面都无可辩驳地经验到了时间的本质重要性。至于那些宣扬时间的虚无性的人，已经遭到了时间的惩罚,即是说他们只会高声抱怨自己的可悲的现实状况。

长久以来,人们一直都是孤立地或支离破碎地对待那些伟大的对象,在这段时间里,假若人们把时间表象里面的形式和本质、假象和现实性区分开来,那么他们本来还可以做出一些贡献。如今更值得期待的是,在生命和行动中同等地观察和对待一切事物。我们推算到了一种深深地掩盖在时间之内的,渗透到最小事物里面的有机体。我们坚信(有谁不是这样想的呢),每一个伟大的事件,每一个影响深远的行动,它们的出现都有其注定的日子,注定的时辰,甚至是注定的瞬间,也就是说,在那个稳持并约束着时间的力量愿意之前,它们要提早一秒出现都是不可能的。看起来,现在就希望洞察时间的深邃内核乃是一个过于勇敢的做法,但我们确实到了在最大范围内展开时间的伟 [WA II, 29] 大体系的时候了。

只要我们仅仅注意一下时间呈现出来的样子,就会察觉到其中有两个本原的冲突:一个本原要努力前进,驱动发展过程,另一个本原阻挡和阻止着这个趋势,要抵抗发展过程。一方面,假若后者不作抵抗,就不会有时间,因为在那种情况下,发展过程就会在一瞬间完成,没有章法和秩序;另一方面,假若后者不是持续地被前者征服,就会只剩下一种绝对的宁静和死寂,同样不会有时间。现在,如果我们把同一个本质内部的这两个本原看作是同等地发挥着作用,就会立刻发现一个矛盾。

然而在一切存在着的东西里面,甚至在存在本身里面,我们都必须思考这两个本原。——任何一个存在着的东西,任何一个存在者,都想要停留在自身内,同时又想要脱离自身。它想要停留在自身内,因为它已经把自己设定或整合为存在者或主体,并在这种情况下抵抗着发展过程和扩张;它想要脱离自身,因为它渴望外在地成为它内在所是的东西。在第一种情况下,它是 [WA II, 30] 一个抽离自身的东西,自己与自己相对立,并且把这个对立面置于自身之外。但它之所以造成这个对立,只是为了作为它内在所是的东西启示在那个外在的东西面前,与之分享自身,因此它不可能停留在那种抽离状态之中。

存在同样也是如此。如果我们把它思考为纯粹的存在本身,那么它是一个缺乏主体的东西,一个完全消沉在自身之内的东西,但正因如此,它在自身内把它的对立面吸引过来,持续地渴求着本质;它希望把存在者或主体吸引过来,以便通过这个东西而摆脱单纯的潜在状态,作为一个现实的东西而出现。另一方面,如果我们把它思考为一个已经发挥着作用的存在,一个本身又存在着的存在,那么它必然与一个存在者相冲突,也就是说,这里必然会出现存在者与存在(即单纯的自足性)的冲突。

因此,我们在时间里面知觉到的那两个本原,乃是一切生命的真正内在的本原,而矛盾不仅是可能的,而且是必然的。

诚然,人们最反感的东西莫过于矛盾了,因为矛盾启示在他们面前,迫使他们去行动。即使他们实在没有办法继续把矛盾隐藏起来,他们仍然试图加以掩饰,并且盲目地逃避那个瞬间, [WA II, 31] 即那个必须做出一种生死攸关的行动的瞬间。

人们既然在生活里面尽可能逃避矛盾，当然也会在科学里面寻找一条同样的便捷之道，于是他们提出这样一条原理："矛盾永远都不可能是一种现实的东西。"问题在于，假若一个东西根本就不可能是现实的，人们怎么可能为它制定一条法则呢？换言之，如果压根就不存在什么矛盾，那条原理怎么可能得到验证（亦即被证明为真）呢？

虽然人们看起来在生活和知识里面最害怕的东西莫过于矛盾，但事与愿违，他们偏偏逃脱不了这个东西，因为生命本身恰恰处于矛盾之中。假若没有矛盾，就不会有生命，不会有运动，不会有进步，只剩下全部力量的一种死一般的寂静。唯有矛盾驱动着一切，甚至可以说，唯有矛盾迫使人们去行动。因此真正说来，矛盾乃是一切生命的毒素，而一切生命运动的目标就是要克服这个毒素。正因如此，一本古老的书说道，太阳底下的一切行动都充满辛劳，而太阳本身起起落落，就是为了重新升起和降落；万物通过劳作而消耗自身，却不知疲倦，一切力量都永不止息地相互纠缠，相互磨炼。 [WA II, 32]

但是，既然矛盾看起来是一种必然的东西，为什么一切生命都对其不堪忍受，避之唯恐不及，进而坚持不懈地想要摆脱它呢？真的，除非一切生命的后面还有一个无矛盾的东西（就好像一个持续的背景），否则这一切都是不可理解的。然而并不是每一个生物都有能力直接感觉到这个无矛盾的东西，所以它们被驱使着重新追求这个东西。没错，假若没有这样一个穿透一切而发挥作用的统一体，矛盾本身也是不可理解的。

因此，只要我们认识到矛盾，也就认识到一个无矛盾的东西。——如果说矛盾是时间里面的推动者，那么这个无矛盾的东西就是永恒性的本质。是的，如果一切生命其实只是一个趋于摆脱矛盾的运动，那么时间本身无非就是对于永恒性的一种持续渴求。如果在一切矛盾的后面，其实始终站立着一个无矛盾的东西，那么由此可以得出，在一切时间的后面和上面，始终站立着某个本身不在时间之内的东西。

[WA II, 33] 一切东西都渴求着永恒性。问题在于，一个无矛盾的东西，亦即一个永恒的东西，如何可能存在呢？最高者岂非必然是一个存在者？难道我们能够剥夺它的存在？但是，只要有一个存在者，那个矛盾就必然包含在它之内，因为我们已经表明，那个矛盾位于一切存在者之内。同样，如果它是一个存在，或者说，如果它**具有**一个存在，那么它就同时是存在者和存在。

问题在于，我们看起来既不可能同时肯定它的两种情况，也不可能同时否定这两种情况，因为它不可能是一个"非存在者"，不可能不存在。

是的，它看起来甚至必然是这样一个东西：既是一个存在者，也是一个存在。永恒者只能是一个无条件者。然而无条件者又是什么东西呢？——是一个基于自身且出于自身的本质，其本性在于一种永恒的自身设定或自身肯定。就此而言，我们只能认为，它本身既是做出设定者，也是被设定者，既是存在者，也是存在。——这个矛盾如何解决呢？

按照"无条件者"的这个已经建立起来的概念，我们必须说：

"它是存在者和存在。"但这个命题本身还需要加以解释。 [WA II, 34]

首先,这个作为存在和存在者的"**它**",究竟是什么东西呢?很显然,我们在这里可以对它做出一个双重的观察。一方面,我们可以观察作为**存在者和存在**的"它";另一方面,我们必须观察单纯的"**它本身**",亦即仅仅观察**这个**是存在和存在者的**东西**。但是,作为一个是存在和存在者的东西,它必然既不是存在,也不是存在者。因为,作为一个是二者的东西,它是二者的"谓述者"(das Aussprechende),就此而言,它既不可能是二者中的专门的一个,也不可能同时是二者;也就是说,它凌驾于二者之上。

按照第一个概念,它是存在者和存在;然而它并非作为二者而**存在着**,换言之,它并未**作为**那个是二者的东西存在着。只要它把自己设定为二者的谓述者,也就是说,只要它把二者现实地谓述出来,它就只能**作为**那个是二者的东西而存在着。但是,第一,它除了把自己设定为二者的谓述者之外,还把自己设定为别的什么了吗?第二,它有把二者现实地谓述出来了吗?这些情况根本没有包含在第一个概念里面。

第二个问题可以这样来看。无条件者是存在者和存在,因为它是无条件者。也就是说,单凭其本性,无需采取任何额外行动,它本身就已经是存在者和存在,即使它还没有认识到自己,或把自己设定为某个存在着的东西。 [WA II, 35]

因此它是存在者和存在——到此为止,这和它的意志无关;此外也没有什么东西唤起它的意志,使它现实地作为二者而存在,并且把自己作为二者的统一体谓述出来,因为存在者虽然不同于存在，但二者并非外在于彼此。再者，就“它本身既是做出设定者也是被设定者”这件事情而言，或许我们可以这样来设想，即它的某一部分是做出设定者，另一部分是被设定者？然而，它就某一部分而言仅仅是做出设定者，这是不可能的，因为在这种情况下，它本身作为做出设定者，并未被设定。同样，另一种情况也是不可能的，即它就另一部分而言仅仅是被设定者，因为在这种情况下，它本身就不是做出设定者，也就是说，如果它就自己的某一部分而言是一个有条件者，它就不再是绝对的无条件者了。这样一来，就只剩下唯一的一种可能，即它以完整的、不可分的方式是二者中的任何一个，而作为存在者和存在，它不是两个不同的本质，毋宁仅仅是唯一的一个本质，只不过具有两个不同的形态罢了。现在，如果对立双方合为一体，而且没有任何东西能够把它们分割开，并造成一种发挥作用的二元性，[WA II, 36] 那么这种类型的对立就意味着，它并没有把统一体置于运动之中，而在这种情况下，统一体也没有理由要把自己现实地谓述出来。

也就是说，无条件者虽然是存在和存在者，但它并未作为**那个**是二者的**东西**而存在着。既然如此，对立双方也并未**作为**相互对立的东西而存在着；它们存在着，但并未**作为**相互对立的东西而存在着。因此，只有当它们被它们的谓述者（这是它们的力量，是唯一掌控着它们的东西）作为相互对立的东西谓述出来，它们才是真正相互对立的。

如果没有一个积极的对立，矛盾就是不可想象的。但这个积极的对立现在尚且不存在。假若存在者现实地**作为**存在者而被设定，它的内部就会直接出现两个内在本原——我们在每一个存在者那里都必然会认识到这两个本原——的冲突。现在，由于它虽然是存在者，但并没有**作为**存在者而被设定，所以那个冲突也是潜伏在它之内。同样的情形也适用于存在。

有些人认为，说什么同一个东西应当是存在者和存在，这件事情本身就是一个矛盾。出于这个目的，他们也诉诸所谓的矛盾律，因为按照矛盾律，同一个东西不可能既是某个东西，也是这个东西的反面。 [WA II, 37]

我们愿意讨论这个问题，因为它有助于我们做出澄清，而且对后面的情况具有重要意义。在正确的意义上，矛盾律仅仅表明，“**谓述者**”——用逻辑的语言来说，人们必须说它是系词的本质——只能是唯一的一个东西，至于“被谓述者”（das Ausgesprochene），则不妨是两个东西，或更确切地说，两个相互对立的东西。

在这个问题上，以经院哲学家为前驱的莱布尼茨已经注意到，那条经常被重复的规则，“不同类型的东西既不能通过对方，也不能通过第三者而被谓述出来”，乃是错误的。他的观点是，虽然人们不能直截了当地说，“灵魂是身体，身体是灵魂”，但却可以说，同一个东西，从一个角度看来是身体，从另一个角度看来是灵魂。唯一的一个东西（X）是灵魂和身体，也就是说，这个唯一的东西是二者的谓述者，而且，只要它把二者现实地谓述出来，它就现实地是二者；但是，如果它仅仅是它们的谓述者，却没有考虑把它们现实地谓述出来，它就既不是其中的一个，也不是另一个。同样的情形也适用于这里。唯一的一个东西（X）是二者（存在者和存在）的谓述者。就其自身而言，它既不是其中的一个，也不是另一个，因此它是绝对意义上的统一体。然而一旦它把二者现实地谓述出来，它就是二者（这时它已经不是作为谓述者，而是作为被谓述者），正如在此之前，它虽然作为谓述者不是二者，但就“可谓述者”（das Aussprechliche）而言则是二者。

[WA II, 38]

因此谓述者自身并没有包含着矛盾。那么，可谓述者就包含着矛盾吗？（这里根本还没有谈到被谓述者。）——对于这个问题，我们也不会略过不提。

诚然，我们可以设想被谓述者包含着一个矛盾，而这仅仅意味着，相互矛盾的东西在同一个东西里面**同等地发挥着作用**；因为，在对立双方那里，只要有一方被设定为不发挥作用，那么一切矛盾都会终止。比如，人们可以说：“同一个人（X）是恶的和善的”；也就是说，“恶”和“善”是同一个人的可谓述者。现在，假若二者之一被设定为发挥作用，那么就会出现矛盾。当我们说，这个人就他的行为方式而言或就他作为行动者而言是善的，那么他作为这样一个人，亦即这样一个行动着的人，不可能同时也是恶的；但这并不排斥另外一种可能，即这个人从另一个角度来看（即按照那个在他之内不发挥作用或潜伏着的东西而言）是恶的，而在这个情况下，我们就能够把两个相互矛盾的（以排他的方式相互对立的）谓词放在他身上，而这并不是一个矛盾。

[WA II, 39]

但在我们当前观察的存在者和存在的统一体这里，实际情况是,并非其中一个不发挥作用,毋宁说二者都不发挥作用。原因在于,这是一个静态的对立,换言之,对立双方处于一个平衡状态中,彼此漠不关心。它们仅仅是可谓述者,尚且不是现实的被谓述者。因此这里根本谈不上矛盾律的运用;毋宁说,只有当那个统一体终止了,矛盾律才有用武之地。

当我们把现实的对立放在一边,就会遭遇到来自另一个方面的误解,仿佛我们扬弃了一切二元性,随之存在者和存在不仅作为被谓述者是同一回事,而且本身就是同一回事。但两个东西始终是两个东西,哪怕它们并没有明确地作为两个东西而被设定。试以一个眼球为例,它完完全全地、在每一个点上都是视力和工具,既是主动的,也是被动的;这里有两个东西,“视力”和“工具”,但它们并非**作为**两个东西而存在着,因为它们没有分割开,相互之间也不可能处在一个发挥作用的对立之中。但正因如此,视力和工具本身不是同一回事,毋宁永远都是两个东西。这里同样也是如此。它是存在者和存在,但它们的统一体是一个单纯被动的统一体,因为那个唯一的东西虽然能够把它们谓述出来,但没有将其现实地谓述出来,也就是说,那个东西本身并没有发挥作用。因此存在者和存在虽然不是作为两个东西而存在着,但并不因此是同一回事,毋宁说它们就本性而言是两个东西。 [WA II, 40]

现在,如果有人把“同一个东西是存在者和存在”这一命题反过来理解,即“存在者和存在是同一回事”,那么这只不过表明,他们根本不懂一切判断活动的第一法则。即便是那些最漫不经心的说法,比如“主体是客体”,“客体是主体”,也不可以这样来理解。因为在任何判断里面,哪怕是在一个纯粹同语反复的命题里面,其表达的意思,都不是说被谓述者(被联系者)是同一回事,而仅仅是说它们的谓述者(联系者)是同一回事;这里根本不用去管,这个谓述者本身是否已经现实地出现,还是以隐蔽的方式出现,甚至仅仅是一个思维中的东西。任何一个判断——比如“A是B”——的真实意义,都只能是说:**那是A的东西,也是那是B的东西**(DAS, was = A ist, IST DAS, was = B ist),或者说,**那是A的东西,和那是B的东西,是同一回事**(DAS, was A ist und DAS, was B ist, ist einerley)。因此,即使是一个最简单的概念,也已经以一种双重性为基础:在这个判断里,A不是A,而是X(这个东西是A),B也不是B,而是X(这个东西同样也是B),而且,并非“作为A的A”和“作为B的B”是同一回事,毋宁说,“那是A的X”和“那是B的X”,是同一回事。在我们引用的这个命题里面,其实包含着三个命题:第一,“A是X”,第二,“B是X”,唯其如此,才会得出第三个命题:“A和B是同一个东西”,也就是说,二者是同一个X。 [WA II, 41]

从这里出发,可以得出各种不同的结果。比如,判断里面的纽带(“**是**”)不是判断的一个单纯的组成部分,而是所有组成部分的共同基础,又比如,谓词和主词本身各自已经是一个统一体,因此判断里的纽带绝不是一个单纯的东西,而是一个所谓的双重化的东西,是那两个统一体的统一体。由此进而可以得出,单纯的概念已经包含着判断,而判断则是包含着推论,因此概念仅仅是一个内敛的判断,而推论是一个展开的判断——我在这里记下这些说明,以便将来从事一个非常值得期待的工作,即建立一门高贵的理性艺术。因为,关于判断活动的普遍法则的知识虽然远远说不上是最高科学本身,但在本质上已经与这门科学如此密切地结合在一起,以至于根本不可能分开。这门艺术的初学者或外行就不要急于从事哲学研究了,他们需要到学校里面去学习,就像在其他艺术那里一样,好比如果一个人还没有掌握乐章的基本规则,那么他不会有勇气去创作或评判一件音乐艺术作品。 [WA II, 42]

因此,诸如"'作为存在者的存在者'就是'作为存在的存在',反之亦然",或"任何**相互对立的东西**就其自身而言是同一回事"之类说法,全都是不可能的,也不需要我们去操心。假若我们提出相反的主张,反倒是意味着扬弃人类知性,扬弃一种做出自身谓述的可能性,甚至扬弃矛盾本身。不过,另一种情形却是可能的,即**同一个东西**既是存在者也是存在,既是做出肯定者也是做出否定者,既是光明也是黑暗,既是善也是恶。

我们不能逃避这些辩证的探究。事情的根本关键在于,我们应当非常精致地把握这个最初的理念,不多不少恰如其分地思考包含在其中的东西。

所谓"不多",指这样一个情形,即把它思考为一个现实的、已经谓述出来的统一体。人们无论如何都要说话;一个没有被谓述出来的对立,是一个无所作为的对立,亦即一个僵死的对立;对立恰恰应当存在,因为科学进步中的一个根本关键在于, [WA II, 43]

要认识到每一个环节的界限,并且小心翼翼地把握住这个界限;相应的另一个根本关键,就是不要急于求成,而绝大多数急于求成的人,从一开始就败坏了他们的事业。

所谓“不少”,则是指另一个情形,即把全部二元性都看作是已经遭到扬弃,因为同一个东西既是存在者也是存在。

通过迄今所述,我们仅仅为解决那个最初的矛盾做了一些准备工作。总而言之,我们的观点是这样的:按照最初的理念,永恒者是**存在者和存在**,换言之,这两个东西虽然不是永恒者的“已谓述者”(das Ausgesprochene),但却是永恒者的“可谓述者”(das Aussprechliche)。但永恒者自身,**那个是二者的东西**,或那个把二者当作“可谓述者”的东西,其本身既不可能是其中的一个,也不可能是另一个,毋宁只能是二者的“谓述者”(das Aussprechende)。至于它把二者现实地谓述出来,把自己作为二者的“谓述者”启示出来,这些情况并不是伴随着最初的理念一起被设定的。

[WA II, 44]

(存在者和存在的)对立已经摆在那里;但那个能够把它谓述出来的东西,并没有把它现实地谓述出来;这个谓述者也摆在那里,但它并不理睬那个对立:它对对立漠不关心,而这种漠不关心的态度,我们在别的地方也曾经称之为主体和客体的“绝对无差别”,并将其标示为绝对第一位的东西。

就**这个东西**本来应当谓述出对立,但并未将其谓述出来而言,我们可以说,它既**是**存在者和存在,也**不是**存在者和存在。

它是存在者和存在,因为它本来就能够把存在者和存在谓述出来,换言之,就"可谓述者"或可能性而言,它是存在者和存在。但是,就它自身或实际行动而言,它又不是存在者和存在,因为它并不理睬那个对立。如果一个本质并不理睬自己是什么东西,它就并非现实地是这个东西。

因此,关于无条件者,当我们说它不是存在者,不是存在,同时又说它不是"非存在者",不是"非存在",这并不是一个矛盾。 [WA II, 45]

无条件者能够把自己作为存在者和存在谓述出来,同样,它也能够不把自己作为二者谓述出来;换言之,它既能够是二者,也能够放弃二者。这已经是一个自由的意志,即它既能够是某个东西,也能够不是这个东西。

但还不止于此。最高者能够是存在者和存在,它能够把自己作为这个存在者和这个存在而谓述出来,也就是说,它能够把自己谓述或设定为一个**实存者**。所谓**实存**(Existenz),无非就是一个已规定的存在者与一个已规定的存在的积极结合。

最简洁地说:最高者既能够实存着,也能够不实存着。诚然,它已经在自身内具有实存的全部条件,但一切的关键在于,它是否关注这些条件,是否把它们当作条件来使用。

如果一个东西的自由不是体现在它"既能够是**某个东西**,也能够不是这个东西",而是体现在它"既能够实存着,也能够不实存着",那么这个东西就其自身而言,就其本质而言,只能是意志;因为只有一个单纯的、纯净的意志才拥有这个自由:要么发挥作用,亦即实存着,要么保持为一个不发挥作用的东西,亦即不实存着。唯有它才有资格仿佛站在存在和"非存在"的中间。 [WA II, 46]

因此,那个自由的谓述者,那个既可以理睬对立,也可以不理睬对立的东西,那个既可以把自己作为存在者和存在而加以肯定,也可以不加以肯定的东西,就其本质而言,只能是一个纯粹的、纯净的意志。

但是,鉴于它放弃对立,并未把自己现实地作为存在者和存在而谓述出来,从这一点来看,它不是一个纯粹的意志,而是一个特定的意志,一个并非**现实地**有所欲求的意志,或者说一个安息的意志。

因此现在我们可以说,无条件者,一切本质的谓述者,一切存在者和一切存在的谓述者,纯粹就其自身来看,根本就是一个纯净的意志。但是,从它漠不关心地对待存在者和存在("存在者+存在=实存")来看,它就是我们一直寻找的那个无矛盾的东西,亦即一个**无所欲求的意志**(Wille der nichts will)。

因此,第一位的东西并非如人们经常以为的那样(这个观点适合我们这个时代的焦躁不安的本质),是一个行为,一个无条件的举动或行动。原因在于,绝对第一位的东西只能是那样一个东西,这个东西反过来又能够是绝对最末位的东西。也就是说,绝对第一位的东西仅仅是一种不动的、神性的(更正确的说法是,超神性的)漠不关心,是一个同时也是终点的开端。 [WA II, 47]

假若一般意义上的举动,或者说一个特定的行为或行动,是第一位的东西,那么矛盾就将是永恒的了。但是运动从来都不是为了它自己的缘故而运动,毋宁说,一切运动都是为了静止而运动。任何一个行动,假若它不是把一个安息的、泰然任之的意志当作自己的背景,那么它必然会消灭自身;因为一切运动都仅仅寻求静止,而静止乃是运动的充饥之物,换言之,唯有依靠静止,运动才获得其威力,并维持自身。

当我们说,永恒性的意志是一个无所欲求的意志,这并不意味着,它不**拥有**它所能够欲求的东西。正相反,它永恒地拥有它所欲求的东西(即它自己,作为主体和客体,作为真正意义上的本质),只不过它虽然拥有,但**仿佛并不拥有**,唯其如此,它才是一个**安息的、漠不关心的**意志。——"是,仿佛并不是;拥有,仿佛并不拥有",这种情况在人那里是最高境界,在上帝那里同样也是最高境界。

[WA II, 48] 在一个从未感受到真实自由的普通人看来,无论如何,存在者或主体乃是最高的东西。所以,当他听到"神性的谓述者既非存在者,亦即存在"的时候,就问道:"究竟什么东西能够被思考为凌驾于一切存在和存在者之上呢?"而他为自己给出的答案,就是"无",或一种类似于"无"的东西。

确实,它是"无",但却是一个类似于纯净自由的"无";它就像一个无所欲求的意志,不追求任何事物,对全部事物都无动于衷,因此也不为任何事物所动。这样一个意志是"无",是一切东西。之所以说它是"无",因为它既不要求发挥作用,也不要求具有某种现实性;而之所以说它是"一切东西",因为唯有它作为永恒自由而具有全部力量,因为它在自身内部掌控着全部事物,而不受任何事物的掌控。

一般说来,当一个否定分别与内在方面或外在方面相关联的时候，具有大不相同的意义。对于外在方面的最高否定和对于内在方面的最高肯定必然是同一个东西。正因为那个东西在自身之内掌控着一切东西，所以它不可能同时外在地具有什么东西。每一个物都具有一些属性，并通过它们而被认识和把握；[WA II, 49] 它所具有的属性越多，也就越容易被把握。然而最伟大的东西是圆满的，是无属性的。通俗的趣味（即那种进行区分的本领）觉得崇高事物身上的一切东西都是索然无味的，正如人们觉得从山泉中汲取的水是索然无味的。古人曾经说过，一个无所希求、无所畏惧的人是王。同样，某个早期的德国作家玩了一个机智的语言游戏，他满怀虔诚地把那个意志称作“可怜的”，因为它在自身之内掌控着一切东西，竟然没有什么外在的东西可以去欲求。

因此在这个意义上，我们愿意把那个纯净的自由本身称作“无”，但这里的意思是说，它不发挥任何作用，或不具有任何显露在外的属性。但我们还需要更进一步。如果“某个东西”（Etwas）这个名称仅仅意指这样一个东西，这个东西就其自身而言已经外在地摆在那里，或已经设定自身，那么在这个意义上，我们就不能把那个最高的纯净性当作是“某个东西”。毋宁说，它是纯粹的自由本身，尚未掌握它自己；它是一种“泰然任之”（Gelassenheit），不思考任何东西，为自己的“非存在”而感到欢悦。

有一个连小孩子都会提出，连老年人都会疲于应对的问题：[WA II, 50] “一切东西究竟是起源于哪个东西？”实际上，一切东西过去起源于哪个东西,现在也是起源于那个东西,而且全都会返回到那个东西。因此那个东西不是位于时间**之先**,而是始终持存着,并且在每一个瞬间都位于时间**之上**。

正因如此,那个不动的、无所欲求的意志也是最高的东西和第一位的东西。因为,即使在生命的最为焦躁不安的状态里,即使在全部力量的最为激烈的运动里,那个无所欲求的意志始终都是横亘其中。它是一切东西的目标,是一切东西的追求。真正说来,每一个受造物,尤其是每一个人,都仅仅追求返回到那个无所欲求的状态。这不仅是一个摆脱了全部可欲求的事物的人的追求,也是一个放弃了全部欲求的人的追求(虽然他不知道这一点),因为后者所追求的仅仅是这样一个状态,在那里,他可以不再希冀任何东西,不再欲求任何东西。尽管如此,这个状态却在他面前逃遁,他愈是热切地追求它,就愈是远离它。

正如在人那里,无所欲求的意志是最高的东西,同样在上帝那里,这个意志也是一个凌驾于上帝之上的东西。因为在"上帝"这个名称下面,我们只能思考最高的善,也就是说,我们已经思考着一个特定的意志;然而在无所欲求的意志那里,既没有这个东西,也没有那个东西,既没有善,也没有恶,既没有存在者,也没有存在,既没有好感,也没有反感,既没有爱,也没有愤怒,唯一有的,就是一种趋向所有这些东西的力量。 [WA II, 51]

因此在无所欲求的意志那里,我们认识到谓述者,认识到永恒的、原初的神性自身的自我,这个自我能够自称:"我是A和

O,[①] 我是开端和终点。”

既然如此,在我们踏上时间的漫长幽暗的道路之前,我们必须试着去认识那个在全部时间之内凌驾于时间之上的东西。

恰恰在这里,出现了全部时间的一个伟大之谜,即万物如何能够起源于那个既不对外发挥作用,在其自身内也不是“某个东西”的东西?无论如何,生命并没有停留在那个静止不动的状态,时间的确定性也丝毫不亚于永恒性的确定性,而且在普通人的眼光看来,永恒性甚至已经被时间排挤了。看起来,过去那种最高的漠不关心状态,那种永恒的宁静和完满自足状态,已经被另一个世界取代了,这个世界充斥着运动,充斥着全部力量的冲突和奋斗。

向来就有这样一些人,自以为可以轻松地解答这个谜。他[WA II, 52] 们说,无条件者起初是一个纯粹的、位于自身之内的东西,一个没有发生外化、隐蔽起来的东西,然后呢,这个东西出离自身,外化自身,扬弃了自己的永恒的漠不关心状态。但是这不过是一些无所云谓的词语。科学里面有一条基本规则或主要规则(虽然只有少数人认识到这一点),即一旦某个东西被设定,它就永远被设定,不可能重新遭到扬弃,因为否则的话,它干脆从一开始就没有必要被设定。如果一个人不能坚持他曾经设定的东西,那么对他来说,一切进步都是转瞬即逝的,一切东西又会重新消灭,以至于最终说来,其实没有任何东西被设定。真正的进

---

① A和O(Ω)分别是第一个和最后一个希腊字母,在此分别代表着开端和终点。——译者注

步和"提升"是同一回事,而这只有在一种情况下是可能的,即某个东西坚实地、稳固地被设定,成为进步和提升的根据。因此,要么最高的东西不是我们断定的那个宁静的意志,要么它是这样一个意志。如果它是这样一个意志,就必须永恒地保持为这样一个意志。因为我们根本看不出来,它如何可能从静止过渡到运动。既然如此,它既不能出离自身,也不能把某个东西从自己那里分割出去,或将其创生在自身之外。

无论如何,把真相恰如其分地谓述出来不是一件轻松的事情。尽管如此,我们在这里的最佳做法,还是应当尽可能以人的方式和自然的方式看待一切东西。原因在于,我们打算描述的那个过程只能是这样一个过程,通过它,每一个起初静止的、无意识的自然界才走向自身,到达自身。 [WA II, 53]

我们理解的"永恒性"(Ewigkeit)是一个整体,包括永恒存在者和永恒存在,以及二者的(尚且隐蔽着的)谓述者。这个永恒性是无意识的。正因如此,相互对立的东西既不能离开对方,也不能接近对方。存在者既没有把自己设定为一个与存在相对立的东西,也没有在存在那里认识到它自己。就此而言,存在同样也是完全漠不关心地对待存在者。但是,这种泰然任之的状态愈是亲密无间,愈是充满自在的欣喜,那么在永恒性的内部,在没有经过它的行动,也不为它所知的情况下,一种寂静的渴求必然会自己产生出来。其渴求的目标,是到达自身,发现自身,享受自身。因此这是一种趋于意识的躁动,一种**反过来对自己缺乏意识**的躁动。我们可以设想,一块磁石的分离的两极就是处于一种持续的、无意识的渴求之中,出于这种渴求,分离的两极想要接触对方,想要抓住已经呈现出来的中项,以便掌握彼此。[WA II, 54] 同样,我们也可以设想,永恒的对立双方虽然并不认识彼此,但也是无意识地渴求着对方,想要掌握对方,尽管这个渴求并未成为一个行为或运动。对于这个情况,只有一个完满的比拟,即人的本性或自然界在其最初的转变过程中发展为一个发挥作用的存在。问题在于,谁有能力描述一个无意识的、自己不认识自己的本性或自然界的最初激动呢?谁有能力揭示出存在的这个秘密诞生地呢?你不妨想想,当你享受一些罕见的瞬间,那时只有极乐的和完满的满足,那时心灵不再追求任何东西,那时你可能祈求,它们永恒地保持着它们现在的样子,而在这种情况下,它们对你而言真的就是永恒性;你不妨想想这样一些瞬间,并且试着回忆,在这些瞬间里,如何在你不知不觉地,既不能为此做什么,也不能做出抗拒的情况下,又有一个意志已经自己产生出自己,它立即重新把你拉扯过来,把你挟裹到一个发挥作用的生命之内;当你回忆上述情况,你大致就会知道,我们在这里尝试描述的究竟是什么东西。

[WA II, 55] 任何一个东西,如果它虽然是“某个东西”,但尚且不是现实地作为这个东西而存在着,那么它必然会出于自己的本性或自然界而寻求自身。当然,这并不意味着它已经找到自己,更不意味着这里已经发生了一个运动或一种“出离自身”(aus-sich-Herausgehen)。毋宁说,这是一种沉默的、完全无意识的寻求,与此同时,本质停留在它自身之内,它愈是处于一种亲

密无间的、深沉的、无意识的状态,它在自身内蕴含着的东西就愈是充实。过去我们曾经说过,安息的意志是第一位的东西,现在我们可以说,这个无意识的、寂静的"自身寻找"(Sich-selber-suchen)是第二位的东西。

现在,当永恒性被迫无意识地寻求自身,在它内部,在不依赖于它的情况下,而且在**它没有意识到的情况下**,通过一个对它来说不可理解的方式,一个独立的意志**自己产生出自己**;这个意志尚且不认识永恒性,而是仅仅憧憬着它,并且在无需永恒性的参与下,盲目地寻求着本质,因此它不是一个有意识的意志,而是一个在其开端无意识的意志。

这个意志**自己产生出自己**,所以它是一个无条件的、**基于自身的**、全能的意志。它以一种绝对的方式自己产生出自己,也就是说,它从自身出发并且通过自身,产生出自己。那个无意识的渴求是它的母亲,但它的母亲仅仅孕育了它,其实是它**自己产生出自己**。它不是从永恒性**出发**,而是在永恒性**之内**产生出自己。这种情形就好像在人的心灵之内,无需人的任何额外行动,一个意志在无意识的情况下自己产生出自己;人仅仅**发现**这个意志,而不是制造出这个意志,而且,只有当他发现这个意志之后,后者才成为一个手段,以便把他内心最深处的东西外化出来。正因为这个意志虽然是在永恒性**之内**,但却不是从永恒性**出发**自己产生出自己,所以我们也可以称之为**永恒意志**,甚至可以称之为绝对意义上的**永恒意志**。至于那个无所欲求的意志,仅仅是永恒性的纯粹意愿本身而已(因为按照一个古老的规则,

[WA II, 56]

如果一个东西不是积极主动地实存着,那么人们不能把任何谓词放到它身上)。在这里,我们绝不能设想那个在先的东西发生了一个转变或派生出了一个开端,因为在这个自己产生出自己的意志之先,只有作为"无"的永恒性,所以永恒性既不可能从任何别的东西出发展开积极的行动,也不可能成为某个东西的开端。永恒性,还有你的自我,在发现自身和感受到自身之前,已经存在着;它存在着,但仿佛不存在着。无论什么开端,在它做出开端的时候,都仅仅起源于一个发挥作用的意志,而在这种情况下,这个意志正如我们将会表明的那样,本身就是开端。

这个意志在永恒性之内,**无需永恒性的知识**,自己产生出自己,并且从它的根据来看保持为一个对永恒性而言隐蔽着的东西。同样,永恒性对这个意志而言也是隐蔽着的,而且由于意志是在无意识的渴求中自己产生出自己,所以它其实不知道自己的所作所为,尽管它并不是一个完全盲目的东西。也就是说,意志之所以寻求永恒性,不是受认识驱动,而是受憧憬和一种不可言说的渴求驱动。 [WA II, 57]

正因如此,尽管这个意志并不依赖于永恒性,甚至在某种意义上与之相对立,但它并未扬弃永恒性。正如某些人所设想的那样,这个意志恰恰是一个欲求着永恒性的意志,它愿意那个无所欲求的意志**本身**就发挥作用,并且对自身有所感觉。也就是说,正因为意志寻求永恒性,同时又不能发现永恒性,所以永恒性必须保留下来。也可以说,正因为这个意志寻求永恒性,所以它不可能成为**永恒性自身**,毋宁说,它永远都只是一个意愿着永恒性的意志,一个欲求着永恒性的意志。

尽管如此,它仅仅是一个有此欲求的**意志**,尚未现实地发现永恒性。因此在它内部有某种被否定的东西,而一切开端都仅仅包含在否定之内。如果一个东西是全部东西,那么在它之内是没有开端的,因此永恒性之内不可能有开端。

唯有永恒意志提供了第一个点,而整体的伟大演进过程就是在那里衔接起来的。永恒意志把自己设定为永恒性的单纯**意志**,并在这个意义上把自己设定为一个被否定的东西。它把自己设定为被否定的东西,而它自己同时也是一个做出否定的意志。它虽然否定自身,但并不是把自己设定为一个绝对意义上的"非存在者",毋宁说,它仅仅不是作为**本质**(一个做出肯定的东西)而存在着,因为就本性而言,本质才是真正意义上的存在者。进而言之,永恒意志在否定自身的时候,不可能把自己设定为一个存在着的本质,除非它同时把自己设定为一个缺陷;又由于它同时是一个发挥着作用的东西,所以它把自己设定为一个饥渴,一个渴望,一个对于本质的欲望。因此,当永恒意志返回到自身,必然会发现自己是一个空洞的、充满需要的东西,而在这种情况下,它只会更加渴望去充实自身,并且通过本质来满足自己。但是,无论是在它自身之内还是在它自身之外,它都没有找到本质,因为它并不认识永恒性,而且,当它返回到自身的时候,与其说是更加接近永恒性,不如说是更加远离永恒性。既然如此,唯一剩下的办法,就是通过一个无条件的、完满生殖的力量,永恒意志在一种绝对的意义上把本质或做出肯定的东西设

[WA II, 58]

定在它自身之外。

在一种真正的意义上，永恒意志**生殖**出本质，因为本质就其自身而言并不是先于永恒意志，因为永恒意志不是把本质设定在它自身**之内**，而是设定在它自身**之外**，设定为一个不同于它、[WA II, 59] 不依赖于它、甚至在本性上陌生的、与它相对立的东西。也就是说，只要永恒意志认识到自己不是作为存在者而存在着，认识到自己是一个"**非存在者**"，它就反过来认识到，本质(那个做出肯定的东西)才是真正意义上的基于自身的**存在者**。

永恒意志就其本性而言是一个被否定的、自己否定着自己的东西，但在做出这个否定的时候，它成为一个永恒的欲望，并且设定了本质和真正意义上的存在者。现在，这个永恒意志呈现为单纯的自然界，因为对于那个最初的做出否定的意志，我们除了把它称作一种生殖力量之外，没有别的称呼。每一个人都会回忆起古人常说的那些话，比如自然界——或按他们的另一个说法，物质——就其根据而言是一种贫乏，是本质的缺失，是一种最高程度的饥渴，但它始终都在追求着形式、精神、本质以及真正意义上的存在者；正因如此，古人也把真正意义上的本质(这是贫乏竭力想要与之结合的东西)描述为富足、丰盈本身，描述为一种极度充裕的、无穷无尽的可分享的东西。

当我们观察自然界在其最初开端时的情形，就会发现，在全部形体事物里面，有一个向着内部回溯的吸引力，但这个吸引力[WA II, 60] 从来不会表现为一个单独存在的东西，而是始终仅仅表现为另一个按其本性而言扩张性的、因而发散性的、精神化的本质的承载者，仿佛是一个自行产生出来的、维系着自身的东西。假若没有这个做出否定的力量，那么后面这个本质就不会拥有一个对立面，以便针对它而发生外化，并发挥作用。反过来，假若没有这个流溢性的、分享自身的本质，那么吸引力也将会是一种空洞的、真正毫无作用的、得不到充实的、连它自己都没法忍受的东西。每当自然界在我们的感官面前揭示出自身，我们就会感觉到这个做出否定的、冰冷的收缩力量，而它之所以是一个**尖锐的**或现实的、敏感的力量，原因仅仅在于，它是一种在自身内紧缩的饥渴，其追求的东西是另一个本质——那个自由地揭示自身，友善地分享自身，使一切东西都得到解脱的本质——所散发出的温暖。假若没有冰冷，人们也不会感觉到温暖，而如果没有一个收缩性、一体化的力量，温暖本身也会在其无限的散发过程中消耗殆尽。反过来，假若没有温暖，冰冷也将是一种毫无意义的东西，因为冰冷之所以存在，只不过是为了让温暖产生出来，让人感觉到它。正如我们看到的，自然界从一个最低的层次出发，在其最隐秘的内核的驱动下欲求着各种东西，而且它的渴求不断提升和扩张，直到它终于把那个最高的本质性东西，把那个纯粹的精神性东西吸引过来，将其据为己有。 [WA II, 61]

由此我们也认识到，那个在寂静的永恒性内部自己制造出自己的意志，乃是一个永恒的“自然界意志”（Wille zur Natur）；在这里，我们理解的“自然界”不仅指那个单纯的既被否定也做出否定的本原，而且包括一个已经启示出来、并且已经通过该本原而发生外化的本质。因为只有从自然界开始，才有对立，才有各种力量的区分，以及这些力量的相互外化和相互察觉。

但所有这一切，自然界的完满充实和未来辉煌，都仅仅立足于一个永恒的、对自身做出否定的、返回到自身的意志，以之为根据。假若没有这个意志，任何东西都绝不可能启示出来。

一般而言，人们都不喜欢否定性东西，并且天然地表现出对于肯定性东西的偏爱。他们可以轻松地认识到存在者，那个分享自身、自由地流淌出来的东西，但是对于那个不听使唤的否定性东西，尽管其同样也是事关本质的，并且在任何地方都以各种形态展现在他们面前，他们还是不能轻松理解把握。绝大多数人最欢迎的事情，莫过于一切东西都洋溢着纯净的爱和善，只可惜，他们立即就会发现，一切都是事与愿违。那种对抗性的东西在任何地方都冒出头来，每一个人都感觉到了这个他者，这个可以说不应当存在着，但确实存在着，甚至必然存在着的东西。这是一个与“是”针锋相对的“不”，一个与“光明”针锋相对的“黑暗”，一个与“直”针锋相对的“弯”，一个与“右”针锋相对的“左”——所有这些形象，都是人类一直要表达出那个永恒对立的尝试，但没有一个人能够轻松地将其表述出来，更不要说以科学的方式对其加以理解把握。[WA II, 62]

特别是“非存在者”（das Nichtseyende）这一概念，长久以来，它就像一个真正的普罗透斯[①]，让观察者感到困惑，并将他们带入到各条歧路之中。

这里提出的“非存在者”概念，不可以与先前提出的那个“非

① 关于普罗透斯，参阅本书第60页注释。——译者注

存在者"概念混淆起来(当时我们的主张是,最高者不能作为一个"存在者"而被谓述出来)。这一点不需要我们再来提醒了。也就是说,最高者之所以不是存在者,原因仅仅在于,它是位于存在者**之上**,正如古人已经宣称,这个东西是一个ὑπερόν[居高临下者]。反之,这里所说的"非存在者"是位于存在者**之下**。

[WA II, 63] 绝少有人认识到,真正的力量是立足于限制,而不是立足于扩张,以及"抗拒"(sich-Versagen)是一种比"屈从"(sich-Geben)更强有力的东西。正因如此,当那个**基于自身的**"非存在者"以某一个形态出现在人们面前时,他们很自然地把它看作是全部本质的缺失,看作是一种完全的"无"。相应地,人们宣称那个"非存在者"无论如何都不存在着,而如果有人主张"它**作为**'非存在者'恰恰存在着",他们就叫嚷起来,断言这是一个最大的矛盾。

我们不愿跟这些人多费口舌,因为我们关于"非存在者"的推演早就已经摧毁了他们的观点。我们已经表明,是它**自己**把自己设定为"非存在者"。更确切地说,正因为它拒绝成为存在者,它的最高力量才必然表现出来,它才证明自己是力量,是"强大"本身。无论如何,正如大家都知道的,神一般的柏拉图已经以一种绝对不容辩驳的方式教导我们,"非存在者"必然存在着[①],以及,如果没有认识到这一点,那么确定性和怀疑、真理和谬误就不可能区分开了。关于这个问题,我们也可以用我们自己的方式来表述。对于真正的本质或存在者而言,否定性力量

① 参阅柏拉图:《智术师》(241d)。——译者注

[WA II, 64] 是**存在**;但就概念而言,“存在”和“存在者”已经不可能是同一回事,而存在作为存在者的对立面,按其本性而言就是“非存在者”,但绝对不是“无”——在这个问题上,人们错误地用“无”来翻译希腊语的οὐκ ὄν[非存在]一词,随之臆造出“出自于‘无’的创世”这一概念。因为,如果一个东西是存在,是存在的力量本身,它如何可能是“无”呢?存在本身必须又存在着。根本没有什么单纯的存在,没有什么纯粹的、空洞的、不包含着主观东西的客观东西。“非存在者”仅仅不是一个主观的存在者,但它确实是一个非主观的存在者。只有相对那个优先的存在者而言,它才是一个“非存在者”,但就它自身而言,它同样也是一个存在者。在存在那里,“非存在者”仅仅是一种外化的、显示在他者面前的东西,而存在者仅仅是内核的、隐蔽的东西。反过来,如果我们从对立出发进行推论,就会出现这样的情况,即在存在者那里,存在或否定性本原是潜伏着的,而存在者或肯定性本原是显示出来的、发挥作用的。在这种情况下,同时也会出现二者的一个内在的、质的统一体。这里我们仅仅指出有这么一个统一体,因为它对于接下来的考察是非常重要的。

[WA II, 65] 另一种诡辩术则是以另一种方式滥用“非存在者”概念。人们利用这个概念来证明,存在是不可认识的,由此进而得出,根本没有什么东西是可以认识的。因为确实说来,盲目的感觉——这是那些人无法超越的东西——与存在之间只有一种直接的关系。又因为存在的力量立足于黑暗,或者说立足于一个积极的对立(即反对本质以及一切与本质同类的东西),所以它

看起来是不可谓述和不可认识的,或者如同一位古人所说的那样(虽然这是他在另一个语境下说的话),它只有对一个不去认识的人而言才是可认识的。那些人正是从这里得出一个观点,说什么一切现实认识着的知识都瓦解并且消灭了存在,还说什么真正的知识只能在于无知。这真是一个无与伦比的方便之门!因为,由于实在的东西和存在属于同类,所以它恰恰是不容易认识的,更不要说得到透彻的理解,我们需要付出极大的勤奋和精神努力,才能认识到它。反之,观念的东西在本性上与认识者属于同类,所以它能够以一种更轻松和更直接的方式得到认识。关于那个推论,即他们从"非存在者"概念得出的用来反对认识的可能性的推论,就是这个样子。

诚然,自在地看来,只有存在者是可认识的,而"非存在者"则是不可认识的。关键在于,只有当它完全作为"非存在者"的时候,它才是不可把握的;但是,就它作为"非存在者"毕竟也是一个存在者而言,它又是可把握和可认识的。在它那里,存在者和"非存在者"不是两个本质,而是同一个本质,仅仅从不同的方面来看待而已。正是通过同一个东西,它既是"非存在者",也是存在者。也就是说,它之所以是"非存在者",并不是因为它缺乏光明和本质,毋宁说真正的原因在于,它是一种积极的封闭性,一种主动要返回到深处和隐秘处的努力,亦即一个发挥作用的力量,而这个力量按其本性而言同样必然是一个存在者,亦即一个可认识的东西。 [WA II, 66]

为了以一种辩证的方式理解"存在者"和"非存在者"这两个对科学的完整发展而言极为重要的概念,我们就说这么多。

在永恒性一无所知的情况下，那个意志——这是走向启示的第一个遥远开端——通过自己而产生出自己；在不假思索的情况下，那个意志受到那种黑暗的憧憬和渴求的驱动，作为被否定的东西，作为“非存在者”，把自己设定为存在者。但它之所以[WA II, 67]否定自己，仅仅是为了达到本质，因此，通过那个否定，它直接成为一种永恒的寻求，一种对于本质的欲求，并且恰恰通过这个欲求而把本质设定为一个不依赖于它的存在者，设定为永恒的善本身，而唯有这个东西才有能力在自身内拥有存在。

然而通过这个否定，它本身，这个否定性意志，就与那个自由流淌着的本质形成对立。在这种情况下，它作为“严肃”而与“温柔”相对立，作为“光明”而与“黑暗”相对立，作为永恒的“不”而与永恒的“是”相对立。

在满怀憧憬，但却一无所知的情况下，它寻求着，或者说渴求着无差别。于是，通过它的欲求力量的一个持续推进的作用，它也为自己设定了一个无差别，或者说一个把它从冲突那里解救出来的统一体，在这个统一体里面，它能够认识到它和它的对立面是合为一体的。这个统一体就是精神，尽管是一个较低层次的精神。因为，如果有这样一个东西，在那里，我们能够把存在和存在者——它们的关系等同于否定性意志和肯定性本质（这个东西也是一个意志）的关系——相互区分开来，把两个相[WA II, 68]互对立的意志，把“是”和“不”相互区分开来，同时认识到它们属于同一个本质，那么这个东西就是精神。

伴随着精神的生殖，目标必然已经达到了，因为没有什么更高的东西还能生殖出来。也就是说,通过第一个欲求意志的持续推进的生殖,全部本原都产生出来了。首先是一个做出否定的、返回自身的力量,其次是一个做出肯定的、扩张自身的本质,最后是二者的积极的、自由的、活生生的统一体(即精神),在这三个东西那里,全部本原都完成了。没有什么超出精神的生殖,因为在精神那里,生殖平静下来,把握到了自身,达到了永恒性,并因此成为一个静止的东西。

这个持续推进的生殖也可以被设想为一个提升运动。人们不妨把做出肯定的本原本身设定为A,把做出否定的本原本身设定为B,在这种情况下,第一个发挥作用的意志虽然在其自身内是一个存在者,但却是一个对自身做出否定的存在者,也就是说,它是一个表现为B的A,即"A=B"。"A=B"是开端,亦即第一个潜能阶次。但A之所以对自身做出否定,仅仅是为了把真正的本质设定为一个不依赖于它的、自由的、现实的东西;现在,就A表现为一个存在者的存在者(即"A=B")而言,它可以被看作是第二个潜能阶次的存在者,即A^2。最后,那个统一体(即精神,那个对二者同等地做出肯定的东西)可以被看作是第三个潜能阶次的存在者,即A^3。通过这三个潜能阶次,全部生殖都完成了,通过这三个层次,生殖力量达到了精神。 [WA II, 69]

让我们观察全部本原及其相互之间的关系:很显然,它们之所以得到实现,之所以相互区分开,并显露在彼此面前,其根据仅仅在于开端的意志。假若永恒意志,亦即那个原初的否定性力量,停止发挥作用,那么全部本原都会退回到"无",那时又和从前一样，只剩下“无”。但是，当否定性力量达到总体性，并在精神的统一体里面认识到自己之后，这个片面的关系就重新扬弃了自身。也就是说，做出肯定的本质永恒地需要否定性意志，以便永恒地通过它而被生殖出来，并且作为本质而超越它。反过来，吸引力也永恒地需要那个自由流淌着的、做出肯定的意志，以便通过它而满足自己对于本质的欲望。同样，统一体或精[WA II, 70]神永恒地需要对立双方，因为它只有通过一个持续推进的提升过程，并且借助对立而被生殖出来。反过来，对立也永恒地需要统一体或精神，因为它只有在精神那里才能意识到自己，才能把握自己，把自己作为永恒性而加以掌握。就此而言，各个本原在这里达到了一个最为内在的和谐，达到了一种最为心甘情愿的一致性。它们相互之间都是显露在外的，彼此之间都是自由的，每一个都是一个自足的本原，在自身之内拥有自己的根基；与此同时，它们仍然是联系在一起的，不是通过一个外在的纽带，而是通过一个内在的必然性而结合在一起。诸如这样一种自由的联系性，这样一种单纯内在的、非外在的不可分性，用一个准确的科学术语来表达，就是“总体性”（Totalität）。

因此这里不再是那个寂静的、对自己毫无察觉的、位于永恒性之内的统一体；这里已经有一个现实的，但尚未激化为冲突的对立；各种力量相互发挥作用，但仅仅是按其本性而单纯地发挥作用，而不是通过一个外在原因而处于紧张状态；它们察觉到了彼此，但相互之间没有冲突。这是通过相互之间的“发现和被发现”而带来的最初的纯粹欢乐。本质——它只能作为存在者而在自身内存在着——带着一丝喜悦感受到自己最初的和最纯粹的实在性,而否定性力量则是愉快地发现,它的严肃和粗鲁得到了柔化,它的紧绷的饥渴和欲望得到了抚慰。至于统一体,精神,由于它仅仅通过对立双方而察觉到自己,所以它把对立当作一种永恒的乐趣,因此它不会扬弃对立,反而持续不断地设定并促成对立。与此同时,对立双方也为找到了统一体而感到愉悦,因为在这个统一体里面,它们意识到了自身,摆脱了盲目的本质,并且牢牢地控制着全部力量。那个把对立双方以及统一体联系在一起的东西,不是一个必然的纽带,毋宁仅仅是一种想要拥有彼此和察觉彼此的不倦乐趣,所以这里是一种最自由的、仿佛自娱自乐的生命,它不停地激励自身,一再地从自身流淌而出。 [WA II, 71]

全部本原已经达到的这个统一体,如果从一个辩证的角度来考察,就是这样的:对立双方同等地发挥着作用,同时又被设定为一个不含矛盾的单一体。也就是说,矛盾在这里以如下方式化解了。当我们说,对立双方是单一体,这就意味着设定了二者的一个统一体,即 A^3。如果不考虑这个统一体,那么它们应当是处于一种积极的对立关系之中,换言之,它们作为对立双方应当同等地发挥着作用。但是,就它们存在于统一体之内而言,那种积极的对立是不可能的,所以它们必须同时存在于统一体之外,也就是说,它们必须分离,各自单独存在着。换句话说,对立应当存在,统一体也应当存在;对立应当独立于统一体,统一体也应当独立于对立,这等于是说,统一体和对立本身应当处于 [WA II, 72]

一种对立关系之中。在这些情况下,尚且没有什么相互矛盾的东西,因为对立本身不等于是矛盾。但是,假若"统一体和对立的统一体"被设定下来,无疑就会出现矛盾。

诚然,假若相互冲突的东西既是自由的,同时又合为一体,假若自由的运动不会扬弃统一体,统一体也不会扬弃自由的运动,这就将是一个最美好和最完满的统一体。尽管这个类型的统一体在这里或许只是出现在一个较低的层次,但它仍然值得我们去关注,值得我们去理解把握。就这个统一体而言,倘若我们要在周遭找出一个与之类似的东西,最贴切的方式莫过于把它和那个力量统一体进行比较。当人还处在天真无邪的童年时期,就已经察觉到那个力量统一体,在那个时候,虽然全部力量都是现成已有的,并且按照一种自然的作用方式亲密无间地交织在一起,彼此相互激励,但性格还没有出现,自我性也没有出现,那个掌控着力量的单一体同样没有出现。人们经常说,那个天真无邪的状态乃是未来状态的模型,而为了重新达到这个状态,我们必须经历全部力量的最高程度的冲突,才能够最终达成和解。假若事情真的是这样,以下情况就不是不可能的,即这个类型的统一体——虽然在我们看来,它尚且处于一个较低的层次——乃是未来的统一体的模型,这个未来的统一体应当经过持续的斗争而达到最高程度的升华,并因此重新赢回生命。 [WA II, 73]

无论如何,现在是时候提出这个问题了:"这个完整的自下而上的生命,它和永恒性或那个不动的漠不关心,究竟是什么关系?"因为,只有与永恒性相关联,生命才能获得其完满的规定或使命。

这个完整的生命首先产生自永恒性对于它自身的渴求;在永恒性"寻求自身"(sich-Suchen)而又"不能发现自身"(sich-nicht-finden-Können)的情况下,通过一种令人窒息的方式,一个意志自己生出自己,它欲求着永恒性,渴望与之亲近。现在,这个意志通过持续的提升已经为自己打造了一把梯子,而且它能够沿着这个梯子直达永恒性。由于精神,即那个通过意志的欲望而生产出来的最高统一体,在本性上是和无差别或永恒性合为一体的,所以它不仅如人们迄今断定的那样,是对立双方的统一体,而且也是一条纽带,把永恒性和那个自下而上的生命捆绑在一起。在这里,生命已经愈来愈清楚地表明自己是永恒性的一个工具。 [WA II, 74]

也就是说,如果说生殖力量无非是一个力量,无非是最初的"自然界的意志",那么它所生殖出来的"总体性"现在就已经是一个外化的、可见的东西(虽然没有被看见),而这个东西属于那个尚且隐蔽在永恒性里面的(就启示而言)未来的上帝。"自然界的意志"起初是盲目的,但是,当它通过持续的提升而达到那个自由的统一体——我们已经可以称之为意识或精神——之后,它的本质就不再是一种单纯的憧憬,毋宁说,它现在已经感觉并且认识到在场的神性。当渴求的目标到手之后,这个意志就把永恒性吸引到身边,不停地呼唤,希望永恒性认识到这个外在的——或如我们已经指出的,尚且无主体的——存在,并且将其设定为它自己的存在。

但是这个自下而上的精神，因为来自于那个相对的客观东西，所以它本身仅仅与永恒性的客观东西（即存在）有一个直接[WA II, 75]关联，而不是与那个安息在永恒性之内的存在者有着直接关联。话虽如此，那个在永恒性之内是客体的东西，就**本质**而言是等同于主体的，所以相对于外在的或可见的东西，它本身又表现为最纯净的精神，随之表现为主体。

自然界欲求着永恒精神，把永恒性的客观东西吸引到身边，把它当作自己的直接主体。通过这个方式，自然界首先在永恒性之内造成一个分离，使永恒存在在一种现实的意义上成为永恒存在者的客体；但在这样做的时候，它并没有扬弃无差别，也就是说，永恒性就其自身而言或在不考虑那个吸引着的自然界的情况下，仍然对主体和客体漠不关心，而且必须始终保持着这种漠不关心的状态，因为否则的话，自然界本身就会发生倒退。

因此，当自然界把那个最纯净的精神，把永恒性的客观东西，吸引到身边，它自身内的全部力量就把精神当作它们的更高的、真正的主体，而它们自身则是接纳了各种被动的属性，并且降格为精神的质料。由此产生出最初的最温柔的身体性；那个做出肯定的、自由流淌着的本原与一个相对立的本原结合起来之后，成为一个得到柔化的光本质，至于后一个本原，那个严肃[WA II, 76]的力量或否定性力量，则是通过对方的光明和温柔而得到安抚，得到升华。无论如何，只有相对于一个位于上方的东西而言，那些发挥作用的、迄今都是精神性的力量才接纳了身体属性；但就其自身而言，或者说相对于下方的那个如今已经形体化的物质而言,它们仍然是纯净的精神和生命。

这个最初的身体性东西,就其自身而言,同样具有一个身体性方面和一个精神性方面。真正意义上的身体乃是对立,它就像一个透明的躯壳,直接包裹着精神。但精神却是统一体,相对上方而言,它是被动的,渴望着把位于上方的东西吸引到身边,而相对下方而言,它是主动的,并且借助它从上方获得的力量而发挥作用。因此这个整体是一个精神性—身体性本质,正如精神性东西和身体性东西从一开始就表现为同一个实存的两个方面。

长久以来,许多人都跃跃欲试想要闯入"过去"的寂静王国,以便真真切切地揭示出幕后的那个伟大的演进过程;对于这个演进过程,他们有时候是旁观者,有时候是其中的休戚与共的部分。遗憾的是,绝大多人都缺乏应有的谦逊,因为他们希望立即从一些最高概念出发来探讨一切东西,并且跳过全部生命的那些肃穆的开端。[WA II, 77] 诚然,现在有一些东西阻碍着读者进入到前世时间的这个王国之内,而人在本质上恰恰是一种缺乏耐心的东西,所以他们宁愿从一开始就立即迷失在各种精神性概念和精神性言谈方式里面,而不是潜入到每一个生命的自然开端里面。

虽然原初的、永恒的神性是一个位于一切存在之上的存在者,但我们仍然如此坚定地宣称,自然界相对于那个启示出来的、发挥着作用的实存而言具有优先性。这是毋庸讳言的。即使我们在任何情况下都无比推崇现实性,我们还是必须承认,它不是第一位的东西。哪怕是那个本质——在它那里,一个发挥着作用的意志自己产生出自己——就其自身而言，其主要具有的也是“被动行为”，而不是“主动行为”（我们暂且认为这两个概念可以用在这里）。总的说来，一种单纯胚胎性的（潜在的）生命先行于一种发挥作用的生命。有许多理由让我相信，在有机自然界里面，最先存在着的是雌性，至于那些最低级的动物种类的所谓的无性状态，在某种意义上也是以雌性为基础。

或许人们会用一些得到普遍承认的概念来反驳我们现在说的这种优先性。[WA II, 78] 比如，根据一个众所周知的概念，上帝本身就是一个现实的本质。诚然，这个命题足够简洁，几乎可以把所有更进一步的研究一笔勾销。但问题在于，这个概念不是一个通过必然的方式而被发现的概念，而是一个以随意的方式，在缺乏任何先行研究的情况下，臆想出来的概念，一个真正的“先天”（a priori）概念——而在这个地方，“先天”一词必须按其恶劣的意思来理解，即“武断”。至于另外一些反对意见，比如“那种优先性把自然的东西与上帝搅和在一起”，就更加无足轻重了。因为，假若这个意见所反映的情况是真实的，那么另外一些人也不能避免搅和的嫌疑，因为他们在任何时候都宣称，上帝是自然界的主人和创造者。除此之外，这些人一直都在使用一个说法：“上帝是他自己的存在的根据。”那么，这个“根据”究竟是一个单纯的词语呢，还是应当被理解为某种实实在在的东西？如果是前一种情况，这就是不允许的，因为我们不应当使用任何没有现实意义的词语。而如果是后一种情况，他们就必须认识到，在**这个**存在着的上帝之前，有某个东西，这个东西本身并不存在着，毋宁仅仅是存在的根据。现在,如果一个东西仅仅是存在的根据,那么它不可能和存在者具有同样的本质的属性,而且,既然这个存在者被看作是一个自由的、有意识的、最为智慧的本质, [WA II, 79] 那么那个东西(即存在的根据)就不可能在同样的意义上也是一个有意识的、自由的、智慧的东西。再者,绝大多数人把那个与这些属性相对立的东西称作“自然的”,既然如此,我想请这些人自己来看看,虽然他们是如此地厌恶“自然的东西”,但是不是仍然以一种无知的方式承认了这个东西在上帝之内的优先性。

假若这些人根本不愿意承认上帝之内的自然界或自然的东西,那么他们必然不会承认,在那个绝对的纯净性或无差别之外,还有别的什么东西。现在,只有这个绝对的纯净性,这个最纯粹的神性,是无自然界的,因为它凌驾于全部存在之上,因为它是永恒性本身。但问题在于,这些粗陋的人恰恰宣称纯净性或神性是“无”,而且确实将其理解为“无”。既然如此,请问他们的上帝究竟在哪里呢?

此外,绝大多数人一听到“物质”二字就感到深受侮辱,这究竟是怎么回事呢?最终说来,物质之所以让他们不屑一顾,仅仅因为它是一种卑微的东西。但物质的这种泰然任之的状态恰恰证明,它自身内仍然包含着某种东西,这种东西与那个原初的本质,与存在的萌芽和原初质料有关,它虽然在其自身内是一种最纯粹的精神性,但对外却是表现为一种被动的东西。

我们可以轻松地指出,当前的哲学思考方式的最大缺陷在 [WA II, 80] 于,它缺乏一些居间概念。这导致人们经常做出一些非此即彼的断言,比如,只要一个东西不是在道德的意义上自由的,就是机械的,或者,只要一个东西不是最高意义上精神性的,就是形体性的,以及,只要一个东西不是智慧的,就是无理智的,如此等等。然而居间概念恰恰是一些最为重要的概念,甚至可以说,在整个科学里面,唯有它们能够提供真正的解释。如果一个人只知道按照所谓的矛盾律来思考,或许他会非常擅长针对任何东西提出赞成和反对的意见,就跟那些诡辩家一样;但是他根本没有能力去发现真理,因为真理不是存在于一目了然的两个极端。

同样,当我们说,物质在其自身是精神性的或非形体性的,很多人看起来根本不能理解这样一个"物质"概念。既然如此,我希望提醒他们,从根本上而言,那个著名的立足于力的建构[①]本身已经表明,一切物质的内在本质在一种宽泛的意义上都是精神性的,因为力无疑是某种非形体性的东西,就此而言是某种精神性的东西。这个说明同时包含着一个证明,即当前的这种形体性的物质的本性不是像很多人认为的那样,单凭那些内在的、精神性的力就可以得到解释。[WA II, 81] 既然物质的内在的或纯粹的本质只能通过那些力而被产生出来,那么它本身必然也是精神性的,并且,如果形体性不是一种基于内核的状态,那么这个状态必然是由一个外在的、不同于物质的力造成的,是这个力作为一个收缩性、凝聚的潜能阶次施加作用于物质。

---

① 这是康德的做法。康德在《自然科学的形而上学初始原理》(*Metaphysische Anfangsgründe der Naturwissenschaft,* 1786)里面宣称,物质是由"吸引力"和"排斥力"这两种基本力量建构起来的(*Kants Werke*, Akademie Textausgabe, Band IV, S. 496 ff.)。——译者注

任何一个人,只要他尝试对物质做出一种动力学建构,就必然会追溯到物质的一个精神性状态,而这是物质的原初状态。既然如此,我们可以更进一步,提出上述情况的一个必然后果,即那个精神性物质直到现在都仍然是一切形体性东西的内在的原初质料;只要那个外在的潜能阶次被挪开,这个原初质料就必然会在任何地方显露出来。

即使在形体性事物那里,也会经常出现这样的情况,即我们几乎能够以一种感性的方式知觉到一个升华点;假若不是这个升华点始终在场,我们就根本不能设想,从无机物到有机物的推进是如何可能的。只要有人能够做到在某种程度上自由地考察事物,他就会知道,虽然在最严格的意义上,事物是由某个东西造成的,但它们并不是仅仅通过那个东西就达到了完满;毋宁说,在事物之内,或者说在事物周围,还有另外一个东西,正是这个东西才赋予事物以生命的完满光亮和现象:它就像一个泛滥出来的东西,作为虽然不可把握,但却并非无法察觉的本质,围绕着事物嬉戏,环绕在事物周围。这个照亮一切、透射出来的本质,不就是那个内在的精神性物质吗,不就是那个始终潜伏在这个世界的全部事物内部、仅仅期待着它们得到解放的东西吗?长久以来,在那些最具有形体性的事物里面,金属都占据着首要地位。人们认为,金属是那个本质在已变得阴沉的物质里面零星闪烁出来的微光。而且人们仿佛是通过一个普遍的本能而预感到,那个本质就在黄金里面,因为黄金具有一种柔韧性和一种肉质般的温柔性,同时与一种最大的延展性结合在一起,这些都 [WA II, 82]

让人联想到那个精神性—身体性的本质。甚至在那些看起来纯属偶然的语言游戏里(我们经常有机会注意到这些游戏),黄金被一切民族都拿来标记那个幸运无辜的世界时代,以及事物的和谐一致状态,仿佛唯有它才是一个仍然来自于那个极乐的原初时间的标志。

[WA II, 83] 人类有一个不可抗拒的、在任何一个时代都不会完全被压制的冲动,即想要成为那个内在本质的主人。这个冲动可以证明,它的概念和一切自然的思维有着多么密切的联系。通常的炼金术观点必须交给庸众去处理;至于那些真正理解自己需要什么东西的人,他们所寻求的绝不是黄金,而是"黄金之黄金"(我们不妨采用这个说法),或那个使黄金成为黄金的东西。也就是说,只要有一个外在的潜能阶次(通过它的作用,物质收缩为一个阴沉的本质),就必然也有一个与之对立的潜能阶次,假若这个潜能阶次掌握在人的手中,并发挥作用,外在力量的作用就会遭到扬弃,或至少在某种程度上被征服。现在,一切物质就其内在本质而言只能是唯一的一个物质,至于同一个层次上的形体性事物之间的差异性,也许仅仅取决于那个凝聚性潜能阶次的或大或小的作用。在这个前提下,以下情形确实是可能的,即通过逐渐征服那个力,一种不太贵重的金属逐步转化为一种更加贵重的金属,最终转化为最贵重的金属——诚然,这仅仅是在一个很低的层次上使用那个全面的强大得多的能力。我们在[WA II, 84]这里不去研究,另外那个潜能阶次究竟是什么东西,以及,那个原初的精神性本质究竟是物质自身的本质呢,抑或是一个仍然

有别于物质的东西,尽管按照一条著名的法则,唯有被解放的东西才有能力去解放别的东西。无论如何,以上所述已经表明,本性的变形(Metamorphose)——且不管它是怎么发生的——始终都是基于一个可能性,即或多或少重新给予物质的各种内在力量以相互之间的自由和独立性;这些力量的自由曾经被一个外在的潜能阶次夺走,而我们已经认识到,自由是它们的原初状态。

正因如此,这个本质在有机自然界那里,尤其在动物自然界那里,看起来是如此地接近它自身的重建。如果说那个包含在全部物质之内的升华点将会在某一个地方现实地展现出来,那么它一定是表现在一种有机的创造活动中,而很显然,只有通过本质的一种更高程度的揭示,有机的创造活动才能够和无机的创造活动区分开来。因为在这里,那个无机的本质几乎也是肉眼可见的。它是生命之油,使植物具有饱满的绿色,它是生命之膏,使一切事物健壮有力。我们可以发现,它就在透明的骨肉和眼睛里,就在那个不可否认的自然流溢里,通过这个流溢,一种纯粹的、健康的、身体性的东西出现在当前,给我们带来舒适和解放。我们甚至可以说,那个公认的精神性本质,那个当人的身体性处于一种最高净化的状态时,作为优雅而洋溢出来的本质,如若没有一个自然的东西在当前发挥着作用,同样也是不可想象的。唯其如此,我们才可以解释,为什么当野蛮人看到这些情形的时候,也会不由自主地陷入到一种迷醉或惊诧状态之中。 [WA II, 85]

因此我们可以这样描述那些从自然界出发,然后源源不断进入到永恒性之中的环节:下方是物质,上方是永恒性,而精神则是居于中间，上下顾盼。相对永恒性而言，精神是一个自由的本质，因为它拥有一个独特的、不依赖于永恒性的根基。因此精神自由地走向永恒性，在自己和永恒存在之间建立起一个直接联系，并通过这个方式把自己提升到物质之上。相对物质而言，它同样是一个自由的本质，同时在物质里面进行自由创造并发挥作用。

当然，精神只有在这种情况下才能够把永恒性的存在吸引到身边，即它把这个存在设定为一个与永恒存在者相关联的现实存在。而这意味着，它必须在永恒性之内造成一个分离，最终促使那个最内在的东西，那个尚且隐蔽在永恒性之内的谓述者，走向行动。

[WA II, 86] 关于这一点，我们必须细致地观察和解释一切情况。

我们曾经说过，精神通过与永恒者的联系而成为物质里面的自由创造者。具体来说是这样的：物质或那个相对精神而言被动的质料是相互对立的力量的一个产物，这些力量借助一种自然的亲近感而想要聚在一起，以便抚慰彼此。也就是说，当这些力量借助一种渴求而想要合为一体的时候，它们就会愈来愈倾向于扬弃对立。然而，只有当这些力量分离开，各据一方，自由的精神才能作为一个活生生的统一体展现出来。因此精神就其本性而言始终都在要求分离。但是，因为分离绝不可能是一个完整的分离，而且当这些力量各据一方的时候，统一体在某种程度上始终保留着，所以在分离的时候，统一体的一个目光展现出来，这个目光由于其纯净性的缘故，一直上升到永恒性，并且在永恒性里面显现为一幅关于受造物的精炼的、明确的、仿佛精神性的图像。

但是，因为精神与永恒存在处于联系之中，所以相对于物质而言，它是作为一个自由的精神发挥着作用，而不是作为一个盲目的、无意识的精神而代表着那些各据一方的力量。

永恒存在无非是上帝的永恒映像或客观东西，就此而言，在永恒存在里面，已经以一种永恒的方式包含着一切将来应当借助于上帝的存在而现实存在着的东西。当然，这些东西仅仅以尚未谓述出来的方式或仅仅就可能性而言包含在其中。现在，自然界的精神想要成为永恒性和自然界之间的一个纽带，因此它所追求的目标，就是把那些仅仅就可能性而言包含在永恒存在里面的东西，在物质——这个从属于它的质料——里面现实地谓述出来，然后把它们摆在永恒存在（其本身是一个纯净的精神）面前，仿佛它是一面镜子似的。通过这个方式，自然界的精神使永恒存在摆脱了那个永恒的漠不关心状态，并把它吸引到自己身边。 [WA II, 87]

但是，通过那个吸引，永恒存在同时也脱离了永恒存在者，成为后者的一个永恒对立面，而永恒存在者能够在其中看到一切东西。也就是说，当永恒存在者端详着永恒存在，它也在其中看到了未来事物的各种冉冉上升的形象，而且这些形象以间接的方式直达最高主体。在这个状态下，一切将来应当在自然界里面现实出现的东西，都在永恒性的存在者面前飘荡。从事创造的精神贯穿着受造物的全部序列，从最低级的东西直到最亲 [WA II, 88]

切可爱的人类形象；它把物质当作它的自由乐趣的质料来处理，不是通过盲目的作用，而是把它在永恒存在那里看到的事物的可能性或魂灵当作模型，给予它们身体，随之把整幅图像展开为一个未来的世界。当然，这一切都仅仅是作为一个目光或面貌飘荡在永恒者的眼前。之所以说“目光”(Blick)，因为它仿佛只是在一个温柔的中介里绽放出来的，而之所以说“面貌”(Gesicht)，因为它在上升的同时重新降落，以至于这里没有任何持久的和稳固的东西，毋宁说，一切东西都是处于一个永不止息的塑造活动之中。无论如何，这里还缺少一个做出确认的词语，一个真正做出谓述的词语。

总的说来，在这个状态下，永恒性的客观东西具有一个双重的关系。因为，相对于自然界而言，客观东西被吸引到它身边，成为它的直接的存在者，成为它的精神，它的主体。但是相对上方的那个永恒存在者而言，客观东西又表现为它的一个对立面，仿佛是它的直接的自然界。当永恒存在被自然界吸引到身边，它作为永恒存在者的直接的自然界，也把永恒存在者吸引到自己身边，而它唯一的愿望，就是通过后者而成为一个现实的东西，成为永恒存在者自身的存在。也就是说，在与永恒存在者的关系中，永恒存在又成了质料。同样，通过来自下方的吸引，永恒存在的内部也唤醒了各种内在的力量，其中也有一个精神自己产生出自己，这个精神端详着永恒性的存在者，正如自然界的精神端详着永恒存在——通过这个精神，永恒存在也认识到那些包含在最深处，包含在上帝的真正意义上的主体之内的可能

[WA II, 89]

性。永恒存在想要把这个永恒存在者吸引到自己身边，并且促使其承认自己是**它的**直接的、现实的存在者。在这种情况下，永恒存在也想要把那些以尚未谓述出来的方式包含在它里面的可能性呈现为一种现实的东西，就像放在一面镜子里一样，展示给永恒者观看，同时向其指出，这是永恒者内心最深处的最为隐蔽的思想，虽然永恒者自己还没有认识到它们。

就这样，永恒的上帝在他的本质的直接映像那里，首先看到了一切将会在自然界里面现实出现的东西，随后在其中经验到他内心最深处最深沉的思想。这些思想在作为质料的永恒存在里面表现出来，得到实现，并且作为魂灵而在上帝面前攀升，而由于这些思想是一种纯净的东西，所以它们可以直达最高的主体。

上帝内心最深处的这些思想，从永恒存在出发，作为一种得到实现的东西而持续攀升。这些思想的面貌无非就是未来那些 [WA II, 90] 注定要和自然本质一起进行创造的魂灵的面貌。至于永恒存在自身，由于它相对于永恒存在者而言接纳了各种被动的属性，或者说成为了质料，所以它同样也是未来的魂灵世界的质料和基础。一般而言，正如任何创造活动都不能缺少一个确定的基础，同样，魂灵的创造活动也不能缺少一个现实的、现成已有的质料。虽然在普通人的观点看来，这种说法简直是闻所未闻的，但实际上，这是非常合情合理的。也就是说，永恒性的那个客观东西一方面被规定为自然界的直接主体，另一方面也被规定为那个（从现在的角度看来）未来的魂灵世界的质料和物质。

语言以非常明确的方式区分了自然界和魂灵世界，其表现就是，把后者简单称之为"永恒性"；比如，当一个人进入到魂灵世界，人们就说，他进入永恒性了，"千古"了。通过这个说法，语言把自然界标示为一个原初的本质，而实际上，相较于永恒性，自然界在某种意义上确实是这样的东西。也就是说，原初的永恒性里面并没有自然界，后者是通过一个（可以说永恒的）生殖[WA II, 91]力量而被安置在永恒性旁边。反之，我们看作是魂灵世界的基础（或基质）的那个东西，从一开始就包含在原初的永恒性里面；这个东西永恒地与上帝（即永恒存在者）同在，正因如此，人们才会说，一个虔诚的人在死后走向上帝。因为，既然我们把这个上帝理解为永恒存在者，那么除非一个人消灭了他的自私性（即个体性），否则那个过渡是不可设想的。一般说来，如果魂灵是从上帝的存在者出发进行创造，换言之，如果它们是这个存在者的单纯形式，在它们和上帝之间没有任何东西可以把它们和上帝区分开，那么在这种情况下，魂灵相对于上帝而言就不可能具有自由。一切相对于上帝而言具有自由的东西，必定都是来自于一个不依赖于上帝的根据，而且，由于它们原初地、并且在严格的意义上位于上帝**之内**，所以它们必定是来自于某个东西，把它当作基础，当作区分者，而这个东西虽然在上帝之内，但并不是上帝自身。就此而言，虽然魂灵世界的存在以某个自永恒以来即与上帝同在的东西为前提，但这个东西本身并不是上帝。

就这样，一个持续的环节系列形成了，从最上方的东西直达[WA II, 92]最下方的东西；通过这个方式，最低的东西与最高的东西建立起了联系。

事情本身很明显，这个完整的、在内部极具活力的状态，乃是基于各个环节相互之间的自由和独立性。假若那个居间的本质，那个自下而上的精神，相对永恒性而言不具有自由，它就不可能与永恒存在建立起一个自由地发挥作用的联系，更不能把那些包含在永恒存在之内的可能性保留下来，放在一个映像里面。与此同时，假若永恒存在不是通过自然界的吸引而成为一个相对存在者而言自由的、发挥着作用的东西，它就既不可能把那些将来会在自然界里面现实地出现的事物的形象展示在存在者眼前，也不可能把存在者自己的奇妙本质，把其内心最深处的思想，把未来的魂灵，放在一个面貌里面，展示在存在者眼前。假若各个环节相互之间的自由遭到扬弃，那么这个安静祥和的生命，这个内在的明澈性，也会遭到扬弃。

对于这个状态，我们还是试着通过人类本性的相似性来加以解释。根据希波克拉底[①]的观点，一切神性的东西都是人性的，一切人性的东西都是神性的。既然如此，通过以人的方式来看待一切，我们或许可以触及到真理。 [WA II, 93]

在有机自然界里面，伴随着各个力量的相互展开和相互独立，首先重新出现了自然的东西和精神性东西的直接交流。人类早就已经敏锐地注意到了这种交流，但唯一能够对此提供令人满意的解释的，是那样一个观点，即当物质朝向外部或下方的

① 希波克拉底（Hippokrates，公元前460—前370年），古希腊最著名的医生，被尊为西方“医学之父”。——译者注

时候，它能够具有一些被动的、甚至形体性的属性，而当物质在其自身之内或朝向上方的时候，它是一个精神性东西。因此很明显，同一个东西，当它在人那里朝向下方的时候，就表现为一个形体性东西，而当它朝向上方或处于接近精神方面的时候，则是表现为一个精神性东西，在后面这种情况下，它甚至触及到了一个精神性本质，而这个本质在这里也是呈现为一条联系永恒性和时间的纽带。通过生命演进过程本身，形体性东西那里持续地升起一幅图像和一个内在的生命精神，而在这个过程中，生命精神同样持续地重新获得身体。即使在这里，也有一个自下而上的精神，一个居间的本质，通过它，最下方的东西能够和最上方的东西，最低的东西能够和最高的东西建立起联系。

对于物质当前的形体性状态，我们不能从物质的内核来解释，而是只能通过一个外在的潜能阶次的作用来解释。既然如 [WA II, 94] 此，人类看起来也和一切有机事物一样，至少就某个部分而言是从属于一个外在的潜能阶次，而这个潜能阶次扬弃了各个力量在人那里的自由关系，并将其转化为一个必然的关系。

清醒的人和睡眠的人，就其内核而言，完全是同一个人。那些在清醒状态下发挥着作用的内在力量，没有一个会在睡眠中沉寂下来。单凭这个就可以看出，不是一个包含在有机体的内核之内的规定，而是一个与有机体相关联的**外在的**潜能阶次，通过其时而吸引，时而放松的作用，规定着那些状态的差异性和更替。很显然，当人处于清醒状态的时候，他的全部力量都是受控于一个把它们整合起来的统一体，而这个统一体就好像是它们的共同代言人(或谓述者)。反之,当人处于睡眠状态的时候,每一个力量和每一个器官看起来都是独自发挥着作用,一种心甘情愿的共通感(Sympathie)取代了那个在外部做出规定的统一体,在这种情况下,虽然整体对外表现为一个仿佛死了的、不发挥作用的东西,但就其内部而言,各个力量反而看起来展示出一种最为自由的嬉戏和交流。 [WA II, 95]

在通常的生命历程里面,那个外在的吸引是有规律地交替发挥着作用,时而轻缓,时而激烈。同样,根据所谓的“动物磁力术”(即“催眠术”)[①] 的一些众所周知的现象,这个作用看起来有可能以一种非常规的方式遭到扬弃或弱化,甚至一个人真的能够获得一种超越那个外在的潜能阶次的能力,把另一个人重新放置到一种自由的、内在的生命关系之中,在那种情况下,全部力量虽然对外表现为一个仿佛死了的东西,但在内部却是产生出一个更加稳定的、自由的联系,把最低的东西和最高的东西结合起来。

无论如何,有很多理由让我相信,人们太过于强调磁力睡眠与普通睡眠的差别。实际上,关于普通睡眠的内在活动,我们仅仅掌握一些非常有限的知识,因此我们没有理由武断地认为,这些活动一定不同于磁力睡眠的内在活动,因为就一个处于磁力

① “动物磁力说”(Tierischer Magnetismus)是德国医生梅斯默(Franz Anton Mesmer, 1734—1815)最先提出的一种理论,主张在催眠的状态下(即“磁力睡眠”的状态下)通过所谓的“动物磁力”来治疗患者的疾病。因此这种理论也被称作“梅斯默理论”(Mesmerismus),后成为“催眠术”的同义词。催眠术问世之后曾经遭到科学界的普遍拒斥,但随后取得越来越大的影响。——译者注

睡眠状态的人而言，在他那里究竟发生了些什么，我们同样知之甚少。众所周知，磁力睡眠的那些内在活动也不是始终相同的，[WA II, 96] 而是有着不同程度的表现；在某些情况下，它和普通睡眠根本没有任何差别，而在另外一些情况下，一个人看起来完全脱离了感官世界，完全置身于一种精神性状态之中。既然我们在普通睡眠那里也区分出不同的深浅程度，我们就不可能知道，当磁力睡眠达到什么程度的时候，就转变成了普通睡眠。

众所周知，古人已经区分了两种类型的梦，并且认为只有其中一种是神性的。现在，我们也希望区分两种类型的梦，其中一种产生自那些内在力量相互之间的独立性，另一种产生自相反的情况。关于后面这种梦，我们暂时不予置评。而就前一种梦而言，我们能够区分出三个层次。在最低的层次上，生命精神，或者说那个介于身体和精神之间的居间本质，吸引着灵魂的客观东西，并且借助这个东西而获得了一种相对于身体而言的自由，在这种情况下，它要么作为一种治愈性力量纠正了身体内部已有的紊乱状态，要么把身体中各种隐蔽起来的东西展示在灵 [WA II, 97] 魂面前。而在一个更高的层次上，这个生命精神仍然吸引着灵魂的客观东西，只不过这次是为了把客观东西自己的内核放在一个映像里面，摆在客观东西面前，使之认识到那些尚且紧闭在它自身内，但未来将会出现的东西。在这个层次上，灵魂的永恒者和那个自下而上的精神之间已经是一种自由的关系，与此同时，这个精神成为一个更高的精神的工具，仿佛成为一块图板，让更高的精神在其中看到它自己的内核的各种隐蔽起来的东西。最后,在最高的第三个层次上,灵魂的永恒者自身也得到了解放,在这里,灵魂内部的永恒客观东西和永恒主观东西之间是一种自由的、纯粹的交流。在这里,灵魂的存在者甚至获得了一种相对它自己的永恒存在而言的自由,而在这个自由的关系里,它能够在后者那里仿佛看到并且区分它自己的最深沉的思想。在这里,那个把永恒者和下方的东西捆绑起来,那个把永恒者和感官世界捆绑起来的潜能阶次,被征服了,而灵魂则是出离了当前的世界,并且在某种意义上完全进入到魂灵世界之内。

在磁力睡眠那里,这些层次或许真的可以得到证实。诚然, [WA II, 98] 普通睡眠在不同的人那里、在不同的情景下,差别甚大。但不可否认的是,诸如这样一些梦,这些产生自更高程度的内在性的梦,和磁力睡眠的通灵术毫无区别;对于这些梦,我们在清醒的状态下是回忆不起来的,而是只能通过刚才提到的那种关系而略有所知。有很多梦,我们虽然在清醒的状态下根本回忆不起来,但还是可以言之凿凿,也就是说,每一个人都有这样的经验,即对很多梦而言,我们只能一般地回忆起曾经有这些东西,至于另外一些梦,则是在我们醒过来之后立即消失了,我们经常只能在醒过来的一瞬间(有时候这也是不可能的)抓住它们。只有一点是基本确定无疑的,即那些主要偏向于外的梦是一些主要偏向于内的梦的折射和反映,通过这个方式,后面一类梦虽然处于一种混乱的、不纯粹的、不完整的状态,还是能够直达意识。[①]

---

① 不管人们是否愿意承认,我们在磁力睡眠那里已经看到了这样一个例子,即在某种状态下,一个人虽然对外根本没有表现为一个主体,但在其内部却是一个充满力量和活力的主体,他能够做出判断、推论,甚至能够思考和认识到一些远远超出(转下页)

在这里，如果容许我们同时回顾一下早先提到的观点，那么[WA II, 99]人们至少有可能承认，一个人在面对其他尘世之物的时候，也应当具有一种类似的力量，正如他在面对其他人的时候，在某种程度上已经具有这种力量。假若如此，他就能够通过一个完全类似的作用，使其他形体事物的内核也获得某种程度上的自由；这样一来，他就能够制造出一些真实的转化，通过这些转化，一系列完全不同的现象产生出来，而相比之下，一个做出普通努力的人虽然竭尽所能，还是只能做一些表面文章。

以上就是对于那个安静祥和的内在状态的解释。在那个状态下，永恒的上帝如同在一个面貌里面看见了时间和永恒性的奇迹。

“理念”(Idea)这个美好的词语，按照其原本意义而言，和德语的“面貌”(Gesicht)这个词是同一个东西。确切地说，它具有两层意思，既标示着目光，也标示着那些在目光下飘荡的东西。

那种关于事物的这些原型的学说已经在远古消逝了，即使是希腊人，也已经把这种学说看作是一种神圣的传承。既然如此，我们确实可以怀疑，希腊人在对待这种学说的时候，是否在

(接上页)他的通常能力之外的东西。这个状态是一个活生生的证明，至于其带来的后果，按照最初的那些观察者的虽然简略，但却正确无误的观点，乃是一种“去有机化”(Entorganisieren)，亦即扬弃有机体的外在统一体，与此同时，其内在的统一体却是获得了完全的自由。疾病只有在如下条件下才是可能的，也就是说，因为生命的全部力量和器官都从属于一个共同的代言人，所以会发生这样的情况，即个别东西成为整体的牺牲品，必须遵循一个对它不适合，或与它的本性相悖的方向。因此我认为，为了治愈疾病，我们应当给个别力量一些时间，让它在某个时候自由地挣脱整体的束缚，而治愈性力量的体现，就是把个别力量重新带回到它的整合性和原初性之内。——谢林原注

某种程度上已经错失了它的原初意义。因为,就连柏拉图也仅仅是这种学说的一个宣讲者和解释者。到了更后来的时期,这种学说的真实意义已经通过两种方式而消逝了,也就是说,一方面,它变得太过于超自然,另一方面,它又变成一种极度平庸的东西。在生命的伟大的发展过程中,有一个必然的环节,即未来事物的原型或面貌(即理念)的出生,而且,尽管我们不应当把这些原型简单看作是通常意义上的自然存在,但我们也不能认为,它们和一切自然的东西无关。它们既不是单纯普遍的理智概念,也不是一些静止不动的模型,毋宁说,它们之所以是"理念",原因恰恰在于,它们是一种永恒的生命,并且处于永不止息的运动和生产之中。 [WA II, 100]

我们说,这些原型的出生是一个必然的环节;但在这个环节之后,它们既不会消失,也不会驻足不前,毋宁说,这个环节本身始终是永恒的,因为每一个后来的环节都紧紧掌握着先行的环节,而在这种情况下,这些原型永远都是从创造性自然界的最深处涌出来,它们现在拥有的清新和活力,丝毫不弱于它们在时间之前拥有的清新和活力。这个在某种意义上盲目行动着的自然界永远都是表现为一个通灵的东西,因为,虽说自然界是在一个更高理智的光照下行动,但它如何能够抓住并且理解那个更高理智呢?假若没有那个属性,我们根本就不可能理解,无论就整体还是就个别而言,为什么如此众多的东西都是合乎目的的和充满意图的,为什么这些东西在其最初的禀赋里面就已经具备了各种普遍的和特殊的技能。即使到了今天,任何一个本质,除 [WA II, 101]

非它重新生产出自己的原型,否则绝不可能被创造出来。是的,我们甚至敢说,自然界里面的每一个生殖都是过去那个环节的回归,它在某一瞬间获得一个机会,从而作为陌生的现象出现在当前的时间里面。在每一个活生生的本质那里,时间都是在一种绝对的意义上开始的,而通过每一个重新开始的生命,时间一再地与永恒性联系在一起。就此而言,永恒性必然直接地先行于每一个生命。那个环节是通过生殖而回归的,单凭这一点就可以解释很多自然现象,比如各种力量的震荡,一切纽带的松弛,以及那种"出离自身的存在"(das außer-sich-gestzt Seyn)。也就是说,那个外在的纽带,或许是因为达到了最高程度的吸引,仿佛在某一瞬间被扬弃了,与此同时,那个把相互独立的环节贯穿起来的联系和链条,仿佛也被制造出来了;通过这个方式,第一位的东西能够作用于最末位的东西,正如我们都不会否认,是父亲生产出孩子内部的精神本性和心灵本性。正因如此,它也可以解释那些类似于死亡的现象,比如磁力睡眠的现象。一个有机的或人的本质,只有当它接受了那个外在的生命代言人的统治,它才会陷入到痛苦之中(无论这是指身体方面的痛苦还是指精神方面的痛苦)。既然如此,我们可以理解,只要推翻了那个外在的生命代言人,就会出现完全的无痛苦状态,就会出现那种曾经弥漫在原初状态中的欣喜感觉;我们同样可以理解,如果是以一个突然的、瞬间发生的方式推翻那个外在的生命代言人,无论是谁都会陷入到一种极度的狂喜之中。 [WA II, 102]

尽管如此,我们仍然不太有勇气去触碰那层面纱,那层紧紧覆盖着这些伟大秘密的面纱。我们担心的是,要么我们遭到曲解,要么我们自己就会在一些细节问题上犯错,并且做出错误的表述,因为全部伟大的现象都是如此的千姿百态,并且沿着如此不同的方向延伸。有朝一日,或许我们能够把这段历史推进到时间,推进到人类生命立足其中的众多条件,唯其如此,我们才能够纠正某些东西,或以一种更清楚的方式把这些东西呈现出来。 [WA II, 103]

所以,我们只需要再提出一个问题,以此澄清我们的思路。这就是,为什么全部更高超的学说都如此一致地呼吁道,人应当自己与自己分离,为什么这些学说全都希望他认识到,如若他把自己的较高自我从较低自我那里解放出来,他就能够掌握一切,并且在全部事物里面发挥作用?那阻碍着人的东西,是一种"固守自身的存在"(In-sich-gesetzt seyn);只有当他把自己设定在自身之外,就像我们德语巧妙地表述的那样,只有当他成为一种"**出离自身**"(außer-sich-gesetzt)的东西,他才能够上升到更高的层次。因此我们也发现,当一个人进行精神性创造活动的时候,为了保持这种状态,伴随着这些创造活动的不同层次,在他那里也出现了一种层次愈来愈高的自由的、内在的交流;无论什么时候,这种提升都是必要的,直到灵魂的永恒者能够直接与它自己的存在进行交流,也就是说,直到灵魂的永恒者能够完全包容自身。也可以说,这是永恒者和那个陪伴着它的神明(即我们天生的守护神)之间的交流,只有当一个自觉的精神超越了那个神明或守护神,后者才能够重新成为一个服务于前者的工具。正如 [WA II, 104]

心灵的内在自由乃是全部精神性创造活动的前提，反过来，那些畏手畏脚的人，当他们处于或即将处于这种状态的时候，就愈来愈没有能力从事真正的精神性创造活动。

东方人已经认识到了上帝的最初生命之内的那种嬉戏乐趣，并且用一个意味深长的说法将其称作"智慧"，称作神性的力量的一面明净无瑕的镜子，一幅表现着上帝的仁慈的肖像（因为它具有被动的属性）。令人感叹的是，东方人在任何时候都准确地指出，这个本质主要具有的是一种被动的本性，而不是一种主动的本性。正因如此，他们既没有像我们过去所做的那样，将其称作"精神"，也没有将其称作"词语"或"道"（Logos）——在这个问题上，后人经常错误地把"智慧"和"道"混为一谈——而是给予它一个女性的名字。通过所有这些方式，东方人已经暗示我们，这个本质相对于一个更高的东西而言仅仅是一个被动的、接受性的东西。

在一本理所当然被尊为"神圣之书"的书里面，那些关于"智慧"的言语就像一阵来自世界的神圣早年的清新晨风，吹拂着我们的面庞："主人在他的道路开端就有了我；在他做任何事情之前，我已经在那里。从开端，未有大地之前，我已经被永恒地设定：那时群山尚未奠定，清泉尚未涌出大水，而我已经是他身边的工匠，每天有着我的乐趣，自永恒以来就在他面前嬉戏。"[①]

[WA II, 105]

在这些言语里，"智慧"和"**主人**"以非常明确的方式区分开

① 参阅《世界时代》1811年原稿相应文本（WA I, 55-56）的注释（见本书第39页）。——译者注

来。主人拥有智慧,但智慧本身并不是主人。在主人做什么之前,在开端之前,智慧就和他在一起[①]。对于一个睡着的人,对于一个死了的或迷醉的人,简言之,对于一个不是表现为存在者的人,我们说:“他什么都不做。”智慧被比喻为一个孩子。我们之所以称一个孩子是“无自我的”(ichlos),因为在他的幼年时期,虽然全部内在的力量都在相互发挥作用,但这里还没有产生出一个把它们整合起来的意志,因此它们并没有形成一个统一的力量。同理,智慧也是“无自我的”,因为它和最初的身体性东西裹在一起,作为一个寂静的、仿佛被动的统一体,它本身不能脱离那个单纯胚胎性的状态,不能把自己提升到一个发挥作用的状态。[②]

然而,天真无邪的时代不会持久,孩童的嬉戏——未来生命就是在这些嬉戏中得到塑造——也是短暂无常的。既然如此,那个极乐的诸神之梦也不可能一直延续下去。一切单纯胚胎性 [WA II, 106]

① 主人就是那个虽然掌握着全部权力和全部力量,但却安息着的,尚且无所欲求的意志。正因如此,他是一个不可谓述的精神,因此原初语言在这里和在别的地方都是用一个不可谓述的名字即“耶和华”(Jehovah)来称呼他。他在绝对的意义上始终是一个单一体,因此原初语言用“以罗欣”(Elohim)这个名字来标示那个在自身内掌握着众多力量的神性本质。——谢林本人页边注

② 同样,那个最初的本质也是无自我和无意志的,力量的统一体和相互接近总的说来全都仅仅是乐趣,不是严肃,仅仅是嬉戏,不是行为,但唯有通过行为,本质才能够成为某种稳固的和持久的东西。智慧在主人的注视下嬉戏,它所嬉戏的地方,是主人的地基,是主人的根据和基础,是全部受造物的那个最初的安身立命之处。在这个很早的时间里,智慧的乐趣已经是一个受造物,这个受造物注定会制造出物质和魂灵世界之间的一条纽带,它一方面使自己直接受到智慧的影响,另一方面使自己间接地也受到明亮的神性的影响。正因如此,智慧满怀着孩童的憧憬,在主人面前嬉戏,在它那里,主人经验到了未来将会存在的东西,就像在一个青春之梦里面看到美好的未来。——谢林本人页边注

的生命本身就充满了渴求，而它们的那个要求——即走出沉默的、无作用的统一体，把自己提升为一个发挥作用的统一体——变得愈来愈强烈。我们看到，整个自然界都充满了渴求；我们看到，地球通过无穷多的入口把天国的力量吸纳到自身之内；我们看到，种子追求着光和空气，只为揭示出一幅肖像，揭示出一个精神；我们看到，花朵在阳光下摇摆，只为把阳光作为颜色吸引到自己身上。正因如此，那个被动的生命愈是在自身内得以展开，它就愈是频繁地呼唤着一个不可见者，希望不可见者接受它，把它吸引到身边，并且认识到这是它自己的生命。孤零零的智慧抱怨它的创造物的命运，抱怨孩子们不能一直拥有他们的乐趣，而是处于一种持续不断的搏斗之中，并且在搏斗的过程中再度灭亡。无论如何，渴望引起了注意，而恰恰是通过渴求，不可见者也被吸引到可见者身边。

[WA II, 107] 智慧曾经和主人在一起。但这位“**主人**”究竟是谁呢？无疑就是那个安息在存在和存在者**之内**的意志，那个起初无所欲求的意志；唯有通过它，存在才能够成为一个现实的存在，存在者才能够成为一个现实的存在者。这个意志是主人，因为一切权力和一切力量都是来自于它，换言之，**意志**是一切本质的谓述者。它是存在和存在者，而且它不能脱离二者。所以，无论存在者这里发生了什么事情，都和存在有关；假若二者被吸引着离开了漠不关心的状态，那么意志本身也不可能保持着漠不关心的状态。意志之所以不去吸引二者，原因仅仅在于，它们本身是静

止的[①]。现在,既然二者被放置到运动之内,意志本身必然也会被要求去行动。当存在被吸引到自然界那里,它就是意志自己的存在,只不过被吸引着,或更确切地说,当存在受到吸引的时候,意志首先就认识到,存在是它自己的存在。当存在者被要求成为一个相对存在而言的现实的存在者,意志本身就被吸引着离开了漠不关心的状态,因为它是存在者的谓述者。同样,恰恰通过这个要求,意志认识到,存在者是它自己的存在者,是一个应当由它谓述出来的东西。

就此而言,那些古老的言语确实可以说:"主人拥有智慧,智慧在他面前嬉戏,主人在它那里看到未来应当出现的东西。"因为,凡是适用于存在和存在者的东西,也适用于主人。因为,存在和存在者就是主人的存在和存在者,或更确切地说,正是在这个环节,在这个通过自然界的吸引而被设定的运动里面,意志认识到,它们是它的存在和存在者,而它自己则是**主人**,是二者的谓述者。 [WA II, 108]

在人那里,我们可以轻松地发现,如果仅仅作为某个东西而存在,或仅仅在自身内拥有某个东西,这些都远远不足以使他达到自己的完满现实性。他还需要知觉到,他作为什么东西而存在,他所拥有的是什么东西。他是一个存在者,他作为一个孩

---

① 意志不同于存在和存在者,但并没有与它们脱离;这时它尚且是一个无所作为的意志,但唯有通过它,存在和存在者才能够开动起来。意志并未吸引二者,并未把二者设定为现实的东西,因为它作为纯粹的、纯净的意愿,没有什么理由要去行动。再者,对立双方(即存在和存在者)也不可能唤醒意志,因为它们本身是静止的。——谢林原注

子，无需任何行动，天然地已经拥有一个存在；但是这个存在者就和存在一样，是一种不发挥作用的东西，除非出现一个不依赖于二者的力量，这个力量知觉到它们，然后才会促使它们去行动。如果在人那里仅仅是现成地有一些力量和能力，这是不够的，他必须认识到，它们是他的力量和能力，唯其如此，他才能够抓紧它们，在行为和作用中使用它们。

同样我们也可以说，对于永恒性的那个迄今安息着的意志而言，这个环节（它在这里知觉到自己作为什么东西而存在）意味着苏醒，意味着真正意义上的“**走向自身**”（Zu-Sich-Selber-Kommen）。[WA II, 109] 这个如今来到存在或存在者身边的意志，不是一个陌生的意志，而是一个自永恒以来就位于它们内部、仅仅未曾显露出来的意志。同样，意志也不走向什么陌生的东西，而是走向它自己，它自永恒以来就和它们在一起，只不过未曾知觉到它们而已。

这就是那个自下而上的行为的最高目标……[①]

……他必须知觉到它们，必须认识到，它们是他的力量和能力，唯其如此，他才能够抓紧它们，并完全成为他自己。

同样我们也可以说，对于这个曾经是一个漠不关心的意志的谓述者而言，这个环节（它在这里知觉到自己作为什么东西而存在）意味着苏醒，意味着真正意义上的“**走向自身**”（Zu-Sich-Selber-Kommen）。因为，这也是那个自下而上的行为

① 《世界时代》1813年原稿自第109页以下缺失。从这里开始的内容是曼弗雷德·施罗特尔（Manfred Schröter）从1813年的另一份排印稿那里找来衔接上的。——译者注

的最高目标（只有在这里，那个行为才会停止下来）；这是我们迄今描述的整个演进过程的最终结果，相对于这个东西而言，一切别的东西，包括未来事物的那些面貌，都仅仅表现为一个手段或中介。

一切东西的最终目标，都是为了让那个隐蔽的东西，让那个作为存在者和存在的谓述者的东西，知觉到这个存在者和存在就是它自己。但是它只能在这种情况下认识到自己是存在者和存在，即它同时必须认识到，自然界是它自己的一种无意识的对于自身的渴求，虽然它过去还不知道这一点。 [WA II, 110]

这样我们就看到，一切东西都已经准备好做出决断，最终目标是一种自身知觉，而这种自身知觉对于永恒者而言，乃是过去状态和随后状态的分界线。

我们迄今观察的那个统一体是一个沉默的、不发挥作用的统一体。诚然，全部力量都处于一种欣喜万分的相互作用之中。首先是自然界的力量：但这些作用本身并没有被谓述出来，没有**作为发挥作用的东西**而被设定。各种力量仅仅**处于**那些作用之内，但并未**作为存在着的力量**而被设定。这仅仅是一种包含在天赋之内的作用，好比我们内心里的一些力量，虽然蠢蠢欲动要做出一个行为或创造，但还没有出现一个决定，使它们真正发挥作用。至于永恒性的存在者和存在，也是同样的情形；存在虽然收到要求，并且做好准备，要把自己设定为自然界的直接肯定者，但这一切仅仅是内在的，尚未表现出来，仅仅是一个意图，而不是一个行为。同样，就存在者收到要求，要把自己设定为这 [WA II, 111]

样一个东西而言，可以说它已经是存在者；但是，就它并没有现实地把自己设定为这样一个东西而言，也可以说它不是存在者。

就这样，永恒存在感到自己被吸引到原初存在身边，而它确实愿意成为原初存在的直接肯定者；同样，存在者被吸引到永恒存在和原初存在身边，并且愿意成为二者的共同的肯定者。然而恰恰在这个吸引状态中，那个无所欲求的意志，作为它们的力量，作为它们的谓述者，感觉到了它们。也就是说，它们既是情愿的，也是不情愿的。之所以说“情愿”，因为它们被吸引，并且收到了要求，而之所以说“不情愿”，因为它们不愿意丢下那个原本无所欲求、但恰恰在这个环节感觉到它们的意志，因为这个意志是它们的主人，拥有全部力量。

无论如何，尽管它们一开始不能做出决断，而且也很不情愿，但它们毕竟已经受到吸引。在这种情况下，出现了一个现实的对立，而它们也感觉到了那个无所欲求的意志。过去，只要对立还没有被激发起来，只要对立是安静不动的，意志就会保持着漠不关心的状态，对自己一无所知。但现在对立已经发挥作用，已经被无所欲求的意志感觉到，于是意志做出行动，成为一个现实的意志，而不再是一个单纯可能的意志。但是它只能现实地成为它本来所是的那个东西。要一劳永逸地扬弃某个东西，这是不可能的。因此它只能作为**无所欲求的意志**而成为一个现实的东西。但是，由于它此前是一个安息着的、不会积极地欲求某个东西的意志，所以它现在收到要求，应当把存在者和存在作为存在者和存在谓述出来，而它自己则是应当成为一个积极的无

[WA II, 112]

所欲求的意志，一个不愿意成为存在者和存在的意志；而今的这个意志反抗着特殊性，反抗着分离，反抗着各个本原相互之间的自由。

在这种情况下，在这个曾经无所欲求的意志那里，仿佛从一开始就出现了两个东西，虽然这两个东西并没有分离。首先是一个自在的纯净意志，也可以说就是那个曾经无所欲求的意志。现在，这个意志本身已经成为一个积极的否定性意志，但与此同时，它仍然保持为纯净意志，在它那里，“作为意志而存在”这一属性是不可能遭到扬弃的。就它始终是意志而言，正因为它已经成为一个积极的否定性意志，所以它必定会在自身内产生出另一个与之相对立的意志，这个意志愿意自己成为一个现实的存在者和存在。简言之，一个肯定性意志产生出来，这是爱的意志，它所欲求的不是“**无**”，而是“**某个东西**”[①]。 [WA II, 113]

如此，从现在起，同一个意志(x)等于两个意志：一个否定性意志和一个肯定性意志。这两个意志不可能表现为同一个意志的两个部分，因为这个积极的无所欲求的意志是完整不可分的。既然如此，它也只能是一个完整不可分的有所欲求的意志。

这样一来，最高的矛盾终于出现了。因为这里不是两个不发挥作用的意志，也不是只有其中的一个发挥着作用，[另一个意志不发挥作用]，毋宁说两个意志都发挥着作用。同一个意志，作为无所欲求的意志，发挥着作用，而作为欲求着某些东西 [WA II, 114]

---

① 这种情况只有通过如下方式才是可能的，即现在那个积极的无所欲求的意志听到了某个东西的呼唤，这个东西离开那个意志就是无，而且只有通过那个意志才能被提升到一个发挥作用的状态。——谢林本人页边注

(生命和现实性)的意志,也发挥着作用。因为最高的矛盾必然也是生命的最高运动,所以我们在这里可以预先知道,如果没有一个绝对的决断,这个矛盾必然得不到解决。

一旦出现两个相互冲突的意志(即一个肯定性意志和一个否定性意志),就会要求有一个精神,换言之,精神就可能性而言已经出现了。精神本来应当出现,但却不能够出现,因为它是二者的一个自由的统一体,而一个统一体却是不可能的。

因此我们发现,最高者在本来应当谓述出自己的那一瞬间,仿佛成了一个不可谓述的东西。没有人会错认这一点,没有人会反抗这一点(虽然他会对此提出责备),毋宁说,每一个人都应当坚持这种不可谓述性(Unaussprechlichkeit),因为不可谓述性必然属于最高的生命。假若没有那个就其本性而言不可谓述,[WA II, 115] 但又愿意在全部生命里面谓述出自己的东西,生命的运动将会怎样呢?那种对于可谓述性,对于清楚分节(Articulation),对于有机关系的渴望,又将会怎样呢?更加值得一提的是,假若没有这个绝对意义上的最高者,这个绝不会成为可谓述者,而是永恒地仅仅保持为谓述者的东西,一切东西将会怎样呢?因为,恰恰是在这种不可言说的不可谓述性中,永恒者既是、也不是无所欲求的意志,它既是、也不是情愿的,毋宁说它是两种情况的统一体。恰恰是在这种不可谓述性中,那个**并非二者之一**的东西,亦即神性的纯净自我,成为一个现实的东西,并且走向它的纯洁性的不可触及的、并且对受造物而言不可接近的光芒。每一个人都会发现,我们如何以一种渐进的方式到达一个点,在那里,我们能够认识到神性的这个自我,认识到它是一个完全纯净的、不可谓述的东西。既然如此,如果不是采取一种向着它而逐步上升的方式,你们如何可能感觉或者认识到它呢?

显然,无论是一个否定性意志,还是一个肯定性意志,抑或一个仅仅潜在地已有的意志,都不是它们的统一体,都不是神性的那个绝对自我,那个曾经不发挥作用的东西。但正因如此,正因为**三者之一**都不是它,而它却是三者,所以它显现为一个**现实的**东西,显现为一个自在地不可谓述的东西,显现为神性的自在地不可谓述的本质。 [WA II, 116]

如果三者之一都不是神性的纯净自我,那么它们究竟是什么东西呢?很明显,相对神性的纯净自我而言,它们只能表现为三个个别的自我性。所有的人都异口同声地把神性称作"全部本质之本质"。但是"全部本质之本质"只有从肯定性意志这个角度来看才是神性。问题在于,肯定性意志本身又不可能脱离否定性意志而存在。肯定性意志是爱的意志,但单靠自己的话,爱触及不到**存在**。存在(实存)是一种自私性,是一个孤立化,而爱却是对于自私性的否定;爱不寻求专属于它自己的东西,正因如此,尽管它在其自身内已经是存在者,但不会单靠自己就再度作为存在者而**存在着**(实存着)。同样,"全部本质之本质"不具有任何可以承载着它的东西;自在地看来,它本身就是人格性的对立面;所以,必须有一个人格性的(并且拒斥外物的)自我性为它提供一个根据。只有"某个东西"才是"无"的承载者,换言之,只有"某个东西"才是那个单靠自己而不能存在着的东西的承载

[WA II, 117] 者。但是,除非有一个抵抗着爱的力量,否则“全部本质之本质”不可能**存在着**(实存着);同理,除非有一个抵抗着否定性意志的意志,否则那个东西也不可能作为“本质之本质”而存在着。假若只有自私性的力量,那么唯一剩下的,将无非是一个永恒的封闭性东西和一个永恒封闭着的东西,没有任何东西能够活在其中,而在这种情况下,受造物将会被排除,而“全部本质之本质”这一概念也将会丢失。因为,那个自私性力量,或上帝之内的自私性,已经按照一种粗俗的说法被称作上帝的“由自性”(Aseität)。[1] 至于纯粹性的吞噬一切的锋芒,通过自然界的吸引,已经提升为一道对受造物而言不可接近的、不可承受的火光,成为一种永恒的、绝不容忍任何东西的愤怒;如若不是爱抵抗着它,它就将是一种致命的收缩。

只要一个人认识到了二元性,也会承认三元性。神性的自我**是**这三个东西,但它并非在其自身内就是这样,毋宁说,只有当它被推动,只有当它永恒地被推动,去现实地谓述出自身,它才**是**这三个东西。

[WA II, 118] 但在当前的这个瞬间里,两个相互冲突的意志保持着平衡,也就是说,那个是它们二者的意志,必须在绝对的意义上要么完整地是其中一个意志,要么完整地是另一个意志;它必须要么是完全的肯定,要么是完全的否定,要么是完全的爱,要么是完整的愤怒。

如果要以一种最确定的方式表达出二者的冲突,那么它们

① 这是费希特经常使用的一个术语。——译者注

的关系是这样的:其中一个意志希望本质(存在者和存在)保留在封闭性中,随之保留在其曾经所处的遮蔽性中,而另一个意志希望本质(存在者和存在)揭示自身,扬弃遮蔽性。

在这里,决断是如何可能的呢?人们或许会说,其中一个意志就本性而言是从属于另一个意志的,因此其中一个意志必然是胜利者,而另一个意志必然会遭到征服。但实际上,就本性而言,两个意志是完全同等重要的;每一方都具有同样的权利,去成为一个发挥作用的东西,因此没有哪一方会做出让步。一切都必须是这个样子,唯其如此,上帝才会显现为一个最自由的本 [WA II, 119] 质;世界绝不是具有一个必然的起源,毋宁很显然,一切存在着的东西都仅仅通过一个自由的神性意志才存在着。

没有矛盾,就没有自由。伴随着各种力量的渴望,当生命仿佛被逼到一个绝境,这时只有一个行为才能做出决断,因为两个意志不可能按照它们的本性的必然性而分道扬镳。按照其本性的必然性,它们更愿意永恒地保持在那个聚合状态下,没有哪一方能够摆脱对方而出现。现在,既然它们不可能通过必然性而分道扬镳,那么它们必须通过一个自由的意志而被分开。但问题在于,一个发挥作用的自由如何可能?一个决定如何可能?

诚然,这两个相互冲突的意志并没有和对方捆绑在一起。如果那个内在的必然性——即它们必须合为一体——就是对立双方在谓述者内部的关系(因为每一方都同等地必然成为一个整体),那么那个内在的自由——不是合为一体,而是各自去存在——就是各种力量在谓述者内部的关系。这两个意志,每一 [WA II, 120]

方都是一个自足的、独立的意志，都完全有自由去设定自身，否定对象。但是，正因为每一方都是同样无条件的，所以每一方在否定对方的同时，必然也会遭到对方的否定，就此而言，反过来，每一方在设定自身的同时，必然也会设定对方。

在这个地方，哪怕仅仅就“**什么**”(Was)而言，一个决断是如何可能的呢？——那个阻止着决断的根据，乃是两个意志的完全的同等重要性(平衡)，换言之，没有哪一方比对方具有更多的权利，去成为一个发挥作用的东西。如果其中一方存在着，那么另一方也存在着。认为只有其中一方存在着，而另一方不存在着——这是不可能的，有悖于二者的同等重要性。因此，如果其中一个意志存在着，这绝不是因为另一个意志不存在着，毋宁说正相反，如果其中一个意志存在着，那么另一个意志必定也存在着。这是二者的同等重要性提出的一个要求。但在我们迄今看到的那个矛盾关系里，事实正好相反。也就是说，如果其中一个意志存在着，那么另一个意志就不存在着。然而按照刚才的前提，二者都应当存在着，确切地说，每一方都应当存在着，既然如此，这个矛盾关系必须被打破，必须被**根据关系**所取代，也就是说，正因为其中一个意志存在着，所以另一个意志也存在着，换言之，其中一个意志仅仅表现为另一个意志的根据或先行者。因此，就“**什么**”而言，决断只能在于扬弃同时性，或者说把两个意志设定在**一个序列**里面。

[WA II, 121]

尽管如此，根据关系的意思并不是说，当后来的意志被设定，先行的意志就被扬弃，毋宁说，当后来的意志被设定，先行的意志同样也被设定,只不过它是作为**先行的**意志存在着;通过这个方式,两个意志仅仅处于**不同的潜能阶次**,这些潜能阶次也可以被看作是不同的时间,但却是同时存在着的时间。也就是说,先行的意志表现为后来的意志的根据,随之表现为第一个潜能阶次。在这种情况下,它当然不可能在另一个意志所在的潜能阶次同样发挥作用,但这并不妨碍它在**它自己的**潜能阶次始终发挥着作用,正如另一个意志在另一个潜能阶次发挥着作用。 [WA II, 122]

众所周知,人们给矛盾律提出了这样一个规定,即同一个东西不可能**同时**是某个东西及其反面。基于我们早先已经揭示出的不确定性,这个说法根本是站不住脚的;尤其是那个窜入的小词,"同时",从很多理由来看都是不允许的。首先,矛盾律应当保持着它的严格性,而凡是在一个相关命题里面以否定的方式被谓述出来的东西,其本身必须同样也是肯定性的,必须被宣布为根据律,也就是说,同一个东西及其反面都可能存在着,只要前者表现为后者的根据即可。但即使不考虑这一点,"同时"的说法也是欠妥的,因为那在不同的时间里面存在着的东西,始终都是"同时的"。只有当我们在同一个时间的不同阶段里面思考某些东西,它们才是"相继的"。换言之,同一个时间的不同阶段,就其自身而言,不可能是同时的。但就它们被看作不同的时间而言,它们能够是同时的,甚至可以说,它们必然是**同时的**。诚然,"过去"不可能作为"现在"而和"现在"是同时的,但是作为"过去",它确实和"现在"是同时的。很显然,这层关系也适用于"未来"。 [WA II, 123]

因此在这种情况下，矛盾仅仅攀升到了最高层次。这个最高的矛盾打破了永恒性，把诸时间的整体揭示出来。以上所述是为了解答这个问题，即如果要做出一个决断的话，“**什么**”必须发生。尽管如此，这还没有解释决断“**如何**”（Wie）发生的问题。

诚然，在那两个意志里面，哪一个应当是先行的意志，哪一个应当是后来的意志，关于这个问题，即使我们只是随便想想，即使我们还没有挖掘出一些更深层次的理由，心里也是有数的。假若先行的意志是那个肯定性的、要求着分离的意志，假若后来的意志是那个否定性意志，那么就会出现一个倒退的过程，而这是不可设想的。此外我们已经表明，即使那个否定性意志是本质的谓述者，它也只能把自己设定为另一个意志的根据和先行者。问题在于，它真的愿意这样设定自己吗？迄今为止，我们还没有谈到这一点。也就是说，它有可能做出一个绝对的拒绝，完全扬弃可谓述的东西，并使自己保持在隐蔽性之内。唯有在这个意义上，我们才明确地把它思考为一个无所欲求的否定性意志。如果它所欲求的是“**无**”，那么它必然会保持在隐蔽性之内，既不欲求任何启示，也不欲求它自己。因为，只有当它不设定自己，它才不会设定另一个意志，反过来，只要它设定了自己，它就只能——按照两个意志的同等重要性——把自己设定为另一个意志的根据。在这种情况下，真正说来，另一个意志，即那个有所欲求的意志或肯定性意志，仅仅是一个要求着启示的意志。这不是说它直接地欲求它自己，毋宁说，它所欲求的仅仅是，毕竟应当做出一个谓述。也就是说，只要这个意志启示出

[WA II, 124]

来，它必然也会成为谓述者。

因此，即使在这里，仍然是那个古老的、看起来压制不住的对立，即一个否定性的、坚持着自身的意志和一个肯定性的、扩张着的意志之间的对立。无论如何，前者不可能被后者消灭，它只能以温柔的方式被说服，并且在内心里被征服，随之归顺于爱。我们必须如此设想这个过程，但这一切并不能被认为是已经现实地发生了。因为，它们绝不是首先**真实地存在着**，然后仿佛进行一些磋商，达成什么一致意见。也就是说，一切东西都只能在电光火石的一瞬间发生，其中虽然已经包含着一件已经发生的事情，但这件事情并没有现实地（以显露出来的方式）发生。这不是一个通过谁的决定而做出的行为（一个不存在的东西如何可能做出决定呢？），与此同时，这里确实是二者的一个共同意志，因为没有谁遭到强迫。因此我们只能这样设想，即在那个不可谓述的东西（即二者的无条件的统一体）那里，通过二者的一个不可理喻的相互认识和相互理解，出现了这样一个行为。要说明这件事情，你不妨自己想想以下情况，以获得一幅哪怕非常朦胧的图像。比如，当你突然遭遇到一个困窘的局面，遭遇到一个突如其来的危险，那时你根本来不及做出什么理智的深思熟虑，却好像有如神助一般，做出了一个唯一正确的行为，化解了危难。或者借助一个更高的、唯一真实的比喻，你问问自己，当你第一次掌握你自己，并把你自己作为你所是的那个人谓述出来的时候，你有和自己磋商过吗，你是经过深思熟虑之后才做出一个选择吗？

[WA II, 125]

[WA II, 126]

人们把人的性格理解为一个印记，理解为他的独特的行为和存在，而且他是通过他的本质的谓述者才获得这种独特性。当一个人还在怀疑，他应当完全成为这样一个人呢，还是应当完全成为另外一个人，我们就说，他是一个没有性格的人。反之，如果一个人已经做出决断，如果在他那里，整个本质的一个特定的谓述者已经表露出来，我们就说，他是一个有性格的人。众所周知，没有谁的性格是他自己给予自己的，没有谁是自己选择了他现在具有的特定性格。诸如深思熟虑、选择等等，这一切都是可有可无的。相反，每一个人都会认识到性格是一个永恒的（绝不会停止的、持续的）行为，并且把性格以及由性格派生出的言行举止算在一个人头上。也就是说，按照普遍的道德判断，每一个人都具有自由，一种不包含着任何（显露出来的）深思熟虑和选择的自由，一种本身等同于命运，本身等同于必然性的自由。[WA II, 127] 遗憾的是，绝大多数人所畏惧的，恰恰是这种自由，正如他们也害怕遭遇那样一种必然性，即要么完全成为这样一个人，要么完全成为另一个人。他们畏惧这种自由，正如他们尤其畏惧一切来自于那个不可谓述者的东西，因此只要这种自由在他们面前刚刚展露出一丝痕迹，他们马上避之唯恐不及。他们畏惧这种自由，正如他们畏惧一道照亮一切的闪电。他们感到自己被这种自由碾压，因为这是一个来自于不可理喻的世界、来自于永恒性、来自于无根据的东西的现象。

因此，上帝没有时间和自己磋商并去行动，与此同时，只有一个最高的自由意志才能做出决断，既然如此，那三个相互冲突的意志(一个是立足于否定的意志,一个是做出肯定的意志,还有一个是仅仅就可能性而言现成已有的意志,即精神的意志)必然是通过一个绝对突然的、未经深思熟虑、但又得到理解把握的、使它们全部信服的行为而统一起来,在这个行为里,一切都在刹那之间被把握、被实施。在这电光火石的一瞬间里,有一件事情被认识到,即如果生命不应当丢失,那么各种做出谓述的力量之间的同时性必须遭到扬弃;恰恰在这个不可分的瞬间里,爱使三个启示出来的意志中的第一个意志心悦诚服;恰恰在这个瞬间里,还有一件事情被认识到,即如果两个意志中的一个应当是先行的意志,只能是那个不欲求开端的意志应当被设定为开端,随之被征服。因为,没有征服,就没有开端,当否定性意志被征服,它就被设定为先行的意志,这是一回事。这一切都包含在唯一的一个不可分的行为里面(因为它同时是一个绝对自由的行为和一个绝对必然的行为),通过一个奇迹而发生。这就像一些偶尔出现的行为,这些行为一旦做出来之后,没有任何理智能够将其理解把握。 [WA II, 128]

这就是那个伟大决断的来龙去脉。通过这个决断,神性的无条件的自我的否定性意志,或者说那些强大的力量,被吸引着离开了隐蔽状态,并且被设定为上帝的道路的开端。

每一个人都必须凭借他自己就认识到我们之前已经指出的一个情况,即那些做出谓述的力量之间的冲突已经平息下来,而它们相互之间的关系,就是在自然界的最初存在那里,各个本原相互之间的关系。我们甚至可以说,那些包含在本质的谓述者

[WA II, 129] 里面的力量，其相互之间的关系几乎就是各种做出谓述的力量相互之间的关系，唯一的差别在于，前面那些力量是同时的，是合为一体的，而后面这些力量则是处于一个序列之中，并未合为一体。

现在，我们已经把自然界和永恒存在及永恒存在者现实地揉合在一起。既然如此，那么很显然，自然界在整体里面仍然是代表着本质的最低潜能阶次（A=B），表现为实存的单纯根据，因为，自然界是作为**存在**而与永恒性的存在相关联，尽管它在其自身内包含着全部潜能阶次。反过来，永恒性的存在表现为一个直接的存在者，或者说表现为自然界的肯定者，而它和自然界的关系则是代表着第二个潜能阶次（A^2）。最后是永恒性的存在者，由于它收到要求，必须把自己设定为前面二者的共同肯定者，所以它作为肯定者就代表着第三个潜能阶次（A^3）。

但这恰恰也是那些做出谓述的力量之间的关系。因为否定性意志已经被设定为先行的意志，所以它也被设定为实存的根据，被设定为存在，被设定为一个更高东西的“A=B”；而那个以之为根据的肯定性意志，则是代表着 A^2；至于最后的第三个东西，即前二者的活生生的统一体，则是代表着那个在可谓述者里 [WA II, 130] 面作为 A^3 的东西。诚然，一般而言，这个和谐一致不可能是一个引人注目的东西，因为无论如何，全部生命都是立足于“是”和“不”，扩张行为和收缩力量是全部生命的必然的内在本原。凡是内在于一个本质之内的东西，都必须外在地显露出来。换言之，同一些力量，一方面构成了本质的内在的和已经谓述出来的生命,另一方面(就本性而言)又把本质的存在谓述出来。但作为这样一些力量,它们只能在一个序列里或通过一个决断而出现。也就是说,**这些力量在同时性里面表现为存在的各个本原,而在延续性里面则是表现为转变的各个潜能阶次**。正是通过这些做出谓述的力量,永恒性被打破了。反过来,有些人想要使用"统一体"和"大全"等概念,但他们仅仅把统一体重新设定为大全,却没有勇气做出一个决断,而在这种情况下,他们永远都不可能来到永恒性之外。

唯有通过谓述者和被谓述者的和谐一致,这个出现在全部生命里面的和谐一致,一个本质才能达到完满,成为一个主动的实存。在每一个有机物的被谓述出来的东西和内核那里,我们发现三个主要力量。通过第一个力量,有机物基于其自身而存在,持续地创造自己并维系自己;通过第二个力量,它追求外在的东西;通过第三个力量,三个力量的本性在某种意义上统一在自身内。对于整体的内在存在而言,三个力量中的每一个都是必要的,无论从中拿走哪一个力量,整体一定会遭到扬弃。但这个整体并不是一个安静的、静止的存在;只要本质被设定为一个可谓述的东西,一个谓述者就会直接出现。这些力量一方面在内核里发挥着作用,另一方面(就本性而言)显露为各个潜能阶次,而这是通过一个决断造成的。一个力量容纳了另一个力量,把自己设定为居于统治地位的力量,设定为整体的共同代言人;通过这个方式,它们依次成为各个潜能阶次,分别规定着整体的外在的生命阶段,规定着整体的转变和发展过程的各个时间;而 [WA II, 131]

[WA II, 132] 当这些力量合在一切发挥作用,它们就成为整体的内在生命的规定性本原。正是在这个意义上,人们说,在生命的第一个时间里,占据支配地位的是生长着的灵魂或潜能阶次,在生命的第二个时间里,占据支配地位的是运动着的灵魂或潜能阶次,在生命的第三个时间里,占据支配地位的是有感觉的灵魂或潜能阶次。在同样的意义上,人们也说,在地球的生命里,原初时间是磁性时间,然后由此过渡到电性时间,如此等等。

一切生命仅仅具有唯一的一条法则。对于最高生命而言,同样也是如此。同一些原初力量(就本性而言)一方面合在一起,成为神性的内在的生命的各个本原,另一方面作为外在的潜能阶次或伴随着一个决断而出现。这些力量在不同的时间里面也是分别占据着支配地位的各种势力。或者换个最一般的说法:**潜能阶次的序列表现为时间的序列**,反之亦然。

通过这个法则,对立才呈现出其真正的崇高性,并且表明它和统一体一样,都是一个无条件的东西。因为,正如在已经谓述出来的东西那里,统一体在任何时候都表明自己占据着支配地位,同样,在谓述者那里,对立则是表明自己具有一种不可征服的自由,并且把统一体重新设定为一个从属于它的东西。

[WA II, 133] 毫无疑问,永恒的上帝仅仅借助于他的自由意志而存在着;换言之,他通过一个自由的行为而把自己设定为存在着。这是一切的前提。虽然上帝从一开始就能够根本不去启示自身,但是他的自由却决定不了这件事情,即启示应当按着怎样一个秩序来进行,这个秩序不是他能够挑选的。假若他愿意把他的自

身启示当作最终目标,那么我们之前提出的那个秩序就是必然的。恰恰是那个不愿意启示自身的意志应当被设定为开端。假若秩序颠倒过来,那么一切东西都会终结于隐蔽状态,或者说终结于一个重新遭到扬弃的启示。就此而言,在启示里面,先行者并非自在地本身就居于从属地位,而是被设定为居于从属地位,而后来者则被设定为一个相对而言更高的东西。"优先性"(Priorität)和"优越性"(Superiorität)正好处于相反的关系,除非人们陷入到一种门户之见中,否则要把这两个概念混淆起来是不可能的。但遗憾的是,这样一种门户之见恰恰是我们这个时代的标志。

在启示里面,否定性的、封闭性的意志必须是先行者,唯其如此,才会存在着某些东西,以承受和高扬神性本质的恩宠,而这种恩宠换了别的方式是不可能启示出来的。愤怒必须先于爱,严肃必须先于温和,粗暴必须先于温柔。正如在夜幕之下,当主人从先知的面前经过,首先是一阵山崩地裂的风暴,随后是一场地震,最后是一团大火——但在所有这些场景里面,主人都未出现。在这之后,有一些轻柔的声音,主人才出现在其中。[1]同样,在永恒的上帝的启示里面,暴力、粗暴、权威必须先行,直到爱的微风轻轻吹拂,主人自己才能够显现。 [WA II, 134]

① 这里说的是先知以利亚的事迹。《旧约·列王纪上》(9, 11-13)中的相应原文为:"耶和华说:'你出来站在山上,在我面前。'那时,耶和华从那里经过,在他面前有烈风大作,崩山碎石,耶和华却不在其中;风后地震,耶和华却不在其中;地震后有火,耶和华却不在其中;火后有微小的声音。以利亚听见,就用外衣蒙上脸,出来站在洞口。有声音向他说:'以利亚啊,你在这里作什么?'"——译者注

一切发展都以内敛为前提,通过吸引,开端和收缩性基本力量成为自然界真正的原初力量和根源力量。一切生命都开始于收缩,试想,为什么一切东西都是从小推进到大,从狭窄推进到开阔呢?毕竟,假若人们只需要一种单纯的推进,反过来的情况也未尝不可。

“晦暗”和“封闭”是原初时间的特性。一切生命都首先在暗夜之内形成并塑造自身。因此古人把这个暗夜称之为万物的孕[WA II, 135]母,甚至把它称之为除了混沌之外最古老的本质。我们愈是在“过去”中向着更高的地方回溯,愈是会发现一种岿然不动的宁静,发现各种力量浑然不分地聚拢在一起,这些力量之间起初只有一种轻微的冲突,然后才走向愈来愈激烈的冲突。无论是在原初世界的群山那里(它们仿佛带着一种永恒缄默的超脱心态俯视着山脚下的喧嚣生命),还是在人类精神的最古老的作品里,都是同样的情形。我们发现,同样的封闭特性不仅表现为埃及人的肃穆,而且出现在印度人的巨型纪念碑那里,这些纪念碑仿佛不是为着任何时间,而是为着永恒性而建造的。甚至在希腊人的最古老的艺术作品那里,我们也会发现一种寂静的伟大,一种崇高的宁静,这些作品仿佛是在冲突爆发之前直接产生出来的,因此还带着那个更宁静的世界时代的力量的最后余晖。唯其如此,才有进步,唯其如此,才有一种不朽的生命。假若没有决断,就会只剩下一个沉默的永恒性和一个没有启示的上[WA II, 136]帝。正因如此,各种力量的同等重要性乃是关键之所在。针对这种同等重要性,人们经常提出一些老生常谈的反对意见,比如观念东西必然高于实在东西，二者不可能是平等的，如此等等。诚然，我们已经通过如下观点以一种最明确的方式承认了这种关系，即我们总是把实在东西设定为第一个潜能阶次，把观念东西设定为第二个（更高的）潜能阶次。但与此同时，它们的原初平衡却是不能否认的。

假若二者之一在本性上必然已经居于从属地位，那么上帝之内就没有自由。同样，一种进步的生命也将是不可能的。我们不妨设想，一个人把那个从属状态看作必然的，亦即原初的，并且从一开始就把某个东西规定为根据，放在一个更高的东西下面！现在，他准备做什么呢？他已经无事可做了，一切都已经完备，既不需要进步，也不需要发展。真正说来，仅仅因为从属状态不是**必然的**，才会有矛盾，仅仅因为有矛盾，才会有决定，才会有自由。

因此从现在起，我们踏上了时间之路，开始描述第一个时间，描述那个显露出来的否定性意志。

这个意志曾经安息在永恒性之内，既不做出肯定，也不做出否定。后来它通过一个外在东西的吸引而被其唤醒，做出举动，随之成为一个针对这个外在东西的否定性意志。虽然它对外表现为一个否定性意志，但对内或在其自身之内必然是一个肯定性意志，一个欲求着启示的意志。这个矛盾需要一个决断。通 [WA II, 137] 过一个丰盈溢出的行为，它做出了决断。这里不再是两个意志，而是唯一的一个意志，这个唯一的意志是一个完整的、无条件的意志，它绝不会单单作为这一个意志或单单作为那一个意志而存在。它并不是仅仅把另一个意志置于隐蔽状态之中，正相反，它对那个意志做出了积极的否定。哪里有分裂的或怀疑着的意志，那里就没有任何决断。因此，仅仅不去设定另一个意志，这是不够的。它必须彻底否定另一个意志，将其设定为一个“非存在者”。

那个原本既没有得到肯定、也没有遭到否定的意志，那个本来完全处于内在状态的意志，现在显露为一个外在的、现实的意志。但是，作为一个外在的东西，它不再是一个自觉的意志，而是成了一个完全盲目的、自己不认识自己的意志。

在这个地方，我们的表述可以和一些通常的概念发生联系。通常人们说道，上帝的启示或创世可以被看作是永恒者的一个外化或屈尊。从这里来看，事情确实是这个样子。神性原本通过自己的力量而存在于自身之内，但这个力量通过启示而被设定为开端。当这个力量做出拒绝，并且保持在遮蔽状态中的时候，它是不可征服的，但是，当它启示自身，显露在外，它就使自己成为一个可以征服的东西。永恒的上帝把他本质里的某个东西当作存在的开端，这个东西本身绝不是无关紧要的，毋宁说，当他在自愿的情况下被爱说服之后，那个在他眼里无关紧要的东西，其实是一个最内在的和最强大的力量。他把那个东西——这是最高意识的力量——转化为一种无意识的东西，使其显露在外，这样一来，才有生命和现实性。

[WA II, 138]

如果有一个永恒的开端，有一个永恒的根据，事情必须就是这个样子。通过那个先行于全部个别行为的原初行为，一个人真正成为**他自己**;那个原初行为是在丰盈的自由中做出的,在这之后,它立即湮沉到无意识的暗夜之中。它不是一个仅仅发生一次,然后就停止下来的行为,毋宁说它是一个持续的、绝不会停止下来的行为,正因如此,它绝不会重新出现在意识之内。如果一个人想要认识它,意识本身就必须退回到"无",退回到那个不受限制的自由之内,停止作为意识而存在。有些行为一旦做出来,就立即潜入到不可探究的深处,并恰恰因此成为一种具有持久本性的东西。同样,那个意志一旦被设定为开端,并且显露在外,就立即湮沉在无意识的状态之中。唯其如此,一个开端才能够成为一个绝不会又停止下来的开端,从而成为一个真正永恒的开端。之前说的那种情况,"开端不可以自己认识自己",在这里也是适用的。那个行为,一旦做出来,就永恒地做出来了。如果一个决定通过某个方式而做出了一个真正的开端,那么它不可以重新出现在意识之内,不可以被召唤回来,因为否则的话,这就意味着取消那个决定。如果一个人在做决定的时候,同时盘算着要把这个决定昭示天下,那么他绝不会做出一个开端。 [WA II, 139]

我们说,那个行为永恒地做出来了,也就是说,它永恒地是一个已经做出来的行为,因此属于"过去"。因此我们看到,当否定性意志湮沉到无意识的状态之中,它就已经现实地表现为"过去"——即是说对我们而言是如此。从现在起,它作为一个隐蔽东西发挥着作用,好比在我们内部,那个永不停止的、永恒的原初行为也是以同样的方式发挥着作用。诚然,刚开始的时候,我们并没有宣称否定性意志是一个现实的隐蔽东西,而它自己更 [WA II, 140]

不可能认识到自己是这样一个东西。一旦被吸引到外面，进入无意识的状态，否定性意志就搞不清楚自己真正所处的关系，不知道自己是一个先行的意志，是另一个意志的未来的现实性的根据。相反，它像古代部落联盟的那个嫉妒心极深的上帝一样，不能容忍别的上帝和他平起平坐，而它的宣言或话语就是："我是唯一的上帝，除我之外没有别的上帝。"[①][②]

② 参阅《旧约·出埃及记》(20:3)："除了我以外，你不可有别的神。"除此之外，《旧约》中有大量"我耶和华你的上帝是忌邪的上帝"之类说法，这里的"忌邪"就是"嫉妒"的意思。——译者注

② 到此为止，虽然准备付印的手稿还有5到6个印张，但谢林在页边加了一个批注："**从这里开始**，整部著作完全陷入了歧途。"这个自我批评或许可以说明，为什么谢林没有发表这部即将付印的著作。——K. F. A. 谢林(哲学家谢林的儿子，《谢林全集》编者)注。译者按，《世界时代》1813年原稿终止于此处，至于K. F. A. 谢林所说的那"5到6个印张"的备印手稿，并没有保存下来。

谢林著作集

世界时代
第81号手稿
（1814）

F. W. J. Schelling, *Die Weltalter. Erstes Buch: Die Vergangenheit*, Niederlassung 81 (NL 81).

无论是未来时间的终点，还是过去时间的开端，都被上帝独 [I 1b]
[illegible]藏在漆黑的夜色里。不是每一个人都有能力认识到终点，只[illegible]少数人能够看到生命的开端，至于那些能够从头至尾通观整[illegible]的人，更是少之又少。因为，只有一个强大的灵魂能够紧紧把[illegible]整个运动从开端直到终点的关联。然而绝大多人的愿望，却[illegible]用一些四平八稳的普遍概念来解决一切只有通过行动才能做[illegible]决断的事情；按照他们的想象，那段历史就和现实世界一样[illegible]其中，战争与和平、痛苦与欢乐、危险与拯救等等场景都仅仅[illegible]系列不断更替的思想。

[illegible]这个昏暗的状态中，光明来自于那样一种确定性，即那些在[illegible]生命里面发生的最深刻和最内在的事件，和那些在普遍生[illegible]面发生的事件，是同样的事件。我们在这里将要描述的那[illegible]进过程，也是人类的演进过程。因为那些隐藏在世界里面[illegible]西，和那些隐藏在人类里面的东西，是同样的东西。只有那[illegible]能力坚强地转而审视他自己，并且把他的直观导向一种最[illegible]刻的内在性的人，才能够在这里看到某些东西，因为在开端那[illegible]，没有什么东西能够以外在的方式被直观到。我们眼里的[illegible]东西，都是来自于一个不可探究的深渊，然后逐渐获得这个[illegible]。遗憾的是，绝大多数人在面对自己内心深处的深渊和过[illegible]事物的时候，都是胆怯地转过头去，正如当他们面对普遍生命[illegible]深奥事物和隐蔽事物的时候，也是同样的表现。

即便是我们身边最切近的事物，也已经指向一个难以置信的崇高“过去”。地球，就其现在的状态和外观而言，乃是时间的一个作品，因为在一个漫长的序列中，后来的时间遮盖了先前的时间。无论在什么地方，我们都找不到某种原初的东西，毋宁说一个东西始终建立在另一个东西的基础之上，一个东西总是成为另一个东西的根据，并在这个从属关系中发生变异。既然就连地球都经历了如此之多的时间，如果我们不从“过去”出发进行推导，又怎么可能认识“现在”的一个哪怕最渺小的东西呢？[I 2b] 有很多杰出人士，其独特个性在我们看来也是不可理解的，除非我们经验到了他们成长过程中的特殊境遇。既然如此，人们怎么可能轻易直达自然界的根基之处呢？古代世界的一个伟大作品，除非我们认识到它的形成方式，并且按着线索推敲它的产生过程，否则它对我们而言始终是一个不可理解的整体。至于地球这样一个无比庞杂的整体，更是必然包含着一些完全不同的错综复杂的关系。一切事物，哪怕是一粒沙子，本身都必然承载着一些规定，只能按着这些规定而出现，而且创造性自然界的步伐不会在任何东西那里停止。在这样一个整体里面，一切东西和每一个东西都展示出井然有序的时间的一个印记，没有任何东西能够作为个别的、孤立的东西而出现。一切事物都仅仅是时间的一个作品，唯有它所隶属的那个时间才赋予它独特性和意义。

“一切事物都是时间的一个作品”，这句话不仅适用于地球，而且在一种高远得多的意义上也适用于宇宙，因为每一个时间都成为另一个时间的根据，每一个上升的层面都立足于一个先前下降的层面，直到通过持续的攀升，最终形成这个奇妙的宇宙。反之,只有从当前的存在出发来看,宇宙才是一个不可理解的整体。就此而言,如果没有掌握事物的当前状态的一个完整的谱系学,即便是一种单纯普遍的理解把握——这是一个人应当对自己提出的最低要求——也是不可能的。而为了掌握那种谱系学,人们又必须在思想里面拆除时间的整座建筑物,直达其最深处的根基。

遗憾的是,普通知性根本预料不到,那个立于世界根基处的"过去"是如何深不可测,所以它把"现在"状态及其各种关系看作是一种永恒的和无条件的东西,看作是"意识的事实""普通人类知性的共识"等等,并且在这个名义下宣称它们是一些永恒的、普遍有效的真理;至于那些开端(本原),如若在某个地方露出端倪,普通知性就用一些仅仅从"现在"抽取出来的意见予以反驳。在普通知性看来,全部真理就和"现在"一样,都是一种静态的东西,相应地,真正的科学的命题也只能是一些静态的、无条件的、普遍的、在任何地方都适用的东西。然而这是一个极大的谬误。因为真正的科学在首要的和最初的意义上都是指向"过去",并且其就字面意思而言,已经是一种"历史"(ἱστορία)。既然如此,任何一个与历史无关的命题,亦即一个仅仅适用于发展过程的某个特定的环节或点的命题,当其转化为一个普遍的和静态的(独断的)命题,就必然会陷入谬误,遭到反驳。甚至可以说,发展过程本身就会招致一个与它针锋相对的对立面,比如,人们最初主张X是Y,但在事情接下来的发展过程中,X也不是Y,而是Z。现在,如果那些原本通过时间和运动而区分开 [I 3b]

的命题被看作是一种与运动无关的东西(一种处于“同时性”关系中的东西),那么每一个无知的或缺乏理解能力的人都会觉得,最为活生生的整体是一个最为充满矛盾的东西,而且一个东西愈是具有活力,就愈是充满矛盾。反之在一个具有理解能力的人看来,这件事情无非证明,那些人对于任何概念都缺乏一种科学的方法。

经过反复的思虑,现在我斗胆把我关于时间的伟大序列的思想以书面的方式勾勒出来,只不过不是采用一种外在严格的形式,而是采用了易于传达的形式,毕竟,内在的思想作品是一回事,外在的阐述又是另一回事,而且我承认,这些思想的形成过程还不是完满的。原本说来,这里不仅应当对每一个部分做出完整的阐释,还应当给整个科学提出一个迄今仍然付诸阙如的普遍形式。到目前为止,虽然这个工作已经耗费了我整整几年的工夫,其中的每一个部分都得到了详细的考察,但是事情本身已经很明显,每一个部分都有可能让我为之付出毕生的精力,[I 4b] 这样才会赋予其一种最完满的生命。或许有朝一日,最高科学也能够享受其他科学已经拥有的幸运,即其守护者们关于这门科学的普遍形式达成了一致看法,唯其如此,人们才有权利真正进行分门别类,依托整体的精神,全力以赴投入到个别领域的研究之中。我在这里的唯一目标,就是提出一个普遍的时间序列或一个时间体系,提出一条运动法则,借此揭示出那个伟大的、无所不包的发展过程的永恒之数。我在这件事情上付出的辛劳,必须得到充分的承认。

如果那个阴森的“过去”让我们感到恐惧,想要退缩,那么我们不妨想想,那曾经是开端的东西,现在仍然是开端——人在开端处是什么样子,现在也还是那个样子。

迄今为止,真正的科学的第一个问题仍然是米利都人泰勒斯已经提出的那个问题:“最初的现实东西是什么？最古老的本质是什么?”值得注意的是,“最初的现实东西”这一概念看起来已经包含着一个预设,即在一切现实东西之前,还有某个东西。诚然,这个东西不可能通过自己而被设定为现实东西。但它也不是一个非现实的东西。因此它只能是一个自在地既非“存在者”亦非“非存在者”(das Nichtseyende)的东西。

有些人完全局限在现实东西的层面,在他们看来,最高者必定是一个存在者。因此他们问道:“究竟什么东西能够被思考为凌驾于存在之上,既非存在者,亦非‘非存在者’呢?”他们为自己给出的答案,就是“无”,而他们所理解的“无”恰恰是指“非存在者”。但真实的情况是,那个东西既不是“无”,也不是“某个东西”,或者换个相对不那么贴切的说法,那个东西既是“无”(即不是“某个东西”),也是“某个东西”(即不是“无”)。

确实,它是“无”,但却是一个类似于纯净自由的“无”;它就像一个无所欲求的意志(der Wille, der nichts will),不追求任何事物,对全部事物都无动于衷,因此也不为任何事物所动。这样一个意志是“无”,是一切东西。之所以说它是“无”,因为它不发挥任何作用;而之所以说它是“一切东西”,因为唯有它作为永恒自由而具有全部力量,因为它在自身内部拥有全部事物,掌控着全部事物,而不受任何事物的掌控。

[II 1b] 通过这个方式,我们已经指出,最高者是一种纯粹的平衡,是主体和客体的一个无条件的统一体,因为它既非主体亦非客体,但又有能力成为主体或客体。你们不妨看看一个孩子,他存在于自身之内,既不区分自身,也不关注自身,在这种情况下,你们将会在他身上认识到最纯粹的神性的一幅肖像。它是“无”,但却是一种沉浸在自身之内,对自己毫无认识的纯粹欢愉,是一种坦然的、完全被自身所充实的、未曾思考任何东西的欣喜,是一种为自己的“非存在”而感到喜悦的寂静内省。它是一个纯净的精神,贯穿一切事物,在一切事物里面发挥着作用;这不是一个封闭的(已经个体化的)精神,而是一个不可把握的,并且自在地不可理解的精神,因此真正说来,我们不应当把它称作上帝(因为我们所理解的“上帝”已经是一个特定的、具有人格性的精神),而只能说,它是上帝之内的真正的神性,是纯粹性的吞噬一切的锐利锋芒;只有当人们具有与意志同样的纯净性,才有可能靠近它。因为,对于一个在内心里四分五裂并且变化多端的人而言,最高的单纯性如何能够成为“某个东西”呢?

它是一种永恒自由,其唯一能做的,就是欲求一种永恒力量。确切地说,既然它不可能欲求什么自身之外的东西,那么它所欲求的就是自身之内的一种永恒力量,只不过这种永恒力量本身尚且处于一种隐蔽状态(因为我们在这里讨论的是一种纯净的自由)。

一切事物都是来源于永恒自由。但那种永恒力量始终都在发挥着作用,我们绝不能设想有一个时间,那时它还没有发挥作用;真正说来,正是这种永恒力量做出了一个永恒的开端。

一切"开端"(Anfang),正如其字面意思已经透露出来的那样,不可能基于一种给予、分享、扩张,毋宁只能基于一种收取、抓取、吸引、紧握[1]。然而一个做出绝对的、最初的开端的东西,不可能具有什么不同于它的东西,继而将其抓取过来。因此那个开端,作为一切开端的开端,只能是基于一种自身内部的抓取,基于一种自己对自己的吸引,使自己成为自己的对象,或者说使自己转变为主体和客体。 [II 2b]

那种欲求自身的力量,当其付诸实施,就是真正意义上的父亲,或一个永恒的开端;伴随着这个开端,才有"某个东西",而在这之前,没有任何东西。在这里,人们不能反过来询问:"那种力量是如何付诸实施的?"因为它是通过一个永恒的决断(或者说一种排斥行动)而走出那个曾经是"无"的东西,亦即走出那种永恒自由。任何一个行为,只要是来自于一种无条件的自由,就是绝对的;它出现了,因为它就这样出现了,没有什么根据可言;换言之,它就是它自己的根据,因为它是一个绝对自由的东西,但正因如此,它又是一个绝对必然的东西,因为它和一切无条件的东西一样,都伴随着一个命运的暴力而发挥作用。这种无根据的自由本身就是命运,本身就是必然性,正因如此,人们对其避

---

① 德语"开端"(Anfang)一词的词根"fangen"意味着"捕获""抓取""迷惑"等等。——译者注

之唯恐不及；只要这种自由露出一丝端倪，他们马上扭过头去，就好像逃避一道摧毁一切事物的闪电；他们感到自己被这个不可理解的现象一拳击倒在地，感到自己完全没有力量做出反抗。

但是在这个行为里，永恒自由并没有离开自己的位置；它并没有如人们通常设想的那样，来到自身之外，而是退回到自身之内；它并没有把任何东西设定在自身之外，或把某些东西从自己那里排除出去，毋宁说正相反，它把某些东西吸引到自己身边。那个行为不是一种自身启示，更不是一种单纯的创造，毋宁说正相反，它是那个最初赤裸的、单纯的意志做出的一种自身覆盖和自身遮掩。

[II 3b] 也就是说，通过自身吸引——这既是一个自由的行为，同时也是一个近于盲目的行为——永恒自由同时成为吸引者和被吸引者。但是在做出这个行为的一刹那间，永恒自由同时封闭自身，成为一个自在地既非吸引者亦非被吸引者的东西，成为永恒自由。

现在，我们把吸引者（这里不妨称之为B）和被吸引者（这里不妨称之为A）相互对立起来，在这种情况下，最初的二元性就被设定了。尽管如此，这里并不存在一个自在的对立，因为吸引者和被吸引者是同一个东西，亦即永恒自由。就本性而言，永恒自由愿意自己存在着，或者说愿意自己成为这样一个存在者，唯独它有权利，或更确切者说，它比任何别的东西都更有权利作为存在者而存在。然而一切愿望，正因为仅仅是愿望，所以被设定为并未存在着。作为被吸引者,它是一个就意志而言(就目的或概念而言)的存在者,但现在并未存在着。这里的意思不是指它作为存在者而遭到彻底扬弃,毋宁仅仅意味着,它被设定为不是作为存在者而存在着,换言之,它被设定为一个非启示出来的、非现实的存在者。就此而言,我们必须捍卫亚里士多德的那样一个观点,他认为对立(即我们所说的吸引者)造成的结果是一种单纯的褫夺,因此他仅仅把对立称作"褫夺者"。

在这种情况下,永恒自由作为被吸引者,就从"超存在者"(das Überseyende)直接转变为"非存在者",但这个东西毕竟不是"无",毋宁从另一个角度看来仍然是存在者。也就是说,永恒自由从"无"转变为"某个东西",因为"某个东西"从本性上来说就是存在者和"非存在者"的混合,它首先是一个不可把握和不可理解的东西(incoercibili),然后转变为一个可把握和可理解的东西,首先是一个纯净的精神,然后转变为一个受约束的东西,陷入一种被动的状态。这就为那种伟大的学说(它的最秘密的根据在这里尚且有待揭示)提供了第一个例子:"什么东西寻找它的生命,就将失去它的生命。"也就是说,它将从一个自由的状态——那时它作为"无"尚未遭到任何东西的约束——堕落到一个不自由的、有缺陷的(潜在的)、受约束的状态。 [II 4b]

这里简单谈谈"非存在者"概念,这个概念长久以来就让人们感到困惑,并且作为一个真正的普罗透斯[①] 而把人们带入到谬误之中。那个东西之所以并未存在着,是因为它凌驾于全部

① 参阅本书第60页的注释。——译者注

存在之上，或者如人们所说的那样，因为它是“未存在者”（das Unseyende）本身，即一种纯净的自由。“非存在者”既可以意指一个无论如何都不存在着的东西，也可以意指一个虽然存在着，但却不是存在者的东西。这是根本不同的两码事。正是在后面这种意义上，我们说，那个被吸引者转变为“非存在者”。人们经常会遭遇到这样一些东西，人们很难承认它们是真正意义上的存在者，但又不能说它们是一种绝对意义上的“非存在者”。通常说来，人们称之为“单纯存在”的全部东西，都属于这个类型。单是从对立的角度看，存在和存在者就已经不是同一回事，毋宁说，存在必然是“非存在者”，但正因如此，它绝不是“无”，因为存在本身怎么可能是“无”呢？存在本身必须也存在着。诸如“单纯存在”之类的东西是没有的，毋宁说，任何存在都包含着一个存在者；同样，每一个存在者相对一个更高的东西而言都会转变为存在，亦即转变为“非存在者”。也就是说，它并非自在地就是“非存在者”，毋宁仅仅相对另一个东西而言是“非存在者”，但在其自身之内，它确实也是一个存在者。遗憾的是，所有时代的诡辩家都不懂得这些概念，而是找到了一个更方便的做法，即把“非存在者”简单地当作“无”来对待。这个误解在很多方面也误导了古代那些处理“非存在者”（τοῦ μὴ ὄντος）的注释家，但是只要人们稍稍具有一点语法知识，就可以通过普鲁塔克教导我们做出的一个简单区分——即“不存在”（μὴ εἶναι）和“非存在着的存在”的区分——而摆脱这个误解。

[III 1b]

反过来，吸引者所欲求的却是存在者。只要它所欲求的是存在者,它本身就必然是“非存在者”;但是,由于这是一种现实的欲求,所以它不是后来才成为存在者,而是本身就已经存在着。这里我们遭遇到了“非存在者”的另一个概念:这不是一个自在地不存在着的东西,而是一个虽然与存在者相对立,但本身毕竟存在着的“非存在者”。正如柏拉图所说,这个就其本性而言是“非存在者”,但毕竟存在着的东西,就是智术师的黑暗的藏身之处;[①] 智术师借助这个概念宣称,谬误、恶以及其他类似的东西,只要具有一个与存在者相对立的本质,就是“无”。但一般 [III 2b] 说来,人们不喜欢否定的东西,正如他们对于肯定的东西表现出一种天然的偏爱。那些自由流淌的、给予自身的、分享自身的东西,在他们看来是清楚明白的;至于那些收取的、拒绝的、向着内部退缩的东西,尽管其同样是事关本质的,并且在任何地方都以众多形态展现出来,但在他们看来就不是那么容易理解的了。绝大多数人最企盼的,莫过于一切事物都是由纯净的本质构成,但他们很快就会察觉到,实际情况正好相反。一种停滞的、阻碍性的东西在任何地方都冒出头来,每一人都感到,这个他者可以说不应当存在着的,但又必须存在着;诸如“非”与“是”、“左”与“右”、“弯”与“直”等等,人们已经尝试用各种形象来表述这些永恒的对立,但却难以轻松地理解把握它们,至于能够以科学的方式把它们陈述出来的人,更是少之又少。

现在,事情本身已经很清楚,任何一个本质,只要它吸引“某个东西”——或者如德语非常贴切地表达的那样,只要它开始对

① 参阅柏拉图:《智术师》(239c)。——译者注

“某个东西”上心（zu Gemüthe zieht）——它就现实地不是这个东西。一个对财富漠不关心的人，不能说是贫穷的，或按照人们通常的说法，他虽然贫穷，但却是富裕的。在这个意义上，人们可以说，任何一个本质都仅仅通过其意愿而不是“某个东西”，但正因如此，它又是“某个东西”，因为无论什么东西，只要它是“某个东西”，就必然也不是“某个东西”；对一个完全没有意愿的本质来说，一切东西都是相同的，而只有当“某个东西”有所意愿（且不管它意愿的是什么），这个东西才能够从全部存在里面脱颖而出。如果我们把这个结论应用到当前的情况上，就可以发现，吸[III 3b]引者（B）并非从一开始就是“非存在者”，毋宁说，只有当它欲求或者吸引存在者的时候，它才是或成为“非存在者”。太多的人希望把一切东西（包括最深奥的东西）都消解在表象里面。但那个走在前面的东西，不是表象，而是欲望。意愿是第一位的东西，因此它是一个无条件者，而作为一个拥有最高自由的东西，它又显现为一个盲目的、必然的、遵循命运的东西。

那么，这个现在看起来与被吸引者相对立的东西，在此之前是怎样的一个东西呢？答案是：它和被吸引者曾经是同一个东西，它曾经是那种意义上的“无”，好比一切坦荡的、纯粹的意志，仅仅通过本质的吸引而成为某个东西。唯有意愿才造成差别，因此一切东西都是仅仅立足于意愿。（吸引者并非自在地就是“非存在者”，毋宁说，它仅仅通过意愿而成为“非存在者”。）假若意愿会停止，那么一切东西都将重新退回到那个唯一的、完全仅仅与自身同一的、只能通过“A=A”而表达出来的纯净性。这里清楚地表明,为什么我们能够把这个纯净性描述为主体和客体(吸引者和被吸引者)的一种完全平衡,它既非主体亦非客体,但又有能力成为二者;这种情况只有在意志里面才是可以设想的。这也解释了,为什么我能够把它看作是一个自在地既非存在者亦非"非存在者"的东西。

同样明确的是,通过意志的单纯魔法,二元性从此前的纯净统一体那里产生出来,而纯净自由,当它最初自己抓住自己的时候,就成为一个有限的东西,成为"某个东西"。这个如今封闭起来的自由,从二元性的角度来看(就其作为"某个东西"而言),表现为A=B,而从自在的角度来看(就其与意志无关而言),则是表现为A=A。 [III 4b]

但正如我们已经指出的,恰恰是这个纯净自由,作为统一体,已经被封闭在二元性之内。无论是在二元性里面,还是在那些扭曲的形象里面,它都仍然保持为原初形象。在作为"某个东西"(A=B)的二元性那里,真正说来,纯净自由乃是这"某个东西"的主体或本质,而"某个东西"则是它的谓词或形式。就此而言,纯净自由呈现为一个不可认识的东西,对此古人已经说道,人们既不能借助形式来认识它,也不能脱离形式来认识它。也就是说,就它脱离形式而言,它凌驾于一切认识之上,因为它没有任何表现或展现。而就它具有形式而言,它又被形式遮住或罩住了,成了一个内在的和隐蔽的东西。但在这里,形式或二元性恰恰是它的展现。因此人们也可以说,它仅仅作为一个隐蔽的东西而展现出来,仅仅作为一个不可认识的东西而被认识,仅仅在人们一无所知的情况下被知道(ignorando cognoscitum)。正是在这个崇高的、无与伦比的意义上,所有最古老的民族都在宣扬这样一种学说,把黑夜看作是所有本质里面最初和最古老的一个本质。只不过人们在这里必须警惕两个错误的观点,其中一个观点把古人所说的这个最初本质同时看作是一个最高本质,由此造成许多误解,而另一个观点则是把黑夜——它其实是[IV 1b]指纯净的"无"(Nυξ),指永恒自由或永恒平衡——与黑暗混淆起来。

因此,当自由具有形式,它就是二元性中的统一体;但它不是二元性的原因,因为二元性的原因乃是那个把自由封闭起来的意愿(Wollen)。虽然自由是被封闭者,但是唯有它能够给意愿提供力量,让意愿把它封闭起来;唯有自由才既是B的自在体(das An sich)或本质,也是A的自在体或本质。那个把自由封闭起来的意愿乃是**自由自己的意愿**,唯独对于这个意愿,自由不拥有自由。意愿只不过是自由自己的意志编织而成的一个茧,它裹在里面,不能脱身,因为在那里面,它就像被自己的目光紧紧抓住,沉迷于自己而不能自拔。形式对它而言就像是一个充满魔力的怪圈,一个它不再能够打破的怪圈。但正因如此,当它身处其中的时候,并不知道究竟发生了什么事情;二元性或形式对它而言是一个莫名其妙的东西,一个意料之外的、非其本愿的东西,对此它唯一的感受就是,这是某种不由分说撞过来的东西,是一个命运。

但在这种情况下,自由本身就是"某个东西"(形式),反过来,“某个东西”(A=B)直接就是自由本身(与自由完全合为一体)。自由不能容忍这种情况,即它本身不但是“某个东西”,而且只能把这个东西看作是一个陌生的、仿佛偶然的东西;尽管如此,它不能扬弃“某个东西”,不能扬弃二元性。因此对自由来说,只剩下唯一的一个办法,即把“自由是‘某个东西’”这个情况,把吸引状态、有限性、形式展现为一个外在的东西,不是将其设定为它自己(就像起初那样),而是仅仅将其设定为**它自己的**“某个东西”,反之把自己设定为这“某个东西”的存在者。在这 [IV 2b] 里,存在者和“某个东西”是合为一体的,是同时性的。当自由把“某个东西”(二元性)设定为它自己的“某个东西”,它同时就把自己提升为存在者,当然,二者始终是捆绑在一起的,而且完全服从于A=B的限制(因为如果没有A=B,那么自由也不可能是“某个东西”)。反过来,除非自由把自己提升为存在者,否则它也不可能把形式设定为它自己的外在表现。但这还仍然是终极目标,毋宁说,自由之所以把形式或二元性设定为它自己的“某个东西”(仿佛设定为一种女性的东西),同时把自己提升为存在者,提升为一种男性的东西,只不过是为了通过这个方式而强迫自己提升到“某个东西”和存在者之上,成为一个自在地既非存在者亦非“非存在者”的东西,成为一个纯净的(无性别的)本质,成为**原本的它自己**。

也就是说,自由既要让自己成为一个绝对**本质**——成为神性——也要让**自己**成为全部潜能阶次,并且存在于绝对**本质**之内。

简言之,当自由蓦然发现它被它自己的意志紧紧抓住,并且没有办法脱身,它就试图在这个困局之下把自己作为永恒自由诞生出来,在这种情况下,它虽然被封闭在一个形态之内,但同时又摆脱了形态,虽然被抓握住,但同时又是不可抓握的,并通过这个方式而成为一个现实的纯净自由。

这个诞生只能通过一系列提升运动而发生。首先,那个紧紧抓住纯净意志的二元性仿佛屈服了,降格为单纯的形式,降格为存在,降格为一种自身外化的东西。我们用(a=b)来标示这个仿佛从本质身上蜕下来的形式。其次,本质相对这个形式而言直接提升为存在者,确切地说,提升为一个现实的(或存在着的)存在者,因此我们可以把它看作是第二个潜能阶次的存在者,即 a^2。最后,本质还要超越前面二者,把它们都当作存在,当作基础,而它自己则是提升为一个自在地既非存在者亦非“非存在者”的东西,成为原本的它自己;就此而言,我们可以把它看作 [IV 3b] a^3。

这些潜能阶次因此是最初的数。在那里面,自在存在着的第一个统一体(“一”)摆脱了全部数和潜能阶次,它是 A^0,是父亲,而最初的、同样凌驾于全部数之上的二元性(“二”)则是母亲。到目前为止,这些数不是什么静止不动的东西,而是处于一种持续的转变之中。也就是说,那个被封闭在形式之内的本质一直试图把自己诞生在这三个形态里面,因此它本身无非是这三个形态的一种持续的诞生。它所必然追求的,是这三个形态的相互融合(in intenso),因为只有当封闭者(形式)、被封闭者

(那个被抓握的自在自由,即a^2)、不可抓握的东西(纯净精神)**仿佛**能够存在于**同一个点**,只有在这种情况下,它才完完整整地是存在者或本质,亦即一个最富有精神的存在者或本质。

也就是说,那个被自己的目光紧紧抓住的本质(A^0)一直试图诞生出这些形态,与此同时,本质试图把它们拉向内部,亦即拉向它自己,并且把它自己设定为存在者,设定为它们的统一体。但从这三个形态的本性来看,它们只能是相互分离的,并且相互对立的。在这里,在最初的现实东西身上,已经展现出全部自然界的一个独特性,即每一个本原都只能存在于对立之中,只要其中一个本原走向消灭,另一个本原必然也会走向消灭。也 [IV 4b] 就是说,第一个形态(形式)不会成为第一个潜能阶次(a=b),不会成为根据,除非第二个形态(a^2)也被直接设定,被设定为存在者,在这个时候,第一个形态就成为存在者的形式、根据,或者说成为"某个东西"。反过来,当本质提升为存在者,它就必定和那个降格为第一个潜能阶次(降格为相对的"非存在者")的形式形成对立,此外别无其他可能。同样,这两个东西也不会形成一个必然的对立,除非它们把统一体作为第三个东西(a^3)设定在自身之外,而反过来,假若没有那个对立,那么统一体也会直接退回到"无"里面。

因此,当那个隐蔽在最初的现实事物里面的本质——它是纯净精神,是一团吞噬一切的火焰——试图让三个形态相互融合,并且通过它们的融合而使自己成为一个精神性本质,对立就转变为**冲突**:一个力量屈服于另一个力量,一个力量驱逐另一个力量，因为每一个力量都仅仅在这个冲突中维系自己的存在，所以，假若一个力量没有与自身之外的其他力量相抗衡，它就会直接走向毁灭；虽然一个力量在某一瞬间会占有优势，但它很快又得让位给另一个力量，后者同样不可能独善其身，同样必须给其他力量腾出位置。这是一种生命。唯一可以与之比拟的，是那样一种生命，其之所以产生，是因为一个本原——这个本原真正说来应当是隐蔽的、纯粹被动的——从一个活生生的本质的深处凸显出来，企图依据那些在一种寂静而平静的对立中达到协调一致的力量而构造出自己的孤立的生命。[V 1b]这里也会产生出一个全部力量反对全部力量的斗争，因为从天性来看，每一个力量都致力于保存自身，每一个力量都要反对那个致病力量（它把一切事物拽向单一体，仿佛使之精神化），并且只能在和其他力量的冲突中维系它自己的存在。这样一种斗争也以外在的方式表现出来，表现为一种粗野的、无序的运转过程（表现为发烧）。

现在，这个受困于自身吸引的自由并没有自暴自弃，而是一直希望自己通过那三个形态而得到实现。但是它必须亲自设定冲突，并且一再地消灭它所追求的那个统一体，因为如若没有冲突，那么统一体也绝不会存在。因此这种自由是一种对于存在的持续追求，是一种令人震惊的畏惧，是一种想要实现自身的欲望（即成为一个虽然被抓握住，但同时又保持着自由的东西）；然而它根本不能达到这个目标。因此它是那样一个精神性本质，这个本质想要成为自由，对此充满渴望，但这是就欲望而言，而不是就行动而言。行动能够使自己站稳足跟，亦即“促成一件事情”(zu Stande bringen),而我们德语正是用这个贴切的说法来指谓一种完满的实现。因此,如果缺乏行动,这个本质就从每一个寻找到的统一体那里重新返回到自身之内,重新卷入到那个不受其意愿支配的运转过程之中。这样一种生命——当一个东西只能通过持续更替的生和死来维系自身,我们就可以称之为“生命”——自在地看来本身也是不朽的,因为它绝不可能自己终止自己,与此同时,没有任何一个力量可以对其他力量置之不理,毋宁说全部力量已经形成了一个死结,却始终不能形成一种相互融合的存在,不能形成一种融为一体的存在。这个最初的本质,这个并非现实地存在着,而是不停地追求着存在的东西 [V 2b] (恰恰在这样追求的时候,它成了一个现实的东西),似乎就是古人谈到的那种情况:“自然界寻找自己,找不到自己。”(Quaerit se Natura, non inuenit.)这个东西按其本性而言就是一个寻求者,也就是说,它是一种永恒渴求。它是那种不断地诞生自身,然后重新吞噬自身的生命的各种力量,而人们必然已经惶恐地察觉到,这种生命是整个自然界的真正本质,哪怕它现在处于隐蔽状态,并且对外展示出一些安静的属性。它是一个持续不断的、内在的发动机和发条装置(即“永动机”),由于没有能力把自己提升为完满的存在,于是转变为真正意义上的“实体”(Substanz),即一个立于根基处的东西(id quod substat)。它是一种永恒开始的、永恒转变的、永远不断地吞噬自身并重新诞生自身的时间,而寂静的永恒性已经在其中沦陷。但这不是出于自由的意愿,而是通过一个不可避免的命运,通过最初的自身吸引而导致的一个意料之外的后果。这团绝不会寂灭的火焰，或者如古人所说的那样，这团不知厌倦的火焰（ἀκαμα τόν πυρ），是远古魔法的对象，是那种火焰理论的对象，基于那种理论，摩西曾经说道："你的主，上帝，是一团烈火。"[①] 赫拉克利特也教导我们，世界是通过火焰的散发而被创造出来的。也就是说，那个隐蔽的本质，那个想要在三个形态里面实现自身的东西，是一团火焰，它在每一个瞬间都想要吞噬那些形态，想要消灭自然界（消灭阻碍），但恰恰是通过这个吞噬，它成为那个"自然界之轮"（Rad der Natur）的持续的原因，不断地造成一个全面的冲突，而唯有通过这个冲突，全部东西和每一个东西才产生出最高程度的作用。[V 3b] 只有通过以上所述，我们才能够充分地解释那个关于自然界状态或诞生状态的概念，那个由神智论体系从一篇使徒著作（《雅各书》第3章[②]）里面抽取出来的概念，因为单是通过"努力和反努力""收缩和扩张"等说法，我们很难理解把握到这个概念是如何建构起来的。

无论如何，生命不可能停留在这个状态。永恒的冲突、永恒的痛苦和畏惧是不可想象的。既然如此，生命是如何摆脱这种悲惨的漂泊状态，并且被引导到自由的呢？

这里能够设想的唯一的一个可能性，就是那个隐蔽的本质，

---

① 参阅《旧约·申命记》(4: 24)："因为耶和华你的上帝乃是烈火，是忌邪的上帝。"——译者注

② 参阅《新约·雅各书》(3: 5-6)："看哪，最小的火能点着最大的树林。舌头就是火，在我们百体中，舌头是个罪恶的世界，能污秽全身，也能把生命的轮子点起来，并且是从地狱里点着的。"——译者注

那个想要在三个形态里实现自身的东西,放弃那种"存在着的存在",并且认识到,虽然它不是一个绝对的"非存在者"(这种情况当然是不可想象的),但毕竟不是作为存在者而存在着。这样一来,三个形态的必然的交融存在就被取消了。那个隐蔽的精神(那个我们迄今为止通过A^0来标示的东西)想要**作为原本的它自己**而提升到本质或存在者,但这是不可能的,除非在唯一的一个点那里,既有"非存在者"或存在(a=b),也有存在者(a^2),还有一个既非存在者亦非"非存在者"的东西。如果精神放弃自己的生命,它就能够让生命的三个形态获得自由,使之摆脱冲突。

本质想要在那种漂泊状态中诞生自身,这时它会产生一种自然的感觉,产生一种畏惧感,即那个如今立足于渴望和欲望的生命只能在冲突中苦苦煎熬,即使战战兢兢想要挤入现实世界,仍然始终被现实世界拒之门外。可以与之比拟的,也许只有那 [V 4b] 种无法解释的畏惧,即一些敏感不安的母亲在刚开始培育自己的幼儿时具有的畏惧。也就是说,死亡(即第一个统一体的死亡)必须是第一件发生的事情,而这无非意味着,本质必须首先从渐进性过渡到同时性;要完成这件事情,看起来只能通过牺牲一个注定居于从属地位的本原。现在,畏惧感日益加深,而那个追求着存在的自然界确实已经感到,它必须放弃自己的生命,或许唯有如此,它才能够重新获得一种更高类型的生命。自然界萌生了对于死亡的渴望;它乐意死去;但是它**不可能死去**,而是只能夹在生和死的中间;这是所有状态里面最可怕的一个状态。

对我们而言,通过之前的观察已经可以明确发现,那个本质不可能成为“非存在者”,不可能放弃它的生命;它不可能在一个绝对的意义上,而是只能相对于另一个更高的东西而言,成为存在,而那个东西则是成为存在者。至于那个更高的东西必须具有怎样的本性,这是没有疑问的。它必须是一个按照它的本性而言就存在着的东西,只不过它尚未作为存在者而存在,尚未拥有存在本身,正因如此,它只能把那个最初的东西当作它的存在。

这另一个更高的东西是从何而来的呢?无所不包的永恒自由已经通过自身吸引而首先获得了存在或自然界,换言之,它就是那个追求着自身实现的自然界。既然如此,这个自然界之外如何可能有另一个更高的东西呢?关于这个问题,一个更深入的研究者将会揭示出以下情况。

[VI 1b] 当永恒自由出于一种无条件的自主权力自己吸引自己,它就从一种无关存在的纯净性那里跌落到存在之内,尽管就本质而言(如我们看到的那样),它在存在里面仍然保持为永恒自由,但就存在而言,它毕竟已经不再是永恒自由。诚然,它努力想要在存在里面也保持为永恒自由,想要把自己作为永恒自由而加以实现,但是通过那种自身吸引,它仿佛已经脱离了自己的更高本质,成为一个独立的自然界,仅仅徒劳无益地想要重建自己的自由。但永恒自由不可能在一个绝对的意义上死去,毋宁说,当它脱离了自己的平衡状态,被封闭在一个形态之内,它就必须在另一个更高的形态里面把自己提升到自己之上。“堕落到存在之

内”是一个同时发生的提升运动或攀升运动的根据。现在,永恒自由必须在它的更高形态下返回到隐蔽之处,同时又保留着它通过自身吸引而获得的那个展现出来的、外在的形态。因为通过自身吸引,它已经获得了最初的存在(哪怕这是最低程度的存在),已经成为“某个东西”,也就是说,它部分地是存在者,部分地是“非存在者”——但就整体而言,它仅仅是一个“非存在者”。在这种情况下,针对这种自身吸引,它只能向着一个绝对意义上的、自在的存在者攀升,却不能重新作为这个绝对意义上的存在者而存在着,因为后面这个情况只有依据一个条件才是可能的,即那个想要成为存在者的“非存在者”成为存在,随之放弃自己的生命。

我们必须认识到,绝对自由作为A^2乃是一个绝对意义上的(尽管尚且处于隐蔽状态的)存在者;另一方面,永恒自由已经把存在吸引到自己身边,并且置身于这个存在(A=B)之内,在这种情况下,相对于A=B而言,永恒自由并不是如人们迄今认为的那样,是一种与潜能阶次无关的自由(A^0),毋宁说,它注定要在某个时刻成为自在存在者的存在,尽管在一种既没有被它自己意识到,也没有被我们意识到的情况下,它已经是A^1。所谓“没有被它自己意识到”,意思是说,它本来的愿望是要成为一个与潜能阶次无关的东西,让自己作为永恒自由而在存在之内得到实现。假若它认识到自己是A^1,它就会立即放弃成为一个存在者的愿望,并且作为存在而归属于那个真正意义上的存在者。 [VI 2b]

但在那个紧接着的提升运动里,永恒自由仅仅是一个自在存在者,因为它原本是一个自在地既非存在者亦非“非存在者”的东西。基于同一个根据,它必须一方面把自己的一部分设定为“非存在者”(A=B),同时把自己的另一部分提升为存在者(A^2),另一方面超出二者,把自己提升为一个自在地既非存在者亦非“非存在者”的东西(A^3)。这一切都是通过唯一的一个行动而发生的。但是,作为这个自在地既非存在者亦非“非存在者”的东西,它必须返回到更深的地方,返回到一种更隐蔽的状态。也就是说,它之所以能够作为自在存在者又再**存在着**,并且展现出来,原因仅仅在于,“非存在者”(A=B)确实已经认识到自己是存在,认识到自己仅仅是第一个潜能阶次的存在者,即A^1。就此而言,除非以存在者和“非存在者”为中介,也就是说,除非存在者已经展现出来,否则永恒自由也不可能作为一个自在地与存在无关的东西(A^3)而展现出来。但是,由于存在者保持在隐蔽状态下,所以永恒自由作为一个完全与存在无关的东西(A^3),[VI 3b] 必须保持在一种更隐蔽的状态下,在那种状态下,绝对意义上的存在者——它的存在就是永恒自由的存在——乃是永恒自由的隐蔽的、寂静的、未展现的存在。

我们到这里才完全表明,为什么那个原初的自身吸引是一个永恒开端。正如永恒自由通过自身吸引而成为一个有限的东西,全部潜能阶次也是直接发源于这个自在地与潜能阶次无关的永恒自由。假若永恒自由不是在存在之内抓住它自己,它就没有理由向着A^2和A^3攀升。永恒自由堕落到存在里面,仿佛已经整个掉落进去,但与此同时,它把自己直接提升到最高的潜能阶次,因为它始终保持着向上的趋势,绝不可能真正沉沦下去。我们在这里也可以清楚地看到,真正的与潜能阶次无关的统一体(真正的 A^0)不仅仅是吸引者和被吸引者在存在(A=B)之内的一种平衡(无差别),而且是三个潜能阶次的一种高级得多的平衡(无差别);统一体不是通过分裂(因为它在每一个潜能阶次里面都是完整的),而是通过攀升运动而直接分化成三个潜能阶次,而这个契机是通过最初的(永恒的)自身吸引而被给予的。这样一来,另一件事情也变得清楚了,而在这件事情上面,全部更深刻的研究者都犯了错误,哪怕他们的错误并没有明白陈述出来。当那个自在地凌驾于全部存在之上的神性进入到存在里面,这件事情就其自身看来,只能显现为一种降落,显现为一种堕落。印度人的智慧和希腊人的神秘学早就一致认为,全部存在纯粹就其自身而言乃是一个悲惨状态。我们每一个人都有一个感觉,即必然性是作为存在的厄运而跟随着存在,只有在存在之上,才栖息着真正的自由,栖息着永恒自由。同样,有一个足够通俗的观点,在这个观点看来,统一体进入到二元性之内意味着沉陷到一个更低的状态;人们只需仔细审视一下这件事情,如果暂不考虑整个运动的前进方向和上升方向,那么可以说,那个观点是不可辩驳的。然而神性生命并不是这个运动的某一个瞬间,毋宁说它是整个推进过程;因此,从这个运动的最初开端起,上帝就一方面不断提升自己,另一方面亲自降落到存在之内,而接纳自然界只不过是那个提升运动的起点。 [VI 4b]

现在我们过渡到一种联系。另外那个更高的东西——相对它而言,最初的存在者能够转变为或降格为存在——保持在一种隐蔽的状态下,没有显露出来;即使对于那个追求着现实世界的自然界而言,它必然也是隐蔽的,我们甚至可以说,自然界的那个追求本身就阻碍着它对于更高的东西的认识,让它对于更高的东西始终惘然不见;因为自然界能够与更高的东西建立的唯一联系,就是它成为更高的东西的存在,反过来,更高的东西成为它的存在者。因此,只要自然界仍然希望自己成为存在者,只要它仍然希望把自己作为一个无所不包的纯净自由和纯净永恒性而加以实现,那个真正的存在者对它而言就必然会一直处于隐蔽状态。但我们相信,自然界能够在它的渴望中摆脱折磨;它乐意放弃自己的生命,却不能做到这一点。然而一切渴望就其自身而言已经是一种"献身"(sich Hingeben),通过这种献身,一个之前封闭的本质已经为放弃它的自主性(Selbstheit)做好准备。那个原初的自然界同样渴望着摆脱必然性,因为在必然性的支配下,它不得不努力想要成为存在者;但现在,就它真正要求的东西而言,这个渴望已经告别了原本的目标。对一个本质而言,只需要有一个更高的东西,一个能够成为它的存在者的东西,它就会完全放弃自己曾经追求的那个统一体。当这个本质为放弃它的自主性做好准备,这已经是一个潜在的分离,而且这件事情本身就足以制造出它和那个迄今一直隐蔽着的东西的联系,在后者那里,它认识到它的真正的、真实的自主体(Selbst)。这个更高的东西,作为一个按照其本性就存在着的东西,是一个纯净而纯粹的精神,一个不具有存在的精神。当然,这个精神不可能具有一个与它的本质不同的意志,毋宁说它本身就是意志,在本质上就是意志。但是,正因为它是一个纯粹的意志,所以它 [VII 1b] 在一无所知并且毫无察觉的情况下,仅仅通过它的本质,就是对于存在的渴望。这并不是说,精神产生了一种渴望或具有一种渴望,毋宁说它本身就是渴望,在本质上就是渴望。类似地,人们可以把那种纯净而纯粹的火看作是一种对于燃烧材料的渴望,唯有借助于这些材料,它才成为现实的火。或者按照一个古老的学说的观点,一个命题本身就是一种对于相反命题的追求。这种渴望尚未发展为欲望,更未发展为行动,因为渴望的唯一目标是**存在**,好比纯粹的电火花并不需要一种自身之外的运动,毋宁说,它只需要保持自己的纯粹性和独立性,这本身就是一种对于相反东西的要求或需求。那个纯净的精神同样也是如此,自在地看来,在无需运动的情况下,它本身就是对于存在的渴望,它所渴望的,是一种能够作为身体而满足它的东西。

现在,这个纯净的本质在不自觉的情况下热烈地欲求着存在,而那个最初的自然界却已经做好了放弃其统一体,并且转变为存在的准备。双方的互动是如此之密切,以至于它们在事实上就像两个聚在一起的电火花,在眨眼之间,通过一个突如其来的、但却始终解不开的联系,那个最初的自然界降格为存在,与此同时,那些迄今为止被吸引在一起,并因此相互冲突的生命形态发生了分离或大分化(Krisis),而那个纯净精神则提升到这些形态之上,显现为它们的真正的自主体,显现为它们的真正的存在者。

不过我们必须立即做出一个提醒:虽然较低的东西是在更高的东西提供的帮助之下放弃了自己的自主性,但这种帮助仅[VII 2b]仅推进到了一种可能性,也就是说,这仅仅意味着,较低的东西克服了之前的那种无能为力的状态(即它没有办法放弃自己的生命),因此真正说来,这仅仅意味着,较低的东西克服了那种必然性(即它必须把自己作为本质而加以实现)。现在,通过更高的东西的临近,这个必然性转变为自由,较低的东西的意志亲自做出一个决断,让自己永恒地归顺于那个精神,成为它的存在。就此而言,在生命的原初开端那里,一切东西都是基于一种最高程度的自由意愿。最初的东西,或按我们现在可以使用的一个说法,那种自然的生命,如果缺乏一个来自更高的东西的帮助,就绝不可能在更高的东西面前开启自身,并且归顺于更高的东西。

但是,如果这两个东西——按照一个更明确的规定,我们不妨称之为自然界和精神——联系在一起,那么二者的统一体就必然被设定。也就是说,因为自然界和精神都必须保持着自己的独立性,所以必然有一个外在于它们的统一体,在这种情况下,既有统一体,也有对立,或者说统一体和对立本身又处于对立关系之中。这个统一体只能是那个自在地既非存在者亦非"非存在者"的东西。

相比自然界和精神结合而成的统一体,那个与存在无关的统一体(A^3)的纯净本质处在一个更为隐蔽的状态。后面这个统一体不会展现出来,除非存在者已经展现出来。但现在,当存在者和自然界联系在一起,随之已经成为一个外在的东西,并且展现为自然界的直接存在者,那个最内在和最隐蔽的东西也就能够把自己提升到它们之上,展现为**原原本本**的那个既非存在者亦非“非存在者”的东西;这种情况既没有损害它的自在地与存在无关的纯净性,也没有损害它相对于全部存在而言的自由,而且它既没有在自然界(A=B)里面作为“非存在者”,也没有在精神(A^2)里面作为存在者。在这种情况下,通过一个不可阻挡的推进过程,原初的A=A或A^0已经把自己作为A^3/A^2=(A=B)而加以实现。 [VII 3b]

现在没有任何人会否认,我们在这里描述的这个整体,乃是纯净神性的实存(Daseyn)的表现。在这个情况下,神性是一种永恒的寂静,是一个最纯粹的意志,一个已经得到实现的永恒自由。如今一切实存都表现为“现在”,而任何“现在”都是基于一个“过去”。既然如此,纯净神性的实存看起来也在自身之内包含着或预设了一个“过去”,对此我们已经做出了明确的解释。也就是说,与之最接近的“过去”乃是三个潜能阶次的分立存在或分离状态,在那个时候,只有第一个潜能阶次(那个陷入到最初的、自然的生命之内的本质)展现出来,另外两个潜能阶次则是处在隐蔽的、不可见的状态之中;至于更遥远的“过去”,那时根本没有发生分离,那时只有一个纯净的、与潜能阶次无关的统一体和自由(A^0)。

我们说,上帝的实存在某种意义上是一种转变形成的实存,在绝大多数人看来,这个观点是极为荒谬的,并且与全部概念相冲突。在我们完全消除这个疑虑之前，看起来有必要从另一个方面出发，亦即从一些得到普遍认可的概念出发，证明这件事情，即上帝的实存确实只能通过这个方式而得到理解把握，此外别无良方。

所有的人都同意这个看法："上帝是精神（πνεῦμα ὁ θεὸς）。"至于是不是每一个人都完全理解了这个思想的纯粹性和深刻性，则是值得怀疑的。诚然，较早的一些神学家已经明确教导我们，通过"精神"（Geist）这个词，上帝并没有被固定在一类特殊的本质上面，并没有跻身于通常所谓的"魂灵"（Geister）之列。上帝是一个凌驾于全部魂灵之上的精神，确切地说，他不是一个精神，而是精神本身，就好像是一个最具有精神性的精神，一丝纯粹的、不可把握的气息。就此而言，上帝的精神性与他的本质的最高程度的单纯性合而为一。[VII 4b]

有鉴于此，神学家明确宣称，纯净的神性不可能混入任何不同于它的本质的东西。在严格的意义上，我们不能说"上帝是善的"，因为这话听起来仿佛是说，"善"附加到了神性的存在上面，然而神性就是它的存在本身，神性在本质上是善的，因此是"善"本身。同样，在严格的意义上，我们也不能说"上帝是永恒的"，毋宁说，上帝本身就是他的永恒性。我们不能说，"上帝是有意识的"，因为这等于是把意识当作某种不同于他的东西而附加在他身上，而这意味着，上帝之内有些东西是不具有意识的；然而上帝完完全全就是意识，是纯净的意识本身。我们不能说，"神性是发挥作用的"，因为这等于是假定上帝之内也有一些不发挥作用的东西;然而上帝之内没有任何潜在的东西,他是纯粹的作用或活动(actus purus),而这意味着,上帝之内没有趋向某个东西的可能性,没有对于某个东西的追求,毋宁说,他完完全全就是意志,不是一个尚且有待唤醒的意志,而是意志本身。

不言而喻,针对所有这些否定的表述,比如"上帝不是善的""上帝不是永恒的""上帝不是有意识的""上帝不是有意愿的""上帝不是自由的"等等,我们必须立即提出一些相反的表述,比如"上帝不是不善的""上帝不是非永恒的""上帝不是无意识的""上帝不是不自由的"等等。

按照神学家们自己的学说,以上关于所有这些概念所说的情况,必须首要地适用于"存在"概念,即这个概念不能作为一种不同于上帝的本质的东西归属于神性。因为神性本身就是它的存在(Est ipse summ Esse)。就此而言,人们既不能说神性**存在着**,也不能说它**不**存在。因此神性是一个自在地既非存在者亦非"非存在者"的东西。

因此,如果人们按照所谓的本体论论证,从"在上帝之内,本质也是存在,存在也是本质"这个前提出发,推出"上帝必然是一个**实存着的**本质",这个推论就与理念相矛盾。因为,"存在者"[VIII 1b]概念在自身内就包含着一个与"存在"的差别,但在神性那里,这个差别恰恰遭到了否定,正如一句古代名言所说的那样:"那是存在的东西,本身不具有存在(Eius quod est Esse nullum est Esse)。"自在地看来,或就其自身而言,上帝并不必然是一个现实的本质,毋宁是一种永恒的去存在的自由。

可悲的是,在我们这个时代,恰恰是一些把研究神性事物看作是自己的专利、但实际上只懂得夸夸其谈的人,在这件事情上暴露出惊人的无知。哪怕我们已经重新确立了“本质和存在在上帝之内的统一体”理念,有些人仍然不愿承认这个东西,但他们在这样做的时候,却不知道自己正在攻击一种关于上帝的精神性的学说的真正基础,他们不懂得那个古老的命题,即“上帝既非存在着亦非不存在着”(或按照一个相对不太贴切的说法,“上帝既存在着,也不存在着”),不懂得神性一直以来都被称作“超存在者”(das Überseyende, τὸ ὑπερόν)。他们恬不知耻地把最高概念的对象称作“无”——不消说,他们理解的“无”是指那种最普通意义上的“非存在者”——以为通过这个方式就可以表达出对于那个概念的蔑视。相比之下,那位机智的格言诗作者是何其不同,他用一种无与伦比的方式表达出了那个真实思想:

> 温柔的神性是“无”,是“超无”(Übernichts),
> 谁若“目空一切”,朋友请相信我,他看到了它。

然而科学和情感迫切地需要一位上帝,一位并非因为他是存在本身,所以就存在着的上帝,而是一位尤其以一种不同于他的本质的方式而实存着的上帝,这位上帝不是单纯的意愿、作[VIII 2b]用、知识本身,而是明确地有所欲求,明确地发挥着作用,明确地认知着事物。全部时代都提出一个问题:“那个自在地看来不存在着的神性如何转而存在着?”又因为在正确的理解下,自身启示和实存是一回事,所以这个问题也可以这样表达出来:“神性如何启示自身?”在这里,人们似乎忽略了一件极为简单和清楚的事情,即那个坦荡纯粹的神性根本就不可能启示自身。“神性如何启示自身”这个问题本身就已经假定,上帝起初处于一种隐蔽状态,因为纯净的神性虽然没有启示出来,但也不是一个隐蔽的东西。

那个问题的意思绝不是说,神性在“存在着的存在”(Seyend-Seyn)——这个东西恰恰就是实存——那里,不再是一个自在地既非存在者亦非“非存在者”的东西,不再是纯净精神,不再是永恒自由。它的意思只能是说,神性作为一个自在地既非存在者亦非“非存在者”的东西,恰恰实存着。这里首先有一件事情是明确的,即那个东西,**作为**一个自在地既非存在者亦非“非存在者”的东西,应当启示出来,而它不可能通过它自己的运动(不管是自愿的还是不自愿的)而进入存在,因为否则的话,在到达目标的时候,它就不再是它原本所是的东西,不再是一个自在地不存在着的东西,而是变成了一个运动着的、发挥作用的东西,亦即变成了一个存在者。但无论如何,它不可能自在地或在自身之内,而只可能相对一个他者而言,转变为存在者,或像现在这样进入存在,把其当作它的存在。然而没有什么东西在它之外,所以它只能亲自转变为存在。但是,当它转变为存在,它就立即不再是一个与存在无关的东西,而是转变为自然界,落入到必然性里面。无论如何,这里能帮上忙的,只有那条提升法则,该法则规定,永恒自由**按照其本性而言**是最高者,而且必须 [VIII 3b] 始终保持为最高者,它不可能转变为存在(即“非存在者”),除非在同一个行动里，它把自己提升为存在者，随之也提升为一个既非存在者亦非“非存在者”的东西。对于这条法则的清晰认识乃是我们这个时代的一个成果。我始终感到诧异的是，人们从一种新的（但真正说来很古老的）学说那里搬来如此众多的东西，把它们要么妥当地，要么糟糕地应用到所有方面，但在这样做的时候，偏偏完全抛弃了这种学说的事关本质的、真正优秀的内核，即那条伟大的提升法则。也就是说，如果人们愿意复兴“流溢”（Emanation）之类古老观念，那么他们根本没有必要绞尽脑汁炮制出一种新的学说。同一个东西A（A^0），既是存在（A=B），也是存在者（A^2），并且是一个凌驾于二者之上的统一体（A^3），但这三个东西本身并不因此是同一回事。此外人们也不应当把那个纯净的A^0称作上帝，因为我们所理解的“上帝”是一个自在地与存在无关，但**毕竟又存在着**的东西，也就是说，他是A^3，在自身内包含着A^2和A=B。我们可以借用某些古人的一个说法，把纯净的A^0称之为“超神性”（Übergottheit），或称之为这样一种纯净性，后来才从它那里凸显出上帝，凸显出上帝的存在。现在，因为人们缺乏那个“提升”概念，所以长久以来，在谈到那个他者——上帝能够成为这个东西的存在者，或者说这个东西能够成为上帝的存在——的时候，人们只想得到两种可能的解释。其中一种解释是，这个他者和上帝具有同等的原初性，是另一个不依赖于上帝的本质。[VIII 4b] 另一种解释则更为流行，也就是说，因为人们向来不能接受一种撕裂一切东西的二元性，所以他们认为，他者无需纯净神性的介入，自己就脱离了神性，或从神性那里流溢出来,而在这种情况下,神性仍然保留着它的寂静和自由。最终说来,这也是所有神智论体系的归宿。无论如何在我看来,“流溢说”的起源比很多人所设想的要晚近得多,有些思想原本具有一种完全不同的含义,只是到了后来(或早或迟)才被转释为“流溢”。至于人们除此之外教导的一些学说,比如上帝在万物的开端之前把“某个东西”——这个东西不是上帝自身,但却是和上帝自身联系在一起(某些人甚至认为,这个东西就是上帝自身)——从自己那里创造出来,完全是一些一知半解的观点,而且看起来根本没有注意到我们在这里提出的困难;这些观点根本不值一驳。近代以来,类似观点似乎是起源于一个遭到普遍误解的概念,即“主体转变为客体”;按照这个误解,上帝仿佛首先是一个主体,然后把自己改造为一个客体。但事实正相反。沿着这套术语,我们应当说,不是上帝,而是永恒自由必须首先成为客体(即“非存在者”),以便通过这个方式把自己提升为主体,随之提升为一个既非主体亦非客体的东西。

但即使是神学家们认可的一个观念,看起来也是不自觉地或心照不宣地立足于一个感觉,即在解释存在的时候,除了直观到上帝之外,还需要直观到神性的寂静状态(静止状态)和纯净性,也就是说,虽然神性现在实存着,但并不是作为一个已经存在着的东西而实存着,而是作为一个永恒的去存在的自由而实存着。如果我们的理解没错的话,神学家们的观点是,上帝是一切在他之外的存在的原因,但这不是通过一个明确表现出来的行动或外在行动,而是通过他的纯粹的、安静栖息着的意志而发 [IX 1b]

生的。这个意志要么不是一个永恒的意志,要么是一个永恒的意志。前一种情况是他们不能接受的,因为这意味着,必须认为在纯净神性之内有一种产生活动,有一个从无意愿到意愿的过渡。因此他们明确宣称,这个意志是永恒的。但是,纯净神性之内的这个意愿如何与上帝自身区分开,这一点却是不清楚的,更何况那些最机智的人在任何时候都教导我们,一切包含在纯净神性之内的东西本身就是上帝,而上帝的意志无非就是意愿着的上帝自身。假若是这样的话,那么真理就将是,上帝自身并且在本质上就是那个安息的意志。但作为这样一个意志,他就不可能是他之外的存在的作用因,毋宁只能是那个存在的目的因。[IX 2b] 在另一种意义上,我们心目中的上帝(A^3)也不可以被看作是**原因**。存在(A=B)和存在者(A^2),一切位于上帝之外的东西,都必须存在着,这样**上帝**才能够作为永恒自由,作为一个自在地既非存在者亦非“非存在者”的东西(A^3),存在着。但是,因为目的因绝不能取代作用因,所以神学家们只有两个选择。要么他们必须断定,外在于上帝的东西以那个安息的、提供条件的、本质性的意志为前提,然后通过自己的力量产生出来,也就是说,他们必须宣称,那个外在于上帝的现实东西具有一个(哪怕是有条件的)独立起源。要么他们必须接受那个借助于提升法则而做出的解释。

诚然,绝大多数人之所以在这个问题上举步维艰,原因就在于刚才提出的那个反对意见,即上帝的实存在这种情况下必须被思考为一种转变形成的东西。他们会说:**首先**,有一个无条件的统一体(A^0),**随后**,出现了一种分离状态,这时统一体一方面作为“非存在者”展现出来,另一方面作为存在者和“超存在者”隐蔽起来,**最后**,在自然界把精神吸引过来之后,出现了一个经过分离状态而重建起来的统一体,即A^3/A^2=(A=B),这个统一体才是上帝真正意义上的、完满的实存。

对此最简短的答复是:从无差别状态到分离状态的推进过程(演进过程),还有从分离状态到统一体的推进过程(演进过程),**和任何时间都无关**;上帝的实存不是一个无生命的、静止不动的实存,而是一个活生生的实存;那个推进过程诚然是上帝的诞生,但却是一个**永恒的**诞生。 [IX 3b]

现在,这个解释直接面临一个新的反对意见,即上升情况是如何发生的?毕竟按照这个学说,只有当那个最初的现实东西(A=B),那个已经陷入到开端性和有限性的自然界,放弃作为存在者而存在,并且自己降格为存在,上帝才会实存着。

我们不妨让这个反对意见更尖锐些,在此我们采取的办法,就是在一个更开阔的范围内证实并且解释它所反对的观点。诚然,事情的经过是这样的:最初的自然界本来想要成为存在者本身,仿佛想要成为一种男性东西,但是,当它放弃这个追求,把自己降格为“非存在者”(一种被动的东西),仿佛降格为一种女性东西,它就把真正的存在者(A^2),把男性东西吸引过来,随之促成了整个诞生。也就是说:上帝显然不是自永恒以来就存在着,在存在着的上帝之前,有“某个东西”,即更早的自然界的一个混沌的、充满矛盾的状态,只有当这个状态得到安抚,被设定为“**过**

去”,上帝才会现实地实存着。

这一切是完全正确的。但我的答复是:既然上帝的实存只能是一个永恒的实存,那么那个“过去”也必须是一个**永恒的**“过去”,亦即实存着的、活生生的上帝在自身之内或之下**永恒地**包含着的一个“过去”。

诚然,如果以上说的没错,那么整件事情的形态就改变了。为什么我们必须采取这样的叙述方式,仿佛那个自己与自己冲突的运动,那个充满矛盾和畏惧的生命,在某种意义上已经是一种现实的东西,并且在事实上也先行于上帝的实存呢?[IX 4b]

针对这个疑问,下面的解释可以做出答复。无论什么东西,包括一个永恒过去了的东西,都不是一个**自在地本身**就过去了的东西,它首先必须被看作是一个存在着的东西,然后才能够被理解为一个过去了的东西。这里同样也是如此。我们必须把那个生命设想为一个**已经存在着**的生命,因为它在那个为上帝的实存奠基的行动里,确实被理解为一个**已经存在着**的东西。但是,为了把它设想为一个**已经存在着**的东西,我们必须把它设想为一个已经存在着的**存在者**,也就是说,必须首先把它设想为一个存在者。因为在那个行动里面,亦即在永恒诞生里面,这个生命确实被理解为一个(哪怕自永恒以来)过去了的东西,所以它在自身内也包含着整个一系列真实发生的事件。这些事件仅仅作为一种同时性的东西包含在那里面,但如果我们希望走一条纯粹历史性的道路,就必须以前后相继的方式叙述它们。**只要是上帝自身**——我们在这里使用一个最尖锐的说法——**在他的**

永恒实存行动里面设定为已经现实发生的东西(过去了的东西),**我们就将其作为已经发生的东西呈现出来**。

至于这里余下的一些还有可能不太清楚的或晦涩的东西,我们希望通过接下来的一些普遍考察而加以揭示。

绝大多数人最喜欢谈论的,莫过于上帝的生命。但看起来,他们最不懂的东西,恰恰是"生命"的真实概念,他们最缺乏了解的,恰恰是那个归属于上帝的现实生命。

[X 1b] 无论什么生命,同时也是死亡。当实存被设定下来,在这个行动里,必须有一个东西死去,才会有另一个东西活下来,因为一切存在者就其自身而言只能把自己提升到一个"非存在者"之上。当一个有机生命产生出来,在这一瞬间,物质必须失去自己的独立性,转变为一个真正的本质的单纯形式。

没有什么生命是静止不动的。任何一种类型的生命都是一系列交织的状态,在其中,先行的状态是母亲,是把随后的状态诞生出来的潜能阶次。就此而言,自然生命是一把通向精神性生命的梯子;它迟早会到达一个点,在那里,它既不能停留下来,也不能依靠自己而继续前进,在那里,它需要一个更高东西的帮助,以便继续提升自己。在人那里,如果自然生命不能找到一个更高的精神性潜能阶次,就会和我们看到的最初的自然界一样,陷入到一种内在的焦躁不安和无休止运动之中。同样,看起来只有当地球内部的自然生命提升自己,直到接触到人里面的精神性生命之后,地球的组成部分才找到了全部力量的和谐,随之得到最终的安抚。

但即使在自然生命自身之内,也有一个序列,按照这个序列,先行的状态总是在随后的状态那里成为“过去”。生命的健康和完满仅仅立足于一个持续的推进过程,立足于诸潜能阶次的顺利过渡。相应地,一切疾病都是起源于一个遭到阻碍的推进过程(即所谓的“发展过程疾病”),同样,一切畸形事物都是仅仅起源于一个遭到打断的提升过程。因为,如果自然界不能找到一个使其得到升华的潜能阶次,这时它既不能停留下来,也不能继续前进,在这种情况下,因为那个向前推进的冲动不会终止,所以它必然会萌生出一种奇形怪状的生命。

全部生命在本质上就是一系列状态的推进和交织。上帝的生命也包含着一个运动。问题仅仅在于,在这种情况下,上帝的生命如何区别于所有别的生命呢?

首要的区别在于,那个序列和交织在人类生命里面是有可能瓦解的,但在上帝的生命之内却是不可能瓦解的。[X 2b] 上帝的生命处于一个不可阻挡的推进过程和运动之中。正如《圣经》所说的那样,主的**道路**是正直的,也就是说,是笔直向前推进的。[①]一切倒退的东西都违背上帝的本性。正因如此,他只能把那个在一个圆圈里不停打转的生命设定为一个永恒的“过去”。

柏拉图《法律篇》第四卷里有一处神奇的地方,迄今为止极少得到理解。在这里,人们必然会发现一种精微的、陌生的智慧所发出的光芒,这种智慧贯穿着他的全部著作,在许多个别地方

① 参阅《旧约·何西阿书》(14:9):“谁是智慧人,可以明白这些事;谁是通达人,可以知道这一切。因为耶和华的道是正直的,义人必在其中行走;罪人却在其上跌倒。”——译者注

都有所展现。在那处地方,柏拉图引用了一句据说是自古以来就流传下来的话:“神在自身内掌控着万物的开端、中项和终点,沿着笔直的道路前进,因为他按照自己的**本性**而言是不变不易的。”[①] 换言之,上帝永恒地克服了他的本性的必然性,因为他把那种按照其本性而言循环往复的运动转化为一种笔直向前的运动。

生命的瓦解,或者说这样一种可能性,即从较低潜能阶次到较高潜能阶次的过渡有可能遭到阻碍乃至推翻,既是疾病的原因,也是自然死亡和精神死亡的原因。就此而言,上帝是唯一不会毁坏的,是唯一不朽的。

其次的区别在于,那个序列在上帝之内是一个现实的、但并没有在时间之内发生的序列。在同一个行动(即永恒诞生)里面,a=b被设定为a^2的“过去”,a^2被设定为a^3的“过去”,进而言之,这三个东西作为一个整体(A=B),又被设定为A^2的“过去”。也就是说,永恒性自身就包含着一系列时间。永恒性不是一个空洞的、抽象的永恒性,而是一个掌控着时间自身的永恒性。

如果我们想要思考一个现实的永恒性,那么我们绝不能把全部时间概念完全排除开。当我们思考一个**现实的**永恒性,我们也在思考一个永恒地已经存在的东西,一个永恒地存在着的

---

① 柏拉图的原话为:“正如一句古代名言所说的那样:神在自身内掌控着万物的开端、终点和中项,他按照自己的本性,沿着一条笔直的道路走向目标。”(Nomoi, 715e-716a)根据新柏拉图主义哲学家普罗克洛斯(Proklos)等人的记述,这是一句来自于奥菲欧教的名言(Orph. fr. 21)。——译者注

东西,以及一个永恒地将会存在的东西(一个完全穷尽了存在的东西)。

借用另外一些术语,我们也可以说:那个粗野的、不断吞噬自身而又重新诞生自身的生命,乃是原初时间(Ur-Zeit),这个时间是“现在”的敌人(aemulo)和对立面。

真实的永恒性不是一个把这种意义上的时间排除开的永恒性;现实的永恒性是一个克服了时间的永恒性。正因如此,意味深长的希伯来语言用同一个词来表达“胜利”(希伯来人把这看作是上帝的基本属性之一)和“永恒性”。

活生生的上帝必须在自身之内拥有一个“过去”,表明自己是一个永恒的征服者。他并非如今天的人们教导的那样,没有开端和终点,毋宁说,他本身就是开端和终点,本身就是第一位的东西和最末位的东西。关于他的永恒性,他亲自说道:“我是现在者,曾在者,将来者(Ich bin, der da ist, der da war und der da kommt)。”[1] 人们经常以一种过于肤浅的方式诠释这句话,比如按照当今一个流行的说法,这是对于全部差别的扬弃。假若这句话真的是这个意思,那么它应当这样说才对:“我曾经是、现在是、将来是现在的我。”而之前那个颠倒过来的表述清楚地表明,这里意指的是一些现实的差别:一个真实的“过去”、一个真正的“现在”、一个现实的“未来”。唯独需要强调的是,这是同一个上帝,他是永恒的已经存在者,永恒的存在者和永恒的将来存在者。至于上帝之前的那个永恒地已经存在着的东西,则是一个

[X 3b]

① 参阅《旧约·出埃及记》(3:14):“上帝对摩西说:‘我是自有永有的。’”——译者注

最初的、自己与自己冲突的、挣扎于存在和“非存在”之间的生命,这个生命在上帝之内仅仅被设定为一个永恒的“过去”,但就其自身而言已经被设定为一个现实的东西。上帝曾经是一团烈火,但是当他在自身内让烈火得到升华,他在自身内征服了他曾经所是的那个东西(那个他在“过去”仍然所是的东西)。他的永恒的“现在”,他的永恒的存在者,乃是精神,一个把自然界(A=B)吸引到身边的精神。但是,作为一个以永恒自由的身份凌驾于自然界和精神之上的上帝,作为A^3,他是将来的上帝,因为这个意义上的他虽然是显露的,但并不是一个已经启示出来的上帝,而是一个尚且处于隐蔽状态的上帝;这个意义上的他虽然存在着,但并不是一个已经存在着的上帝,而是一种永恒的去存在的自由,亦即一个将来的上帝。

唯其如此,这才是一个具有意识的永恒性。

因此真正说来,神性的实存立足于一个永恒诞生。这里基本上不需要我们再来提醒,那个进入到存在(或者说“非存在者”)之内,并因此受困于有限性和必然性的永恒自由,乃是整个外部自然界的真正本质。从这个自然界的整个生生死死和所作所为来看,我们只能认为,它是一个被自己的目光困住,就像着 [X 4b] 魔一般,无休止地追求着自由的本质。当这个本质认识到,它本身不应当是存在者,毋宁仅仅应当是存在的根据,它就给真正的本质让出地方,启示自身,随之成为永恒诞生的原因——所谓“永恒诞生”,是指这个诞生不是一蹴而就的,而是始终都在发生,直到现在都仍然在发生,而且绝不会停止发生。它之所以成为永恒诞生的原因,不是通过一种作用或行动,而是通过一种

"非作用",亦即自己放弃发挥作用。通过这个方式,它使自己成为最高本质的单纯工具性的原因,并且恰恰在这个意义上成为最高本质的生产性原因,反过来,只有当它使自己成为一个单纯的工具,它才把那个"超存在者"带入到存在里面。

诚然,自然界的隐蔽本质和上帝是同一个本质(A^0),但是它并不认为自己是存在着的上帝。它是上帝的永恒扭转过去的脸庞。它并非本身就是一个"非存在者",而仅仅相对于更高东西而言是一个"非存在者"。如果一个东西本身虽然存在着,但是相对于另一个东西而言却不是存在着,那么它就表现为"过去"。因此那张扭转过去的、不可窥探的脸庞乃是上帝的永恒的"过去"。

现在,当它退回到自身之内,它就让一些生命形态获得了自由。诚然,这些生命形态必定是永远不会脱离彼此的,因为它们就像同一个母亲(A=B)的孩子,哪怕一瞬间都不可能脱离彼此。刚开始的时候,通过那个隐蔽的、自在地吸引着的、如烈火一般的本质,生命形态曾经陷入到一种狂野的冲突之中,如今它们相互之间形成了一个和平的对立,因为它们能够为彼此提供帮助和补充,简言之,因为它们形成了一种与它们的本性相契合的有机关系。疾病意味着,那个违背本性而发挥作用的火焰,或者说那个已经启示出来的火焰,重新退回到隐蔽状态,重新释放出一些力量,并且企图把生 [XI 1b] 命形态揉合为一个虚假的统一体。[……][①]

---

① 从这里开始,手稿已经遗失。接下来还有一两页支离破碎的手稿,因为其中字句多有不完整之处,而且没有包含着什么关键性的重要思想,因此不再译出。——译者注

谢林著作集

世界时代

残　篇

（来自一份手写遗稿）

（1815）

F. W. J. Schelling, *Die Weltalter*. In ders. *Sämtliche Werke*, Band VIII, S. 195-344, Stuttgart und Augsburg, 1856-1861.

[VIII, 197]

目　录①

① 这个目录是《谢林全集》编者K. F. A. 谢林依据全篇内容后拟的,非出自谢林本人手笔,也没有在正文中出现。章节后面的页码是原德文版的页码。——译者注

导　论

[VIII, 199]

过去的被知道，现在的被认识，未来的被憧憬。

知道的被叙述，认识的被呈现，憧憬的被预言。

按照迄今流行的那个观念，科学是一些独立自足的概念和思想的一个单纯的顺序和发展。但真正的看法是，科学在自身之内呈现出来的，是一个活生生的、现实的本质的发展过程。

我们的时代具有一个优势，即科学已经重新获得了本质，而且我们可以断言，它再也不会失去这个本质。自从动力学的精神被唤醒之后，如果一种哲学思辨不从它那里汲取力量，那么我们只能认为，它是对于言说和思维等高贵天赋的一个空洞误用。

最高科学里面的生命只能是一个原初生命，一个绝对在先的本质，亦即所有本质里面最古老的那个。

既然在这个原初生命之前或之外没有任何东西来规定它，那么，就其展开自身而言，它只能以一种自由的方式，按照它自己的冲动和意愿，纯粹从自己出发，展开自身。但正因如此，这个展开不是无规则的，而是必须遵循规则。在它之内没有随意；这是最完满意义上的自然界，正如人虽然并不去考虑自由，但正 [VIII, 200] 因为他具有自由，所以他是一个自然界。

当科学在质料方面达到客观性之后，看起来有一个自然的结果，即它也要寻求形式方面的客观性。

为什么这个工作在过去是不可能的，或者说一直到现在都是不可能的？为什么在最高科学里面，已知的东西不能像任何别的**知道的东西**一样，被直接简明地叙述出来？是什么东西在阻碍着那个憧憬到的黄金时代的来临，到那个时候，真理又将成为故事，而故事又将成为真理？

必须承认，人具有一个超于世界之外和之上的本原；因为，假若在人的内部没有一个先于时间开端的本原，为什么在所有的被造物里面，唯有人能够追溯那条漫长的发展道路，从现在直到过去最深的黑夜，唯有人能够上升至时间的开端？人的灵魂来自于事物的源泉，等同于这个源泉，具有关于创世的共同知识（Mitwissenschaft）。人的灵魂之内包含着万物的最高的明晰性，它不是在认知着什么，毋宁说它本身就是知识（Wissenschaft）。

但是，人的内部的那个超越世界的本原既不是自由的，也没有处于一种原初的纯净状态，而是与另一个较低的本原结合在一起。后面这个本原本身是一个转变形成的本原，因此它在本性上是一个无知的、黑暗的东西，而且它必然使得那与它结合在一起的更高本原也阴沉下来。在那个更高本原内部，安息着一个关于万物、万物原初的关系、万物的转变、万物的意义的回忆。然而事物的这个原型沉睡在灵魂里面，保持为一幅黑暗的、被遗忘的、但尚未完全消解的图像。假若不是那个黑暗本原自身就包含着一种对于认识的憧憬和渴望，也许这个原型永远都不会再苏醒过来。但是较低本原不停地呼唤着更高本原,希望自己得到提升,而更高本原因此注意到,它的身边之所以有一个较低本原,不是为了被它束缚,而是为了让它具有一个他者,让它能够在这个他者之内观审自己,呈现自己,理解自己。因为在更高本原之内,一切东西都没有差别,它们同时存在着,浑然一体;但是更高本原能够把在自身内部浑然一体的东西在那个较低本原之内做出区分,将那些东西呈现出来,或者分解开来。——[因此在人里面有两个东西,其中一个必须被重新唤起回忆,另一个促使它达到回忆;前者包含着对于每一个探究问题的答复,后者把这些答复从它那里提取出来。后者具有一种相对于一切东西的自由,能够思考一切东西,但是它受到那个最内在的东西的约束,在没有得到这个证人认同的情况下,不可能把任何东西当作真相。反之,最内在的东西原初地就受到约束,不能展开自身;但通过另一个东西,它获得自由,并且把自身展示在其面前。]因此,两个本原都同样迫切地要求分离:更高本原是为了回归到自己的原初自由,启示自身[①],而较低本原是为了自己能够被更高本原接纳,并同样进行着认知(尽管是以完全不同的方式)。

[VIII, 201]

这种分离,我们自身的这种双重化,是一种秘密的沟通。其中有两个本质:一个在提问,另一个在回答;一个进行着认知,或更确切地说就是知识(科学)自身,另一个并未进行着认知,但是追求明晰性。这种内在的交谈艺术是哲学家的真正的秘密,至

① 以便重新获得它的原初知识和天赋知识。——谢林原注

于那种外在的交谈艺术，亦即那种号称“辩证法”的东西，只不过是一个模仿而已。而且，辩证法一旦成为一个纯粹的形式，就是一个空洞的假象和阴影。

也就是说，从本性来看，所有知道的东西都被叙述。但是知道的东西在这里不是从一开始就现成地摆在那里，而是持续不断从内部产生出来。通过一种内在的分离和解脱，科学之光首先冉冉上升，然后发生外化。而我们称之为“科学”的那个东西，仅仅是一种追求，即努力做到“重新获得意识或知识”（Wiederbewußtwerden），因此，与其说它是科学本身，不如说它是对于科学的一种追求。出于这个理由，古代那个伟大的人物坚定地给予科学以“哲学”的名称。而长久以来盛行的那个看法，即哲学通过辩证法最终能够转化为真正的科学，却暴露出了很大的局限性，因为，正是辩证法的存在和必然性表明，它还根本不是一种真正的科学。[VIII, 202]

从根本上来看，哲学家和历史学家的处境没有什么不同。因为，首先，历史学家也需要掌握多门分辨技艺或批判方法，以便在那些保存下来的文献里面区分出虚假的和真实的东西，区分出错误的和正确的东西。其次，历史学家也需要在自身内部做出那种分离，就像人们通常说的那样，他必须摆脱他那个时代的许多观念和自以为是。至于二者的别的许多共同点，这里再去谈论就将跑题了。

一切东西，完完全全的一切东西，包括那些在本性上即显露在外的东西，在我们能够外在地或客观地将它们呈现出来之前，都必须已经存在于我们自身之内。当历史学家想要为我们描绘一幅古代的图像,如果古老的时间本身没有在他内心里面苏醒,他将永远不能做出一种直观的、真实的、生动的表述。所有的“历史”,如果没有受益于一种内在的意义,又算什么东西呢?有很多人,尽管他们几乎知道所有发生的事情,但对于真正的历史却一无所知。不仅人类的事迹有自己的纪念碑,自然界的历史同样也有自己的纪念碑。可以说,自然界在其宽阔的创造之路的每一个阶段都留下了某些东西作为标记。自然界的这些纪念碑大部分都是公开地摆放着,人们广泛地研究它们,甚至在某些方面真正地解释了疑难。但是这些纪念碑并不向我们说话,而是保持死寂,除非行动和创造的那个顺序转变为一种内在于人的东西。因此,一切东西在成为一种内在于人的东西之前,亦即回溯到人类本质的那个最内在的东西之前,都是人所不能理解的:而对人来说,那个东西就好像是全部真理的一个活生生的见证者。

然而现在有些人却认为,他们可以把那个居于从属地位的东西[1]扔在一边,在自身内部扬弃所有的二元性,这样一来,我们就仿佛仅仅是一种内在的东西,完全生活在彼岸世界里面了。诚然,把人放置在他的彼岸世界的本原里面,随之把心灵的力量提升到静观——谁能完全否认这样的可能性呢?任何一个物理的和道德的整体,为了在时间中持续存在,都需要回溯到其最为内在的开端。伴随着自己本质的统一感,人一再地青春焕 [VIII, 203]

① 那个外在的工具。——谢林原注

发，获得一种新的极乐。也正是基于这种统一感，尤其是那些寻求科学的人持续地汲取着清新的力量；不单是诗人，哲学家也具有自己的迷醉状态。哲学家之所以需要迷醉状态，原因在于，当他感受到那些更高观念的不可描述的实在性时，他能够抵抗一种空洞的、死气沉沉的辩证法的粗暴概念。但是，如果谁要求这种直观状态一直持续下去，那就是另外一回事了，因为这与现实生活的本性和使命相矛盾。如果我们仔细看看现实生活与那种直观状态的关系，就总是会发现，所有那些在直观状态中浑然一体的东西，在现实生活中都会展开，有时还会分解。我们不是活在直观中；我们的知识是一种零碎的东西，也就是说，它必须以零碎的方式，按照门类和层次产生出来；而如果没有反思，这种情况就不可能发生。

因此，纯粹的直观同样不能帮助我们达到目的。因为，一种自在和自为的直观并没有包含着理智。虽然在那个外在世界里，每个人都或多或少看到了同样的东西，但并不是每个人都能够将它呈现出来。每一个事物都需要穿越某些环节，才能够达到自身的完满：这是一系列前仆后继的演进过程，每当后面的演进过程融入到前面的演进过程之内，就会使事物成熟。比如，对于植物内部的这个演进过程，农民和学者都同样清楚地看在眼里，但是农民并没有真正认识到这个演进过程，因为他不能把其中的各个环节分解开，孤立出来，不能观察它们相互对立时的状态。同样地，从本质之最高的单纯性里最终产生出来的无限杂多的一系列演进过程，也能够在人的内部贯穿而过，仿佛被直接

[VIII, 204]

经验到一般,或更正确地说,人必须在自身内部经验这一系列演进过程。但是所有的经验、感觉、直观等等,在其自身或孤立地看来,都是缄默的,都需要通过一个中介官能才能够被呈现出来。如果直观者缺乏这个中介官能,或者故意丢开它,以便直接从直观出发进行言谈,那么他就失去了必要的准则,而他也与对象浑然不分,在任何旁人看来就成了对象自身。正因如此,他不能掌握自己的思想,哪怕他在无助的挣扎中把那种不可呈现的东西勉强呈现出来,也一点都不可靠。他所接触到的东西,他诚然接触到了,但是他并没有获得确定性,还不能把这个东西稳定地摆放在面前,在理智中(就好像在一面镜子中那样)重新予以观审。

因此,无论如何,人们不能放弃那个外在的本原。一切东西都必须首先进入到一种现实的反思之内,然后才能够达到最高程度的呈现。这里也是神智学和哲学的界限,是那些"爱科学者"[哲学家]羞羞答答企图划分的一个界限。神智学在内容的深度、充实度和生命力方面都优于哲学,正如现实的对象优于其影像,正如自然界优于其呈现;而且,如果人们是把一种僵死的、在形式和概念中寻找本质的哲学拿来作比较的话,那么这种差别甚至会达到无以复加的地步。所以,那些关注内在状态的人更加偏爱神智学,就像某些人相对于艺术更加偏爱自然界一样,这都是很容易解释的。神智学体系优于迄今所有流行的体系的地方在于,它们至少拥有一个自然界,尽管这是一个不能掌控自己的自然界,而在别的体系那里,只剩下一种非自然的东西,一种虚诞的艺术。但是,真正意义上的艺术还是能够达到自然界的,正如真正意义上的科学也能够达到生命的充实度和深度。[VIII, 205] 科学只能更加耐心和更加迂回曲折地逐步前进,然后达到它的目标,也就是说,一方面,认知者和他的对象始终是区别开来的,另一方面,对象与他保持分离,成为一种沉思的、安静回味着的观审的客体。

就此而言,辩证法必须贯穿于所有的科学当中。然而,难道那一个时刻永远都不会到来吗,在那个时候,科学成为一个自由的和生动的东西,就好像历史学家在表述历代图景的时候那样,不再想到自己的研究?难道对于事物的原初开端的回忆永远都不会达到如此生动的地步,使得科学——它在事实上而且按词义而言就是"历史"——在表面形式上也成为历史,使得哲学家,就像神一般的柏拉图那样,虽然在其整个系列的著作中都是采取辩证探究的方式,但在其学说的最高点和最终的澄明点却全都变成历史叙述的方式,又回归到历史的单纯?

我们的时代看起来具有这个使命,即至少开辟一条通往科学的这种客观性的道路。但是,只要科学还局限于内在的心灵,那么它始终缺乏一个进行外在呈现的自然中介。现在,经过长久的混乱之后,科学又回忆起了自然界,回忆起自己曾经是与自然界合为一体的。但思想还不能停留于此。那些最初把哲学与自然界重新统一起来的步伐还没怎么得到贯彻执行,现在又得承认自然界的崇高年岁,也就是说,自然界绝不是最末位的东西,而是第一位的东西,而所有发展过程,包括神性生命的发展过程,都是从它开始[1]。从此以后,科学不再从抽象概念的遥远地带出发,从抽象概念下降到自然界,而是反过来,科学从永恒者的无意识的存在出发,把它提升至神性意识之内的最高的澄明。那种最超越于感官的思想现在获得了自然界的力量和生命,另一方面,自然界成为最高概念之越来越明显的印记。无知者对于任何自然事物的蔑视很快就会停止,而那句话——"建筑工人抛弃的石头变成了奠基石"——又将成为真理。[2] 随后,人们长久以来徒劳寻找的那种通俗性将会自行出现。随后,思想世界和现实世界之间将不再有任何差别。那将是唯一的一个世界,而黄金时代的和平宁静将首先表现在所有科学的和谐一致的联系之中。 [VIII, 206]

在做出这些展望的时候(当前这篇著作将会尝试以多种方式来捍卫它们),可能跃出一个已经深思熟虑过的尝试,为科学的那个未来的客观呈现做一些准备。也许还会出现一个吟唱最伟大的英雄史诗的人,他就像远古的视灵者们所颂扬的那样,在无所不包的精神中吟唱那过去存在、现在存在、将要存在的东西。但是这个时代还没有来临。我们不可以错认我们的时代。作为这个时代的代言人,一方面,我们不愿在时代的果实成熟之前就摘下它,另一方面,我们也不愿错失那属于我们的果实。当今仍然是一个充满斗争的时代。研究的目标还没有达到;辩证法还必须承载并且伴随着科学,就像节奏必须承载并且伴随着

① 这就好像,尽管它从尊严来说是最末位的东西,但从全部发展过程来看却是第一位的东西。——谢林原注

② 参阅《旧约·诗篇》(118:22):"匠人所弃的石头,已成了房角的头块石头。"——译者注

言谈一样。我们不可能是叙述者,我们只能是研究者,不去理睬任何意见的赞成和反对,直到真理确定下来,无可争议地、永远地站稳脚跟。

第一卷:过去

[VIII, 207]

无论是未来时间的终点,还是过去时间的开端,都被上帝独自隐藏在漆黑的夜色里。不是每一个人都有能力认识到终点,只有少数人能够看到生命的原初开端,至于那些能够从头至尾通观事物的整体的人,更是少之又少。如果人们不是出自内在的动力,而是仅仅通过模仿而从事这类研究,那么他们的理解力就会被一个无法回避的命运带入歧途。因为,只有一个强大的灵魂能够紧紧把握整个运动从开端到终点的关联。然而人们的愿望,却是用一些四平八稳的普遍概念来解决一切只有通过行动才能做出决断的事情;按照他们的想象,那段历史就和现实世界一样,在其中,战争与和平、痛苦与欢乐、拯救与危险等等场景都仅仅是一系列不断更替的思想。

在这个昏暗状态中,一丝光明让我们认识到,正如一句古老的、几乎烂大街的名言所说的那样,人是一个小宇宙,以及,在人类生命从最低处到最高完满的发展过程中间发生的事情,必然和普遍生命里面发生的事情是协调一致的。无疑,只要一个人能够透彻地书写自己的生命历史,他就已经在一种浓缩的意义上理解把握了宇宙的历史。绝大多数人无论是在面对自己内心深处的隐蔽事物时，还是在面对伟大生命的深奥事物时，都是转过头去，不敢正视“过去”的深渊，但正因如此，“过去”在他们那里只能始终表现为“现在”。[VIII, 208]

更棘手的是，因为我已经意识到，我所说的既不是什么众所周知或喜闻乐见的东西，也不是什么符合人们假定的东西，所以我觉得有必要首先提请大家想想，一切已经发生的事情的本性是什么？答案是，一切东西都是开端于一个晦暗状态，在那里，没有谁能够看到目标，任何孤立发生的个别事件都是不可理解的，毋宁说只有整个已经完整运行的过程才是可以理解的。就此而言，我们不但应当在现实世界中，而且应当在叙述中体验全部历史，而不是通过一个普遍概念将其轻松呈现出来。谁想要认识历史，就必须亲自走上那条伟大的道路，在每一个环节那里逗留，投身到一个渐进的发展过程之中。精神的晦暗状态不可能以突如其来的方式，不可能在眨眼之间就被驱散。世界不是一个单凭一句话就可以解答的谜，它的历史太过于复杂，根本不可能像某些人看起来希望的那样，用一些简短的、支离破碎的命题书写在一张纸上面。

无论是在真正的科学里面，还是在历史里面，都不可能通过一些狭隘的命题说出真理。这样一些命题或主张，单就其自身而言，或者说，一旦脱离了它们由之产生出来的那个运动，就既不具有价值，也不具有一种全面而普遍的有效性。运动是科学的本质要素；假若科学丧失了这个生命要素，就和果实脱离活生生的大树一样，只会慢慢死去。但某些无条件的、亦即放之四海而皆准的命题,同样也与真正的科学的本性相悖,因为真正的科学一直处于进步之中。如果科学以A为对象,第一个提出来的命题就是“A=x”。假若这个命题被看作是无条件的,也就是说,假若A始终而且完全仅仅是x,那么整个研究工作已经完成了,没有必要再作任何补充。但是,只要科学是一个不断进步的东西,“A=x”这个命题就仅仅具有一个局部的有效性。这个命题或许对于开端是有效的,但随着科学的进步,人们发现,A不仅仅是x,而且也是y,即是说A是x+y。在这个问题上,有些人恰恰犯了错误。[VIII, 209]他们对于真正的科学毫无概念,其表现在于,他们先是认为第一个命题“A=x”具有全面的有效性,在这之后,当他们在别的地方通过经验或思考得知“A=y”,他们就把第二个命题和第一个命题直接对立起来,而不是耐心地等待第一个命题自己显示出自己的片面性,自己过渡到第二个命题。他们希望一劳永逸地理解把握一切东西,于是不得不树立一个绝对的论点,但这种做法就放弃了科学。因为,凡是没有发展序列的地方,都没有科学。

由此可见,在真正的科学里面,每一个命题都仅仅具有一个特定的、或者说局部的意义,而且只要它脱离那个特定的位置,被树立为一个无条件的(独断的)命题,就要么失去意蕴和意义,要么陷入到矛盾之中。现在,既然方法是一个推进过程,那么很显然,方法在这里是和本质不可分割的,如果脱离方法或者缺失方法,事情本身就会陷入迷途。如果一个人相信,他可以反过来把最后面的东西放到最前面,或把一个仅仅在这个位置有效的命题转换成一个普遍的或全面的命题，当他这样去做的时候，确实会在无知的人们那里激发起混乱和矛盾。但真正说来，他并没有触及到事情本身，更不要说给事情本身造成伤害了。

“所有本质里面最古老的那个本质是上帝”，这是米利都人泰勒斯已经做出的一个判断。然而“上帝”概念具有很大的、甚至可以说最大的范围，不可能通过一句话就被谓述出来。上帝内部有必然性和自由。前者已经得到承认，因为人们认为上帝具有一个必然的实存。就此而言，用一种通俗的语言来说，必然性在上帝内部是先于自由的，因为一个本质必须首先实存着，才能够自由地发挥作用。“必然性是自由的根据，它在上帝自身之内是第一位的、最古老的东西”——这句话的前提是，上帝内部可以有这样一种区分，而这个前提必须通过进一步的考察而得到澄清。诚然，必然的上帝和自由的上帝是同一个上帝，但这两 [VIII, 210] 个身份绝不是同一回事。一个本质从天性上来说是什么，和这个东西通过自由而是什么，这是完全不同的两回事。假若一切东西都是受必然性支配，那么就不会有任何基于自由的东西。然而按照一个普遍的共识，上帝恰恰是一个最自由的本质。

每一个人都知道，上帝不是借助他的本性的盲目必然性，而是通过最高程度的自由，创造出位于他之外的本质。更确切地说，借助上帝的单纯必然性——这个必然性只关心**他的**实存，把它当作专属于他的东西——根本就不会有创世。也就是说，在创世的时候，上帝通过自由克服了他的本性的必然性。在这里，是自由超越了必然性，而不是必然性超越了自由。

我们把上帝的必然因素称之为上帝的本性或自然界。自然界与自由的关系类似于(但不是等同于)《圣经》教导的人的自然生命与精神性生命之间的关系。在这里,“自然生命”并不仅仅意味着一种通常所谓的物理的、亦即身体性的东西,毋宁说,灵魂和精神,只要它们没有获得重生,亦即提升到另一个更高的生命,就和身体一样,完全隶属于“自然生命”。整个古代世界和《圣经》一样,根本不承认一个抽象贫乏的“自然界”概念。

然而上帝的这个自然界也是一个活生生的东西,甚至可以说是一种最高程度的生命活力,不可能简单地被谓述出来。唯有通过从单纯性到复杂性的推进过程,通过一个逐渐的创造过程,我们才有望达到这种生命活力的完满概念。

所有的人都一致同意,神性(Gottheit)是所有本质里面最古老的一个本质,是最纯粹的爱、无限的分享和流淌。他们同时希望,神性就按这个样子实存着。然而爱单凭自己不能达到存在。存在是专属性(Seinheit),是自私性(Eigenheit),是孤立化(Absonderung),而爱却是对于自私性的否定,它并不寻求专属于它的东西,因此也不可能单凭自己就存在着。同样,全部本质之本质单就其自身而言也是无所依靠的,不会依附于任何东西;自在地看来,它本身是人格性的对立面,因此必须有另一个关心人格性的力量成为它的根据。必须有一个同样永恒的、在本性上是自主性(Selbstheit)或自私性(Egoität)的力量,这样那个作为爱的本质才会成为一个自立的、独自存在着的东西。 [VIII, 211]

因此上帝的必然因素已经包含着两个本原:一个流淌的、扩张的、付出自身的本质，和一个同样永恒的、意味着“自主性”“自身回归”和“自身内存在”的力量。这两个东西，即那个本质和这个力量，在无需上帝介入的情况下，已经自发地存在着。

仅仅看到这个对立是不够的，我们必须进而认识到对立双方的同样的本质性和原初性。这个把本质封闭起来的否定性力量，就其本性而言，和那个与之对立的本原一样，都是一个现实的东西。双方都有自己的根源，没有哪一方是从另一方那里推导出来的。否则的话，对立就会立即不再是对立。自在地看来，一个针锋相对的东西绝不可能产生自另一个与之针锋相对的东西。

诚然，人们具有一个天然的趋势，偏爱肯定性东西，逃避否定性东西。他们可以轻松地认识到一切扩张的、绽开的东西，而对于那个封闭的、抓取的东西，尽管其同样是事关本质的，并且在任何地方都以各种形态展现在他们面前，他们还是不能轻松理解把握。绝大多数人最欢迎的事情，莫过于世界上的一切东西都洋溢着纯净的爱和善，只可惜他们立即就会发现，事实正好相反。一种阻碍性的、对抗性的东西在任何地方都冒出头来：这个他者，这个可以说不应当存在着，但却确实存在着，甚至必然存在着的东西。这个与“是”针锋相对的“不”，这个与光明针锋相对的黑暗，这个与“直”针锋相对的“弯”，这个与“右”针锋相对的“左”——所有这些形象，都是人类一直要表达出那个永恒对立的尝试，但没有一个人能够轻松地将其表述出来，更不要说以科学的方式对其加以理解把握。

最初那个心思缜密、敏于观察的人,不可能没有注意到这样一个永恒对立的存在。他既已发现这个二元性是来源于自然界的原初开端,而不是来源于可见事物,于是从一开始就宣称,对立的根据和世界一样古老,甚至比世界本身更古老;他亦宣称, [VIII, 212] 无论是在全部生命里面,还是在原初生命里面,都有一个双重性,这个双重性经过许多层次的规定,一路下降到我们这里,显现为光明和黑暗、男性和女性、精神性东西和身体性东西。正因如此,恰恰是那些最古老的学说,把最初的自然界看作是一个具有两种相互冲突的作用方式的本质。

但在后来的各个时代里,人们愈来愈脱离那个原初感受,于是屡屡做出尝试,要把对立扼杀在它的摇篮里面,也就是说,他们试图把冲突中的一方回溯到另一方,把前者从后者那里推导出来,从而以这个方式从一开始就扬弃了对立。在我们这个时代,人们主要用这个办法来处理那个与精神性东西相对立的力量。到最后,对立获得了一个最为抽象枯燥的表述,即"思维和存在的对立"。按照这个理解,存在从一开始就表现为思维的不可克服的对立面,在这种情况下,一个无所不能的哲学面临的最困难的任务,就是去解释这个存在。哲学必须解释这个不可理解把握的东西,这个与一切思维积极对抗的东西,这个发挥着作用的晦涩东西,这个倾向于阴暗面的东西。但哲学更愿意把这个令人不舒服的东西完全抛在一边,把这个不可理解的东西完全化解在理智之内,或像莱布尼茨那样,把它化解在表象之内。

唯心主义是我们这个时代通行的哲学体系,而它的真正立足点，就是要否认或不承认那个原初的否定性力量。没有这个力量，上帝就是一个空洞的无限者，而近代哲学恰恰是用这个无限者取代了上帝的位置。近代哲学把上帝称之为一个“最不受限制的本质”(ens illimitatissimum)，却没有想想，那些位于上帝之外的限制是从何而来的，因为那些限制恰恰表明，在上帝内部有某个东西，上帝通过这个东西而把自己封闭起来，并且在某种意义上使自己成为一个有限者(成为客体)。“作为无限者而存在”这件事情本身并不代表着完满性，毋宁说，这是一个不完满的东西的标志。完满的东西恰恰是一个在自身内浑圆的、封闭的、完结的东西。

但是，如果人们仅仅认识到对立，这仍然是不够的，除非他[VIII, 213]们同时认识到本质的统一体。换言之，他们必须认识到，实际上只有**同一个东西**，这个东西既是肯定，也是否定，既是扩张，也是阻碍。为了表达出这个思想，诸如“联系”之类概念实在是太贫乏了。能够联系起来的，只有那些单纯的彼此不同的东西；至于那种针锋相对的东西，它们只能在本质上，或者说只能在私密(persönlich)的意义上，合为一体，正如只有人的个体本性才能够把相互冲突的东西统一在一起。假若人们希望把一切不是同一回事的东西称作“联系”，那么对于一个有时温柔，有时暴躁的人，他们也必须说，在他那里，温柔的人和暴躁的人“联系”在一起，但真正说来，温柔的人和暴躁的人其实是同一个人。

或许有人会说：“**同一个东西**既是某个东西，也是这个东西的反面，这是一个矛盾。”既然如此，他必须首先更明确地解释一下这个对立,因为众所周知,莱布尼茨已经驳斥了那个老生常谈的规则的无条件适用性。在这之后,但愿作此断言的人仔细想想,人们真正追求的东西岂非正是矛盾。

假若人们认为,本质的统一体意味着对立双方是同一回事,那么矛盾立即就会遭到扬弃,或更确切地说,真正意义上的、本质性的矛盾就会转化为一个单纯流于形式的、字面上的矛盾。即使是那些最为漫不经心的表述,比如“是也是非”,“观念东西也是实在东西”,也没法给这个愚蠢的解释提供辩护,因为任何判断,哪怕是一个单纯重言式的判断,其谓述出来的都不是联系者(主词和谓词)的同一回事,而仅仅是本质的同一回事,即纽带(系词)本身。任何一个判断,比如“A是B”,其真正的意义只能是:**那是A的东西,也是那是B的东西**,或者说,**那是A的东西,和那是B的东西,是同一回事**。也就是说,任何单纯的概念都已经立足于一种双重性:在“A是B”这个判断里,A不是A,而是某个东西x,这个x是A;同样,B不是B,而是某个东西x,这个x是B;并非作为A的A和作为B的B是同一回事,毋宁说,那是A的x,和那是B的x,是同一回事,亦即同一个x。因此这个判断其实包含着三个命题:第一,“A是X”;第二,“B是x”;由此得出,第三,“A和B是同一个东西”,即是说二者是同一个x。 [VIII, 214]

事情本身很明显:首先,纽带(系词)在判断里面是事关本质的东西,是一切组成部分的基础,其次,主词和谓词各自已经是一个统一体,至于人们通常所说的“纽带”(系词),仅仅标示着这两个统一体的统一体。进而言之,单纯的概念已经包含着判断,判断已经包含着推论,因此概念仅仅是内敛的判断,而推论则是展开的判断。我在这里写下这些注释,以便将来从事一个非常值得期待的工作,即建立一门高贵的理性艺术。因为,对于判断的普遍法则的认识永远都离不开最高科学。这门艺术的初学者或外行还不能从事哲学思考,他们需要到学校里面去学习,就像在其他艺术那里一样,好比如果一个人还没有掌握乐章的基本规则,他就不会有勇气去创作或评判一件音乐艺术作品。

由此可见,“观念东西**本身**(als solches)就是实在东西”,“实在东西**本身**就是观念东西”,“是**本身**就是非”,“非**本身**就是是”,这些情况都是不可能的。谁主张这类观点,就等于颠覆人类理智,甚至会扬弃矛盾本身。反之,同一个东西x既是是也是非,既是爱也是愤怒,既是温柔也是严厉,这些情况却是有可能的。

或许有些人在这里又找到了一个矛盾。但真正说来,正确理解的矛盾律仅仅主张,同一个东西不可能**作为同一个东西**既是某个东西,也是这个东西的反面。然而这并不妨碍下面这种情况,即同一个东西,它一方面是A,另一方面,作为另一个东西,它能够不是A,这与contradictio debet esse ad idem[矛盾必须针对同一个东西]并不冲突。比如,同一个人,当他在思想中或行动中行善的时候,**作为这样一个人**,即这个在思想中或行动中行善的人,他是善的,不可能是恶的,但这并不妨碍在**别的**情况下,当他在思想中或行动中作恶的时候,他是恶的;通过这个方式,他完全可以把两个相互对立和相互矛盾的谓词集于一身。换言之,这个例子表明,如果两个针锋相对的东西都在谓述

[VIII, 215]

同一个东西,那么它们必须遵循矛盾律;如果其中一方被看作是发挥作用者、存在者,那么另一方必须被看作是相对而言的不发挥作用者、存在。

如今在这里,在一种现实的和最严格的意义上,同一个东西x应当造成对立,成为肯定性力量和否定性力量。由于二者**现实地**合为一体,所以其中一方必须成为相对而言的“非存在者”和不发挥作用者。看起来,这是指那个否定性力量,因为它在绝大多人眼里都是一种满怀敌意的东西。

而恰恰在这里,二者之间的一个原初平衡出现了。因为就本性而言,二者是同等原初的,同等事关本质的,所以每一方都有同等的权利,作为存在者而存在。双方维持着天平,就本性而言都是互不相让的。

我们已经指出,如果对立双方实际上是合为一体的,那么只能有一方是主动的,而另一方是被动的。但双方之间的平衡又意味着,如果其中一方是被动的,另一方也必须是被动的,同样,如果其中一方是主动的,另一方也必须是主动的。但这种情况在同一个统一体里面是不可能的;在这里,每一方都只能要么是主动的,要么是被动的。因此那个必然性只能导致这样的结果,即唯一的统一体分裂为两个统一体,单纯的对立——我们希望通过“A和B”来标示它——提升为一个双重化的对立。这并不是说,上帝内部只有一个力量是主动的,另一个力量是被动的,毋宁说,上帝自身就是双重性:首先,他是一个否定性力量(B),这个力量把肯定性本质(A)驱赶回内部,使之成为一个不发挥作用的或隐蔽的东西，其次，他是一个扩张的、分享自身的本质，这个本质是否定性力量的纯粹对立面，它在自身内压制着后者，不让它对外发挥作用。

以上情况也可以换一个角度来考察。也就是说，自在地看来，对立双方本身已经是形影不离的。[VIII, 216] 否定性力量或吸引力量不可能脱离它所否定或吸引的东西而单独存在，而这个被否定或被吸引的东西无非就是那个自在的肯定性东西或流淌者。因此否定性力量是自己脱离出去的，仿佛成为一个自足的、完整的本质。反过来，那个精神性的、按其本性而言就扩张着的潜能阶次也不可能单独存在，除非它在自身内——至少是以隐蔽的方式——包含着一个自主性力量；在这种情况下，它也脱离出去，成为一个自足的本质。现在已经不再是当初的统一体，毋宁说出现了两个相互对立的、彼此外在的统一体。

无论我们打算牺牲其中的哪一方，都会因此扬弃两个本原中的一个。无论在哪一个统一体那里，都只能有一个本原是主动的，只能是这个本原代表着它；正因如此，其中一个统一体只能表现为B，而另一个统一体只能表现为A。但是，如果两个本原处于平衡状态，在本性上互不相让，那么两个统一体也是处于平衡状态，二者都有同等的权利，作为存在者而存在。

这两个完全外在于彼此，相互之间没有任何接触的统一体，看起来就像波斯宗教所说的两个原初本质，其中一方致力于本质的封闭和晦暗，另一方致力于扩张和启示。假若事情真的是这样的话，二者就不是表现为一个神性，而是表现为两个神性。

但我们不要忘了,同一个东西x是两个本原(A和B)。这并非仅仅从概念来说是如此,而是现实地就是如此,事实上就是如此。因此,同一个东西x必须既是两个统一体,也是两个统一体的统一体。伴随着一个提升的对立,出现了一个提升的统一体。

只不过这里似乎还有一个不可避免的矛盾,也就是说,相互对立的两个统一体应当作为主动的或发挥作用的东西合为一体。但这个矛盾是可以解决的,因为我们想要得到的那个统一体无非是这样的意思:对立双方应当合为一体,而这意味着,我们应当设定二者的一个统一体,但与此同时,二者并没有停止作 [VIII, 217] 为对立双方而存在着。确切地说,统一体应当存在着,对立也应当存在着,换言之,统一体和对立本身又应当形成对立。然而自在且自为地看来,对立并不是矛盾;A和B都存在着,这不是一个矛盾,同样,统一体和对立都存在着,这也不可能是一个矛盾。统一体和对立仍然处于一种平衡状态,对立不可能在统一体面前让步,统一体也不可能在对立面前让步。

对立的基础在于,相互冲突的两个势力各自都是一个本质,都是一个真正意义上的**本原**。因此,只有当相互冲突的两个本原表现为独立于彼此的、分离的东西,对立本身才会成立。对立和统一体都应当存在着,意思是说:否定性本原、肯定性本原、还有二者的统一体,这三个东西都应当存在着,各自都应当是一个自足的、与另外两个东西分离的本原。在这种情况下,统一体和对立双方是平起平坐的关系;统一体并不是一个具有优先地位的本质,毋宁说,它仅仅是一个本质的本原,而正因如此,它和另外两个本原处于一种完满的平衡状态之中。

就此而言，我们起初主张的那个统一体的真实意义是这样的：同一个东西x既是统一体，也是对立；换言之，对立双方，即永恒的否定性潜能阶次和永恒的肯定性潜能阶次，加上二者的统一体，构成了唯一的一个不可分割的原初本质(Urwesen)。

只有到了这里，当那个最初的概念完全展开以后，我们才能够洞察最初自然界的完整的生命活力。我们看到，自然界原初地就分化为三种势力。每一种势力都能够独自存在着，因为统一体是一个孤立的统一体，而对立双方各自都是一个完整的、独立的本质；但是，**除非**另外两方存在着，否则第三方也不可能存在着，因为三者只有合在一起才能满足神性的完整概念，因为只有"上帝存在着"是一件必然的事情。无论哪一种势力，对另外两种势力而言都不是必然的，都不是按其本性而言就居于从属地位。对那个不可分割的原初本质来说，无论是否定性潜能阶次、肯定性潜能阶次，还是二者的统一体，只要它们在对立关系之中独自存在着，都不可能是事关本质的东西。因此每一方都具有完全同等的权利，作为本质或存在者而存在；没有哪一方能够按其本性而言就被强迫成为单纯的存在，成为"非存在者"。 [VIII, 218]

在这里，矛盾律终于派上了用场，因为它主张，相互对立的东西不可能在同一个东西那里同时是存在者。上帝按其本性的必然性而言是一个永恒的"非"，是一个最高程度的自身内存在，是一个永恒的撤退，即把他的本质撤退回自身内，不容许任何受造物生存下来。然而上帝按其本性的同样的必然性，虽然不是作为刚才所说的上帝,但按照另一个完全不同的本原,同时也是一个永恒的“是”,是一个永恒的扩张、给予、分享,即把他的本质分配给受造物。每一个本原都以完全同等的方式是本质,也就是说,每一个本原都具有同等的权利,作为上帝或存在者而存在。但它们是相互排斥的,只要其中一方是存在者,与之对立的另一方就只能是“非存在者”。不仅如此,上帝作为第三个东西,作为“是”和“非”的统一体,同样也是永恒的。正如对立双方把对方从“存在着的存在”(das seyend-Seyn)那里排斥开,同样,统一体也把对立本身,随之把对立双方从“存在着的存在”那里排斥开,而反过来,对立本身以及对立双方又把统一体从“存在着的存在”那里排斥开。如果统一体是存在者,那么对立本身,包括对立双方,都只能是“非存在者”,反过来,如果对立双方之一是存在者,随之对立本身是存在者,那么统一体只能退回到“非存在者”的位置。

但这并不意味着,三个本原全都不发挥作用,以至于矛盾本身也能够保持在隐蔽状态中。因为,那个是三个本原的东西,是必然的自然界,是本质,它不能不存在,毋宁说它必须存在。然而它只能作为这三个本原的不可分割的统一体而存在;无论是哪一个单独的本原,都不可能充实必然的本质(神性)的完整概念,而每一个本原都有同等的权利,作为本质,亦即作为存在者而存在。

由此可见,最初的自然界亲自陷入到矛盾之中,不是陷入到一个偶然的或从外面袭来的矛盾之中(因为在它之外没有任何 [VIII, 219]

东西)，而是陷入到一个必然的、和它的本质同时被设定的矛盾之中，因此确切地说，这个矛盾就是它的本质本身。

人们在自己的一生中，最反感的东西莫过于矛盾，因为矛盾强迫他们去行动，迫使他们走出那个顽固的静止状态。如果实在是没法消除矛盾，人们就试图至少把它隐藏起来，逃离那个瞬间，那个通过行动来决定生死的瞬间。在科学里面，人们也希望获得同样的便捷之道，而他们采取的办法，就是这样来解释矛盾律，仿佛矛盾根本就不可能存在。问题在于，如果一个东西根本就不可能存在，我们怎么可能为之建立一条法则呢？当人们认识到矛盾不可能存在的时候，他们必然认识到，矛盾在某种情况下确实存在着，否则的话，矛盾之“不可能存在”如何能够表现出来呢，矛盾律又如何能够经受考验，亦即表明自己是真理呢？

除了矛盾之外，一切别的东西都具有某种意义上的行动自由；唯有矛盾无论如何不可能不存在，唯有它驱使乃至强迫人们去行动。假若没有矛盾，也就没有运动，没有生命，没有进步，毋宁只剩下一种永恒的静止状态，只剩下全部力量的死寂状态。

假若最初的自然界是一个自身和谐的东西，它就会一直保持下去；那样的话，将只有一个持久的“一”，绝不会走向“二”，将只有一个永恒的静止状态，绝不会向前推进。正如生命是一个确凿无疑的东西，同样，最初的自然界里面的矛盾也是一个确凿无疑的东西。正如科学的本质在于进步发展，同样确凿无疑的是，科学的第一个设定必然是矛盾的设定。

从统一体到矛盾的过渡是不可理解的。因为，如果一个东西是在自身内浑然一体的、完整的和完满的,它怎么可能受到诱惑、挑逗和吸引,竟至于脱离这个平静状态呢?反之,从矛盾到统一体的过渡则是一件自然的事情,因为没有任何东西会容忍矛盾,因为任何陷入到矛盾之中的东西都不得安宁,除非它们找到一个统一体,这个统一体能够调解或者克服矛盾。

单单是矛盾就已经把生命卷入到最初的、必然的自然界里面,而迄今为止,我们仅仅是在概念中考察这个自然界。自然界是三个本原的不可瓦解的统一体,在这三个本原里面,**每一个**按其本性而言都是存在者,但是如果其中一个是存在者,那么另外两个就必然不是存在者,而且,由于自然界并没有去存在或不去存在的自由,所以在最初的自然界里面,从一开始就需要一个决断,哪怕这个决断是以盲目的方式而发生的。如果其中一个本原是存在者,那么另外两个本原就不是存在者,然而每一个本原都应当而且必须以同等的方式成为存在者;这样一来,唯一的办法就是一种轮换的设定活动,因为三个本原以轮流的方式成为存在者,而只要其中一个是存在者,那么另外两个就不是存在者。在那个向着存在的过渡中,这种轮换的设定活动之所以行得通,是依赖于一个必要条件,即其中一个本原是开端或第一位存在者,另外两个本原是第二位和第三位存在者,而且到了第三位存在者之后,运动必须重新回到第一位存在者;如此就出现了一种永恒地终结着、同时又永恒地重新开始的生命。 [VIII, 220]

我们说,其中一个本原是开端,是第一位存在者。**这件事情**恰恰必须来自于一个决断,这个决断当然不是伴随着意识,也不是通过仔细考虑，毋宁说它只能夹在必然性和不可能性之间，通过一个盲目的、打破了统一体的暴力而发生。我们说，一个本原是先行的，另一个本原是随后的；决定着这件事情的唯一根据，乃是每一个本原的特殊本性，这个本性不同于普遍本性，因为后者意味着，每一个本原都是同等原初的，都是同等独立的，每一个本原都有同等的权利，作为存在者而存在。这并不是说，某一个本原必须绝对地成为先行者或随后者，毋宁说这仅仅意味着，某一个本原基于它的特殊本性而获得一个可能性，能够作为第一位、第二位或第三位的东西而存在。

现在很明显，那被设定为开端的东西，正是那在接下来的发展过程中转入从属地位的东西。开端仅仅是开端，因为它不是那个真正应当存在着的东西，不是那个真正意义上的、自在的存在者。因此，如果出现了决断，那被设定为开端的东西，只能是那个基于它的特殊本性而最接近于"非存在者"的本性的东西。[VIII, 221]

在原初否定里面，恰恰是肯定性本原，真正意义上的本质或存在者(A)，被设定为不发挥作用，也就是说，被设定为"非存在者"。这并不是说，它作为存在者完全遭到否定(这是不可能的)，毋宁说正相反，它被设定为存在者，但不是一个存在着的存在者，换言之，它被设定为一个没有启示出来的、非现实的存在者。反之，在这个统一体里，唯一发挥着作用的是否定性潜能阶次(B)，它作为一个与本质或真正意义上的存在者相对立的潜能阶次，不能被称作是存在者，尽管它并不因此就是"**非存在者**"或"无"。

既然如此,在那个原初否定里面,我们既可以关注那个发挥作用的东西,也可以关注那个被设定为不发挥作用的、被动的东西。无论如何,我们都会说,原初否定最接近于“非存在者”的本性,换言之,原初否定本身就显现为“**非存在者**”。

“非存在者”的概念,尤其是那个在如此之多的形态下随处可见的“非存在者”本身,一直以来就让观察者感到困惑,并且在很多方面作为一个真正的普罗透斯[①]而把观察者带入歧途。因为极少的人才知道,真正的力量主要在于限制,而不是在于扩张,真正的强大主要在于攫取,而不是在于给予。因此很自然地,一旦人们遭遇到那个基于自身的“非存在者”,就宁愿把它看作是“无”,并且宣称,“‘非存在者’恰恰作为‘非存在者’而存在着”这个说法乃是一个最大的矛盾。

然而这仅仅是一个语法上的误解。某些给古希腊哲学家作注的注释家也犯了这个错误,而且这个错误看起来就是“出自于‘无’的创造”这一概念的源头。但实际上,我们只需要借助普鲁塔克教导我们的一个非常简单的区分,即“非存在者”(μὴ εἶναι)和“非存在着的存在者”(μὴ Ὂν εἶναι)之间的区分,就可以摆脱这个误解。这样一来,我们也可以捍卫“褫夺”(στέρησις)这个说法——亚里士多德用它来标示作为对立面的他者(τοὐναντίον)——因为那个否定性力量,那个吸引着本质的力量,并没有把本质设定为“非存在者”,而是仅仅设定为“非存在着的存在者”。 [VIII, 222]

① 参阅本书第60页注释。——译者注

此外,即使是最一般的考察,也必然已经指向“非存在者”概念。在每一个物那里,真正意义上的存在不可能和存在者是同一回事(因为二者之间是一种对立关系),毋宁说,前者按其本性而言是“非存在者”,但并不因此就是“无”。因为,如果一个东西是存在本身,它怎么可能是“无”呢？存在恰恰必须也存在着。没有什么单纯的、不包含着任何存在者的存在,也就是说,没有什么脱离B的A。“非存在者”仅仅是一个相对他者而言的(亦即客观意义上的)“非存在者”,但在其自身之内(亦即在主观的意义上)仍然是一个存在者。仅仅相对于那个优先的存在者而言,它是一个“非存在者”,但就其与自身相关联而言,它确实是一个存在者。一切较低程度的存在者,相对于较高程度的存在者而言,都是表现为一个“非存在者”;同一个A既可以相对于一个东西而言是存在者,也可以相对于一个更高层次的A而言表现为“非存在者”。

我们的这些表述,大致上也适用于柏拉图在那部卓越的对话录[①]里面所说的话。柏拉图在那里表明,“非存在者”必然存在着,而如果没有认识到这一点,确定性和怀疑、真理和谬误根本就不可能区分开。

如果在一个东西之内,肯定性本原发挥着作用,显露在外,那么这个东西就概念而言始终是一个存在者。但这并不意味着,那就概念而言是存在者的东西,就行动而言也表现为一个存在者。因为,在一个颠倒的秩序里,在那个没有秩序、思虑和组

---

① 即柏拉图:《智术师》(*Sophistes*)。——译者注

织结构的地方,一个自在的或事关本质的存在者也有可能成为“非存在者”,而一个按其本质而言不应当存在着的东西反而成为存在者。这就好比,一个善良的人在自身内压制着恶,反之,一个邪恶的人则是在自身内封杀了善,把那个按其本质而言应当是存在者的东西,在行动中设定为“非存在者”。

除此之外,我们打算再谈谈诡辩家们滥用“非存在者”概念的另一个方式。也就是说,因为对一种盲目的感觉而言,存在是最高的东西,而一切存在都是基于本质的封闭性,所以诡辩家们 [VIII, 223] 由此得出(希望我们的这个解释没有赋予他们过多的意义),存在是不可认识的;又因为在他们看来,一切东西都是**存在**,所以没有任何东西是可以认识的,一切认知着的知识都会消灭存在,相反,只有一个无知的人才能够认识到存在。诚然,自在地看来,只有存在者是可认识的,而“非存在者”是不可认识的。然而问题的关键恰恰在于,一个东西究竟在什么意义上是一个“非存在者”?也就是说,只要“非存在者”本身同时也是一个存在者,那么它当然是可以理解和可以认识的。它之所以在某种情况下是一个“非存在者”,在另一种情况下又是一个存在者,这些都是通过同一个东西而发生的。它之所以是“非存在者”,并不是因为它完全缺失了光明和本质,而是因为它积极主动地,亦即通过一个发挥着作用的力量,把本质封闭起来。在这种情况下,我们既可以关注那个隐蔽在它内部的东西,也可以关注那个在它那里显露在外的东西:前者恰恰是本质性自身,而后者则是一个发挥着作用的力量,或更确切地说,是一种绝对的强悍性,这个东西本身同样也是一个存在者,因此必然是可认识的。

上帝的永恒力量和永恒强悍性体现在,他否定他自己,封闭他的本质,将其收回到自身之内。在这个行为里,否定性力量是上帝唯一显露出来的东西,至于真正意义上的本质,却被隐藏起来。因此这个整体是一个对外表现为B的A(即A=B)。因为上帝在这个整体里面是"非存在者"(未显露出来的东西),所以这个整体从它的本质性来说,最倾向于表现为一个相对他者而言的"非存在者"。这个整体就是开端,或者如我们在别的地方已经指出的那样,是第一个潜能阶次。

有鉴于此,那些最古老的学说一致宣称,黑夜不是最高的本质(今天的人们恰恰误解了这一点),而是最初的本质,正因如此,这个本质必然会随着运动的推进而成为最低的本质,成为启示的根据,一个否定着全部启示的东西。

我们也可以从另一个方面来阐述这个情况。一个本质不可能否定自己,除非它同时使**自己**成为一个内在的东西,亦即成为它自己的欲求和欲望的对象。全部科学的开端都在于认识到自己的无知;然而人在断定自己是无知之人的同时,必定会把科学当作一种内在于他的东西,当作他的欲望的对象。就此而言,"设定自己为'非存在者'"和"欲求自己"是同一回事。每一个本质的开端都是"欲求自己"(sich-Wollen),恰恰是这个"欲求自己"接下来成为自私性(Egoität)的基础,通过它,一个本质把自己从别的事物那里吸引开或切割开,仅仅成为**它自己**,而这意味着,它对外或对一切别的东西而言都是表现为一个否定性东西。

[VIII, 224]

但总的说来,也只有欲求包含着一个开端的力量。因为欲求的对象,即那个就意向来说真正应当存在着的东西,恰恰在**被欲求**的时候,被设定为“非存在者”。一切开端的基础在于,那个真正应当存在着的东西(那个自在的存在者),并未存在着。现在,如果一个本质在自身之外不拥有任何东西,除了欲求它自己之外,不能欲求任何别的东西,那么在这种情况下,一个无条件的、绝对最初的开端只能出现在“欲求自己”里面。然而“欲求自己”和“否定自己是存在者”是同一回事。因此最初的开端也只能出现在“否定自己是存在者”里面。

总的说来,开端只能出现在一种否定里面。一切开端按其本性而言都仅仅是对于终点的欲求,或者说对于那个走向终点的东西的欲求,因此它否定自己是终点。这仅仅是弓弦拉开的第一步,即不是把自己设定为存在者,而是把自己设定为存在的根据。现在,一个运动开始了,或者说一个运动出现了,但如果仅仅存在着一个运动,这仍然是不够的;这个运动必须明确地被设定为“非存在者”,这样一来,它的存在的根据也被给予了。任何运动的开端点(terminus a quo)都不是一个空洞的、无所作为的出发点,而是一个对于运动的否定,至于那个真正产生出来的运动,则是对于这个否定的克服。如果运动没有被否定,那么它就不可能明确地被设定。因此否定乃是每一个运动的必然的先行者(Prius)。几何点之所以是直线的开端,并不是因为它本身是延展的,而是因为它是对于全部延展的否定;“一”之所以是全部数的开端,并不是因为它本身是数,而是因为它是对于全部数，对于全部多样性的否定。一个东西想要提升自己，必须首先[VIII, 225]蹲下去，站稳足跟，一个东西想要扩大自己，必须首先压缩自己。可见，无论在什么地方，从“无”到“某个东西”的第一个过渡都是基于一个否定。

因此毋庸置疑，如果在生命的各种原初势力之间有一个顺序，那么开端只能是那个把本质封闭起来、将其驱赶到内部的原初势力。经过决断之后在上帝内部确定下来的第一位的东西，或者从根本上说来上帝内部第一位的东西（因为我们必须把那个决断看作自永恒以来**已经发生**，而且始终都在发生），即活生生的上帝内部第一位的东西，乃是上帝在其自身内部做出的一个永恒开端，而这意味着，上帝把**自己**封闭起来，摆出拒斥的姿态，把他的本质从外面吸引过来，收回到自身之内。

按照当今人们对于上帝的看法，上帝是没有任何开端的。反之《圣经》已经指出，上帝是开端和终点。一个从任何角度看来都没有开端的本质必须被看作是一种永恒的静止，一种最纯粹的无作用性。因为任何作用都需要一个点，它从这个点出发，又走向这个点。假若一个作用既不是立足于某个稳固的东西，也不去追求一个特定的目标和终点，那么这就是一个完全无规定的、非现实的、本身就无法区分的作用。我们确实可以思考一个非现实的永恒者，但绝对没法思考一个现实的、却没有开端的永恒者。现在我们讨论的是上帝的必然的现实东西。只有在这个意义上，即上帝的开端没有开端，我们才可以说上帝没有开端。上帝内部的开端是一个永恒的开端，也就是说，它自永恒以来就已经是开端,现在仍然是开端,而且永远都将是开端。有一种开端是位于本质之外,另一种开端则是包含在本质自身之内;前一种开端能够脱离、摆脱本质,后一种开端则是永恒地与本质合为一体,因为本质**自己**就是开端。

然而上帝的本性或自然界不能容忍上帝仅仅是一个永恒的"非",仅仅是一个永恒的自身拒斥;从他的本性来说,他同样也是"全部本质之本质",是一个无限地给予自身和分享自身的东西。因此,当上帝把自己的本质封闭起来,借助于他的本性的永恒必然性,他的本质的永恒肯定因素也站了出来,成为那个(不可扬弃的,虽然现在退回到了否定因素里面,但仍然保留下来的)否定的对立面,反过来把否定性力量驱赶回自身之内,随之把自己提升为一个独立的本质。 [VIII, 226]

正如当身体收缩而受冻的时候,直接在四周散发出可感的热量,亦即把之前未发挥作用的热量提升为一种发挥作用的东西,同样,伴随着完全相同的必然性,那个原初的否定成为一个直接的根据,成为一个把真正意义上的本质生产出来的潜能阶次,并且把本质设定在自身之外,设定为一个独立于它,甚至与它相对立的本质,设定为一个永恒的自身内存在者。

这就为那个原初的否定投去了一道新的光明。一个本质不可能否定自己是一个现实的东西,除非它同时把自己设定为一个实现自身、生产自身的潜能阶次。反过来,"把自己设定为一个实现自身的潜能阶次"和"把自己设定为一个'非存在者'"又是同一回事。

在第一个潜能阶次(A=B)那里,也有一个存在者(A);但在那个情况下,存在者被设定为一个"非存在者"(一个被动的东西,一个客体)。但是在那个被它生产出来的东西那里,按照前提来说,存在者已经被设定为**存在者**。就此而言,这个存在者可以叫作第二个潜能阶次的存在者,由于在它那里,那个做出否定的东西(B)已经消失,所以我们用A^2来标示它。由此已经可以看出,如果那个原初的"非"是开端,是第一位的东西,那么这个与之相对立的本质就是第二位的东西,是一个后来者。

除此之外,我们还可以通过别的方式发现,为什么原初的否定只能是先行者,而第二个存在者只能是后来者。否定性力量之所以驱赶本质,是出于它的本性;一旦否定性力量被设定下来,它就别无选择,只能去把本质封闭起来。对于自在的肯定性本原来说,否定性力量是一个完全陌生的东西,但是它必须把否定性力量驱赶回自身之内,唯其如此,它才能够成为存在者,成为一个现实的东西。在这里,除非有一个先行的对于本质的否定,否则肯定性本原绝不可能达到目标,随之绝不可能把自己提升为一个发挥作用的东西。[VIII, 227] 诚然,它是存在者——这件事情是毋庸置疑的;但是,它重新作为存在者而存在着,证明自己是一个发挥作用的东西,把自己作为存在者启示出来——这件事情的根据却是在于那个否定性潜能阶次。假若没有"非","是"就不会具有任何力量。没有任何自我能够离开非我,就此而言,非我先于自我。正因为存在者自己本来就是存在者,所以它没有成为对于存在者的欲望。然而"遭到否定"这件事情又有悖于它的本性。因此,如果它在某种情况下遭到否定,那么这意味着,它仅仅是在某一方面遭到否定,除此之外,它仍然保持为一个自在的、未遭到否定的、纯净的东西。

伴随着这两个潜能阶次,原初对立(Urgegensatz)也被给予了。当然,这个对立不是基于一个完全相互排斥的关系,而是仅仅基于一个表现为颠倒——即那些最初的生命力之间的错位——的对立关系。同样的东西,它在先行的潜能阶次那里曾经是外在的、做出封闭的、做出否定的东西,而在后来的潜能阶次里面,它摇身一变,成为内在的、被封闭的、遭到否定的东西;反过来,在那里遭到阻碍的东西,在这里是自由的东西。它们相互之间既是无限遥远的,也是无限接近的。之所以说"遥远",因为那在某一方得到肯定并启示出来的东西,在另一方却是遭到否定,被隐蔽在黑暗里面。之所以说"接近",因为这里只需要一个颠转,只需要把隐蔽的东西投射出去,把启示出来的东西收取回来,一个东西就会立即切换到另一个东西的位置,仿佛转化为另一个东西。

这里我们已经看到一个未来的、内在的、从每一个事物那里走出来的统一体的基础。好比白天隐蔽在黑夜里,只不过被黑夜掌握着,同样,黑夜也是隐蔽在白天里,只不过被白天压制住,正因如此,只要一方出现,另一方就像被驱赶的潜能阶次一样消失了。同理,善隐蔽在恶里面,仅仅在恶对其一无所知的情况下发挥作用,而恶也是隐蔽在善里面,只不过被善控制着,不能发挥作用。

但这样一来，本质的统一体似乎就被撕裂了，因为对立双方各自都是一个独立的、自足的本质；但双方又倾向于形成一个统一体，换言之，双方会合在同一个东西那里，因为，只有当存在着一个开放的本质，否定性力量才能够感到自己是一个否定性力量，只有当开放的本质把那个遭到否定的、被驱赶的东西解放出来，它才能够作为一个肯定性本原而发挥作用。本质的统一体也绝不可能遭到扬弃；因此，借助于一个永恒的必然性，通过一个不可瓦解的生命力，对立双方在自身之外和之上设定了第三位东西，而这个东西就是统一体。

[VIII, 228]

第三位东西必须自在地外在于全部对立，并且凌驾于全部对立之上；它是最纯净的潜能阶次，是一个对前两者漠不关心，独立于前两者的东西，是一个最具有本质性的东西。

综上所述，很明显，这个东西不是第一位东西，不是第二位东西，毋宁说它只能是第三位东西，只能表现为第三个潜能阶次的存在者，即 A^3。

正如原初的否定是永恒的开端，第三位东西则是永恒的终点。从第一个潜能阶次到第三个潜能阶次，这是一个不可阻挡的推进过程，是一个必然的链条。只要设定了第一个潜能阶次，就必然会设定第二个潜能阶次，二者同样必然产生出第三个潜能阶次。这样一来，目标已经达到了；如今在这个推进过程里，再也不能产生出什么更高的东西。

但是，一旦运动到达自己的巅峰，就会从自身出发，重新返回开端。因为三方都有同等的权利，去作为存在者而存在。刚才所说的那个区别,还有那个由之得出的高低秩序,仅仅是本质的一个区别,但从"存在着的存在"这个角度来看,这个区别不能取消三方的同等重要性,简言之,这个区别不能取消三方的实存意义上的(existentielle)同等性。

我们在这里所说的,和任何道德关系都毫无关系,因为到目前为止,我们仅仅设定了一个盲目的本性或自然界,并没有设定任何道德本原。我们经常听到一些苦口婆心的教导,说什么观念东西高于实在东西,自然的东西从属于精神性东西,如此等等,仿佛我们对此真的一无所知似的。但实际上,我们始终都把那个更接近于实在性的东西设定为第一个潜能阶次,把那个更接近于观念性的东西设定为第二个潜能阶次,通过这个方式,我们已经以最明确的方式表达出了那个从属关系。反之,假若一个人从一开始就把那个应当居于从属地位的东西现实地设定在从属地位,在这之后,他又该怎么办呢?他在开端那里就已经大 [VIII, 229] 功告成了;一切都已经发生了,根本就没有接下来的推进过程。

因此,那个原初的、必然的和持久的生命确实是从最低的地方攀升到最高的地方,但是一旦到达巅峰,它就直接返回开端,以便从那里出发重新开始攀升。只有到了这里,我们才掌握了那个最初自然界的完满概念——我们不得不把之前设定的全部个别概念重新抛到一边,以便掌握这个完满的概念——也就是说,自然界是一个永恒地在自身内打转的生命,是一个圆圈,在其中,最低的地方总是通达最高的地方,最高的地方同样总是通达最低的地方。因为,从三个本原的本性来看,既不可能让每一个本原都是存在者，也不可能让每一个本原都不是存在者，因此在这个争先恐后涌向存在的运动中，我们只能设想一个轮换式的设定，时而把这个设定为存在者，时而把那个设定为存在者，各方轮流掌权，轮流退位。

在这个持续的运转过程中，更高东西和更低东西之间的区别自然也被重新扬弃了。这里既没有一个真正意义上的更高东西，也没有一个真正意义上的更低东西，因为三方轮流着担当更高东西和更低东西。这里只有一个不停运转的轮子，只有一个绝不止息的循环运动，在其中毫无区别可言。在这个运转过程中，无论是“开端”概念还是“终点”概念，也被重新扬弃了。诚然，这里有一个潜在的开端，即就可能性而言，某个东西有可能是开端。然而这不是一个现实的开端。因为现实的开端只能是这样一个东西，它把自己设定为一个相对而言的“非存在者”，与那个真正应当是存在者的东西相对立。在这个运动中，那个有可能是开端的东西并没有认识到自己是开端，而是和其他本原一起提出同样的诉求，希望作为存在者而存在。真实的开端不是一个反复开始的开端，而是一个坚持下来的开端。真实的开端是一个持续的推进过程的根据，而不是一个来回往复的运动的根据。同样，只有在真实的终点那里，一个本质才能够站稳足跟，不必重新返回到开端。就此而言，我们也可以把那个最初的 [VIII, 230] 盲目生命称作是一个既不能找到开端，也不能找到终点的生命；在这个语境下，我们可以说，它**没有**（真正的）开端，**没有**（真正的）终点。

这个东西不是从某个时候开始的,而是自全部永恒以来就已经开始,却从来不能找到(真正的)终点;它自全部永恒以来就已经终结,却一再地重新开始。由此可见,那个最初的自然界是自永恒以来就有的,那个在其自身内运转的运动也是与之具有同等的原初性。这就是自然界的真实的、活生生的概念。

这就是那个内在的、不停地诞生自身、然后重新吞噬自身的生命的力量,而人们必然已经惶恐地预感到这个隐蔽在万物内部的生命,尽管它现在已经被覆盖着,对外展示出各种宁静的属性。生命不断地回到开端,重新开始,通过这个方式,它使自己成为真正意义上的“实体”(Substanz),即 id quod substat [那个立于根基处的东西],成为一个常存的东西。它是一个持续的、内在的发动机或钟表机芯,是一个永恒开始着、永恒转变生成着、不断吞噬自身、同时又不断重新诞生自身的时间。

对立永恒地产生出来,是为了一再地被统一体吞噬,对立永恒地被统一体吞噬,是为了一再地重新萌生出来。这是万物之基(ἑστία),是生命的祭坛,在那里,生命不停地燃烧自身,然后从灰烬中浴血重生。这是一团不知厌倦的火焰(ἀκάματον πῦρ),通过它的散发,正如赫拉克利特教导的那样,宇宙被创造出来。这团火焰作为一个在自身内运转、不停地向前推进、又不停地从自己身边溜走的东西,已经出现在一位先知面前。它是远古魔法和那种火焰学说的对象,基于这种学说,一位犹太立法者曾经为他的民族留下了这句话:“你的主,上帝,是一团烈火。”[①] 确切地说,上帝不是就他的内心和真正本质而言,而是就他的本性而言是一团烈火。

毫无疑问,这个不停地返回自身,然后又重新开始的运动,就是“诞生之轮”(Rad der Geburt, ὁ τροχὸς τῆς γενέσεως)的科学概念。[VIII, 231] 无论是那位洞察了自然界的使徒[②],还是后来那些凭借体验和直观来写作的作者,都已经发现,这个“诞生之轮”是整个自然界的内核。

这个运动也可以被看作是心脏的收缩和舒张。这是一个完全不由自主的运动,它一旦开动起来,就自发地重复下去。重新开始或重新上升意味着收缩,它在第三个潜能阶次那里找到了自己的位置;返回到第一个潜能阶次则是意味着舒张或松弛,但一个新的收缩立即接踵而至。因此在这里,那个贯穿着整个可见的自然界的轮换运动,那个永恒的收缩和永恒的重新扩张,那个普遍的退潮和涨潮,发出了最初的脉动,做出了开端。

这个可见的自然界,无论在个别方面还是就整体而言,都是那个永远来回往复的运动的一个隐喻。比如一棵树扎根下来之后,就不停地追求结出果实,当它的生长到达顶峰,它就散落全部枝果,返回到不结果的状态,使自己重新生根,而这只不过是为下一次的攀升做准备。植物的全部行为都是以生产出种子为

---

① 参阅《旧约·申命记》(4: 24):“因为耶和华你的上帝乃是烈火,是忌邪的上帝。”这里的“犹太立法者”指摩西。——译者注

② 指雅各。参阅《新约·雅各书》(3: 5-6):“看哪,最小的火能点着最大的树林。舌头就是火,在我们百体中,舌头是个罪恶的世界,能污秽全身,也能把生命的轮子点起来,并且是从地狱里点着的。”——译者注

目标,而这只不过是为了在种子那里重头开始,然后通过一个新的推进过程再次生产出种子,如此往复无穷。但看起来,整个可见的自然界并不能获得一种稳定性,毋宁说它只能在一个类似的圆圈里面不知疲倦地运转。一个种族走了,另一个种族又来,自然界辛辛苦苦地塑造着各种性质、观点、作品、天分,直到它们到达一个巅峰。但自然界的这些努力,只不过是为了让那些东西在数百年的时间里面重新沉入忘川,然后在一个新的周期里萌生出来,或许以一种新的方式,但毕竟只能再次到达同一个顶点。

但是在这种情况下,那个最初的本质绝不可能到达存在;因为,只有当三个潜能阶次合在一起,才能够满足"上帝的本性或自然界"(göttliche Natur)这一概念,只有"上帝的本性或自然界存在着"才是一件必然的事情。既然这是一个永不止息的渴望——想要存在着,却不能够存在着——那么它只能保持为一个持续的欲望,保持为一个永不止息的寻求,即一个永恒的、[VIII, 232] 绝不能平息下来的寻求。这就是一句古语所说的那种情况:"自然界寻求自己,却找不到自己(quaerit se natura, non invenit)。"

假若生命停留在这里,就会只剩下一个永恒的呼吸,只剩下一个持续的生死更替,但这不是一个真实的实存,毋宁说,这仅仅是一个永恒的冲动和追求,想要存在着,却缺乏现实的存在。

很显然,借助于上帝的本性或自然界的单纯必然性,也就是说,借助于一般意义上的必然性,生命绝不可能达到一个现实的实存。

那么,生命是如何或通过什么东西摆脱这个圆圈,被导向自由的呢?

因为三个本原都具有同等的权利,作为存在者而存在,所以解决矛盾的办法不可能是在牺牲两个本原的情况下,让另一个本原成为存在者。矛盾不可能持续下去,但是,在每一个本原都想要独自成为存在者的情况下,矛盾又不得不持续下去。既然如此,唯一的解决办法,就是三个本原**全都**自愿地(因为如果不是自愿地,又有什么东西能够强迫它们呢?)共同放弃作为存在者而存在,**全都**降格为单纯的存在。这样一来,那个平衡状态就自己扬弃了自己,而当初在那个平衡状态下,三个本原不去理睬它们的本质或它们的特殊本性——按照这个东西,它们本来已经形成了一个层次顺序——而是全都只想要作为存在者而存在。只要这个必然性还维持着,它们必然全都想要挤在同一个位置,即存在者的位置,仿佛想要挤进唯一的一个点。这里只能设想一种相互交织的存在(Inexistenz),因为它们全都是不妥协的,但是,只要其中一个本原成为存在者,另外两个本原就不得不成为"非存在者"。因此,只有当三个本原全都放弃作为存在者而存在,这个必然性才会终止,否则的话,只要其中一个成为存在者,另外两个按其本性而言也必然想要成为存在者。现在,只要这个必然性终止了,三个本原就有可能各就各位,换言之,[VIII, 233] 每一个本原就有可能到各自的潜能阶次那里去。空间出现了,那个相互交织的存在的盲目必然性转化为一个自由的联合关系。

这件事情本身是足够清楚的了。然而还有一个问题会产生出来:“三个本原共同放弃作为存在者而存在,这是如何可能的呢?”

自在地看来,很明显,除非是相对于一个更高东西而言,否则没有什么东西会放弃作为存在者而存在。这就好比,人的心灵一直都会坚持自私的欲望,对此感到理直气壮,除非他的渴望、他的诉求、那个将他吞噬的内在空虚,通过一个更高的善而得到充实。同样,只有当灵魂认识到某个凌驾于它之上的东西,并且从那里获得极大的快乐,它才会稳定下来,平静下来。正因如此,最初的自然界的盲目的渴望和欲望也只有相对于一个更高东西而言才会沉寂下来,在这个东西面前,它心甘情愿地承认自己是单纯的存在,是“**非存在者**”。

此外需要指出,那种放弃,那种降格为存在的做法,应当是一个自愿的行为。问题在于,在那个最初的自然界里面,迄今为止只有一个不可抗拒的冲动,只有一个盲目的运动。只要自然界还没有脱离这个不由自主的运动,任何自由在它那里都是不可设想的。自然界自己没有能力与这个运动相抗衡,它只能通过另一个东西(这个东西无疑只能是一个更高东西),脱离这个运动。由于这个不由自主的运动是立足于那个相互交织的存在的必然性,所以唯一让自然界脱离这个运动的办法,就是在无需烦劳自然界的情况下,发生一个分离或分裂,通过这个方式,自然界获得了一个可能性,要么接受这个分离,随之把自己从那个圆圈里拯救出来,要么不接受这个分离,随之重新落入到那个盲目的渴望和欲望手中。

无论如何,自然界的解放和解脱只能依靠另一个东西,一个外在于它、完全独立于它、并且凌驾于它之上的东西。面对这个东西,自然界应当承认自己是单纯的存在,是"**非存在者**",既然如此,它必然同时也会承认,这个东西是它的真正意义上的存在者。

[VIII, 234] 接下来我们自然要考察这个问题,即这另一个东西究竟属于什么类型呢?

很显然,首先,这个东西不可能在一个持续的序列中——仿佛在一个连贯的行动中(in actu continuo)——被那个永恒开始着的自然界设定为一个隶属于它的潜能阶次,毋宁说,这个东西位于全部潜能阶次之外,凌驾于全部潜能阶次之上,是一个自在地没有潜能阶次的东西。其次,它不可能和自然界一样,重新成为一个渴望、欲望或自然界,否则的话,它在这里不可能提供帮助;换言之,它必然摆脱了全部欲望,是一个完全没有渴望和自然界的东西。

但正因如此,它也不可能是一个必然的现实东西,因为我们尚且不知道什么自由的现实东西,或者说现在根本还没有谈到什么现实东西。当然,也不可能说它是一个非现实东西。也就是说,它是一个自在的既非存在者亦非"非存在者"的东西,仅仅是一个永恒的去存在的自由。

所有更高级和更好的学说一致认为,最高者是一个完全凌驾于存在之上的东西。我们每一个人都有一个感觉,即必然性是作为全部实存的厄运而跟随着它们。只要一个东西是现实的,或追求成为现实的,就会导致一个矛盾,而矛盾是全部必然性的原因。一个内心里的感觉告诉我们,只有在存在之上,才栖息着真正的自由,栖息着永恒自由。

因为绝大多数人从未感受到那种自由,所以在他们看来,最高者是一个存在者或一个主体,哪怕"最高者"这个词本身已经表明,一切东西,只要它是一个存在者,就得承认在自己之上有一个更高东西。他们一方面提问:"什么东西能够凌驾于全部存在之上?什么东西既不是存在者也不是'非存在者'?"另一方面很自得地回答道:"是'无'。"

没错,它是"无",但却是一个如同纯净神性的"无"。在这个意义上,一位机智的格言诗作者用一种不可仿效的方式说道:

> 温柔的神性是"无",是"超无"(Übernichts),
> 谁若"目空一切",朋友请相信我,他看到了它。

纯净神性是"无",因为它不会容纳任何不同于它的本质的东西;它凌驾于一切"无"之上,因为它本身就是一切东西。 [VIII, 235]

确实,它是"无",但却是一个类似于纯净自由的"无";它就像一个无所欲求的意志(der Wille, der nichts will),不追求任何事物,对全部事物都无动于衷,因此也不为任何事物所动。这样一个意志是"无",是一切东西。之所以说它是"无",因为它既不要求发挥作用,也不要求具有某种现实性;而之所以说它是"一切东西",因为唯有它作为永恒自由而具有全部力量,因为它在自身内部掌控着全部事物,掌控着一切东西,而不受任何事物的掌控。

一般说来,否定具有完全不同的意义,这取决于它是与外部情况相关联,还是与内部情况相关联。在终极的意义上,最高的否定和最高的肯定必然是同一回事。任何事物,只要它在自身内部拥有某个东西,就不可能同时在外部拥有这个东西。每一个事物都具有一些属性,并且通过这些属性而被认识,被理解;它所具有的属性愈多,就愈容易被理解。最伟大的东西是浑圆的,是没有属性的。对于那种最卓越的口味(亦即辨识味道的天赋)来说,除了汲取自清泉的水之外,一切都是索然无味的。正是在这个意义上,一位早期的德国作家玩了一个机智的语言游戏,他把那个意志称作"可怜的",因为它在自身之内是如此的完满自足,竟然没有什么东西可以去欲求。

自由,或者说无所欲求的意志,乃是那个无条件的永恒性——我们只能设想它位于全部时间之外,是一个永恒的静态——的肯定概念。它是一切东西的目标,是一切东西渴望的对象。全部运动都仅仅把永恒的静态当作目标;全部时间,包括那个永恒的时间,都不过是对于永恒性的持续追求。

一切东西,只有当它们在那个无所欲求的意志里面找到自己的真正本质,找到一个支撑点和立足点,才会平静下来。无论是在生命的极大躁动里,还是在全部力量的最为剧烈的运动里,无所欲求的意志始终都是真正的目标。

每一个受造物,尤其是每一个人,真正说来仅仅追求一件事情,就是返回到无所欲求的状态。这既是一个脱离了全部可欲求事物的人的目标,也是一个挣扎于全部欲望之中的人的目标,因为后者在不自知的情况下,同样只是追求一个可以无所欲求的状态,遗憾的是,目标总是在他面前逃逸,他愈是热切地追求,目标就离他愈是遥远。 [VIII, 236]

人们总是说:“人的意志是他的天国。”假若这里的意志是指那个纯粹的、无遮掩的、单纯的意志,那么这句话是对的。也就是说,唯有当一个人置身于他的纯粹意愿之中,他才能够摆脱全部自然界。

因此,那个自身没有自然界的东西,那个被永恒自然界欲求着的东西,不是一个本质,不是一个存在者,当然,也不是本质和存在者的反面。毋宁说,它是永恒自由,纯净意志,但不是一个有所欲求的意志(比如一个想要启示自身的意志),而是一个纯粹的、没有渴望和欲望的意志,一个无所欲求的意志。在别的地方,我们已经把最高者称作纯粹的“平衡”或“无差别”,这个东西是“无”,同时也是一切东西。它是“无”,如同一种对自己毫无认识的纯粹欢愉,如同一种坦然的、完全被自身充实、未曾思考任何东西的欣喜,如同一种没有察觉到自身,为自己的“非存在”而感到喜悦的寂静内省。它是最高的单纯性,这个东西不是上帝,而是那在上帝之内,并且凌驾于上帝之上的神性,或某些古人已经谈到的那种“超神性”(Uebergottheit)。它不是上帝的本性或自然界,不是实体,而是纯粹性的吞噬一切的锐利锋芒,只有当人们具有与之相同的纯净性,才有可能靠近这个锋芒。因为,既然它把一切存在置于自身之内,就像置于火中烧灼一样,那么对于每一个仍然受困于存在的人而言,它必然是不可接近的。

所有的人都同意这个看法:“上帝就其最高的**自身**而言是一个纯粹精神。”至于是不是每一个人都完全理解了这个思想的纯粹性和深刻性,则是值得怀疑的。

诚然,较早的一些神学家已经明确教导我们,通过“精神”(Geist)这个词,上帝并没有被固定在一类特殊的本质上面,并没有跻身于通常所谓的“纯粹魂灵”(reine Geister)之列;同样,[VIII, 237] 上帝并非仅仅在与自然界事物相对立的时候才是精神。上帝凌驾于全部魂灵之上,他是一个最具有精神性的精神,是一丝纯粹的、不可把握的气息,就好像是全部精神之精神。就此而言,上帝的精神性与他的本质的单纯性合而为一。

按照神学家们自己的学说,这个单纯性不但拒斥任何类型的对立,更不容许这种情况出现,即神性被硬塞进某种不同于它的本质的东西。

根据这个学说,在严格的意义上,人们不能说“神性是善的”,因为这话听起来仿佛是说,“善”作为某种别的东西附加到了神性的存在上面;然而“善”就是神性的存在本身,神性在本质上是善的,就此而言,神性并非是“善的”,毋宁说它是“善”本身。同样,在严格的意义上,人们也不能说“上帝是永恒的”,毋宁说上帝本身就是他的永恒性。纯净的神性不可能被硬塞进一种不同于它的本质的作用;假若有这个东西,它和本质的关系就将是现实性与可能性的关系,然而在上帝内部没有什么潜在的东西,毋宁说他是纯粹的活动或现实性。同样,在严格的意义上,人们不能说,“神性是有意识的”,因为这等于有一个预设,即在神性本身和它所意识的东西之间有一个区别,但神性其实是一个完全纯净的意识,而且在任何情况下,它都是它自己,一切东西都消融在它的本质之内。按照这个学说,人们不能说自在的神性本身是“有意愿的”,因为它是意志,是纯净自由本身,而正因如此,人们也不能说它是“无意愿的”。最后,这个学说也推导出了那个极为古老的、只有无知之人才会觉得很陌生的命题,“自在的神性本身既非存在着,亦非不存在着”,或者换一个不太贴切的说法,“自在的神性本身既存在着,亦不存在着”。也就是说,人们不应当把存在作为某种不同于神性的本质的东西硬塞给神性,因为神性本身就是存在;但与此同时,人们又不应当把存在从神性那里夺走,因为在神性里面,存在就是本质本身。

因此,如果人们按照所谓的本体论论证,从“存在和本质的统一体”这个前提推出“上帝必然是一个实存着的本质”,这就完全没有理解那个理念。因为,“存在者”概念在自身内就包含着一个与“存在”的区别,但在神性那里,这个区别恰恰遭到了否定,正如一句古代名言所说的那样:“那是存在本身的东西,不具有存在(Eius quod est Esse nullum est Esse)。” [VIII, 238]

上帝按照其最高程度的**自主体**而言并不必然是一个现实的本质,而是一种永恒的去存在的自由。

同样很明显,存在和本质的那个统一体——它在这里本身就代表着最高程度的精神性——根本没有穷尽活生生的上帝的整个概念。无论是科学还是情感,都不可能满足于这样一位"上帝",因为他是存在本身,所以不存在着,或者说,因为他是生命本身,所以不是一个活生生的东西,因为他是纯净的意识,所以不是一个有意识的东西。科学和情感所要求的,是这样一位上帝,他能够以一种不同于他的本质的方式而实存着;他并非仅仅按照他的本质而言就是知识,而是明确地、专门地认知着;他的作用不是消融在他的本质之内,毋宁说,他通过一个行动,亦即按照一个不同于他的本质的方式,发挥着作用。

但这个注解把我们置于一个危险的境地,即有可能过早涉及那个只能通过逐步发展而启示出来的东西。不过我们还是要补充一点:在我们这个时代,精神传统和道统的线索已经断裂了,人们已经不理解某些长久以来就存在着的概念,而这种无知蔓延开来,就导致如下情况:有些人之所以遭到迫害,仅仅因为他们主张,"按照最高的概念,我们不应当把存在硬塞给神性",殊不知这其实是一种来自于最古老的时代的学说;另一方面,有些人断然否认本质和存在的统一体,因为他们觉得,如果这个统一体严格贯彻下来的话,必然会导致一种主张"自在的神性本身既非存在着,亦非不存在着"的学说,但他们在这样做的时候,既没有预料到,他们否认的是上帝的精神性的原初基础,也不知道,那个最古老的学说早就教导我们,上帝是一个"超现实东西"(das Ueberwirkliche),是一个"超存在者"(das Ueberseyende, τὸ ὑπερόν),亦即一个凌驾于存在和"非存在"之上的东西。

在返回到相关研究之前,我们再总结一下以上注解的要点:

那个自在地既非存在者亦非“非存在者”的东西,那个与自然界无关的状态,或者说那个被我们放置在永恒自然界之外和之上的状态,和那个自古以来就被看作是最高神性的东西,二者的概念是同一个概念。 [VIII, 239]

借助于上帝的本性或自然界的单纯必然性——这一点已经得到证明——无论是在上帝内部,还是在上帝外部,都不会出现一个现实的实存。上帝的这个必然因素通过三个潜能阶次形成了永恒自然界,正因如此,我们必须在它之外和之上认识到另一个东西,这个东西就是永恒自由,或纯净意愿本身。换句话说,我们必须认识到,在现实的、活生生的上帝内部,有一个必然性和自由的统一体。

现在,我们的首要任务是去阐释,这个更高东西用什么方式调解矛盾,并且把那个陷于自身冲突状态的本质从必然性那里解放出来。

首先,正是通过那个更高东西,本质已经获得一个去成为存在的可能性,原因在于,一方面,本质只能相对于一个更高东西而言放弃作为存在者而存在,另一方面,这个存在者(亦即更高东西)不具有存在,因此只能以一种相对的方式作为存在者而存在着,把另一个东西(亦即本质)当作它的存在。尽管自在的更高东西本身既非存在者亦非“非存在者”,但相对于所有别的东西而言,它只能表现为一个存在者;这并不意味着,它作为自在的既非存在者亦非“非存在者”遭到了扬弃,而是意味着,它恰恰作为既非存在者亦非“非存在者”而存在着。

然而在那个永恒开始着的生命自身之内,有一个愿望,要摆脱这个不由自主的运动,摆脱这个煎熬;于是,更高东西通过自己的单纯的临在(Gegenwart),在无关乎任何运动的情况下(毕竟它是纯净的意愿本身),仿佛借助一个魔法而在本质之内唤醒了对于自由的渴望。欲求通过柔化变成了渴望,粗野的欲望化解为这样一个要求,要和那个无所欲求的意志或永恒自由合为一体,把它当作自己的真实的或最高的**自主体**(Selbst)。

如今在渴望着的自然界和那个纯净精神之间,只能是这样[VIII, 240]一种关系:精神是一个去存在的自由,就此而言,它是一个相对于一切东西而言的存在者(τὸ ὌΝ);反之,自然界在自身内拥有一个可能性,成为精神的存在,成为"主体"(就这个词语的真正意思而言),仿佛成为实现活动的质料。

只不过这里需要注意以下区别。自然界只有借助某个东西才能够与那个不可把握的精神建立直接联系,这个东西就是自然界内部的精神,一个自由的、同时凌驾于"非存在者"(A=B)和存在者(A^2)之上的东西。因为,只有一个本身独立于全部对立的东西,才能够接近那个与矛盾无关的东西。关键在于,这个与矛盾无关的东西(A^3)不可能与最低东西(A=B)直接联系在一起,而是必须以一个居间者(A^2)为中介。因此,永恒自然界为了与那个"超存在者"建立联系,必须在自身内接纳这样一个机制,即它自身之内的自由东西超越另一个东西,成为自在的不可把握的精神的直接主体,至于另外两个本原,则分别把自己安置在一个适当的地方,最终形成这个样子:第一个潜能阶次占据最低的地方,第二个潜能阶次占据居间的地方,第三个潜能阶次占据最高的地方。

全部渴望都会造成这样一个自然的后果:一方面,那个类似更高东西的东西提升自身,另一方面,那个不太类似更高东西的东西(它曾经阻碍着前者的提升)则是把自己安置在低处。只有亲眼目睹了最高者,每一个本原才会认识到自己的适当位置;只有最高者才是尺度。任何一个较低的、但又能感受到最高者的本质,为了分享最高者,必须在自身内造成分离,也就是说,它把那个卑微的部分压制下去(这个东西因为本身没有能力与最高者建立直接联系,只能让更高东西获得自由,并通过这个方式与最高者建立一个贯通下来的联系),与此同时,它把另一个部分提升上来,这个部分从本性上来说注定要和最高者建立直接联系。这个分离,这个内在的分道扬镳,作为真正的渴望造成的后果,乃是一个基本条件,否则没有任何东西能够与神性东西建立联系。

渴望之进入到永恒自然界之内,标示着一个新的环节,一个我们在考察过程中万万不可忽视的环节。憧憬中的前世曾经用 [VIII, 241] "宇宙冰川"(Welteis)的分离崩析来指称这个环节,而"宇宙冰川"正是意指那个封闭的轮子,那个不可插足的、在任何地方都无法停留的运动;正是在这个环节上,尘世和天国首先分离开。

这个大分化(Krisis)的原因和那个最纯净的本质的意愿或行动毫无关系:第一个原因是,永恒自然界在本质那里看到了一个东西,相对于这个东西而言,自然界能够成为存在,成为单纯的可谓述者，同时完全放弃任何成为谓述者或存在者的努力；第二个原因是，这个东西唤醒了本质的渴望，要摆脱永恒的循环运动，达到持久的静止状态；最后的第三个原因是，那个最高者是尺度，通过它，较低本原认识到自己的卑微，较高本原认识到自己的尊严。关键在于，渴望只是造成一个单纯的开端，它仅仅是一个最初的、内在的、预示着分离的分娩阵痛（nisus）。唯有通过这个内在开端，当一个与最高者的现实联系产生出来之后，分离才得到实施。而这个分离要稳定下来，还得基于以下情况，即永恒自然界通过已实施的分离而获得自由，能够**做出决断**（entscheiden），然后借助于一个永恒的意志或**决定**（Entschluß），让自己永恒地、不可分割地与最高者结合在一起，使自己成为最高者的直接主体，成为最高者的持久存在和坚实基础，同时自己也成为一个活生生的存在者，换言之，只有当它相对于最高者而言成为存在，它才把自己提升为一个真实的、极乐的、井井有条的生命。

任何一个事物，只有当它待在自己该待的地方，才会觉得舒适。当低级东西释放高级东西，它自己也被高级东西释放，获得它本来应有的独立性。反过来，只有当更高东西把自己提升到卑微东西之上，占据那个属于它的地方，才会展现为一个自由的东西。

分离首先基于这个情况，即那个无间断的、但却不可谓述的统一体关系——在其中，每一个本原都应当成为存在者，确切地说，每一个本原都应当在同一个地方和同一个点成为存在者——转化为总体性关系,而这意味着,那个盲目而必然的本质,那个想要成为单一体、但却做不到这一点的本质,被降格为大全(All)。 [VIII, 242]

也就是说,通过归顺和分离(这并非一劳永逸就完成的,而是永恒地、一再地、在每一个瞬间都还会发生),那个无间断的、不可谓述的本质被降格为大全。

具体说来,就是永恒自然界的最高者——它在自然界之内是自由的,是一个类似于精神的东西(A^3)——被提升为纯净神性的直接主体。至于另外两个同等原初的本原,它们仅仅是这个最高者(A^3)的条件,就好像是一条通向最高者的道路,并且在这个意义上不同于最高者;现在,在更高东西往上走的时候,两个本原却在下降,并且通过这个方式把持着自己的自由和独立性,使自己成为一切不同于神性主体的东西的基础或质料,成为受造物自永恒以来的栖息地和安居地[①],成为一个永恒地介于上帝和被造本质之间的东西;另一方面,它们又使自己成为一种外在的东西,成为上帝最初显现出来的样子,成为那种荣耀和辉煌,在其笼罩之下,神性主体(A^3)首先出现在受造物面前,然后不可见的神性本身以间接的方式出现在受造物面前。

自永恒以来,受造物就继承了一个性质,即它们虽然不能在精神的纯净火焰中生存下来,但却拥有一个与之相对立的被动基础,这个基础在其自身内同样充满了力量和生命。我们必须

---

① 参阅《旧约·诗篇》(90:1-2):“主啊,你世世代代作我们的居所。诸山未曾生出,地与世界你未曾造成,从亘古到永远,你是上帝!”——译者注

思考这样一个最初的、在某种意义上独立于上帝的原初质料(Urstoff),因为我们并不同意那个观点,说什么受造物是从自由的、纯净的神性那里排挤出来或创造出来的——这个观点本身就已经是错误的,更何况它还扬弃了受造物相对于上帝而言的全部自由。当然,我们不能认为这个原初质料是一个自永恒以来就已经存在着的东西,毋宁说,我们只能把它看作是一个在永恒运动中通过归顺或降格而形成的东西(之前我们已经表明了这一点)。在这里,只要我们正确理解了“推进过程”的意思,就会避免其他体系在谈到一种“永恒物质”时遭遇的各种困难,而那些体系之所以会遭遇困难,是因为它们不懂得理念的渐进发展过程。

[VIII, 243] 尽管前两个潜能阶次相对于最高者(A^3)而言只能充当质料和基础,但二者之间也有一个固定的关系,也就是说,第一个潜能阶次(即永恒的否定性力量)成为最低的东西,而第二个本原(在它那里,精神性东西启示出来,把否定性力量驱赶回去)则是成为一个相对的更高东西。

就事情本身而言,如下情况才是恰当的,即那个曾经否定着全部启示的东西,那个曾经让上帝摆出拒斥的姿态,并把自己封闭起来的力量,转而成为全部启示的根据;从此以后,这个东西才真正表明自己是一个永恒的开端,是不朽生命的第一个阶梯和基础。

也就是说,那个最深处和最低处的东西,那个从不可谓述者那里显露出来的东西,就是开端的力量,这个力量把本质吸引到自己身边或内部,将其重新驱赶到隐蔽的地方。《圣经》的基础文本把天空和大地称之为神性力量的扩张,这些话暗示我们,整个可见的宇宙曾经置身于那个否定状态之中,仅仅通过后来的展开才从那里绽放出来。但正因如此,世界始终都置身于否定状态之中,直到现在,那个原初否定都仍然是整个可见的宇宙的生母和乳母。

当开端的力量被设定为一个可谓述的、外在的东西,就成为可见的自然界的原初萌芽,自然界由之萌生出来,沿着一个时间序列层层展开自身。在自然界和"过去"之间有一个深渊,那在自然界里面最古老的东西,直到现在都仍然位于最深处,即使我们把全部偶然的和后来形成的东西拿走,它也会保留下来。这个东西恰恰就是那个持续的否定,一个企图把本质封闭在黑暗状态中的东西。

一切形体事物的真正的原初力量和基本力量是一个吸引着的本质,这个本质赋予它们以形态,把它们限定在一个地方,使一个自在地不可把握的精神性东西获得形体。尽管这个精神性东西一直都在反抗着那个本质,并且表现为一个随时准备开溜、进行着精神化活动、对一切限制都抱着敌对态度的东西,但是无论在什么地方,它都只能显现为一个出自于原初否定的东西,与此相反,那个吸引力量则是显现为一个把精神性东西固定下来的东西,显现为后者的真正的根据。 [VIII, 244]

那个否定活动(即封闭本质的做法)甚至在一些通俗的说法里面也得到了承认,比如"自然界逃避人们的目光,掩饰自己的秘密",以及"只有迫于一个更高的势力,自然界才把一切东西释放出来,让它们从原初的遮蔽状态里面展现出来"。事实上,自然界里面的一切东西都是通过一个发展过程而出现的,而这个过程就是持续不断地和那个遮蔽性力量或封闭性力量做斗争。假若没有某个势力一直制约着自然界,恐怕即使到了今天,自然界仍然会把一切东西重新导回到那个完全否定的状态之中。

就其自身而言,自然界就像那位在宙斯的宴席上现身的佩尼亚[①]:她表面上一无所有,极度匮乏,但在其自身内部却封存着一种充实的神性;然而她没有能力把这些内容启示出来,直到她和那个代表着"丰盈"本身的富神,亦即那个热情洋溢的、无穷无尽地分享自身的本质(A^2),结为夫妻。但在这之后,那个从她的肚子里分娩出来的东西,仍然具有原初否定的形式乃至烙印,因为这是一个由"匮乏"和"丰盈"结合生出来的混血儿。

因此就其根据而言,自然界来自于上帝盲目的、阴暗的、不可谓述的那部分。它是第一位的东西,是一个位于上帝的必然因素之内的开端。至于那个吸引力量,亦即一切可见事物的母亲和监护者,则是永恒的力量和强悍性本身,它在受造物身上清晰可见。自然界不是上帝,因为它仅仅隶属于上帝的必然因素,而严格说来,上帝仅仅是基于他的自由而被称作上帝。即使在

---

① 根据柏拉图《会饮篇》里面(203b ff.)苏格拉底转引自狄奥提玛的一个神话,贫穷女神佩尼亚(Penia)参加美神阿弗洛蒂特的出生庆典,乘富神波罗斯(Poros)酩酊大醉之机,与之交合,生下了爱神厄若斯(Eros),因此厄若斯具有父母双方的共同特性,既是一无所有的,也是掌控一切的,既是人,也是神。在柏拉图的笔下,这个意义上的厄若斯是哲学家的象征。——译者注

这个必然因素里面,自然界也仅仅是一个部分,仅仅是一个潜能阶次。上帝只能是一个整体,然而单纯的整体也不能被看作是上帝,因为它已经从“一”转变为“全”,已经脱离了神性。

有些体系希望用一个下降过程来解释万物的起源,在这种情况下,它们几乎必然会得出一个观点,即最高的原初力量的流溢在某个阶段会抵达一个堪称虚无的边界,那里的东西仅仅是本质的一个阴影,几乎不具有什么实在性,它仅仅在某种意义上号称存在着,但真正说来并不存在着。这就是新柏拉图主义者所说的“非存在者”的意思,可见他们已经不懂得柏拉图思想的真义。我们,作为相反路线的主张者,也认识到了一个堪称虚无的边界,但在我们看来,那里的东西不是最末位的东西,毋宁说,它是第一位的东西,是万物的源头,是一个永恒的开端,它并不欠缺本质,而是积极地做出否定。 [VIII, 245]

自然界之所以能够做出那个伟大的决断,把自己谓述出来,是因为它进入了自己的潜能阶次。除此之外还有一个原因,就是通过自然界现在置身其中的关系,那个内在的矛盾在它自身之内得到了安抚。迄今为止,这个矛盾尚未得到关注,因为在这之前,我们的眼里始终只有整体。

也就是说,那个被否定性力量驱赶的本质,并不是像我们迄今假定的那样,是一个沉默的和僵死的东西。虽然它本来对自己是毫无察觉的,但是通过吸引力量的挤压和侵扰,它发现自己是一个精神性的、肯定性的本质,在这种情况下,它愈是受到挤压,就愈是以合乎自己本性的方式猛烈地爆发出来。当然,否定性力量不会善罢甘休,因为它是开端的力量;假若它善罢甘休,那么一切东西都将会倒退回去。

因此第一个潜能阶次不只是纠缠于一个普遍的矛盾状态之中(我们曾经把这个状态看作是一个整体),毋宁说,它自身内部也包含着一个矛盾,本身也包含着一个循环运动的根据。它感觉到自身内部有一个与之冲突的本质,却没有能力把它诞生出来,因为它和那个本质是势均力敌的。它的法则并没有动摇,也就是说,它必须始终坚守着精神性东西,随之坚守着一个永恒进步的根据。然而它愈是猛烈地吸引本质,把本质往低处拖拽,本质就愈是激烈地反抗它。这就好比一切具有扩张本性的东西,愈是遭到挤压,就愈是激烈地想要舒展自己。

[VIII, 246] 既然第一个潜能阶次在自身内集合了两个相互冲突的力量,其中一个总是要对外扩张,另一个总是要对内收缩,那么在这种情况下,它的生命就是一个充满了冲突和畏惧的生命,因为它进退维谷,同样深陷在一个不由自主的循环运动里面。

然而一切东西都向往着一个稳固的存在;没有任何东西愿意永远待在矛盾里面。开端的那个潜能阶次同样也是如此。但是它不可能靠着自己摆脱矛盾,因为它的本性决定了它是一个处于矛盾之中的东西。唯一的解决办法是,它和更高本原(A^2)一起走出那个轮换的、相互排斥的关系,进入到一个有机的关系之中。然而这个有机关系在最初的平衡状态下是不可能的,因为二者都想要占据唯一的一个点,因为二者具有同等的权利,作为存在者而存在。尽管如此,如果否定性本原(A=B)认识到自己仅仅是本质的潜能阶次,随之为另一个与之对立的本原(A^2)让出地方,那么后者就能够为它提供帮助,把它从矛盾那里解放出来,因为这个本原按其本性而言是一个开放者和解放者。当然,有了后面这个本原,前面那个本原也必须保留下来,这样才有可供开放和可供解救的东西。在这种情况下,最初的排斥性平衡关系就转化为一个必然的链条关系,因为只要有前面一个东西,就必须有后面一个东西。

假若没有一个否定性潜能阶次,就不会有肯定性潜能阶次或开放性潜能阶次的存在的根据。反过来,前者也只有通过后者才能立足。从现在起,否定性力量能够安静地发挥作用,一步步把本质驱赶回去;从先行的情况来看(antecedenter),存在者始终是被束缚着的,只有在后来的情况下,通过一个更高的潜能阶次,它才得到解放。当我们说,某个东西在先行的环节里被封闭着,在后来的环节里得到解放,这并不是一个矛盾。我们甚至可以说,它必须被封闭起来,这样才能够得到解放。当一个后来的力量把封闭的东西解放出来,在这种情况下,封闭性力量不但没有遭到扬弃,反而得到了证实。这里首次出现了一个"之前"和 [VIII, 247] 一个"之后",出现了一个真正意义上的清楚分节(Artikulation),随之出现了静止。那个往自己身边或自己内部吸引的力量,只有当它通过一个后来的本原而得到征服,才会察觉到自己是开端的力量,与此同时,那个得到解放的东西则是认识到,吸引力量是它的必然的先行者(Prius),是它的最初根据和立足点;它会爱上吸引力量,因为后者是它的条件,就好像是它的一个容器。

为了说明这个关系，我们可以谈谈一个类似的关系，虽然从最终的根据来看，二者其实是同一个关系。人们早就做出一个尝试，把物质解释为两个力量的产物，而这两个力量就是我们迄今已经指出的一切生命的原初力量，即吸引力量和扩张力量。然而人们一直都不能理解，通过这两个势均力敌的（属于同一个潜能阶次的）力量的碰撞，如何能够产生出某种可以把握和可以立足的东西。现在，要么人们假设两个力量是同等强大的，如此双方必然会彼此抵消（如同杠杆两端的两个具有同样重量的东西）；要么人们假设其中一个力量更为强大，如此较强的一方必然会扬弃较弱的一方。在前一种情况下，根本不会留下什么可察觉的东西，而在后一种情况下，只会留下那个较强的盈余力量，同样不会产生出某种形体性东西。这个局面是不会改变的，除非人们在这里区分不同的潜能阶次，区分先行的力量（Prius）和后来的力量（Posterius）。也就是说，在先的状态是内敛状态，即扩张力量被吸引力量封闭起来的状态，在这之后，另一个独立于它的潜能阶次克服了它。唯其如此，因为每一个力量都保持着自己的存在和本质，所以必须出现一个产物，这个产物就和物质一样，处在完全封闭和完全扩张的正中间，仿佛被固着在那里。

如此看来，开端的那个潜能阶次，那个本身不能固定和立足下来的潜能阶次，只有通过一个有机的关系才能够上升到一个更高的潜能阶次，立足下来。为了进入到这个有机的关系里面，[VIII, 248] 它必须经历分离，而这意味着，原初的“一”转变为“全”，**每一个**

本原都来到一个专属于它的潜能阶次,进入到一个适合于它的特殊本性的关系里面。

至于另一个本原,作为自然界的救星和解放者,必须在任何情况下都外在于自然界,并且凌驾于自然界之上,因此它和自然界的关系就如同精神性东西和身体性东西的关系。当然,这个本原仅仅是这样一个精神性东西,它是最接近于自然界的一个阶梯,并且有能力与自然界建立直接联系。

民间语言把“尘世”看作是这样一个地方,本质在这里遭到压制和囚禁,与此同时,它把那样一个区域称作“天国”,本质在那里获得自由,安居在自己的本质性里面。因此,如果开端的那个潜能阶次——它已经降格为存在,并且立足下来——就是未来的可见的自然界的原初萌芽,那么我们同样可以正确地主张,那个更高的潜能阶次——在其中,本质启示出来,而否定性力量则隐藏起来,降格为存在——无非就是纯粹的天国的本质性的原初质料,是未来的魂灵世界的基础或最初物质。诚然,这个更高的潜能阶次相对于较低的潜能阶次而言表现为精神和生命,表现为后者的全部奇迹的解密者,但是相对于一个还要更高的潜能阶次而言,它也会降格成为质料,接纳一些被动的属性。由此可见,魂灵世界也有一个质料,也有一个立足其上的基础,再者,没有什么东西能够真正在上帝之外实存着,除非它是从一个不同于上帝的最高**自主体**的基础那里创造出来的。虽然这些说法听起来有点奇怪,但事实就是如此。

无论是最高端的研究,还是普通的日常观察,都让我们确信这样一件事情：正是通过天国的作用，一切尘世生命才能够立足下来，得到治理，而如果没有这些作用，全部力量很快就会发生阻塞，全部生命很快就会出现一个倒退运动。空气、水以及全部元素都仅仅是一些机械的工具，它们的组合和协调只有通过一个不同于它们，并且凌驾于它们之上的“原因”或“原初东西”（Ur-Sache）才能够固定下来，因此这个东西被古人称作“第五个本质性”①。[VIII, 249] 下界的力量本身是无能为力的，其表现就是，在某些年份里，外在的自然界里面并没有发生什么特殊的事件，空气、热量、雨水等等和平时也没有什么不同，但却出现了一个普遍的饥荒。与此相反，那些来自于天国的作用则是持续地医治着我们这个地球，它们从全部生命的那个源头出发，经过如此之多的中介环节，最终给我们带来了生命和健康。它们是魂灵世界的直接的或间接的流溢物，唯有它们的本质才赋予整个自然界以生命的气息，而如果没有这个气息，自然界很快就会陷入到一个倒退运动之中，随之发生崩溃，最终重新堕落回那个原初的矛盾和最初的动荡状态之中，虽然在此之前，自然界已经通过一个有机的关系而与魂灵世界建立了联系。

人们普遍相信，魂灵世界比自然界更接近于神性；苏格拉底在临死之前说，“我到神那儿去了”，这个说法直到现在都仍然被虔诚的人们沿用。至于其中原因，大概就是我们前面所说的那

---

① 谢林这里所说的“第五个本质性”（πέμπτη οὐσία，通常译为“第五元素”）即指“以太”（αἰθήρ）。亚里士多德认为火、水、土、气这四个元素属于“尘世元素”，它们是变动不居的，相互之间可以转化；除此之外，还有一个超越于月球之上的第五个元素，即“以太”，它是一个纯净的、不变的、永恒的实体（vgl. *Meteora* I, 1, 339 b 20）。——译者注

些情况。此前我们描述的那个完整的生命,仅仅是**一条走向神的道路**,是一个永恒的运动,这个运动以自然界为开端,其唯一的目标就是要让最高者逐步得到实现,而在这个过程中,每一个后来的层次都比之前的层次更加接近纯净的神性。就此而言,我们确实可以把从人到魂灵世界的过渡称作"到神那儿去",但这里有一个前提,即人必须走上**生命的道路**(这个说法是名副其实的),而不是通过自己的过错而颠倒方向,非但没有往高处走,反而向着低处走去。

在通常的意义上,魂灵世界作为自然界的对立面,也被称作永恒性。自然界虽然是永恒的,但毕竟有开端,而且保留着开端的本性。与之相反,自在的存在者本身(A^2)按其本性而言就是一个永恒者。永恒性和"被生产"并不矛盾,因为,既然只有一个有开端的东西才能够生产,那么永恒者只能被生产出来。

现在的问题是,这个更高的潜能阶次依靠自己就立足下来了吗?难道它的内部不是同样包含着一个对立,随之包含着矛盾的根据,以及那个悲惨运动的根据? [VIII, 250]

我们已经把这个潜能阶次看作是这样一个本原,在它那里,精神性东西对外发挥作用,而黑暗的原初力量则是遭到否定,被设定为一个内在的东西。但是,正如在开端的那个潜能阶次里,扩张本质努力想要摆脱否定,在这里,黑暗的原初力量也在做出同样的努力。第二个潜能阶次是一个无所依靠的、独立的、自为的本质;它的内部也包含着一个质料,以便把自己展开为一个自足的世界。然而它坚持着自己的法则,要把否定性原初力量驱赶回去；在这种情况下，它也不能避免不同方向之间的冲突，它本身也会落入到一个绕圈运动里面，而这个运动在任何地方看起来都是开端，是那些创造性力量的第一个现象。

这个潜能阶次同样不能自己帮助自己；它同样只能指望一个更高东西的帮助。然而在那个最初的互不相让的斗争中，在那个每一个本原都想要独自成为存在者的斗争中，它看不出自己怎么能够和一个外在于它的东西发生关系。也就是说，它同样也要做出那个伟大的分离，通过这个方式不但摆脱普遍矛盾的纠缠，而且从内在的矛盾那里解放出来，立足下来。当它来到那个属于它的位置，认识到自己仅仅是一个潜能阶次，并且认识到自己之上还有一个更高东西，它就成为这个更高东西的存在、质料或直接元素，让更高东西通过它而发挥作用。现在，当它在自身内始终保持为它所是的东西，亦即一个永恒的、牢牢控制着否定性力量，将其隐藏在自身之内的“是”，它就不会反对这种情况，即那个更高东西（A^3）把它自身内的否定性力量解放出来，随之通过一个深思熟虑的方式将其展开为另一个世界。因为它的本性仅仅在于，保持为一个原初的肯定性本原，把黑暗的原初力量封闭起来；唯一需要注意的是，这个原初力量是它的根据或开端，至于随后发生的事情，与其说是扬弃，不如说是证实了那个最初的根据，因为它们都以根据为前提。

只要那个精神性本质仍然与否定性原初力量处于斗争状态，它就违背了自己的扩张本性或流淌本性，被迫向着内部发挥作用，而在这种情况下，它也不可能去帮助那个需要它的救援的 [VIII, 251]

自然界。现在,通过一个更高的潜能阶次,肯定性本质获得了一个相对于否定性力量而言的自由,而魂灵世界也能够自由地流溢出来,向下或向着自然界发挥作用。曾经第二位东西对第一位东西而言扮演着什么样的角色,现在第三位东西对第二位东西而言也扮演着同样的角色,通过这个方式,最初产生出一个最完满的和谐一致,也就是说,只有通过第三位东西,整体才同时获得了同一种生命气息。

然而这个第三位东西也不可能依靠自己就立足下来。因为,只要那个盲目的必然性仍然占据着支配地位,只要各种力量仍然没有分道扬镳,这个纯粹的、无关乎对立的本质(A^3)就必须转过身来,和另外两个如烈火一般的东西争夺存在者的地位;统一体排斥对立,同样,对立也排斥统一体;正因如此,那个轮换运动,那个持续重生的对立,那个持续不断的重新开端,就有着自己的根据,因为无论统一体还是对立都不应当单独存在着,毋宁说二者都应当存在着。

假若统一体(A^3)能够提升自身,摆脱对立,那么对立也能够脱离统一体而存在着,这样就没有矛盾了。然而在各个本原最初的势均力敌和未分离状态中,这是不可能的。也就是说,这个在本质上是自由的、但又是从必然性那里诞生出来的本原不可能挣脱居于从属地位的本原,随之那个自由的、活生生的进步发展(即从较低东西到更高东西,从更高东西到最高者的进步发展)遭到阻碍,在这种情况下,这个一筹莫展的本原必然会向后发挥作用,于是产生出一个倒退过程,这个过程和从前一样,最终的结果总是一场大火,吞噬之前已经形成的东西。好比在一些有机物体那里,如果居于从属地位的东西攀升到这种程度,竟至于扬弃了它和更高东西的对立,扬弃了更高东西的自由,这时就会出现一种心甘情愿的自燃;唯一的差别是,因为那个自在的不朽生命绝不可能不存在着,所以它作为凤凰一再地从灰烬中重生,在这种情况下,产生出一个永恒的圆圈,即我们在前面已经描述过的那个圆圈。

[VIII, 252] 第一位东西只能通过它和第二位东西的有机关系而立足下来,而第二位东西也只能通过它和第三位东西的有机关系而立足下来,但第三位东西却没有能力自己提升自己,把自己作为自己原本所是的东西(即最高的潜能阶次)加以实现。既然如此,整体就重新沉入自身,返回到动荡状态,除非第三位东西得到帮助,以便自由地摆脱对立,作为一个寂静安宁的统一体,栖息在它独有的纯净性里面。

然而对这个自下而上的、诞生自必然性的本质而言,上述帮助不可能来自于一个本身仍然隶属于永恒自然界的潜能阶次,因为永恒自然界已经在这个本质里面达到了自己的最高者,而这个本质,作为永恒性的孩子,从一开始就想要把那个永远躁动不安的时间诞生出来,以便依靠自己而把自己提升到永恒性。因此这里是自然界和自由的分界线,是自然东西和超自然东西的分界线。假若没有任何东西位于那个盲目的必然性之外,生命就会保持着这个黑暗的、混沌的状态,处于一个永恒的(因而从未开始,也从未结束的)运动之中。然而通过永恒自由的注视,自然界的那个最高者获得了自由,与此同时,所有别的力量和那个最高者一起获得了立足点和本质,而这意味着,每一个力量都来到各自应有的地方,各自分享它最初需要的那个来自于上界的作用,然后通过间接的方式,全部力量都分享来自于上帝的作用。

我们已经认识到,第一个潜能阶次——借助于它,必然的本质封闭自己,对外表现出拒斥的姿态——是自然界的最初根据,而第二个潜能阶次则是与自然界相对立的魂灵世界;既然如此,我们对于第三个潜能阶次的意义就不会感到疑惑了。这是一个普遍灵魂,它赋予宇宙以生命,通过与神性的直接联系而凝思着自身、掌控着自身;它既是自然界和魂灵世界之间的永恒纽带,也是世界和上帝之间的永恒纽带;它是上帝的一个直接工具,唯有通过它,上帝才对自然界和魂灵世界发挥作用。

在这里,那个最初的烈火首次升华为一个安静的质料,但这或许是为了接下来被重新接纳,放置到一个还要更高的生命历程里面。"一"相对于一个更高的"一"而言转变为"全",不可谓述的东西相对于它的道(Wort)而言转变为可谓述的东西;前后相继的排斥性关系转变为一个同时性关系,转变为一个共存关系或交织关系,也就是说(这一点是不能忽视的),那个在运动里曾经是开端或第一位东西的东西,现在转变为最低者,那个曾经是中点的东西,在这里仍然是居间者,而那个曾经是终点和第三位东西的东西,则是转变为最高者。之前是没有空间的,三个本原也没有分道扬镳;现在,既然它们已经放弃作为同一个东西(作 [VIII, 253]

为存在者)而存在,就出现了空间,出现了真正意义上的“上”和“下”。只要读者始终注视着这个向前推进的东西,就会发现,正是在这里,无形状的东西首次转变为某种有形状的东西。在那个粗野的运动里,曾经只有唯一的一个区别(我们在形体事物那里通过“右”和“左”来标示这个区别),只有唯一的一个方向,即否定性运动的方向(我们在可见事物那里把这称作“从右到左的运动”)。也就是说,否定性运动是一个在自身内来回往复的运动,它之所以上升,只是为了重新下降,与此相反,肯定性运动之所以下降,只是为了重新上升。为了理解这个区别,我们不妨想想,在肯定性运动那里,舒张的(即积极的)肌肉造成上升运动,而收缩的(即消极的)肌肉则是造成下降运动,但无论是在哪个方向的运动里,总是会出现一个反转过来的东西。

现在,当生命心甘情愿地在自身内接纳了那个有机关系,随之能够与最高者建立联系,它就往低处走,成为纯净神性的现实的存在。而恰恰通过这个方式,神性,这个自在地既非存在者亦非“非存在者”的东西,则是成为那个居于从属地位、与它联系起来的生命的存在者。如今神性安息在永恒自然界之上,俯视着它,如同太阳俯视大地,飞鸟俯视它的幼鸟。如果有人觉得这个比喻不太高雅,我想请他读一读《创世记》(1:2)里面那句意味深长的话[1],想想这句话的基本含义。如今神性在自身内认识到了它自己的永恒自然界,而从现在起,尽管神性保持着自己的自 [VIII, 254]

① 参阅《旧约·创世记》(1:2):“地是空虚混沌,渊面黑暗;上帝的灵运行在水面上。”——译者注

由,既没有与自然界捆绑在一起,也没有与之连成一片,但毕竟和它是不可分割开的了。

如今我们可以期待,那个早就萦绕在读者心头的反对意见会自行消散。也就是说,那个矛盾状态先行于存在着的上帝。上帝并非自全部永恒以来就存在着,但是他又必须存在着,就像普遍的信仰所设想的那样。在神性本性或神性自然界里面,某个东西,亦即一个混沌的、充满矛盾的状态,先行于存在着的上帝。诚然,人们会觉得,竟然会有这样的结论,可见我们的学说从根本上就是错误的。对此我们的答复是:"上帝绝不可能**转变为**存在者,他自永恒以来就是存在者。"但这意味着什么呢?无非是说,那个分离同样也是自永恒以来就已发生的,那个必然因素自永恒以来就归顺了自由。通过存在着的神性,通过自由的那个超自然的本质,那个原初的矛盾,那团烈火,那个充满了渴望和欲望的生命,被设定为"过去",但是,因为神性自永恒以来就存在着,绝不可能转变为存在者,所以那个"过去"是一个永恒的"过去",它不是后来才转变形成的,而是原初地、自全部永恒以来就已经是"过去"。

如果我们想要走上这条以历史的(亦即科学的)方式呈现出来的纯粹道路,那么我们必须把那个作为永恒的"过去"而包含在上帝之内的东西,也当作第一位东西,当作一个现实地先行于上帝的东西来对待。这和我们之前的考察,即那个东西是上帝的**永恒的**"过去",并无冲突。上帝自己认识到,那个生命是一个通过他,因此也是在和他的联系中,"过去了"的东西。至于"那是一个**永恒地**‘过去了’的东西”，这仅仅是我们为一个完整而伟大的概念增添的最后一个规定，而我们迄今的整个研究的收获，就是认识到了这个概念。

真正说来，我们唯一的收获就是认识到了“神性”的完整概念：它自在地或在自身之内既非存在者亦非“非存在者”，通过与它的本性或自然界（一个相对地外在于它的东西）的永恒联系，[VIII, 255] 永恒地存在着。如果我们不是一步步走近目标，同时保留着一个权利，即在终点之处通观整个完满的概念，我们如何能够深入这个概念，把握它的丰富内容呢？

众所周知，在我们之前从事这项研究工作的绝大多数人，或者说所有的人，都是依据于一个完全不同的出发点。他们全都从这个前提出发：自在的神性本身是一个永恒的寂静，完全封闭在自身之内，消融在自身之内——到这里为止，他们至少在说一些大家都听得懂的话。但是，他们接下来的那些话，不仅别人听不懂，恐怕他们自己也听不懂了，比如，通过自身启示，那个自在的、没有本性或自然界的神性（即永恒自由）接纳了本性或自然界，又比如，那个本质出离了自身，或把某个东西从自己那里抛出去，而伴随着这个出离或抛出，就开始了生命、运动、启示等等。问题在于，一个自在地没有本性或自然界，根本不具有任何渴望和欲望的东西，如何可能**接纳**本性或自然界呢？换言之，一个最初完完全全消融在自身之内的东西，如何可能在随后的一个环节或行动（除此之外我们确实没法设想别的情况了）里面，无需任何理由或者动机，就出离自身，亲自扬弃或者打破它的永恒的统一体和寂静呢? 诸如这样一些情况,就算我们绞尽脑汁,也是根本不能理解的。

之前我们已经证明,最高的和最纯粹的"神性"概念是一个得到普遍承认的概念,并且被当作是本体论论证的基础,而按照这个概念,本质也是存在,存在也是本质。我们亦证明,这个概念必然会导致另一个概念,即自在的神性本身既非存在者亦非"非存在者"。但是现在人们齐声要求,神性应当是一个存在者;理性和情感不能满足于一个作为纯净的"它"的上帝,毋宁说它们需要的是一个作为"他"的上帝。

诚然,所有时代的人们都在追问:"那个纯净的、自在地既非存在者亦非'非存在者'的神性如何能够是一个存在者?"至于另一个问题,"那个自在地未启示的、封闭在自身之内的神性如何能够启示自身,显露出来?",从根本上来说只不过是同一个问题的另一种提法。 [VIII, 256]

不管人类的机灵劲能够琢磨出什么答案,反正这个答案是绝对不容许的,即认为上帝在"存在着的存在"那里不再是一个自在的"超存在者"。上帝内部没有转换和变化;上帝在走出隐蔽状态,成为一个启示出来的上帝的同时,必须保持为一个隐蔽的上帝;上帝在走出超存在状态,成为一个存在着的上帝的同时,必须保持为一个超存在的上帝;上帝的最高的精神性和不可把握性,不可能像水在加利利的婚礼上变为酒那样[①],转变为一

① 据《新约·约翰福音》(2: 1-11),耶稣到加利利的迦拿参加一个婚宴,把石缸里的水变成酒来招待客人。这是耶稣第一次显露神迹,他的门徒们就更信他了。——译者注

种可理解性和可把握性。

任何回答那个问题的尝试,只要在上帝内部设定一个运动(哪怕是一个永恒的运动),自在地看来本身都是不容许的。因为,假若上帝是通过一个运动而过渡到一个不同于本质的本质,那么这个运动要么是必然的,要么是心甘情愿的:在前一种情况下,上帝从一开始就是一个原初地不自由的东西,不是永恒自由(但他是、而且必定是永恒自由),而在后一种情况下,因为他在运动中已经发挥着作用(亦即已经是一个现实的存在者),所以他不是作为自在地既非存在者亦非"非存在者"而进入到存在里面——在这两种情况下,他都不是作为纯净意愿或永恒自由而存在着,也就是说,不是作为他所是的那个东西而存在着。但是,说某个东西在成为存在者的同时,却付出乃至牺牲了他所是的那个东西,这是不可能的。

根本说来,那个问题只有唯一的一个解决办法。自在地看来,上帝本身既非存在者亦非"非存在者",同时又不能通过自身内部的一个运动而成为存在者,毋宁说,哪怕他现在已经现实地实存着,仍然必须永远保持为一个自在的"超存在者"。既然如此,他就不可能在自身之内转变为存在者,而是只能相对于一个他者而言,按照一个永恒的方式,转变为存在者。与此同时,这个他者必须是上帝的存在,或者说必须是这样一个东西,它只能作为存在而与上帝发生关系。

自在地看来,这件事情是足够清楚的,没有谁能够轻易反驳它。问题在于,这个他者又是从何而来的呢?鉴于他者的本性,这个问题也是一个很困难的问题。也就是说,既然他者相对于神性而言只能、只应当表现为存在,那么它按其本性而言看起来必须是一个“非存在者”;作为“非存在者”,它不是像最高者那样凌驾于存在者之上,而是位于存在者之下。与此同时,它也不可能是一个彻底的、绝对的“非存在者”。因此他者必须是这样一个东西,它并非自在地就是“非存在者”,而是仅仅相对于最高者而言才**转变为**一个“非存在者”。 [VIII, 257]

这个谜一般的“他者”究竟是从哪里来的呢?我们都知道,从最早的时代开始,人们就做出各种尝试,要澄清这个问题。最古老的尝试貌似是这样一种学说,即认为原初质料把一切不同于上帝的东西从神性那里排除出去。当然,现在的某些号称“流溢说”的东西,已经具有一个完全不同的意义。虽然这种学说既没有解释问题,而且它本身也是不可解释的,但它至少具有一个优点,即让神性保留着自己原初的寂静和自由。只有一种介于这种学说和通常学说之间的墙头草观点才认为,上帝在万物的开端之前把“某个东西”——有些人甚至觉得,这里的“某个东西”就是指上帝自己——从自己那里设定在外,以此为未来的创世奠定基础。而这意味着,那个寂静的神性在尚未与自身分离之前,从最初开始就与未来世界的原初质料纠缠在一起。

最接近于真理的,始终都还是神学家们认可的那个观念,即上帝不是通过一个外在的行动或运动,而是通过他的单纯意志,作为一个静止因,就为那些不同于他的东西提供了最初的基础。神学家们本来已经瞄到了真理的一鳞半爪,但却通过一个错误的说法——即把那个意志和上帝区分开来——重新扭曲了正确的概念。因为,那个意志要么是一个永恒的意志(这是某些人明确主张的观点),要么不是一个永恒的意志:在前一种情况下,我们不知道,这个意愿在纯净的永恒性之内如何能够与神性本身区分开来,特别是那些最智慧的人在任何时候都教导我们,一切包含在上帝之内的东西,本身就是上帝,因此上帝的意志无非就是有所意愿的上帝自身;而在后一种情况下,人们假定永恒性之内有一个产生运动,纯净的神性之内有一个从无意愿到意愿的过渡,但是,如果缺乏一个临机而现的动机,这种情况根本就是不可想象的。[VIII, 258]

真相在于,首先,上帝自身在本质上是一个安静意志(即一个纯净的自由),其次,如果这个意志存在着,那么他者必然直接地也存在着。就此而言,神学家们的学说可以这样来表述:上帝是那个他者的原因,但不是一个作用因,而是一个静止因或本质因,换言之,只要有那个封闭在本质之内的存在,就有一个他者。但由于那个存在本身不可能存在着,同时又不可能停留在这个抽象状态下,所以它在无需任何运动的情况下,仅仅**通过**它的纯净性就直接设定了那个他者,把他者当作它的存在。好比那个纯粹的电火花——这是一种按其本性而言放射性的、分享性的东西——虽然它在每一个瞬间都不能脱离它的对立面而存在,但是,只要它存在,就会立即唤醒对立面,也就是说,它不需要一种特殊的作用,只需要通过自己的纯粹性和抽象性,就制造出它的对立面;好比那个离开质料就不能现实地存在着的火,只要它必然是一个现实的东西,就会在无需运动的情况下,通过它的单纯本质就直接设定质料;同样,只要有神性自身,只要有这个纯粹的、摆脱了全部存在的精神,就会有那个他者。

这个观念很像古代的一种学说,即一个命题本身就会导致其反题。但是,按照这个观念,神性的那个最初概念(我们在其中只能思考一种纯净的精神性)就改变了。也就是说,上帝不是通过他的特殊意志,而是通过他的单纯本质就成了他者的原因,既然如此,这个他者虽然不是上帝的本质,但毕竟以一种自然的和不可分割的方式归属于上帝的本质。因此可知,如果纯粹神性是A,那个他者是B,那么存在着的、活生生的神性的完整概念就不是单纯的A,而是A+B。

看起来,即使是沿着另一条道路(即一条从纯净的精神性出发的道路),我们还是会达到之前所说的那个关于神性的概念。关键在于,这条道路或这个推论至多是一个辩证的推论,但绝不可能是一个历史的(亦即真正意义上的科学的)推论。我们明确无误地认识到,上帝与一个永恒地从属于他的自然界相关联;这个合题(Synthese)是我们的第一个思维,是我们的最古老的思维。除了一个活生生的上帝之外,我们不认识别的上帝,至于他的最高的精神性生命为什么与一个自然的生命联系在一起,这是他的个体性的原初秘密,是那个“不能毁坏的生命”的奇迹,就像一位使徒意味深长地所说的那样(Hebr. 7, 16)[1]。 [VIII, 259]

① 参阅《新约·希伯来书》(7: 16):“他成为祭司,并不是照属肉体的条例,乃是照无穷之生命的大能(‘无穷’原文作‘不能毁坏’)。”——译者注

但是,如果我们想要把那个合题的思想以科学的方式制造出来(而这是不可避免的),我们就必须从那样一个东西出发,上帝在这个合题自身之内把那个东西设定为他的永恒的“过去”,而那个东西在他之内也只能被设定在“过去”的形式之下,此外没有别的办法。

“过去”——一个崇高的概念,每一个人都熟悉,但只有少数人才理解!绝大多数人唯一知道的“过去”,是一种在每一个瞬间都通过这个瞬间而得以扩大的“过去”,它本身仍然在转变着,而非存在着。如果没有一个明确的、决定性的“现在”,就不会有真正的“过去”;试问,有多少人会喜欢这样一种“过去”呢？如果一个人尚未超越自己,就不会拥有“过去”,毋宁说他从未走出“过去”,而是始终生活在其中。唯有当人意识到,他如俗话所说的那样,已经把某些东西“抛在身后”,亦即已经把它们设定为“过去”,他才会心情舒坦,并且从中受益。同样,只有当他把某些东西“置于前方”,在这个条件下,他才会看到“未来”,并且感到轻松。唯有当一个人有能力把自己提升到自己之上(提升到他的本质的从属部分之上),他才能够为自己制造出一个真正的“过去”;也只有这样的人才能够享受一个真正的“现在”,只有他才能够展望一个真正的“未来”。单是这些伦理考察就已经表明,“现在”只有一种基于已经决断的“过去”才是可能的,而“过去”只能作为一个已经被超越或征服的东西成为“现在”的根据。

诚然,形而上学家们已经断定,“永恒性”是一个纯粹的概念,和时间概念没有任何关系。如果他们意指的是那个对外完 [VIII, 260]

全不发挥作用的永恒性,那个相对于一切别的东西而言——如我们已经指出的那样——仿佛是“无”的永恒性,这个看法是有道理的;这个概念确实已经把“过去”“现在”和“未来”完全排除在外。但是,如果他们想要谈论的是一个现实的、活生生的永恒性,他们就只知道永恒性是一个持续的“此时”(Nun),一个永恒的“现在”;相应地,他们心目中的“时间”概念(包括那个永恒时间),作为永恒性的镜像,无非是指一个永恒的“非现在”。

问题在于,既然“现在”只能基于一个“过去”,那么永恒的“现在”也只能以一个永恒的“过去”为根据。

真正的永恒性并不是一个把全部时间排除在外的永恒性,而是一个把时间(永恒时间)当作降服的东西而包含在自身之内的永恒性。现实的永恒性是对于时间的超越或征服;正因如此,意味深长的希伯来语用同一个词“Naezach”来表述“胜利”(它被看作是上帝的基本属性之一)和“永恒性”。

任何生命同时也是死亡。在那个设定“存在着的存在”或“实存”(Existenz)的行动里面,必须有一个东西死去,这样另一个东西才会活下来。因为存在者就其自身而言只能凌驾于一个“非存在者”之上。在一个有机物体产生出来的那一瞬间,物质必须失去自己的独立性,转变为真正意义上的本质的单纯形式。

每一种类型的生命都是一系列交织的状态,在其中,先行的状态是母亲,是把随后的状态诞生出来的潜能阶次。就此而言,自然生命是一把通向精神性生命的梯子;它迟早会到达一个点,在那里,它既不能停留下来,也不能依靠自己而继续前进,在那里，它需要一个更高东西的帮助，以便继续提升自己。在人那里，如果自然生命不能找到一个更高的精神性潜能阶次，就会陷入到一种内在的焦躁不安状态，陷入到一个缺乏意义和目的的往返运动之中，而这正是“疯狂”(Wahnsinn)的特征。同样，从大的方面来说，看起来只有当自然生命提升自己，直到通过人而接触到精神性生命之后，地球的组成部分才找到了全部受造物的和谐，随之得到安抚。然而即使在自然生命的内部，也有这样一个序列，在其中，先行的状态总是成为随后的状态的“过去”。生命的健康和完满仅仅立足于一个持续的推进过程，立足于诸潜能阶次的顺利过渡。相应地，一切疾病都是起源于一个遭到阻碍的推进过程(即所谓的“发展过程疾病”)，同样，一切畸形事物都仅仅起源于一个遭到打断的提升过程。因为，如果自然界不能找到一个使其得到升华的潜能阶次，这时它既不能停留下来，也不能继续前进，在这种情况下，因为那个向前推进的冲动不会终止，所以它必然会萌生出一种奇形怪状的生命。[VIII, 261]

在上帝的生命这里，也和在所有别的生命那里一样，有一个运动。问题仅仅在于，在这种情况下，上帝的生命如何区别于所有别的生命，尤其是区别于人的生命呢？

首要的区别在于，那个序列和交织在人的生命里面有可能瓦解，但在上帝的生命之内却是不可能瓦解的。上帝处于一个持续的上升过程之中。正如《圣经》所说的那样，主的**道路**是正直的,亦即笔直向前推进的[①]。一切倒退的东西都违背上帝的本性。正因如此,他只能把那个在一个圆圈里不停打转的生命当作一个永恒的“过去”而包含在自身内。

生命的瓦解,或者说这样一种可能性,即从较低潜能阶次到较高潜能阶次的过渡有可能遭到推翻,既是疾病的原因,也是自然死亡和精神死亡的原因。就此而言,上帝是唯一不会毁坏的,是唯一不朽的。

其次的区别在于,那个序列在上帝之内是一个现实的、但并没有在时间之内发生的序列。在同一个行动(即那个伟大的决断行动)里面,1(第一个潜能阶次)被设定为2的“过去”,2被设定为3的“过去”,而这个整体(1, 2, 3)又被设定为4的“过去”,也就是说,永恒性本身就包含着一个序列,包含着一个时间;永恒性不是一个空洞的(抽象的)永恒性,而是一个把时间当作已经超越或征服的东西而包含在自身内的永恒性。 [VIII, 262]

那是“全”的东西先于“一”,必然性先于自由,自然界先于那位于全部自然界之外和之上的东西;但这里并没有时间,因为一切东西都包含在同一个不可分割的行动里面。任何生命都包含着对于死亡的超越或征服;每一个实存,尤其是那个真正立足于“自身临在”(Selbstgegenwärtigkeit)的实存,那个具有自我意识的实存,都是作为“现在”而基于一个“过去”。

---

① 参阅《旧约·何西阿书》(14: 9):“谁是智慧人,可以明白这些事;谁是通达人,可以知道这一切。因为耶和华的道是正直的,义人必在其中行走;罪人却在其上跌倒。”——译者注

一个永恒的“意识**存在**”(Bewußt*seyn*)[①] 是不可设想的,或者说这个东西等同于无意识。诚然,那个最高的存在,那个在这里也是本质自身的东西,必须自在地也是一个最纯净的知识,因为存在者和存在(主体和客体)在它那里完全合为一体——这就是那个著名的比喻所说的情况:“最高存在等于最高知识。”但正因如此,那个纯净知识对于它自己尚未有所认知。只有相对一个他者(亦即它的存在)而言,最高存在才能够表现为存在者,那个纯净知识才能够表现为认知者,随之提升到行动。

如果没有设定一个“过去”了的东西,就不会有“意识**生成**”(Bewußt*werden*),也不会有“意识存在”。任何一个“意识存在”都意味着把某个东西排除出去,同时又吸引过来。那具有意识的东西,把它所意识到的东西排除出去,当作异己,但与此同时,它必须把它所意识到的东西吸引过来,当作它自己,只不过处于另一个形态之下。这个在“意识存在”里面同时被排除和被吸引的东西,只能是一个无意识的东西。因此一切“意识存在”都以一个无意识的东西为根据,而恰恰在“意识生成”的过程中,这个无意识的东西被那个具有意识的东西设定为“过去”。诚然,我们绝不能设想上帝曾经有一段时间是无意识的,然后转变为有意识的;但我们确实可以设想,在“意识生成”这个不可分割的行动里面,上帝同时掌握了无意识的东西和有意识的东西,把后者

① 我们通常都把“Bewußtseyn”翻译为“意识”,这个译法没有反映出其中的“存在”(Seyn)意蕴。一般说来,这不会带来什么理解上的困难和问题。但是,鉴于谢林在这里区分了意识的“存在”和“生成”,所以我们相应地在这里及随后的几个段落把“Bewußtseyn”翻译为“意识存在”。——译者注

设定为永恒的“现在”,把前者设定为永恒的“过去”。

“意识存在”只能立足于“意识生成”这个行动,既然如此,在上帝那里,我们就不能设想一个永恒的“意识存在”,而只能设定一个永恒的“意识生成”。就此而言,永恒自由与自然界的那个联系无非是最高者的永恒的“走近自身”(zu-sich-selber-Kommen)。当纯净的神性把自己与自然界捆绑在一起,这并不是走近一个陌生的东西,而是来到它自身之内(εἰς τὰ ἴδια),并且认识到自然界是它自己的永恒自然界。同样,那个在自身内永恒开端着的东西也认识到,那个纯净的精神不是另一个不同于它的上帝,而仅仅是它自己的最高的自我。 [VIII, 263]

绝大多数人的初衷,是想要解释神性的一个启示。但是,那应当付出自身的东西,必须首先拥有自身,那想要谓述自身的东西,必须首先走近自身,那将要在他者面前启示出来的东西,必须首先在自身面前启示出来。再者,一切应当走近自身的东西,都必须寻求自身,也就是说,在它自身之内必须有一个去寻求的东西,和一个被寻求的东西。这两个东西不可能是合为一体的,它们必须在根源上始终保持为彼此独立的,这样才会永远有一个被寻求的东西和一个去寻求和去发现的东西,才会永远有一个因为去发现和被发现而得到的快乐。只有在这种情况下,我们才能够设想一个永恒活生生的“意识存在”。这个“意识存在”之所以成立,是因为它要突破和超越一个对立面,因此它不是一个静止不动的、僵死的“意识存在”,而是一个永恒活生生的、始终重新产生出来的“意识存在”。

但是对一个更为深刻地思考问题的人而言，还有一个特殊的困难，即去解释永恒者如何能够意识到自己的永恒性，而绝大多数人在这个问题上只是蜻蜓点水一般顺带而过。在一个空洞的、抽象的永恒性里面，任何“意识存在”都是不可设想的；永恒性的“意识存在”只能通过那个言语表述出来：“我是曾在者，现在者，将在者（Ich bin, der da war, der da ist, und der da seyn wird）。”① 或者按照一个更内在化的方式，通过那个不可翻译的名字表述出来——这是最高的上帝在摩西面前说出来的名字，它在原初母语里面用同样的词语表达出完全不同的意思：“我是[VIII, 264]我曾经所是，我曾经是我将来所是，我将会是我现在所是（Ich bin, der ich war, Ich war, der ich seyn werde, Ich werde seyn, der ich bin）。”这样一个永恒性的“意识存在”，如果不对各个时间做出区分，就是不可能的。但是，既然永恒者在自身之内找不到时间，那么除了在一个他者那里之外，它还能在别的什么地方对时间做出区分呢？对于永恒性的精神而言，这个他者就是那个与它相关联的自然界。在自然界那里，精神认识到自己是一个**曾经存在的**精神，因为它把自然界设定为它的**永恒的**“过去”，随之把它自己也设定为一个必然永恒地将会存在的精神，而自然界只有相对于精神或存在者而言，才能够成为“过去”。通过这个方式，精神为自己的永恒性又提供了一个永恒性，以之作为根据，换言之，精神把自己的永恒性设定为一个完全无根据的永恒性，这个永恒性又得立足于另一个永恒性。在自然界那里，精神

① 参阅《旧约·出埃及记》(3: 14)：“上帝对摩西说：‘我是自有永有的。’”——译者注

认识到自己是一个**存在着的**精神,一个永恒的"现在",与之前的一个永恒的"过去"相对立。在自然界那里,精神认识到自己是一个**将会存在的**精神,因为它发现自己是一个相对于自然界而言的永恒自由,同时发现自然界是一个未来的意愿的可能蓝图。精神不仅认识到,自己曾经存在,现在存在着,将来还会存在;它更认识到,作为曾在者、现在者、将来者,它是**同一个精神**,因为它永恒地曾经是现在这个封闭在本质之内的存在,而且在整个"未来"里面,它也只能是它现在所是的东西,即那个本质性的存在。

也就是说,精神仍然是一个自在地既非存在者亦非"非存在者"的东西:它并非在自身之内就是存在者,毋宁说,只有当某个东西成为它的存在,它才能够相对于这个东西而言是存在者。精神仍然是一个相对于存在而言的永恒自由,是一个能够在存在之内并且通过存在而实现自身的永恒权力,只不过它尚未澄清自己,仍然是一个安息的、无所欲求的意志。

因为那个自然界是上帝的最初的外化和显露,所以人们很自然地认为,自然界是神性的身体,而那个"超存在者"则是统治着这个身体的精神。问题在于,首先,永恒自然界是一个由身体、灵魂和精神构成的整体。其次,这三个东西相互串联在一起,在一个不自由的、未分离的状态下,共同制造出那个自然界之轮,那个在人那里也是真正意义上的内核的东西。与此同时,永恒性的精神并未与自然界捆绑在一起,虽然它不能脱离自然界,但仍然保持着自己的永恒自由。因为,精神作为一个永恒地 [VIII, 265]

提供解救与和解的潜能阶次，作为永恒的造福行动本身，只能在这个关系里对自己有所感受。

所以，如果人们想要为这个关系寻找一个人的比喻(这个想法确实是合理的)，那么只能是这个比喻。上帝之内的永恒自然界和人之内的自然界是同一个东西，就人被看作是一个由身体、灵魂和精神构成的整体而言。当人的这个自然界处于听之任之的状态，就和永恒自然界一样，表现为一个充满了冲突和畏惧的生命，表现为一团不断地吞噬自身，又不断地重新生出自身的火焰。人的自然界也渴望得到和解，但相应的中介或手段却不是包含在它自身**之内**，而是位于它之外和之上。只有通过上帝的精神——因此它叫作“来自上界的精神”——人的自然界才能够获得重生，亦即摆脱旧的生命，将其设定为“过去”，随之过渡到一个新的生命。因此这里不是精神或灵魂与身体的关系，而是那个并非专属于人的神性精神或那位“生命引导者”(这是古代神秘学已经为其提出的一个名称)与人的整个自然界的关系，是那个“超存在者”与归顺于它的自然界的关系。

正如永恒的精神自由自在，未与任何东西捆绑在一起，因此始终凌驾于自然界之上，同样，自然界也是不带勉强的、心甘情愿地归顺于精神。通过那个纯净本质的目光和临在，自然界唯一受到的影响，就是获得了自由，在这种情况下，它能够要么听从分离，要么反抗分离，重新落入到一个充满渴望和欲望的生命之中。当然，通过这个心甘情愿的归顺，自然界证明自己是一个神性的自然界，证明自己在与纯净神性建立联系之前，就已经自在地是一个神性东西。但是,只有在获得自由之后,自然界才通过最高者的力量超越自己,并且把它自己的生命(作为一个独有的、与上帝区分开的生命)设定为“过去”。

也就是说,没有什么东西应当单纯立足于必然性,那种最高的自由意愿应当在生命的最初开端那里就体现出上帝的不受限制的自由。

[VIII, 266] 因此自然界在原初开端那里就已经归顺了精神,但这不是借助于它自己的或自然的意志,而是迫于一个强制——这就是《罗马书》(8, 20)所说的οὐκ ἑκοῦσα[不情愿][1] 的意思,虽然那里谈论的是一个**后来的**归顺——但不管怎样,它之所以归顺那个强制,是抱着一个希望,即通过这个归顺,它也能够获得自由,从那个永远变动不居的、吞噬自身的本质(即盲目必然性)的奴役状态上升到一个常驻的荣耀。

但是,正因为这仅仅是一个心甘情愿的归顺,所以自然界始终保留着一个可能性,重新脱离秩序,返回到一个独有的、背离了上帝的生命之中。在归顺的时候,自然界并没有放弃全部存在,而是仅仅放弃了那个独有的、不依赖于上帝的生命,而且这个生命也不是就根源或可能性而言,而仅仅是就现实性而言遭到放弃。因此即使在这个归顺状态下,自然界仍然保留着一个独有的自身运动根据,保留着自由的一个源泉。当然,这个根据或源泉并没有发挥作用(成为现实性),而是始终停留在单纯的

① 参阅《新约·罗马书》(8: 20-21):“因为受造之物服在虚空之下,不是自己愿意,乃是因那叫他如此的。但受造之物仍然指望脱离败坏的辖制,得享上帝儿女自由的荣耀。”——译者注

可能性(潜能)之中。

假若神性并非如柏拉图所说的那样是一个没有嫉妒心的神[①],它就不可能放弃这个生命的各种力量,因为否则的话,它就必须扬弃自己的生命,扬弃它的"存在着的存在"的根据。

是的,上帝唯有通过一个联系才是活生生的上帝,而如果这个联系本身不是一个僵死的东西,而是一个永恒运动着的东西,我们就必须断定,甚至那个现在已经归顺神性的生命也一直在跃跃欲试,要作为一个独有的生命而现身出来,这样就不会有一个盲目的归顺,而是有一个永恒的欣喜,一个对于寻求(渴望)的安抚,一个永恒的通过发现和被发现、通过征服和被征服而带来的欢乐。

在一个健康的身体里面,只有当代表着身体的统一体持续不断地压制着那个时刻想要现身的虚假生命,压制着那个逃避和谐,并且和身体相冲突的运动,才会出现一个健康的感觉。同样,假若这些现在归顺了的力量不是持续不断地拥有一个可能性,去挑起一个针对统一体的矛盾,同时又持续不断地得到安抚与和解(因为它们感到那个作为压制者的统一体是造福于它们的),那么在上帝那里也不会有生命,不会有生命的欢乐。

[VIII, 267]

这里我们到达了"非存在者"的一个新的概念,或更确切地说,它的一个仅仅得到提升的概念。盲目必然性的那个起初的生命不可能叫作存在者,因为它从未真正立足下来,从未达到存在,而是仅仅停留在死亡之中,停留在对于存在的欲望之中。现

---

① 参阅柏拉图:《蒂迈欧》(29e)。——译者注

在,就它在那个归顺状态中现实地达到了一个静止的存在而言,可以说它的那个欲望得到了安抚;但那个欲望之所以得到安抚,原因仅仅在于,它认识到自己是一个居于从属地位的东西,亦即一个较低秩序的存在者,或一个相对而言的“非存在者”。

我们已经指出,现在的这个“非存在者”有可能走出潜能状态,努力把自己重新提升为一个存在者。通过这个方式,产生出“非存在者”的一个得到提升的概念,这个在自然界和生命那里无处不在的概念是我们被迫予以承认的,它以一种不由分说的方式让我们认识到,在存在者和“无”之间,确实有一个居间者,亦即一个不存在着,也不应当存在着,但又想要存在着的东西。它不存在着,因为它仅仅想要存在着,但它也不是“无”,因为它必定以某种方式存在着,这样才能够去欲求什么。

没有谁会认为,疾病是一个真正意义上的生命或一个真正活生生的生命(vita vere vitalis),但它确实是一个生命,只不过是一个虚假的生命;它不是一个存在者,却想要把自己从“非存在”提升为存在。谬误不是一个真实的认识,亦即不是一个现实的认识,但它毕竟不是“无”,或者说它虽然是一个“无”,却想要作为某个东西而存在。恶就其自身而言是一个谎言,缺乏一切真实的存在;然而它**存在着**,并且展示出一种可怕的现实性,因此它虽然不是一个真正的存在者,但在本性上却想要成为一个存在者。

那个起初的盲目生命,其本性无非是冲突、畏惧和矛盾;如果它永远都是这个样子,如果它不是自永恒以来就被一个更高

[VIII, 268] 的生命封闭起来,随之被驱赶回潜能状态,那么我们既不能说它是一个病态的生命,也不能说它是一个恶的生命。因为,只有当它一方面归顺了带来抚慰的统一体,另一方面又保持着自由,时刻准备着现身出来,摆脱统一体,进入到它自己的本性之内时,才有可能出现“病态”和“恶”之类的概念。

当一个有机本质生病了,那些之前隐藏在它内部的力量就会冒出头来;换言之,当统一体的纽带完全断裂了,那些之前归顺于一个更高东西的生命力量就能够脱离精神的掌控,仅仅遵循自己的偏好和作用方式,在这之后,那个曾经被生命魔法压制住的恐怖东西,那个我们在此生中从未遭遇过的东西,就会显露出来,那些曾经得到尊敬或爱戴的对象,转变为我们感到畏惧和极端厌恶的东西。只有当人心里面的那些深渊暴露出来,只有当那些本应永远埋葬在黑夜和晦暗里面的恐怖思想冒出头来,我们才会知道,什么东西隐藏在人的可能性里面,以及人的本性就其自身而言究竟是什么样子。

只要我们审视自然界和魂灵世界里面的许多恐怖东西,以及更多的看起来用充满慈爱的双手掩护着我们的东西,就会毫不迟疑地断定,神性端坐在一个恐怖世界之上,而上帝,从那个在他之内并且通过他而被隐藏起来的东西来看,不是在虚假的意义上,而是在真正的意义上,堪称“恐怖的上帝”或“可怕的上帝”。

也就是说,那个通过上帝而成为“过去”的生命,或者说那个被隐藏起来的生命,在其自身之内始终是它曾经所是的那个东西;那团烈火的各种力量仍然在其中似睡未睡,仅仅通过那个使"一"转变为"全"的**话语**而得到安抚,仿佛得到了一个承诺似的;假若人们能够把那个提供和解的潜能阶次拿走,转瞬之间一切东西就会重新落入到那个充满矛盾和炙热欲望的生命之中。但是,通过一个来自于上界的力量,自然界仿佛自己约束自己,随之征服了它自己的必然性,心甘情愿地投身于分离,而通过这个方式,那个自在地不存在着的、不可把握的神性也获得了永恒的喜悦和生命乐趣。 [VIII, 269]

迄今为止,我们持续地遵循着一个环环相扣的研究进程,这中间不容许有任何间断,因为只有伴随着那个最终添加进来的规定,大全一体——我们想要得到它的一个概念——才达到了完满。因为我们迄今阐释的一切东西,用通俗的话来说,无非是"上帝"理念的完整建构,而这个理念不可能诉诸一个简短的解释,或像一个几何图形那样几笔就勾勒出来。到目前为止,我们在力所能及的范围内描述的东西,仅仅是神性的永恒生命;至于我们计划好要描述的那段真正的历史,即对于那一系列自由行动的叙述(通过这些行动,上帝自永恒以来就做出了启示自身的决定),只能从现在才开始。

尽管如此,在我们探究这段历史的进程之前,让我们再花一点时间仔细审查迄今已经得出的结论。——整个事情的关键在于这样一个认识,即上帝之内的统一体同时也是二元性,或反过来说,上帝之内的二元性同时也是统一体。假若上帝和他的永恒自然界或本性是同一回事,假若上帝和那个东西是捆绑在一起的，那么就只有统一体。反之，假若二者是完全分裂的，外在于彼此，那么就只有二元性。问题在于，当今的人们完全不懂得，正因为那个统一体是一个自由意愿的东西，所以它的概念包含着一个二元性。他们只想要统一体，他们在上帝那里只希望看到精神和最纯净的单纯性。

现在我们已经无比清楚地证明，自在且自为的神性，作为最纯净的精神，凌驾于全部存在之上；这个情况本身就意味着，假若神性没有一个永恒的潜能阶次，一个不是把它创造出来，而是把它诞生出来，放置到存在之内的潜能阶次，那么它不可能存在着，就此而言，神性的活生生的、现实的实存不是一个静止不动的、僵死的实存，而是一个永恒的入于存在的诞生，因此这个诞生的手段和工具可以说是上帝的真正意义上的永恒**自然界或本性**（一个负责诞生的潜能阶次）。

[VIII, 270] 但我们也知道，在目前的情况下，科学的理由很难与一个根深蒂固的思维方式相抗衡，尤其是这个思维方式与一些关于崇高精神性的想象联系在一起。比如当今流行的那个所谓的“理性宗教”就认为，人们愈是以一种纯粹的方式把全部活生生的运动力，把全部自然界从上帝那里拿走，就愈是把上帝置于一个崇高的位置。

我们可以证明，这个思维方式完完全全是一个近代才有的东西。因为我们的整个近代哲学就好像一件昨天才发生的事情。近代哲学之父笛卡尔完全撕裂了自己与早先文化的活生生的联系，企图仅仅按照他那个时代的概念来彻底地从头开始建立起一个哲学,仿佛在他之前没有任何人做出过思维或哲学思考似的。从此以后,一切哲学都仅仅是同一个基本谬误的环环相扣的、顺理成章的延续,这个基本谬误经过全部各不相同的体系一直蔓延到最近这段时间。然而这个完全以近代思想为准绳的做法,即通过割裂自己与早先文化的联系,来让自己与真正古老的乃至最古老的东西建立联系,在根本上就是南辕北辙的。

从事情本身来说,任何一个人,只要他是作为一个认知者来讨论最初的开端,就必定会希望自己衔接上某个自古以来就得到尊崇的东西,衔接上某个得到高度认可的传统,因为那是人类思想的栖息地。柏拉图本人在谈到那些最高层次的思想的时候,也乐于援引一段从古代传承下来的话或一句神性的谚语!通过这个方式,读者或者听众已经被引导着离开那个最恶劣的观点,仿佛作者只想要从自己的头脑里编造出一切,只想要提供一个他自己发明的智慧似的;通过这个方式,那个观点带来的焦躁不安消解在一个平和的心境之中——每当人们知道自己是有根有据的,就会感受到这个心境,而这个心境对于科学研究来说是非常有利的。

这样一个衔接是那一个人加倍迫切需求的,他在这个已经丢失了全部坚实概念的时代里,不想提供新的意见,只想重新确立那个虽然处于隐蔽状态,但早就已经存在着的真理。

那么,如果不是在那些永恒地栖息于自身之上、不可动摇的原初证据(Urkunden)——唯有它们包含着一个从头至尾的世界史和人类史——里面,我还能在别的什么地方找到这个传统 [VIII, 271]

呢？或许这可以解释，为什么我在迄今的论述中经常引用《圣经》里面的某些说法，而且这种情况接下来还会更频繁地出现。诚然，当我频繁引用奥菲欧教残篇[①]、《阿维斯塔》评注[②]、印度教经典等等的时候，或许有些人会觉得我在炫耀自己的博学，而另外一些人会觉得我的这个做法并不是什么神奇的事情，因为如果要从语言、历史和教义等方面完整地解释这些著作，世界上的全部科学和学问都必须共同发挥作用。因为没有人会认为，当今的学术概念已经完全探测了《圣经》的宝藏，没有人会否认，我们尚未发现一个体系，它能够解释《圣经》里面的全部说法，使其达到完满的融贯。许多极为艰涩的段落必须永远留在黑暗之中，或被尘封在原处。正因如此，虽然人们在那些体系里面找到了一些最杰出的学术观点，但遗憾的是，这些观点是以一种僵化而独断的方式建立起来的，相互之间没有内在联系，没有转承和中介环节，但是唯有这些东西才能够制造出一个可理解的整体，这个整体不再要求盲目的信仰，而是能够获得精神和心灵的自由的认同。一言以蔽之，我们缺乏一个内传的（esoterisches）体系，一个其入门资格应当完全掌握在导师手里的体系。

阻止人们达到这个整体的一个特殊障碍，是人们对于《旧约》的几乎可以说恬不知耻的忽视和轻视，有些人甚至把《旧约》

---

① 奥菲欧教或俄耳甫斯教（Orphik）是公元前5世纪或更早之前起源于希腊色雷斯的一个宗教，主张"万物起源于黑夜""灵魂转世""禁欲修行"等思想，对毕达哥拉斯、恩培多克勒、柏拉图等哲学家有重要影响。——译者注

②《阿维斯塔》（*Avesta*）是伊朗琐罗亚斯德教的圣经，其成书时间可以追溯到公元前10世纪。——译者注

完全抛在一边,因为他们认为,《旧约》所说的东西除非在《新约》里面得到回应,否则就是无关紧要的。问题在于,《新约》是建立在《旧约》这个地基之上的,并且显然是以《旧约》为前提。那个由内至外渗透在《新约》的全部章节里面的体系,它的开端,它的最初的伟大之点,都仅仅包含在《旧约》里面。然而开端恰恰是根本重要的东西;谁没有认识到它们,就绝不可能达到整体。上帝的各种启示里面有一个联系,这个联系不是位于中途半端,而是只能从开端出发而得到理解。《新约》向我们展示出后来时间和后来关系里面呈现出来的一切东西,但后来的时间和关系以早先的时间和关系为前提;至于原初时间的黑暗,至于神性本质自身内部的那些最初和最古老的关系,只有几道从《旧约》的乌云里飘下的闪电,偶尔将其照亮。 [VIII, 270]

二元性里面的统一体,还有统一体里面的二元性,就是这个样子,而我们把这看作是神性个体性的本质因素。长久以来,全部研究者都注意到,上帝有两个有时分离出现,有时合在一起出现的名字。"以罗欣"(Elohim)这个词本身意味着复数,但通常是和动词的单数形式联系在一起,对于这一点,整个古代的人们是这样解释的,即三个位格应当在唯一的一个本质那里暗示出来。这个观点早就被抛弃了,而且在事实上,任何类比都有足够的理由去反对这个观点。

但是,如果"以罗欣"暗示着神性实体,即各种原初力量的那个(从"一"转变过来的)"全",或那个虽然本身不可谓述,但通过一个纯净的精神性神性而被谓述出来的东西,如果我们这样来解释，人们对此还有什么好反对的呢？在谓述者、**名字**或词语的这个关系里，“耶和华”（Jehovah）从一开始就被设定为“以罗欣”。摩西问：“如果我对以色列的子民说：‘你们祖宗的以罗欣派我到你们这里来’，而他们问我；‘他的名字是什么’，我应当如何回答他们呢？”耶和华回答道：“你应当这样告诉他们：‘耶和华，你们祖宗的以罗欣，派我到你们这里；**这是我的名字**，直到永远。’”（《出埃及记》3, 15）[①] 这里很显然，“耶和华”应当是“以罗欣”的名字，至于“以罗欣”，作为名字的承受者，则是被谓述出来的东西。就此而言，“耶和华”确实可以称作绝对意义上的**名字**（谓述者），正如《利未记》（24, 11）所说的那样：“有人诋毁**你的名字**”[②]，或如《申命记》（28, 58）首先提出：“如果你不害怕那个**辉煌的名字**”，然后以一种解释的方式补充道：“这个可畏的耶和华你的以罗欣。”[③] 长久以来，人们已经注意到，上帝的名字——没有人知道它的真正读音——是由纯粹的送气音组成的，他们由此推论出，这个名字暗示着神性的吐气，暗示着那个纯粹气息或纯 [VIII, 273]

---

① 参阅《旧约·出埃及记》（3: 13-15）：“摩西对上帝说：‘我到以色列人那里，对他们说：你们祖宗的上帝打发我到你们这里来。他们若问我说：他叫什么名字？我要对他们说什么呢？’上帝对摩西说：‘我是自有永有的。’又说：‘你要对以色列人这样说：那自有的打发我到你们这里来。’上帝又对摩西说：‘你要对以色列人这样说：耶和华你们祖宗的上帝，就是亚伯拉罕的上帝，以撒的上帝，雅各的上帝，打发我到你们这里来。耶和华是我的名，直到永远；这也是我的纪念，直到万代。’”由于在通行的中文版《圣经》里面，“以罗欣”被简单翻译为“上帝”，所以一般人根本不会想到其中的哲学—神学意蕴。——译者注

② 参阅《旧约·利未记》（24: 11）：“这以色列妇人的儿子亵渎了圣名，并且诅咒，就有人把他送到摩西那里。”——译者注

③ 参阅《旧约·申命记》（28: 58）：“这书上所写律法的一切话，是叫你敬畏耶和华你上帝可荣可畏的名。”——译者注

净精神;因此犹太人认为,“Jehovah”是本质的名字,而“Elohim”则是神性的各种作用的名字。另一些人指出,上帝的名字完全是由一些所谓的“静态字母”(literis quiescentibus)[①] 构成的;这一点同样适用于那个纯净意志(那个缺乏现实意愿的东西)的本质。人们认为,这个名字之不可言说是一个神圣的表现,而这表明,名字应当是神性的谓述者,但正因如此,它本身不应当是神性的可谓述者。除此之外,最为精巧和最为意味深长的希伯来语当然不会永远对一个情况熟视无睹(事实上,人们早就注意到了这个情况),即那个名字是一个“四字名”(Tetragrammaton)[②],正如“上帝”(Gott)这个名字在所有的语言里面也是一个“四字名”。假若我们愿意徜徉于细节问题,我们甚至可以证明,那个从1到4的推进运动在个别字母那里也留下了一丝痕迹。有些人认为,整个古代对于“四”数的尊崇是起源于一个音讯,而这个音讯的印记就包含在“יהוה”[③] 这个名字里面。这个观点并不是某些盲目的基督教研究者的单纯臆断。毕达哥拉斯必定已经认识到,人们在计数的时候,无论如何一定要数到4,也就是说,1、2、3本身都是无,如果没有进到第四个推进层次,那么没有什么东西能够立足下来。是的,“四”是最高级的持存,无论对上帝还是对永恒自然界来说都是如此。毕达哥拉斯学派的那句誓言,

---

① 在传统的希伯来语言学里面,“静态字母”指音节结尾处一个缺失的元音,这个元音也没有被说出来。——译者注

② “四字名”或“四字神名”即“JHWH”,上帝的名字。这个词由四个希伯来语辅音字母构成,其分别对应的元音字母一直是一个谜。大约中世纪晚期,四字神名被拉丁化为“Jehovah”,中文据此将其翻译为“耶和华”。——译者注

③ 这是“JHWH”对应的希伯来语写法。——译者注

“以那位给予我们的灵魂以‘四’数的人的名义，它是**永恒流动的自然界的源头**”[①]，如果不是我们所说的那个意思，就根本没有任何意思。

以此为前提，我们就会发现，那个关于神性本质在二元性中的统一体的学说深深地渗透进了最隐秘的地方，甚至在《旧约》的语言里也有所反映。首先，复数形式的“以罗欣”与动词的单数形式联系在一起，因此“bara Elohim”的意思是：“那是以罗欣的，进行创造。”其次，“耶和华”—“以罗欣”的组合经常出现。但是同样清楚的是，这个学说包含着另一个关于统一体中的二元性的学说。因此在某些地方，“以罗欣”（指那个唯一的、真正的上帝）也和动词的复数形式联系在一起，而这表明，“以罗欣”虽然与“耶和华”形成一个统一体，但并没有放弃自己的自为存在。除此之外，在某些地方，“耶和华”宣称他的灵魂（A^3）是一个不同于他、可以与他分离的东西；无可争议的是，《旧约》在说起或谈到“以罗欣”时的某些表述（这些表述在近代的解经者们看来太过于自然化了），并没有延伸到“耶和华”那里。

[VIII, 274]

但在刚才所说的那个情况里，最引人注目的东西，却是[摩西]观看到的天使，或按一个直白的说法，耶和华的天使。耶和华的天使在一个燃烧着的荆棘丛里向摩西显现，就此而言，天使不同于耶和华。以罗欣从荆棘丛里面呼唤摩西（《出埃及记》3，2），但没过多久，却是耶和华向他说话，由此可见，按照叙述者的观点，摩西观看到的天使的也就是耶和华，但二者毕竟有所不

---

① 塞克斯都·恩披里克《驳数学家》(VII, 94)。——译者注

同[1]。这段叙事甚至有可能是这样的意思,即摩西有资格观看那个最高的生命性,观看那团内在吞噬着的,但又一再地燃烧起来的(就此而言也并非吞噬着的)火焰,而火焰就是神性的本性或自然界。

单是这些简单的提示,不但可以说服近代某些喜欢用完全空洞的概念来解释神性启示的哲学家,而且可以说服那些一直以来就遵循同时代的哲学来进行思考的神学家,让他们相信,按照那些最古老的宗教原初证据,神性的个体性——假若没有区分,这个个体性是如何可能的呢?——里面包含着一些完全不同的秘密,这些秘密是他们自诩为启蒙化的有神论压根就没有想到的。那样一个观念,即在神性本质的三个人格之上,尚且有一个包含在统一体中的二元性,还有那个关于一个永恒"现在"和一个永恒"过去"(一个永恒地向着"现在"转变的"过去")的学说,都交织在《旧约》的语言的最内在的线索里面;这些东西是《新约》的前提,而且在《新约》里面只有零星的反映。

即便如此,读者仍然不可以停留在这个收获的成果上面,因为各个状态之间环环相扣,绝不会有片刻的停顿。正如我们已经指出的,通过各个力量的大分化或分道扬镳,过往生命的痛苦、畏惧和冲突都已经消失了,但无论在哪一瞬间,都不可能出现一个漠不相干的共存局面;从每一个没落的生命那里,总是直 [VIII, 275]

① 参阅《旧约·出埃及记》(3: 2-4):"耶和华的使者从荆棘里火焰中向摩西显现。摩西观看,不料,荆棘被火烧着,却没有烧毁。摩西说:'我要过去看这大异象,这荆棘为何没有烧坏呢?'耶和华上帝见他过去要看,就从荆棘里呼叫说:'摩西!摩西!'他说:'我在这里。'"——译者注

接凸显出一个新的生命。那个此前应当是“一”,但又不能够是“一”的东西,如今成为“全”或整体,但这个整体仅仅立足于一个内在的共同归宿,它是一个寂静的、完全被动的整体,而不是一个现实的、原原本本地被谓述出来的整体。诚然,从个别的组成部分来看,它始终充满了活力,但作为一个面向外部的整体来看,它却是一个完全不发挥作用的东西。

但是,全部力量在分道扬镳的时候,仍然保留着对于它们的统一体的感受;一体化存在的必然性被征服了,但并未被消灭。这个必然性保留下来了,但它已经是一个通过自由而得到柔化的必然性。强迫转变为爱。爱不是自由,但也不是强迫。是的,正因为各个力量已经分离,已经分道扬镳了,所以它们在内心里更加迫切地想要获得一体化的感受,感到它们通过一个心甘情愿的、内在的和谐而成为一个活生生的整体:这个统一体是那个真正内在的爱的一个形象,是它们希望——通过上帝——而加以提升的目标。

所谓“分离”,就是更高东西提升到它的较低部分之上,后者在这个关系中则是向下降落。既然如此,在出现大分化之后,或更确切地说,在出现大分化的一瞬间,有一个自然的、决定性的运动,这是一个普遍的吸引,是较低部分向着更高东西的提升运动,因此这是一个新的运动,一个新的生命。正如永恒自然界作为一个整体吸引着永恒性的精神,同样,每一个居于从属地位的潜能阶次也吸引着与它紧邻的更高潜能阶次。

但是,正如在永恒自然界里面,渴望的出现是内在分离的最初开端,同样,那个如今降落到第一个层次的自然界也渴望着和它的更高东西合为一体,而这个渴望推动着同样的一个大分化。如今这个自然界也是充满渴望地扩张着自己的全部力量,相应地,那迄今为止一直微睡着的东西觉醒过来,成为一个自足的生命。 [VIII, 276]

也就是说,这个如今被设定为开端的自然界,虽然从一开始就仅仅是神性生命的一个潜能阶次,但它在其自身之内却是一个完整的本质,和整体(永恒自然界)没有什么不同。它不是神性实体的一个组成部分,毋宁说它包含着整个神性,只不过在它那里,神性首次把握到自己,随之封闭自己,对外表现出拒斥姿态。自然界内部的对立(A=B)从一开始——尽管是以隐蔽的和缄默的方式——就以一个神性统一体为根据。在自然界内部,否定性力量是先行者,因此表现为第一个潜能阶次;那个被它以内在方式加以设定的本质(A)是后来者,因此是第二个潜能阶次。然而自然界内部最内在的那个东西,那个真正意义上的本质,既不是第一个潜能阶次,也不是第二个潜能阶次,毋宁说它是一个秘密的纽带,是前两者的一体化存在的隐蔽力量,是那个作为A^3而包含在它们自身之内的东西。

现在,我们不妨把那个游移在自然界和魂灵世界上方的本质看作是一个普遍灵魂,一个栖息在整体之内的艺术智慧。而这意味着,自然界的那个最隐蔽的东西,因为它是一个类似于普遍灵魂的东西,所以本身也是一个具有灵魂的本质,同样,最低的潜能阶次也原初地包含着一个独特的东西,一个类似于艺术智慧的东西(Pars divinae mentis[神圣心智的一部分])。只要一个人稍加观察,自然界如何完完全全从自身内部出发进行创造,只要一个人注意到,在真正意义上的灵魂尚未发展出来之前,在所谓的僵死物质里面,每一个形态和形式都已经打上了内在理智和科学的一个印记,他怎么可能怀疑,自然界简直就是一位深思熟虑的艺术家呢?唯一差别仅仅是,在自然界这里,质料不是位于创作者之外,而是与之合为一体,完全交织在一起。只要一个人发现,在有机物的伟大阶梯序列里面,甚至在那些个别部分的逐步的塑造过程中,都有一个内在联系着的、同时又自由的、甚至可以说随意嬉戏着的艺术,他怎么可能认识不到那个独立的灵魂呢?诚然,自然界必定离不开一个外来的援助,因为它本[VIII, 277]身仅仅是一个更高整体的有机环节,唯其如此,它才能够创造出自己的奇迹;但是,如果不考虑这个援助(其唯一的作用就是让自然界获得自由),那么自然界已经把一切东西包揽在自身之内,它能够纯粹地、完全彻底地仅仅从自身出发而得到解释。

正是通过这个最内在的、具有灵魂的本质,自然界能够与它的更高东西建立直接联系。一般说来,每一个更高东西都是较低部分的原型,或者借用一个流传于民间的说法,是较低部分的天国。但是,为了分享更高东西,较低部分必须首先把那个封闭在它自身内的萌芽发展起来。因为,当较低部分向更高东西表明,它自身内也有一个与之类似,并且属于天国的东西,它就如同通过一个不可抗拒的魔法把更高东西吸引到自己身边,随之产生出一个直接的联系,产生出一个内在的交融。

因此,伴随着那个出现在自然界里面的大分化,那个属于天国的、具有灵魂的本质,那个迄今为止一直隐蔽着和微睡着的东西,就在自然界内部觉醒过来。同样的情况也会出现在我们内心里,只要一个掌控着不同力量的更高统一体发生瓦解。尤其值得注意的是,那些首次观察到"磁力睡眠"[①] 的人,仿佛是在神明的驱使之下,已经把这种睡眠的出现称作是一个大分化。然而按照我们迄今使用的"大分化"(Krisis)这个词语的意思而言,可以说每一种睡眠都是一个大分化。也就是说,正如只有伴随着睡眠的出现,那个栖息在低级器官(尤其是神经系统)里面的精神性才会冉冉升起,从一个深渊那里觉醒过来,而在这之前,它被一个普遍的和更高的精神生命(Geistesleben)压制在那个地方;同样,只有当自然界获得自由,来到那个专属于它的潜能阶次,它才会展示出那个隐蔽在它内部的实体(即那个具有灵魂的实体),并且在其帮助之下成为一个完满自足的、亲自进行创造的本质。正如只有当白昼的伟大苍穹熄灭之后,夜晚的群星才会出现,同样,只有当普遍生命走向沉寂,它所管辖和压制的那些低级器官才会登上生命的舞台。

一切的关键在于,永恒自然界和它的每一个器官都保留着一个独有的、不依赖于最高神性的自身运动的源头。正如永恒 [VIII, 278] 自然界里面的解放取决于灵魂被提升到一切东西之上(被现实地设定为最高潜能阶次),同样,外在自然界的大分化也只能取决于这种情况,即那个栖息在它之内、类似于普遍灵魂的灵魂掌

① 参阅本书第207页注释。——译者注

控着所有别的力量,并且现实地来到一个最高的地方。然而灵魂感到自己仅仅是一个处于低级潜能阶次(即开端的潜能阶次)的灵魂,这个开端注定了永远都是一个开端;它从那个无所作为的状态中苏醒过来之后,并不怨恨封闭性力量,正相反,它喜爱这个局促之地,因为唯有这个地方能够让它感受到它自己,唯有这个地方能够提供给它质料和手段,让它以此为基础向上提升。因此它不愿意扬弃封闭性力量,无论这是一般意义上的封闭性力量,还是那个先行于它的封闭性力量;正相反,它要求并且证实封闭性力量,它明确表示,只愿意在这个力量之内提升自身并成为一个可见的东西,也就是说,即使它已经达到最高的展开状态,这个力量仍然像一个容器一样,始终容纳并且固定着它。

同样,灵魂也不愿意以一种突如其来的方式,仿佛在一眨眼之间就战胜了封闭性力量。毋宁说它现在产生了一个艺术乐趣,它喜欢温柔地、慢慢地逐步征服那与之抗衡的东西,同时盘算着,如何在不损害那个固定着它、仿佛滋养着它的力量的情况下,通过一步一步的推进,最终掌控全部力量,随之把它的母亲,那位一直养育着它的母亲,展现为一个普遍的、具有灵魂的本质。

但是,只有当相互冲突的力量获得相对彼此而言的自由和独立性,换言之,只有当它们进入到一个活生生的、运动着的对立关系之中,那最内在的东西,即灵魂,才能够呈现为一个可见的东西。因此,只有当那个内在的贯穿着整个自然界的分裂被唤醒,灵魂才开始活动。当各个力量尚未分离,它们就掩盖着本质,而当它们分离开来,就让本质显现出来。当然,在开端那里是最大程度的未分离状态,那个把一切东西掩藏在黑暗中的本质,那个否定性力量,仍然掩盖着内核,直到一个深思熟虑的艺术出现,才让它和精神性东西达到平衡,让它一步一步地最终完全走向下方,同时把精神性东西完全提升上来,最终以胜利的姿态凌驾于全部力量之上,作为真正的本质,作为自然界的天国本身,展现出来。 [VIII, 279]

然而力量的分离绝不可能一蹴而就,因为限制应当得到容忍,最初的否定和局促应当得到保留。但是,正因为始终存在着某一个统一体,所以在发生分离的时候,统一体的一个容貌冉冉上升,这个容貌由于和更高东西(A^2)类似,因此能够被它察觉,并且作为受造物的一个不可描述的、无边界的、仿佛精神性的形象显现出来。

在这个持续推进和不断攀升的塑造过程中,绝不会有某种不受限制的东西显现出来;即使精神已经达到了最高程度的解放,它仍然和创造性灵魂一样,被约束在一个特定的统一体或形式之内,这个统一体或形式通过精神而成为可见的,正如精神通过它而成为可见的。通过这个方式,自然界的整条道路被标记出来了:它从内到外,追求着光明和意识,经历许多特定的产物(这是它的乐趣产生出来的孩子),最终得到解放;每一个产物都仅仅是那位与其质料融为一体的艺术家的外在表现,并且昭示着,那个最内在的东西达到了哪一个层次的解放。通过这个不断攀升的方式,创造性艺术家贯穿了未来受造物的整个层次阶梯,最终触及所有受造物里面最原初的那个受造物,那个一直以来沟通着它和魂灵世界的东西;它触及了那个可亲可爱的人类形态,在那里,天国的萌芽最终完全舒展开自身,作为最高的潜能阶次而凌驾于所有形态之上,也正是在那里,创造性艺术家欢庆着自己的胜利解放。

自然界从无意识的深渊里面苏醒过来,完成逐级攀升;然而这一切都离不开更高东西的指引。也就是说,早在它刚刚苏醒过来的时候,它就已经具有一个模糊的预感,知道自己的真正原型位于魂灵世界之内,而它愈是攀升,就愈是清楚地看到那个凌驾于它之上的东西(A^2),同时认识到了全部包含在那里面的可能性,而它作为一位与其质料融为一体的艺术家,当然想要把这些可能性表现出来,使它们获得形体。因为,一切存在于较低部分里面的现实东西,其原型都是位于距离其最近的更高东西里面;反过来,一切仅仅以原型的方式包含在更高东西里面的东西,在较低部分里面都有一个现实的映像。[VIII, 280]

但是,当自然界在自身内部把那些仅仅作为可能性而包含在更高东西里面的东西加以实现,它就仿佛通过一个魔法把更高东西(A^2)吸引到自己身边。因为,一切原型的本性在于,它们通过一个自然的、不可抗拒的倾向而与它们的映像吸引在一起。反过来,当更高东西(A^2)被自然界吸引过去,它就离开了它自己的更高东西(A^3),而这样一来,共同存在的平衡就被打破了。也就是说,只有当居间者离开最上方的东西,走向最下方的东西,它才会认识到,什么东西是自己的直接主体(根据、基础等等);只有从现在开始,那被吸引过去的东西才成为它的对象,而它才能够既审视对象,也审视自己。

那些从较低部分的物质那里攀升上来的形象,由于类似于居间者(A^2),因此能够进入或显现在它里面,它们就像一位魔术师,把它吸引过去。与此同时,在这个吸引状态中,居间者成为最高者(A^3)的对象,而最高者和神性完全合为一体,只有在面对外部世界的时候,才表现为神性的主体。因此很明显,通过居间者,那些自下而上的形象也展现在最高者(A^3)面前,而通过最高者,它们甚至展现在那个尚且隐蔽着的神性面前。

因此在这个状态下,一切有朝一日应当在自然界内部得到实现的东西,全都在永恒上帝的眼前飘然而过,而上帝就像在一个目光或面貌中看穿了未来塑造物的整个层次阶梯,一直上升到那样一个受造物,在所有自然本质里面,唯独它能够和他处于一个直接联系之中。

然而所有这些形态和塑造物本身都不具有现实性;因为,面对这个唯一真正存在着的神性,它们由之出发的自然界本身又返回到潜能状态,成为一个相对而言的"非存在者",并且心甘情愿地维持着这个关系(这里不必考虑A^2,因为它的分离只是潜在地发生的)。**就此而言,这整个生命虽然不是完全彻底虚无的,但相对于神性而言,却是一个"无",一个单纯的嬉戏,一个不具有现实性的东西,一个保持为单纯形象的东西**,至于那些形态,相对于神性而言,仅仅是一些迷梦或视像;诚然,假若上帝呼 [VIII, 281]

唤那些“非存在者”成为存在者，它们确实有可能成为现实的东西，但问题在于，那个意志仍然是朝向自身内部的，它对于存在仍然是漠不关心的，尚且没有接纳存在。

也就是说，虽然那个自下而上的生命已经达到了最高者，但作为一个从“非存在”那里提升上来的东西，这个运动的最后环节不能固定下来。在这种情况下，生命重新降落到自身之内，返回到它自己的“无”之中，但这样做的目的，仅仅是为了一再地重新攀升，在一个不知疲倦的、无穷无尽的乐趣中，如同拿着一面镜子或一个面貌，先是向最近的更高东西展示，然后间接地向最高精神展示，有朝一日，如果时辰已到，什么东西应当按照最高者的喜好而在这个外在世界里面得到实现。

事情本身很明显，在这个过程中，自然界的普遍状态不可能是一个固定的、静止的状态，毋宁只能是一个永恒的生成，一个持续的展示。不管怎样，这个展示有一个目标，而这个目标对自然界而言，就是它应当成为一个完满的精神性—身体性本质。但是，尽管自然界只能在展示的最终层次达到它的最高程度的扩张，但在这个过程的每一个环节上面，它都已经在自身之内、并且自在地不是一个身体性本质，而是一个精神性—身体性本质；当然，相对于更高东西（A^2）而言，这个本质是往下降落的，是完全依附性的，并且表现为质料或物质，只不过这种物质相对于现今的物质而言，无异于精神和生命[1]。在这个推进过程中，否 [VIII, 282]

① 也就是说，作为那种可测量的、不可透入的、僵死的物质的对立面，它是相对而言精神性的。但相对于更高东西而言，它并非精神性的（πνευματικόν）。它不是Πνεῦμα［精神］，因为这个东西在现实世界中才会出现；毋宁说它仅仅是ψυχή［灵魂］。——谢林原注

定性力量——真正说来，唯有它造成形体化——愈来愈从属于精神性东西，那个内在的天国萌芽愈来愈变得可见，而物质则是愈来愈扩张为一个既非单纯身体性的，亦非单纯精神性的，而是居间性的实体，扩张为那个柔化的光明本质，在其中，严肃的、晦暗化的力量通过本质的温柔而被征服，隐藏到光明之中，唯一的作用是为那个自在地不可把握的本质提供一种内在的抚慰和鼓舞，反过来，本质的自在地不可抗拒的光明则得到柔化，成为一种可以忍受的东西。这似乎就是那个"荣耀之光"的意思，因为按照《圣经》的说法，按照所有民族的一致观点，"荣耀之光"是不可见的神性的最外围的环饰。

现今的形体性物质的各种性质不可能是一种原初的东西，对于这一点，自然界的进化过程中的许多事实可以加以证明，至于个别物体的那些内在塑造现象，如果以当前通行的"不可入性"概念为前提，根本就是不可解释的。另一个证据是，物质仍然保留着一种能力，即它能够进入一个状态，在那里（正如一些著名的、但一直没有得到足够重视的转换实验表明的那样），从全部形体性质来看，可以说它消失了。如果有人满足于仅仅依靠一些力来进行所谓的"物质建构"[①]，他必定会认识到，在一种宽泛的意义上，全部物质的内在本质都是精神性的，因为力既然是无形体的，那么无疑是某种精神性东西；他也会认识到，单凭那些内在的精神性力量本身，也没法解释现今物质的本性。至

---

① 康德在《自然科学的形而上学初始原理》（*Metaphysische Anfangsgründe der Naturwissenschaft*, 1786）里面宣称，物质是由"吸引力"和"排斥力"这两种基本力量建构起来的（*Kants Werke*, Akademie Textausgabe, Band IV, S. 496 ff.）。——译者注

于那个收缩性的、晦暗化的本质，既然已经在开端得到征服，为什么还会重新崛起，要回答这个问题，还得追溯到这段历史的进程。但我们知道这一点，就足够了，也就是说，物质直到现在都是一个有待征服的东西，它直到现在都展示出一种能力，即它能够接近那个原初状态，甚至有朝一日或许会完全返回到那个状态，当然，这只能通过一个复杂得多和漫长得多的过程而发生。

[VIII, 283] 如果我们观察物质在有机世界里面发生的那些奇妙的转化运动，一直上升到人的眼睛——从它那里，精神、理智和意志以一种不可理解、但又感觉得到的方式绽放出来——那么我们确实有理由把整个物质看作是一个单纯的现象，即那个真正立于根基处的本质的一个变换的形象，同时把全部物体仅仅看作是一些衣服或外壳，遮盖着那个内在的升华之点；假若没有这个东西的临在，单是从无机自然界到有机自然界的过渡就已经是不可想象的了，而且，即使是在那些最为偏重形体的事物那里，它也是有迹可循的，有时几乎可以通过感官而被知觉到。

只要一个人稍稍把他的眼睛用于对自然事物进行精神直观，就会知道，一个精神性形象——它的单纯容器(显现媒介)是一种粗糙的、可测量的东西——是真正活在自然事物里面的东西。这个形象愈是纯净，整体就愈是健康。这个虽然不可把握、但是显而易见的本质总是跃跃欲试想要流淌出来，但又总是被遏制住，因此可以说它既是最明显的东西，同时也是最隐秘的东西；只有通过这个东西，万物才获得生命的魅力、光彩和映像。正因为它只能表现在一个持续不断的变化过程中，所以它作为真正意义上的本质,作为隐藏在这个世界的万物内部,仅仅期待着得到解放的东西,愈加迫切地进行吸引。长久以来,在那些最偏重于形体的事物里面,金属尤其通过它们的独特光亮而让人着迷,因此它们被看作是这个本质在阴暗物质里面闪烁出来的零星亮光;一个普遍的本能预感到,这个本质就在黄金里面,因为黄金主要是具有一些被动的属性,比如一种近于无限的延展性、柔韧性、肉质般的温柔性,同时与一种最大程度的坚实性结合在一起,与那个精神性—身体性的本质最为相似。甚至在那些看起来偶然出现的游戏里(我们经常有机会注意到这些游戏),黄金被拿来标记那个最早的世界时代,那时自然界仍然处于一个辉煌的状态。

[VIII, 284] 尤其是在有机自然界里面,那个本质距离解放已经触手可及。它是生命之油,使植物具有饱满的绿色,它是生命之膏,健康的源头就在这里。我们可以发现,它就在透明的骨肉和眼睛里,就在那个不可否认的自然流溢里,通过这个方式,那种纯粹的、健康的、身体性的东西出现在当前,给我们带来舒适和解脱;我们甚至可以坚定无误地指出,它就在那个不可谓述的东西里面,它在一个得到净化的身体性里面作为优雅而洋溢出来,即使野蛮人也会情不自禁地被其打动。它就像一种快乐的惊诧,发现万物都具有一种完满的美,而究其根本原因,或许是因为我们感到,它把处于神性状态、处于原初状态的物质展现在我们眼前。我们甚至可以说,它是那种原初的爱的对象,无论是在现在,还是在原初时间,它都把爱吸引到自己身边;因为它始终只

是若隐若现，既不能被把握，也不能被占有，所以它是那种始终躁动不安、从不会得到满足的喜好的目标。

形体事物和精神性东西之间的这个交流是人类机智长久讨论的对象，但无论什么时候，对此唯一的解释只能是，同一个实体，一方面（即朝向下方）接纳了身体性属性，另一方面（即朝向上方或朝向精神）扩展为一个精神性本质。所有别的体系，哪怕它们是煞费苦心构想出来的，都不能打消人们的怀疑。唯一适合于普通思维的，是那个备受谴责的所谓的"自然作用"观点，然而很显然，只要物质和精神已经陷入到笛卡尔造成的那个无可挽回的（不可救药的）分裂状态，那个观点必然就会遭到抛弃。

整个生命进程都是基于物质的这个双面性，至于物质的那个内在的、避开了我们的感官的方面，我们诚然预感到了，但却没法加以认识。从形体事物自身那里，持续地冒出一个形象或一个内在的生命精神，而这个东西总是通过一个反向的进程重新获得身体。

[VIII, 285] 人们相信，物质具有一个普遍的能力，即它能够重新提升到一些精神性属性里面。这个信念历经全部时代，坚定地保留下来，单凭这一点，我们已经可以推算出它的深刻根据；这个信念和人们的那些最可亲的终极希望是如此紧密地结合在一起，可以说它绝不可能被根除。通常的"炼金术"概念必须听凭庸众去处理；我们关心的是，在消化和吸收养分的时候，各种最为不同的实体总是被纳入到同一个整体之内，每一个部分都恰恰拿走那适合于它的东西，这里究竟发生了什么情况呢？在胚胎的最

初形成过程中,究竟发生了什么情况呢?如果人们愿意的话,可以把一切在我们眼前发生的事情都称之为一种持续的炼金术。我们甚至可以说,每一个内在的进程,当美、真或善从其依附的黑暗东西或污浊东西那里解放出来,显现为一种纯净的东西,这也是一种炼金术。(无论如何,炼金术士是采取**自下而上**的方式,希望a prima materia ad ultimam[从原初物质得出终极物质]。)那些真正理解自己需要什么东西的人,并不寻求黄金,而是寻求“黄金之黄金”,或那个使黄金成为黄金的东西,亦即某个普遍得多的东西。也就是说,假若有一个外在作用,能够让物质凝结(就像酸酶能够让奶凝结那样),那么必然也有一个与之对立的潜能阶次,而假若这个潜能阶次掌握在人的手中,人们就能够要么扬弃那个凝聚力的作用,要么在某种程度上克服那个作用。现在,全部物质就其内在本质而言仅仅是唯一的一个物质,至于同一个层次上的形体事物之间的差异性,也许仅仅取决于那个原初本质的不同程度的隐蔽状态。在这个前提下,人们确实有可能通过逐渐征服那个造成晦暗的潜能阶次,使不太贵重的东西逐步转化为更加贵重的东西,尽管这仅仅是在一个很低的层次上使用那个普遍得多的能力。当然,我们主张这个思想,并不是要建议人们去做出现实的尝试。毕竟理念王国是不受限制的;但我们必须区分以下完全不同的情况,即什么东西是自在地可能的,什么东西是相对而言可行的,什么东西是可取的,什么东西又是合乎理性的等等。

长久以来,很多人都想要踏入前世“过去”的那个寂静王国, [VIII, 286]

以便在真正的意义上目睹那个伟大的演进过程;他们全都是这个演进过程的成员,有些人是主动参与者,有些人是被动承受者。然而绝大多数人都缺乏一种理应具有的谦逊和自我否定,也就是说,他们企图从一开始就用一些最高概念来掌握一切东西。但是,如果说现在有某个东西挡住读者,不让他们进入到那个前世,这就是那个仓促猴急的心态,抱着这个心态,人们宁愿从一开始就陶醉于一些精神性概念和说话方式,而不是潜入到每一个生命的自然开端之中。

除此之外,究竟是什么东西让那些精神上的自大狂觉得自己受到了身体性的侮辱,竟至于蔑视身体性的起源?最终说来,无非是身体性的谦虚和外在卑微让他们觉得自己受到了侮辱。然而在一个独立判定事物的价值和无价值的人看来,卑微的东西恰恰是值得尊敬的。他的这个泰然任之的心态恰恰表明,在他的内心里面仍然保留着原初质料的某些属性,而原初质料虽然对外是被动的,但在其自身之内却是精神和生命。

我们不难指出,全部近代哲学的主要错误在于缺乏一些居间概念,因此在它们看来,一切东西,只要不是**存在着**,那就是"无",只要不是最高意义上的精神性东西,那就是最粗糙的物质性东西,只要不是伦理上自由的,那就是机械的,只要不是聪慧的,那就是无理智的。然而居间概念恰恰是一些最为重要的概念,甚至可以说,在整个科学里面,唯有它们能够提供真正的解释。如果一个人只知道按照(遭到误解的)矛盾律来思考,或许他会非常擅长针对任何东西提出赞成和反对的意见,就跟那些诡辩家一样;但是他根本没有能力去发现真理,因为真理不是存在于一目了然的两个极端。

但是,当自然界把魂灵世界的本质吸引到自己身边,随之离开魂灵世界的更高东西,这就在那个本质之内也唤醒了一个愿望,要和它的更高东西合为一体,并将其吸引到自己身边。通过这个方式,那个(总是)从自然界出发的运动最终延伸到了最高者那里。

[VIII, 287] 根据之前已经做出的解释,我们不需要再去证明,那在魂灵世界的本质中的创造性力量,和那在自然界中的创造性力量,是同样的东西。那个本质同样包含着一个内在的二元性,正因如此,这个二元性也是立足于一个隐蔽的统一体;只要相互冲突的力量分道扬镳,进入到一个发挥作用的对立之中,这个统一体就必须露面,必须启示出来。在本质之内,那个渴望,即把更高东西(A^3)吸引到自己身边的愿望,同样成为各个力量的展现和扩张的根据。只不过在本质这里,不是肯定性本原被封闭和隐藏起来,而是否定性力量被封闭和隐藏起来。这里得到解放的,也不是那个流淌的、分享自身的本质;正相反,这里得到解放的,是那个隐蔽的黑暗力量,它从最内在的深处被召唤出来,逐步发挥作用。这并不是说,它凌驾于肯定性本原之上,毋宁说,最为强大的自私力量和黑暗力量仍然处于光明和爱的环抱之中。因为,在外在自然界的最高程度的展现状态下,否定性本原始终是一个外在的、环绕的东西,而精神性本原即使达到了最高程度的解放,也还是被否定性本原环绕着;反过来,在魂灵世界(它仅仅

是一个更高层次的自然界)的展现状态下,否定性本原之所以从它的无作用状态中被唤醒,仅仅是为了**作为**一个发挥作用的东西而内在地归顺于温柔的光明本质。整个创世的目标是让"是"提升到"否"之上;但是,在自然界里,否定性本原是作为一个外在的东西而归顺于肯定性本原,而在魂灵世界里,它是作为一个内在的东西而归顺于肯定性本原。在这里,肯定性本原也得到了提升,但因为它自在地已经是一个自由的东西,所以它仅仅间接地得到提升,换言之,它是通过制造出自己的对立面而得到提升。

这个区分对于自然界和魂灵世界的整个历史都具有极为重要的意义。在二者的关系和差异性里面有着一些最为成谜的东西,要解释这些东西,唯一的办法是认识到,自然界是通过光的提升而产生出来的,而魂灵世界是通过黑暗东西的提升而产生出来的。[VIII, 288] 这就已经表明,相比自然界的本质而言,魂灵世界的本质必须具有一个更高程度的自由。

我们说,晦暗化力量从它的整个深处和隐蔽状态那里展现出来,但这个展现同样不可能是突然发生的,而是只能逐步发生。因为这里始终保留着某个统一体,所以创造性力量同样必须经历一些特定的形式或形态。这些形式或形态就其本性而言就是魂灵,正如一句古代名言已经揭示出的那样:"只要一个东西承受着外在的限制(这是一个否定性力量),它就是一个身体性东西,或者说是一个物体;而只要一个东西承受着内在的或自身之内的限制(这是它的持存的力量),它就是一个魂灵。"

在这里,创造性力量同样只能以自下而上的方式攀升,直到它把那个最内在的、最隐蔽的黑暗力量从深处高举在上,那些最纯粹的、最敏锐的、最相似于上帝的魂灵才会出现。

也就是说,正如魂灵世界比自然界更接近于上帝,在同样的程度上,魂灵世界的最高者(A^3)也比自然界的最高者更纯粹,并且更相似于那个飘移在整体之上的灵魂(绝对的A^3)。魂灵世界和这个绝对的A^3是什么关系,自然界和魂灵世界就是什么关系。

就此而言,魂灵世界是自然界的原型,外部世界的全部事物都是自然界在内部世界里面观看到的东西的肖像;反过来,普遍灵魂是魂灵世界中的创造性力量的直接原型,魂灵世界里面制造出来的一切东西,都仅仅是普遍灵魂里面的原型的一个映像,或与普遍灵魂里面的可能东西相对应的现实东西。

但是,当这个更高的自然界把普遍灵魂的思想加以实现,它就不由分说地把普遍灵魂吸引到自己身边;因此这整个运动无非是一个普遍的魔法,一直延伸到最高者那里。

当普遍灵魂被下方的东西吸引过去,在这种情况下,它就离开了那个绝对的最高者,而迄今为止,它和那个东西是完全合为一体的(充当着那个东西的直接的外在主体)。但是,恰恰通过 [VIII, 289] 这个拉近和拉开,它第一次成为永恒性的那个精神的对象(客体),使得精神能够在它那里洞察一切。现在,既然那些精神性形态在普遍灵魂里面作为一些形象或面貌浮现出来,永恒性的精神就必然会把普遍灵魂当作一面镜子,在里面看到它们,仿佛看到自己的主体的最隐蔽的思想展现在自己眼前。

因此,观看上帝的这些最内在的思想,也就是观看那些未来的、注定要和自然本质一起被创造出来的魂灵;在永恒自然界的这个自由的、仿佛自己与自己嬉戏着的乐趣里,永恒上帝首先洞察到一切有朝一日将会在自然界里面,随后在魂灵世界里面得到实现的东西。通过这个方式,永恒自然界向上帝展示出一条道路,沿着这条道路,假若永恒自然界乐意的话,上帝能够把它重新从黑暗导向光明,从卑微导向辉煌。然而这一切都仅仅作为一个目光或面貌在永恒上帝的眼前飘然而过:之所以作为"目光"(Blick),因为它们仿佛仅仅是在一个温柔的中介里绽放出来的,而之所以说"面貌"(Gesicht),因为它们相对于上帝而言不具有任何现实性,而是在转变过程中重新消逝,这里没有任何持久的和稳固的东西,毋宁说一切都处于一个永不止息的塑造活动之中。也就是说,这个生命自在地看来仅仅是一个迷梦和阴影,因为它还没有得到上帝的首肯。

真正说来,那个从希腊人那里传承下来的"理念"(Idea)一词按照其原本的意义而言,无非就是我们德语所说的"面貌"(Gesicht)。确切地说,这个词语有两层意思,既意味着目光,也意味着那在目光下飘然而过的东西。

关于世界开端之前的这些神性理念或神性面貌,相关学说就其起源而言已经迷失在古代世界的最深沉的黑夜里面。当这个学说出现的时候,它已经仅仅是一个伟大学说的残篇,从世界的那个早已没落的真实历史那里传承下来。古希腊人已经只能把它当作一个传统来对待,就连柏拉图也只能被看作是这个学说的一个解释者。因此,在其原初意义早早迷失之后,这个学说一方面变得太过于超自然,另一方面又变成一种极度平庸的东西。假若人们不是用一些普通的知性理由来捍卫这个学说,而是通过一个自然的过程(一个物理学意义上的演进过程)来解释它的起源,或许人们早就已经认识到它是一个具有更多生命力 [VIII, 290] 的东西。

在生命的伟大的发展过程中,这些原型或面貌的产生是一个必然的环节。诚然,我们不能把它们看作是一些自然实体,但与此同时,我们既不能认为它们和一切自然东西无关,仅仅是一些空洞的种属概念,也不能认为它们是一些现成已有的、静态存在着的、仿佛站在那里不动的形式。因为,它们之所以是"理念",原因恰恰在于,它们是一种转变着的生命,并且处于一个永不止息的运动和生产之中。

这些原型的生产是一个必然的环节;但在这个环节之后,它们既不会消失,也不会驻足不前,毋宁说,这个环节本身始终是永恒的,因为每一个后来的环节都紧紧掌握着先行的环节,或将其包揽在自身之内;就此而言,这些原型是从创造性自然界的最深处涌出的,它们现在拥有的清新和活力,丝毫不弱于它们在时间之前拥有的清新和活力。直到现在,自然界都仍然表现为一个绝对通灵的东西,而且它必定是这样一个东西,因为它在先行的东西里面已经看到了未来的东西。假若没有那个属性,我们根本就不可能理解,为什么个别事物和整体都显然遵循着一个目的,为什么它们会具备那些普遍的和特殊的技能。

是的,自然界保留着一个权利,让那个环节在当前的时间里面持续地重现,也就是说,通过一些最简单的形态,自然界在女性那里把男性的精神吸引到自己身边,而男性的精神又把普遍的世界精神吸引到自己身边,在这种情况下,这里也出现了一个延续的联系和链条,把那些相互独立的环节串联在一起,通过这个链条,最末位的东西能够作用于第一位的东西,最高者能够作用于最低者,因为,假若没有得到上帝的一个直接的首肯,任何本质都不可能开启它的存在的历程。每一个新的生命都开端于一个新的独立存在着的时间,这个时间又和永恒性直接联系在一起;就此而言,每一个生命都拥有一个直接先行的永恒性,无论是在那个最初的生产里,还是在时间的生产里,全部外在东西都仅仅是一个链条的部分或环节,一直延伸到最高者。

即便是一些外在的现象,或许也可以证实那个环节在生产中的回归。[VIII, 291] 那些现象属于一个决定性的"大分化"(就我们对于这个词语的理解而言),在那里,每一个本原都重新获得它的自由,而伴随着那个强制并统治着人的外在纽带的断裂,全部力量开始了它们的狂喜般的内在展现。这就是为什么死亡类似于"磁力睡眠"的原因。我们有胆量把一件带有极端亵渎意味的事情和一个崇高的、神圣的关系放在一起,关键在于,即使一个伟大的自然产物发生了最为可怕的蜕化,也不应当阻碍我们认识到它的原初意义。反过来,虽然伦理学把一个更高的法则置于各种自然冲动之上,但是,只要它不承认其中也有某种自在的神圣东西,就一定会看错自己的目的;因为在绝大多数人的眼里,如果某种东西自在地就是非神圣的、绝对恶劣和绝对可鄙的,那么它一定是某种无关紧要的东西。反之,如果人们认识到,一件事情参与到了宇宙的运转里面,甚至参与到了宇宙的最内在和最高的关系里面,那么这件事情本身也会激发起一种神圣的敬畏。

"一切神性的东西都是属人的,一切属人的东西都是神性的"——古人希波克拉底从最深刻的生命那里提炼出来的这个命题,过去是,现在仍然是一把钥匙,以帮助人们在上帝的王国和自然界的王国里面做出最伟大的发现。有鉴于此,对于刚才谈到的那个现象,我们尝试在当前的局面下(这无疑是那个现象能够达到的最高局面)做出一些更为细致的考察。

对每一个人而言,事情本身已经很清楚,那个完整的、内在地极度充满活力的状态是以各个环节相互之间的自由和独立性为基础,与此同时,这些环节构成了一个不间断的从最低者延伸到最高者的序列,类似于人类的一位原始祖先在梦里看到的那个顶天立地的梯子[①]。假若开端的潜能阶次相对于更高的潜能阶次而言不是自由的,它就既不能吸引后者,也不能像拿着一面镜子那样,把那些包含在后者里面的可能性出示给它看。相应地,假若居间的潜能阶次不能从最高的潜能阶次那里被吸引开,它也不可能成为最高潜能阶次的对象,使其认识到自己的最内

① 这位"原始祖先"指雅各,他在伯特利梦见天梯。参阅《旧约·创世记》(28:12):"梦见一个梯子立在地上,梯子的头顶着天,有上帝的使者在梯子上,上去下来。"——译者注

[VIII, 292] 在的思想。假若那个纯净的精神,那个真正意义上的自主体和最高自我,与整个本质交织在一起,不具有一种相对于永恒存在而言的自由,永恒自由就不可能成为一面镜子,让它在其中洞察到未来世界的奇迹。一言以蔽之,假若各个环节相互之间的自由被扬弃,那么这个平静悠闲的生命,这个内在的清澈性,也会立即被扬弃。

两个不同的、并且在某种意义上相互对立的状态分化为人的生命。清醒的人和睡眠的人就其内核而言完全是同一个人。所有在清醒状态下发挥着作用的内在力量,都不会在睡眠中消逝。由此已经可以看出,不是一个位于有机体内部的潜能阶次,而是一个外在于有机体的潜能阶次,通过其在场和不在场规定着那些状态的更替。很显然,当处于清醒状态的时候,人的全部力量都是受制于一个发挥统摄作用的统一体,就好像受制于一个共同的谓述者(或代言人)。但是,如果这个纽带断裂了(无论这是通过什么方式而发生的),那么每一个力量都会返回到自身之内,每一个工具看起来都获得了自由,能够独自在它自己的世界里面发挥作用;在这种情况下,一个心甘情愿的共通感(Sympathie)取代了那个作为外在纽带的统一体,与此同时,这个整体虽然对外表现为一个仿佛死了的、不发挥作用的东西,但就其内部而言,各个力量反而看起来展示出一种最为自由的嬉戏和交流。

如果说在生命的通常进程里面,那个外在的潜能阶次有规律地交替发挥着作用,时而舒缓,时而激烈,那么在一些非同寻常的状态下,这个作用有可能遭到一个不同常规的扬弃,以至于一个人能够获得一种能力,给另一个人带来解脱和解放。这种情况是极有可能的,即低级自然界的解放者成为它的更高东西(A^2),而低级自然界则是潜入到下方;这个关系在开端的时候仅仅是一个模糊的、未决断的东西,但在接下来的局面中愈来愈明确地呈现出来;也就是说,这里也有一个交互的作用,当一个东西潜入到下方(成为A=B),另一个东西就提升为它的A^2。唯其如此,我们才能够解释,为什么催眠师在长久发力之后,会感受到那种完全独特的极度疲惫;这个解释也表明,任何通灵天才想要和魂灵世界建立联系,都需要一个发展过程,这个发展过程在很多长期采用这个治疗方法的人那里也有所体现。 [VIII, 293]

现在,一旦那个关系呈现出来,低级自然界里面就会出现全部力量的分离(大分化)和解放。针对这个局面,那些最初的发现者凭借他们的准确本能将其称之为"脱形"(Entformung)或"去有机化"(Desorganisation)。

只有在那个外在生命的代言人的统治之下,每一个有机的和人类的本质才会屈服于生理意义和心理意义上的痛苦。既然如此,我们确实可以理解,当那个代言人被推翻,就会产生出一种完全无痛苦的状态,产生出一种伴随着大分化而感受到的喜悦,而如果那个代言人是突然地、一瞬间就被推翻,就会产生出一种极度的狂喜。

这个大分化的外在现象就是睡眠,而如果没有前面所说的那些经验,我们绝不可能充分了解睡眠的本质。有很多理由让我相信，人们太过于强调所谓的磁力睡眠与普通睡眠的差别。实际上，关于普通睡眠的内在活动，我们仅仅掌握极少的、可以说聊胜于的知识，因此我们也不可能知道，这些活动和磁力睡眠的内在活动是不是完全相似或相同，因为当人处于清醒状态的时候，他根本就回忆不起那些曾经发生的事情。关于那些内在活动，假若我们不了解睡眠者与催眠者的特殊关系，我们只能掌握很少的知识，或者说根本就不掌握任何知识。

众所周知，磁力睡眠的内在活动也不是始终保持一样的；那个内在的生命包含着很多层次，而通常说来，我们仅仅认识到其中的最低层次，对于中间层次已经不太清楚，至于最高的层次，或许我们永远都不会有所了解。因此，我们在描述这个梯子可能具有哪些层次的时候，只能满足于以下一些大致如此的说法。

最低的层次大致是这样的：发生了一个大分化，或者说人类本性的物质因素获得了解放。也就是说，正是在这里，那个栖息 [VIII, 294] 在物质之内、同时与一个更高生命联系在一起的灵魂，那个塑造一切、治愈一切、自由展现自身的灵魂，与一个更高东西开始了自由的交往，后者就是那个精神性本质，它是自然界的普遍疗药，是全部健康状态的原因，是一种不断地安抚着严肃自然界的柔化剂。任何一个居于从属地位的自然界，只要它和它的更高东西之间的通畅联系被打断，就会生病；但是，恰恰通过磁力睡眠，这个通道至少能够在某一段时间之内得到恢复。通过这个魔法，无论是那个反自然的僭越东西沉入到更深的睡眠，返回到它的潜能阶次（亦即相对一个更高东西而言成为潜在的东西），还是那个被过分弱化和压制的更高生命在某一瞬间重新获得自由,喘过气来,在这两种情况下,磁力睡眠的治疗作用都是立足于一个重建活动,即恢复更高东西和较低东西之间的那个被打断的联系。

第二个层次大致是这样的:人的精神性因素相对于灵魂而言获得了自由,把灵魂吸引到自己身边,就像拿着一面镜子一样,让灵魂看到那些隐藏在自己的内核深处的东西,以及那在灵魂(作为人的未来因素和永恒因素)里面尚未展现的东西。就我们所能知道的而言,这个层次无疑已经是磁力睡眠的最高层次,在那里,一个处于大分化状态的人从所有外在表现来看都和死了没什么区别,已经完全脱离感官世界,但正因如此,他身上同时也出现了一个更高联系的迹象。

至于最终的第三个层次,我们必须在一些完全脱离人类的关系里面去寻找。但在当前的局面下,我们最好还是对此保持沉默,而不是妄加谈论。

但是,如果磁力睡眠那里存在着层次分化,同时从另一个方面来看,如果普通睡眠里面也必须区分出不同层次的深度和内在性程度,那么我们就不可能知道,普通睡眠已经达到了磁力睡眠的哪一个层次。

古人已经区分了两种类型的梦,并且认为只有其中一种是来自于上帝的。虽然梦总是因人而异,但可以确定的是,只要有 [VIII, 295] 些梦达到了一种更高层次的内在性,它们和磁力睡眠的通灵现象就没有任何区别,而对于这样的梦,人在苏醒过来之后是完全回忆不起的。我们都知道,有很多梦,我们只能一般地回忆起曾经有这些东西,至于另外一些梦,我们只能在苏醒过来的一瞬间(有时候这也是不可能的)抓住它们。既然如此,我们可以很有把握地断定,梦是睡眠的一个持久的(持续的)现象,只不过我们没有办法回忆起其中的绝大多数而已。只有一点是基本确定无疑的,即那些主要偏向于外的梦是一些更深层次的、主要偏向于内的梦的折射和反映,后面这类梦虽然已经通过它们的媒介而变成一种不纯粹的、混乱的东西,但还是进入到我们的意识之中。

在这里,如果容许我们同时回顾一下早先提到的观点,那么人们至少会承认,一个人在面对其他事物的时候,也有可能具有一种类似的力量,正如他在面对其他人的时候,已经具有这种力量。假若这样的话,他就同样能够让形体事物的内核重新获得自由,唯其如此,他才能够制造出那个真实的、真正意义上的大分化(这是我们的分离艺术始终都在徒劳地追求着的目标),开启出一系列全新的现象,这些现象和普通尝试开启出来的现象完全不同。

尽管如此,我们还是不太有勇气去轻率地触碰这些伟大的秘密,因为全部声名卓著的现象在所有方面都如此紧密地交织在一起,并且产生出如此众多的分支。如果有朝一日,我们能够把这段历史推进到时间,推进到人类生命立足其中的众多条件,我们就肯定能在许多方面扩展和纠正我们的思想,或以一种更清楚的方式把它们呈现出来。

所以,我们只需要再提出一个问题,以便我们的基本思想得到澄清。这就是,为什么全部更高超的学说都如此一致地呼吁道,人应当自己与自己分离,为什么这些学说全都希望他认识到,唯有通过分离,他才能够掌控一切东西,在全部事物里面发挥作用,随之在自身内部树立起天国力量的那个"雅各之梯"? [VIII, 296] 那阻碍着人的东西,是一种"固守自身的存在"(In-sich-gesetzt seyn);而那帮助着人的东西,则是一种"出离自身"(außer-sich-gesetzt-werden),就像我们德语巧妙地表述的那样。因此我们也看到,为了进行持续的精神性创造活动,心灵力量的内在自由和独立性是如何提供保障的。正如一些处于拘束状态的人,在这种状态下愈来愈没有能力进行精神性创造活动,反过来,只有当一个人懂得在自身内保持统一体中的神性二元性和二元性中的神性统一体,他才会分享那个嬉戏乐趣,分享那种深思熟虑的创造自由,这两件事情相互需要,互为条件。

东方人已经认识到了上帝的最初生命之内的各种嬉戏乐趣,并且将其意味深长地称作"智慧",称作永恒光明的一道亮光,称作神性力量的一面明净无瑕的镜子,一幅表现着上帝的仁慈的肖像(因为它所具有的被动属性)。令人感叹的是,东方人在任何时候都指出,这个本质主要具有的是一种被动的本性,而不是一种主动的本性。正因如此,他们既没有称之为"精神",也没有称之为"词语"或"道"(Logos)——在这个问题上,后人经常错误地把"道"和"**智慧**"混为一谈——而是给予它一个女性的名字。通过所有这些方式,东方人已经暗示我们,这个本质相对于一个更高东西而言仅仅是一个被动的、接受性的东西。

在那本理所当然被尊为神圣的书里面，智慧被比拟为一个**小孩**，并且伴随着一番话语而登场①。我们称一个小孩是“无自我的”，因为在他最年幼的那段时间，虽然全部内在力量已经处于一个合乎本性的交互作用和一个亲密无间的相互嬉戏之中，但他尚未感受到自己的意志和性格，尚未感受到那个凝聚并且统治着全部力量的单一体。同理，那个最初的外在于自在的上帝本身的东西也是一个纯粹被动的、未曾谓述出来的统一体，一个没有意志的东西，正因如此，它对于形象的创造或生产也仅仅是一个嬉戏或乐趣。

[VIII, 297] 智慧在大地上**嬉戏**——这里的“大地”不是指地球（因为地球尚未产生），而是指**上帝的**大地，即上帝的根据和基地。然而在这段早期的时间里，智慧的主要乐趣已经是一个受造物，真正说来，正是通过这个作为自然界和魂灵世界的最初纽带的受造物，那个吸引运动才一直延伸到最高者那里。人是整个宇宙的真正意义上的衔接点，就此而言，我们确实可以说，一切东西在人那里才真正显现出来。

毋庸提醒，处在这个位置的智慧就是我们之前提到的那个普遍灵魂（A^3），它栖息在自然界和魂灵世界之内，同时又游移在二者之上，在最高的地方和最低的地方之间建立起一种通畅的普遍感受性。一直以来，智慧就像在一个黄金未来的青春之梦里，向最高者演示那些有朝一日将会存在的东西。但是，正如那

①《所罗门箴言》，第8章。——谢林原注。译者按，参阅本书第39页注释。

些纯洁年代不会常驻,正如童年的嬉戏虽然孕育着未来的生命,但终有一天会消逝,同样,那个极乐的上帝之梦也不可能永远维持下去。自在地看来,一切仅仅处于萌芽状态的生命都充满了渴望,都想要脱离那个沉寂的、不发挥作用的统一体,提升到一个被谓述出来的、发挥着作用的统一体之内。我们看到,整个自然界是如此地充满渴望,大地如此热切地吮吸着天国的力量,种子如此贪婪地追求着光照和空气,以便为自己找到一个精神,花儿在阳光下如此婀娜多姿地摇曳,以便把阳光作为一个炙热的精神,作为颜色,反射出来。那个嬉戏着的生命同样也是如此;它愈是充分地展现出自身,就愈是在内心里呼唤着那个不可见者,让不可见者自己接纳自己,自己关注自己,自己认识自己。智慧沿着那个贯穿各个本质的链条,就像在一个全音阶里面,孤孤单单地起起落落,同时抱怨着它的创造物遭受的厄运,因为它通过嬉戏而生产出来的孩子们不能常驻,而是处于一种持续不断的挣扎之中,并且在挣扎的过程中重新走向消逝。

就此而言,永恒自然界的这个不断重复的、一再重新开始的运动可以被看作是一个无休止的通神术(Theurgie)。一切通神术的意义和目的,无非是把神性拉向下方,coelo deducere numen[从天上召来女神],仿佛制造出一个通畅的链条,神性能够通过它而作用于自然界。 [VIII, 298]

我们已经知道,那个自下而上的运动一直延伸到了整体的灵魂(A^3),因为居间者(A^2)把灵魂拉到自己身边,随之使灵魂离开了最高者。有一点是毋庸置疑的,也就是说,当那个东西,即纯净神性的直接存在，被吸引着离开了神性，神性就感觉到，那是它的存在；同理，那个看起来与我们合为一体、不可分割的东西，那个我们诚然拥有，又仿佛并不拥有的东西，只有当它从我们这里被夺走，我们才会感觉到，那是属于我们的东西。但由此并不能得出，从现在起，神性就能够、甚至不得不外化自身或把存在吸引到自己身边：假若神性是这样的，它就不是永恒自由了。[①]

纯净神性里面没有转变或生成(Werden)；它在自身内保持为它所是的那个东西；然而恰恰是在这个保持之中，神性针对外在存在必然有两个表现。也就是说，就神性自在地既非存在者亦非"非存在者"而言，它已经通过自己的本质或本性而否定着全部外在存在，尽管这个否定暂时只是以一种沉默的方式做出的；但是，如果一个外部存在出现在神性身边，如果神性被要求去认识这个东西，它就必然会以一种明确的或主动的方式去做出否定。神性始终都是对于全部外在存在的否定；只有当它从现在起，本身就开始发挥作用，启示出来，它才制造出外部存在。只要出现了一个关联，神性就会在其中显现为它所是的那个东西。这里有一个转变，但这个转变和神性自身无关，而是仅

[VIII, 299] 仅和存在有关。一般说来，一切和纯净神性有关的转变都仅仅是在关系中——如古代神学家所说的那样，σχετικῶς［在关联中］——发生的，而不是在绝对的意义上或就神性自身而言发

---

① 此处页边写着一句话，可能是为将来进一步的修改做个记号："这里必须澄清'存在'(Seyn)、'定在'(Daseyn)、'实存'(Existenz)的意思。"类似的标记在这份手稿里面多次出现。——原编者注

生的。

因此,当外在存在与神性相关联的时候,虽然神性在其自身内部没有发生任何变化或改变,但相对前者而言却直接表现为一个吞噬性的“否”,表现为一个永恒的愤怒力量,不容忍自身之外的任何存在。反过来也可以说,这个愤怒力量并非仅仅是神性的一个属性、一个本原或一个部分,毋宁说,就神性立足于自身之内而言,就神性是一个最根本的存在而言,愤怒力量乃是整个神性。因为事情本身很明显,这个最根本的存在是所有别的存在都不能接近的,它是一种无法承受的锋芒,是一团不让任何东西活下来的火焰。尽管如此,由于神性自在地既非存在者亦非“非存在者”,所以,当它相对外在存在而言**必然**表现为一个吞噬性的“否”,在这个前提下,它必然——虽然这个必然性和那个必然性并不是同样原初的——也表现为一个永恒的“是”,表现为一个带来力量的爱,或全部本质之本质,因为否则的话,它就不是一个无所欲求的意志(Wille der nicht will),而是一个欲求“无”的意志(der nichts wollende Wille),一个否定性意志,亦即一个特定的意志。在这两种情况下,神性内部都没有发生任何变化或更替,这不是因为它的纯净性被扬弃了,而恰恰是因为它是最高的纯净性和自由。神性在一种最深沉的静态中,无须任何运动,直接通过它自己,**存在着**。反过来,这个爱也不是神性的一个属性、一个部分或一个单纯的本原,毋宁说它完完全全就是**神性自身**。

但是,正因为神性作为一个完整的、不可分的东西,既是永恒的“是”，也是永恒的“非”，所以反过来也可以说，它既不是前者，也不是后者，而是二者的统一体。严格说来，这里没有三个相互外在的本原，毋宁说，只有神性作为单一体而**存在着**，原因恰恰在于，它作为单一体，既是“非”，也是“是”，并且是二者的统一体。

在这个“是”和那个“非”之间有一种排斥和吸引，而在这之前，我们已经把它们看作是意识的必要条件。作为“非”，神性是一团把一切东西吸引过来的火焰，而作为“是”，它是那个充满爱意的抵抗活动的原因，通过这个方式，统一体里面的二元性保留 [VIII, 300] 下来，而在这种吸引和排斥中，神性把自己提升为二者的统一体，亦即提升为一个最高的意识。

正因为神性是永恒自由，所以在面对存在的时候，它只能表现为“非”“是”以及二者的统一体。我们必须明确地提请大家注意，这些区别不是本质的区别，毋宁仅仅是唯一的本质在面对存在的时候，其表现和关系的区别。但反过来，正因为神性在面对存在的时候有这样的表现，所以它才是永恒自由。假若它仅仅是“是”或仅仅是“非”，它就必须要么以这个方式，要么以那个方式接纳存在，即是说要么去肯定存在，要么去否定存在。这两种情况都属于它，两种情况都是同样根本性的，而这恰恰表明，它是最高自由。整个情况必须是这个样子，唯其如此，世界才不是仅仅具有一个必然的根据，而且这也表明，一切存在着的东西都仅仅是通过那个最自由的神性意志才出现的。

因此这里也是必然性和自由之间的转折点。迄今为止，生命的推进过程是一个必然的进程;从现在起,如果它还要继续前进,就只能借助于一个自由的神性决定。神性能够安静地持守着吸引和排斥之间的平衡;没有什么东西强迫它扬弃这个平衡,或以这个或那个方式出离自身。

然而神性已经接纳了存在,以一种积极的方式通过存在而把自己启示出来(我们必须认为这件事情已经现实地发生),既然如此,这个决定只可能来自于最高自由。

我们说,神性已经现实地接纳了存在,但问题在于,它是通过什么方式做到这一点的呢?难道它会把存在吸引到自身之内,否定其作为一个独立的、外在的东西,还是说肯定其作为一个独立的东西?无论是在前一种情况下还是在后一种情况下,神性都不能把自己作为它所是的东西而启示出来,亦即作为同样永恒的"非"和同样永恒的"是"而启示出来。但无论如何,既然它已经自由地做出了启示自身的决定,其唯一目的就只能是,它要表明自己是一个自由的既能够启示自身也能够不启示自身的东西,即永恒自由。

也就是说,假若它要作为永恒的"非"而发挥作用,它就必须同时作为永恒的"是"而发挥作用,反之亦然;然而同一个东西既作为"是"也作为"非"而存在着,这恰恰是不可能的;因此无论如何,神性必须做出一个决断,要么作为"是"而存在着(这样它就不是作为"非"而存在着),要么作为"非"而存在着(这样它就不是作为"是"而存在着)。 [VIII, 301]

因此这里有一个可设想的最高矛盾,这个矛盾不可能通过那个方式来消除，即上帝作为二者之一（作为“是”或“非”）已经在本性上居于从属地位，亦即在面对另一个东西的时候只能表现为一个不发挥作用的东西。因为上帝在本质上同等地是那两个东西，他必须在绝对的意义上同时作为二者而发挥作用。

我们如何消除这个矛盾呢？无疑只有通过一个更加细致的规定。如果上帝作为永恒的“非”而发挥作用，并在这个意义上存在着（实存着），它就不可能同时作为永恒的“是”而发挥作用；或者换个更简明的说法，我们只能在一个更高层次的事件中使用那个已经习以为常的说法：如果B存在着，那么A不可能存在着，确切地说，A不可能**作为同一个东西**（即那个作为B而存在着的东西）而存在着，而这意味着，虽然A不可能作为那个预设的先行者而存在着，但这并不妨碍它作为后来者而存在着；反过来，如果A存在着（这件事情直到现在都还没有做出决断，因此仅仅是一个预设），那么B不可能**作为同一个东西**（即那个从开始到现在都存在着的东西）而存在着，但这并不妨碍它作为后来者，在未来存在着。

无论如何，仅仅指出“如果B存在着，那么A不可能存在着，或如果A存在着，那么B不可能存在着”，这是不够的。毋宁说，正因为上帝在本质上同等地是那两个东西，所以事情必须是这样，即上帝一旦被设定为其中一个东西，就必然也被设定为另一个东西，而这仅仅意味着，前者的实存是后者的实存的根据。一般说来，矛盾关系可以通过根据关系而化解，按照后面这个关系，上帝既作为“非”也作为“是”而存在着，但前者是先行者，是根据,后者是后来者,是有根据的东西。

但有一件事情是始终不会改变的,即如果其中一个东西存在着,另一个东西就不可能**作为同一个东西**而存在着,也就是说,从时间上来看,二者始终是相互排斥的,作为“是”的上帝和作为“非”的上帝不可能是**同一个时间**的存在者。我们特意采取了这个说法,因为整件事情绝不是说,如果后来者(A)存在着,那么先行者(B)就被扬弃了,或彻底地不再是一个存在者了;毋宁说,B必须永远保持为**它那个时间**的存在者,当A被设定下来,B必须始终**作为先行者**而持存着,因此事情看起来是这个样子,即二者在**不同的时间**里面仍然同时存在着。也就是说,“不同的时间”(verschiedene Zeiten)——这个概念和别的许多概念一样,完全遭到近代哲学的忽视——确实能够作为不同的时间而同时存在着,确切地说,它们必然同时存在着。过去的时间并不是一个遭到扬弃的时间;诚然,“过去”不可能作为“现在”而和“现在”同时存在着,但它作为“过去”却是必然和“现在”同时存在着;诚然,“未来”不可能作为一个现在存在着的东西而和“现在”同时存在着,但它作为一个未来存在着的东西,却是和“现在”同时存在着。无论是“过去存在”还是“未来存在”,都不应当被看作是一种全然的非存在。 [VIII, 302]

因此,只有这个提升到极致的矛盾,才会打破永恒性,用一系列永恒性(Aeonen)或一系列时间取代唯一的永恒性。我们通常所称的“时间”,恰恰是指这一系列的永恒性。因此通过这个决断,永恒性在时间里面彰显自身。

对之前那个包含在上帝的最初必然要素里面的矛盾而言，这样一个决断是不可能的。因为那时尚未有一个自由的本质，一个既能够完全作为B，也能够完全作为A而存在着的东西。那时只有一个盲目的必然性，而全部力量都已经发挥着作用。那时的关键在于，把那些在一个持续的循环过程中相互驱逐和相互排斥的力量从相继关系带入到同时性关系，而要做到这一点，唯一的办法是让它们在面对一个更高东西的时候，共同成为可谓述的东西，潜入到一个总体性之中。与此相反，我们在这里讨论的是神性的最高自主体，这个自主体绝不可能在面对另一个东西的时候成为存在。在它的每一个形态里面（请容许我们使用“形态”这个说法），在“是”“非”以及二者的统一体里面，它都只能作为一个发挥着作用的东西而存在着，而这种情况对于“是”和“非”之间的那个已经得到裁决的矛盾而言，只有通过“不同的时间”这一概念才是可以设想的。因此这里的关键毋宁在于，扬弃不同形态之间的同时性，把它们转化为一个序列。[VIII, 303]

到此为止，我们已经指出，如果要做到决断，“**什么**”（was）必须发生。但我们还没有解释，这一切“**如何**”（Wie）发生。

诚然，在一般的情况下，在尚未探究更深层次的理由的情况下，人们既不会怀疑，什么将是开端或第一位的东西，也不会怀疑，上帝是永恒的“非”，还是永恒的“是”。——但我们在这里讨论的是，就最高的自主体而言，上帝的诞生是怎么一回事，换言之，上帝在什么意义上是永恒自由。诚然，上帝**作为**永恒自由乃是一个针对着全部外在存在的永恒的“非”，但他并不是出于自由,而是出于必然性,表现为这样一个东西。对永恒自由而言,对于外在存在的否定本身又是一个必然因素。但真正说来,不是上帝(即永恒自由)的必然因素,而是上帝(即永恒自由)的自由因素应当诞生出来。因此必然因素只能表现为这个诞生的根据,随之表现为一个先行于诞生的东西。无论在什么地方,我们都发现,必然因素是第一位的东西(Prius[先行者]),自由是后来者,换言之,无论在什么地方,自由都是作为胜利者而显现在必然性之上。假若上帝首先是一个针对着外在存在的"是",随后转变为"非",必然因素就将反过来作为胜利者而凌驾于自由因素之上,那样就将是一个完全倒退的过程了。而如果是相反的顺序,整个进程就是从黑暗来到光明,从死亡来到生命。

因此,当上帝决定启示自身,在同一个行为里面,同时包含着一个决断,即上帝作为永恒的"非"应当表现为永恒的"是"的实存的根据。而这同时规定了,上帝作为对于外在存在的永恒否定应当通过爱而被征服。

[VIII, 304] 但无论在什么时候,我们都不能设想神性里面有一种强制,毋宁说一切都必须基于一种最高程度的自由意愿。因此就上帝作为永恒的"非"而言,他不可能是在暴力的胁迫下,而只能是在善意的驱使下,归顺了爱,把自己当作爱的根据。我们必须如此设想这件事情的来龙去脉,但又不能认为这件事情已经现实地发生了。因为上帝作为"是",作为"非",作为二者的统一体,仍然只是一个单一体,这里还没有区分开的人格性。因此人们只能设想,这一切都是在电光火石之间发生的,也就是说,一切都

是作为一件已经发生的事情聚拢在一起，但并未现实地或以显露的方式(explicite)发生。可以与这个出自于最内在的统一体的决定相比拟的，只有那个不可理解的原初行为，在其中，一个人的自由首次做出了决断。如果一个人还在怀疑自己究竟能不能完整地成为这样一个人或那样一个人，我们说，他是没有性格的；反之，如果一个人已经做出决断，表明自己对整个本质做出了一个特定的谓述，我们说，他有性格。无论如何，大家都承认，没有谁是出于一些理由或考虑而选择了自己的性格；他根本就没有和自己商量这件事情；尽管如此，每一个人都把这个性格看作是自由的一个作品，仿佛这是一个永恒的(从未停止的、持续的)行为。就此而言，普遍的道德判断认为每一个人都具有自由，这个自由本身就是根据，本身就是命运和必然性。然而绝大多数人都是震慑于这个出自深渊的自由，正如他们震慑于那样一种必然性，即必须完整地成为这样一个人或那样一个人。一旦他们窥探到这个自由的一点端倪，他们就像躲避一道摧毁一切的闪电一样，避之唯恐不及，同时感到自己遭受到它的压制，因为在他们看来，自由这一现象来自于不可谓述者，来自于永恒自由，来自于一个完全不具有根据的东西。

这个无条件的自由不是针对个别行为而言的，毋宁说它是一种能力，能够在相互矛盾的东西之间完全站在这一方或那一方。

我们必然已经认识到，在同一个不可分割的行为里，如果上[VIII, 305]帝愿意启示自己，那么他只能作为永恒的“非”，作为永恒的

“是”,作为二者的统一体,启示出来。我们也认识到,在同一个行为里,这个启示只能按照时间或在一个序列中发生,也就是说,恰恰是那个已经被征服的东西,上帝的自由的必然因素,那个针对着全部外在存在、随之针对着全部启示的“非”,必须被设定为开端(因为没有征服,就没有开端):所有这一切都已经包含在一个既是最自由的、同时也是最无可奈何的决定里面,所有这一切都是取决于永恒自由的一个奇迹,而永恒自由仅仅是它自己的根据,亦即仅仅是它自己的必然性。

简言之,这个伟大决断的来龙去脉是这样的:上帝作为永恒的“非”,作为永恒的严肃和必然性,已经被设定为他自己的启示的开端。

从现在起,上帝的实现史,或者说上帝的真正启示的历史,开始了。当上帝在与永恒自然界的最初联系中成为存在者,我们曾经把永恒存在称作是一个永恒的诞生。但在那个情况下,上帝并非被设定为一个存在者,而是被设定为一个自在地既非存在者亦非“非存在者”的东西,被设定为一个纯净的“能够存在”(Seynkönnen),或相对于存在而言的永恒自由,也可以说,他被设定为这样一位上帝,就他是现实的而言,他仅仅在自身之内具有他的现实性的根据和开端,就他是有所开端的而言,这个开端不是一个必然的和永恒的开端,而是一个自由的开端。

没有一个自由的开端,就不会有真正意义上的世界史。那些没有理解把握到这一点的人,也不可能找到进入世界史的门径。

现在有一个常见的思想,认为整个世界史乃是上帝的一个持续推进的启示。但问题在于,神性是如何走到这一步的呢?换言之,神性是如何开始启示自身的呢?

有人回答道:"上帝按照其本性而言(因此必然)是一个启示自身的本质(ens manifestativum sui)。"这个答复堪称简明,但并不扼要。我们很难设想,世界的创造——人们总是觉得,这件事情应当是愉悦和最高程度的自由意愿的结果——是在强制之下发生的。在人那里,我们已经把那个洋溢出来的自由因素看作是他的真正自主体,同理,我们在上帝那里也不是仅仅看到一个单纯必然的本质,而是把他内部的那个不可把握的自由因素看作是他的真正自主体。但我们恰恰想要知道,神性的这个最高自主体是如何启示出来的。很显然,自由因素之所以是自由的,正因为它并非必须启示自身。自身启示是一种作用,正如一切作用都是一种自身启示。自由因素必须具有这个自由,即它既可以停留在单纯的"能够"范围内,也可以过渡到行为。假若这个过渡是必然的,它就并非真正是它所是的东西,亦并非自由因素。

[VIII, 306]

另一些人则是从这个观点出发:"上帝是精神,是最纯净的本质。"至于这个精神如何能够启示自身,他们坦率地表示自己对此一无所知,同时援引那个惯常的托词,宣称无知是一种美德。这个无知的原因是很清楚的。因为,虽然神性是一个永恒自由,能够实现自身和启示自身,但是这种永恒的"能够存在"或"能够实现自身"并不包含着一个现实的存在或自身实现。如果行为应当是一个自由的行为,那么在行为和可能性之间必定有某种东西;遗憾的是,最平庸的知性也不理解这一点。在他们借以思考上帝的那个纯净永恒性里面,没有距离,没有先和后,没有早和迟。他们除了纯净神性之外不愿意认识任何别的东西,在这种情况下,就连"可能性和现实性之间必定有某种东西"之类简单的思想对他们而言也失去了意义。

假若神性是永恒现实的(即在一个无比明确的意义上已经对外启示出来),它就不是一个能够实现自身的强大力量。但是,既然神性只能依靠自己的自由的永恒性来实现自身,那么在这个自由的永恒性和那个实现行为之间必定有某种东西,把二者分离开,唯其如此,神性才会保持为一个自由的、不受触动的东西。这里所说的"某种东西"只能是时间,但不是那个包含在永恒性自身之内的时间,而是一个与永恒性共存的(coexistirend)时间。这个位于永恒性之外的时间就是永恒自然界的那个运动,在其中,自然界从最低的地方逐渐攀升到最高者那里,然后从这里重新下降,以便再次攀升。只有通过这个运 [VIII, 307] 动,神性才认识到自己是永恒性;通过这个发条装置,神性在计数和测量——不是测量它自己的永恒性(因为这个永恒性始终是完整的、完满的、不可分割的,凌驾于全部时间之上,其在全部时间的序列里面并不比在一个瞬间里面更永恒),而是仅仅测量它的永恒性的那些不断重复的环节,也就是说,测量时间自身的各个环节;至于时间,就像品达[1] 已经指出的那样,仅仅是永恒

---

[1] 品达(Pindaros,约前522—前442年),古希腊最伟大的抒情诗人。——译者注

性的一个阴影。因此永恒性不应当被看作是那些时间环节的**总和**，毋宁说它和每一个个别的时间环节都是共存的，以至于它在每一个个别的时间环节那里都总是仅仅看到它自己（这个完整的、不可测量的永恒性）。

有一个如此自然的，就连小孩子也会提出的问题："上帝在创造世界之前，做了什么事情？"仔细看来，如果创世应当是一个自由的行为，那么全部想法都会走向一个必然的概念，即那个尚未谓述出来的状态具有一个"**绵延**"（Dauer）；但是，由于永恒性在自身之内或自在地不具有绵延，由于只有时间相对于永恒性而言才具有一个绵延，所以一旦世界出现，那个永恒性就直接凝缩为无，或者换个同样意思的说法，凝缩为一个单纯的环节。教师们用来维持自己颜面的惯常做法，就是对这个问题避而不谈。但是，对这些显而易见的、就连小孩子都会想到的问题避而不答，这种做法恰恰造成了普遍的无信仰。假若他们熟悉《圣经》，恐怕早就已经找到了答案，因为《圣经》告诉我们，早在那些原初时间里，智慧就已经陪伴在上帝身边，和他亲密无间，作为他的宠儿而享受着一种最甜蜜的欣喜之感；反过来，智慧也为上帝带来欢乐，因为通过它，上帝在那个时间里面预先洞察到整个未来的历史，洞察到世界的伟大形象，以及自然界和魂灵王国里面的全部重大事件。

上帝的那个决定，即按照时间而把他的最高自主体启示出来，起源于一个最纯净的自由。正因如此，上帝保留着一个权力，仿佛能够规定这个启示在哪一个时刻出现，并且能够仅仅按照他的喜好来创造世界,尽管这个世界完全是他的最自由的意志的作品。那种主张“上帝在时间之内创造世界”的学说是真正信仰的一个支柱;对于这个作品,哪怕人们能够在某一点上做出清楚明白的解释,相关工作就算颇有成效了。因为,既然上帝自身之内没有时间,那么如果不是有一个外在于他的时间,他如何可能在时间里创造世界呢?换言之,如果不是在创世之前,已经有一个外在于上帝的运动,并且通过其不断重复而对时间做出测量,我们怎么可能规定这个时间呢? [VIII, 308]

上帝按照其最高自主体而言不是启示出来的,所以他启示自身;他不是现实的,所以他转变为现实的,并恰恰因此显现为一个最自由的本质。在这种情况下,在自由的永恒性和行为之间出现了另一个东西,这个东西具有一个独立于永恒性的根源,同时作为一个永恒开端着的东西(有限东西)而存在着。通过这个方式,永恒地有某个东西存在着,上帝因此能够让受造物接近他、分享他,不仅如此,纯净的永恒性能够始终保持为一个独立于存在的东西,存在也不会显现为一个从永恒的“能够存在”那里流溢出来的东西,而这意味着,在上帝和他的存在之间,始终有一个区分。

无论是在科学里面,还是在生活里面,绝大多数人都是迷恋于空洞的词语,而不是听从清晰的概念。因此他们一方面以含糊的方式宣称上帝是一个“必然的本质”,另一方面激动地反对上帝具有一个本性或自然界。他们希望拿出一个姿态,表明自己想要拯救上帝的自由,但他们在这个问题上其实是何其无知,可以通过迄今所述清楚地表现出来,因为如若没有一个本性或自然界,上帝内部的自由就不可能和行为区分开来,随之不是一个现实的自由。这些人就是以这种廉价的方式谴责一个主张普遍必然性的体系,同时激动地反对上帝内部的任何秩序;问题在于,如果上帝内部没有秩序,就会只剩下一个整全的体系,也就是说,一切东西都将和神性本质同时存在着,一切东西都将是必然存在着。通过这个方式,他们就和我们在日常生活中看到的某些盲人一样,一方面驱赶他们(在一无所知的情况下)最为热切地追求着的东西,另一方面紧紧抓住他们其实想要逃避的东西。

[VIII, 309] 只要一个人专注地跟随我们迄今的阐述,必定已经亲自察觉到,在最高者接纳存在或生命的时候,其遵循的秩序就是永恒自然界内部的三个本原之间的秩序。也就是说,在最高者这里,第一个进入到存在之内的东西(第一个接纳存在的东西)也是一个否定性意志,一个严格遵循必然性的意志,它使自己成为一个更高意志的根据;后者虽然并不是一个真正自由的意志(因为它是爱的纯粹意志),但无论如何是一个深思熟虑的意志;最后,一个具有意识的、自由的意志出现在二者之上,它是最高意义上的精神,正如在永恒自然界里面,第三个本原是灵魂。

就此而言,我们也可以把这个启示秩序看作是各个潜能阶次的一个秩序,按着这个秩序,存在达到了自己的完满。是的,我们有必要从现在开始就做出如下区分。那些包含在存在之内的力量,就它们已经不再相互排斥,并且转变为可谓述的东西而言,已经不再是潜能阶次,因此我们称它们为未来的本原。作为潜能阶次,相互对立的东西必然是相互排斥的,当然,尽管一个数在同一个时间位于不同的潜能阶次之内是不可能出现的,但另一种情况却是可能的,即它被设定在第二个数之内,然后按着这个秩序进一步提升到第三个数。同理,存在的存在者在同一个时间里只能是一个独一的东西,比如一个否定性力量,但这并不妨碍同一个存在的存在者在接下来的时间里成为另一个东西,甚至成为一个与之针锋相对的东西。因此从现在起,我们将会用潜能阶次的名称来分别标示每一个时间的存在者。

一般说来,一个本质的客观生命和主观生命之间的和谐一致是不会轻易暴露出来的。一个本质内在地或就存在而言是什么,必须外在地或就存在者而言也是什么。同样一些力量,在同时性里面构成了本质的内在实存,当它们出现在一个秩序中(这时它们虽然不是在数目上和以前相同,但在本性上却是相同的),又构成了本质的生命或转变过程的各个潜能阶次,规定着它的发展过程的各个时期(Perioden)或时间。

每一个有机本质的内核都是安息并且立足于三个基本力量。这里不妨提出一个简要的比喻。通过第一个基本力量,本质存在于它自身之内,持续不断地创造自身;通过第二个基本力量,本质追求外在的东西;通过第三个基本力量,前面二者的本性在某种意义上统一起来。每一个基本力量都必然隶属于整体的内在存在,无论拿走哪一个,整体都会被扬弃。然而这个整体并不是一个驻足不前的存在;当本质被设定为存在,就立即出现

[VIII, 310]

了一个存在者。但是,由于存在者之内的力量和存在之内的力量是同样一些力量,而且每一个时间的存在者都只能是一个独一的东西,所以这些力量一方面在内部发挥作用,另一方面(作为在本性上同样的力量)通过一个决断而显露出来。也就是说,在同时性里,这些力量是本质的坚固存在的各个本原,而在延续性里,它们转变为本质的外在生命时期的各个潜能阶次。正是在这个意义上,我们说,在生命的最初时间里,统治者是生长性灵魂,在随后的时间里,统治者是运动性灵魂,而在最后的时间里,统治者是知觉性灵魂。同样也是在这个意义上,我们说(这里我们就不去探究相关理由了),在地球生命的原初时间里,统治者是磁性力量,然后从这里过渡到电性力量,尽管大家都知道,无论在什么时间,所有这些力量都必然属于地球的内在组成部分。

因此潜能阶次——这个术语必须按照我们已经确定下来的那个意义来理解——的秩序也表现为时间的秩序。唯有这条法则能够揭示出时间的有机体。

唯有通过这条法则,对立才呈现出它的真正崇高的意义,即它和统一体是同等地无条件的东西。在存在里面,统一体(尽管已经弱化为一个联系)保持着统治地位,但在存在者里面,对立展现出它的不可征服的自由,并且重新把统一体置于自己的掌控之下。

永恒的上帝仅仅通过他的意志而实存着,仅仅通过他的自由决定而使自己成为存在的存在者。但在这个前提下,他已经受到他的启示秩序的约束,尽管他原本可以不启示自身。决定启示自身,和决定把自己设定为一个可征服的永恒的“非”,这只能是同一个决定。因此这个决定既是最高自由的产物,也是最高的爱的产物。启示里面的先行者绝非自在地就居于从属地位,但它确实被设定为这样一个东西;后来者并非自在地就是一个现实的、神性的东西,但是先行者心甘情愿地承认它是一个更高东西。“优先性”(Priorität)和“优越性”(Superiorität)正好处于一个相反的关系之中,只有我们这个以盲目性为标志的时代才会在判断中把这两个概念混淆起来。 [VIII, 311]

这里也和那些习见的概念重新联系起来。按照通常的学说,创世等同于上帝的“外化”和“屈尊”。永恒的上帝不是把自身内部的一个自在地可征服的东西或相对渺小的东西当作开端,毋宁说这个东西是他心甘情愿看到的(并且愿意看到的)东西,是他的最强大和最内在的力量。当这个力量保持为内在的东西,它是不可征服的,而当上帝通过它而使自己成为存在的存在者,它又是可征服的。

在启示里面,否定性的、封闭性的意志必须是先行者,唯其如此,才会存在着某些东西,以承受和高扬神性本质的恩宠,而这种恩宠换了别的方式是不可能启示出来的。粗暴必须先于温柔,严肃必须先于温和,愤怒必须先于爱。正如在夜幕之下,当主人从先知的面前经过,首先是一阵山崩地裂的风暴,随后是一场地震,最后是一团大火——但在所有这些场景里面,主人都未出现。在这之后，有一些轻柔的声音，主人才出现在其中[1]。同样，在永恒的上帝的启示里面，暴力、粗暴、权威必须先行，直到爱的微风轻轻吹拂，主人自己才能够显现。

一切发展都以内敛为前提，通过吸引，开端和收缩性基本力量成为自然界的真正的原初力量和根源力量。一切生命都开始于收缩，试想，为什么一切东西都是从小推进到大，从狭窄推进到开阔呢？毕竟，假若人们只需要一种单纯的推进，反过来的情况也未尝不可。

[VIII, 312] "晦暗"和"封闭"是原初时间的特性。一切生命都是首先在暗夜之内形成并塑造自身。我们愈是在"过去"中向着更高的地方回溯，愈是会发现一个强大的联系。无论是在原初世界的群山那里，还是在人类精神的最古老的作品里面，都是同样的情形。我们发现，同样的封闭特性不仅表现为埃及人的肃穆，而且出现在印度人的巨型纪念碑那里，这些纪念碑仿佛不是为着任何时间，而是为着永恒性而建造的。甚至在希腊人的最古老的艺术作品那里，我们也会发现一种寂静的伟大，一种崇高的宁静，这些作品虽然已经得到柔化，但本身仍然承载着那个淳朴的世界时代的力量。

从现在起，我们踏上了时间之路。矛盾已经通过一个影响深远的行为而得到裁决；相应地，人也是通过一个类似的行为做出决断，完整地成为这样一个人或那样一个人。从现在起，上帝仅仅是一个独一的东西，仅仅是一个对于存在的否定。作为这

---

① 参阅本书第235页的注释。——译者注

个否定性力量,上帝是一团把存在吸引到自身之内的火焰,并且使吸引过来的东西与自己完全融为一体。到目前为止,二元性仍然存在着;这就是大全和统一体,但二者现在已经交融为唯一的一个本质。那被吸引过来或吸引进来的东西,是永恒自然界,是"全";吸引者是"一";因此我们可以借助一个形象的方式,用 $\{A^3/A^2=(A=B)\}B$ 来标示这个整体,而它就是那个处于内在联系中的"大全一体"(ἓν καὶ πᾶν)。但我们在这里需要注意,"一"或那个进行吸引的潜能阶次相对于自然界而言是一个最高的精神性力量,甚至可以说是纯净精神,尽管不是一个基于自由和深思熟虑而发挥作用的精神;另一方面,上帝出于他的纯净性而反对存在,成为一个否定性力量,而正如我们已经表明的,这不是出于他的自由,而是出于他的本性的必然性。在那个原初的未分离状态中,由于同一个东西作为同一个东西既是永恒的"是"和永恒的"非",也是一个凌驾于二者之上的深思熟虑的精神,所以神性本质的严肃和必然性也一起被提升为一个深思熟虑的、具有意识的东西。现在,当上帝做出决断,成为单纯的"非",他就进入到自己盲目的、黑暗的本性或自然界之内,后者隐藏在他内部,只有通过一个决断才有可能显露出来。而在这种情况下,那个在先行环节里面已经提升到自由和深思熟虑的生命,是不是 [VIII, 313] 也退回到了盲目必然性的层次呢?这个退回如何能够和我们曾经主张的那个观点,即任何倒退运动都是不可能的,相一致呢?可以说,谁能解决这个问题,他就能解决另外一些存在于自然史和人类史里面的问题。只要生命进入到一个新的时期,它必定会重新造成一个开端，而这不可避免会造成一个印象，仿佛新时期的开端或最初层次相对旧时期的最终和最高层次而言是一个倒退：如果是潜能阶次和潜能阶次之间的比较，那么后来的潜能阶次相对于先行的潜能阶次而言处于一个较低的位置，因为就它们各自所处的时间而言，先行的潜能阶次必然是一个更高的潜能阶次；但是，如果是时间和时间之间，时期和时期之间的比较，那么后来的时间或时期必定处于一个更高的位置。也就是说，在生命的历史里面，必然有这样一些表面上的倒退。

在当前的统一体里，某个东西与自然界结合在一起，但这个东西——即那个最纯净的精神的本质——在之前的状态里并未与自然界结合在一起。如今精神仅仅作为一个向着自身吸引的渴望和欲望，亦即作为自然界（但不再是一个内在的盲目力量）而发挥作用，随之为自己重新造成一个更高生命的开端。

如果我们只能把上帝设想为一种最高意义上的自由和深思熟虑，那么这个精神无论如何不能被称作是上帝，因为它虽然是一个最纯净的东西，但毕竟只是作为自然界而发挥作用。假若它（B）是上帝，整个统一体就会表现为一个现在就已经得到完满实现的上帝了。

如果这个统一体不是上帝，它究竟是什么呢？

我们已经表明，纯净神性作为一个不可分割的东西既是永恒的"是"和永恒的"非"，也是二者的自由统一体，而这本身就可以推出，只有当神性本身同时充当自己（作为永恒的"是"）的根据，它才能够是永恒的"非"（B）。反过来，由此必然可以得出，只有当神性同时设定了A,亦即把自己设定为永恒的"是",它才能够是一个表现为B或永恒的"非"的神性。这里的关系和基督教主张的上帝内部的关系是完全一样的。在基督教看来,只有当第一个人格性作为父亲,它才是上帝,换言之,只有当它作为父亲和儿子而同时存在着,它才是上帝;反过来,只有当第二个人格性作为儿子(这时父亲也存在着),它才是上帝。 [VIII, 314]

现在的问题是,在这个必须得到固守的环节里,否定性力量(B)绝不是A的存在者。诚然,按照早先的成果,我们已经知道,上帝相对于存在而言仅仅是一个否定性力量,以便为自己(作为永恒的爱)提供一个根据。然而这个否定性力量既不认识自己,也不认识自己所处的关系;它不是一个做决定的自由,不是一个仅仅通过决定而发挥作用的东西。它必定是这个样子;这个更高的生命必定重新沉陷到一种对自己不知不觉的状态中,以便一个真正的开端能够出现。在人那里有一条法则,即那个先行于全部个别行动的行为,那个从未终止的原初行为——真正说来,人是通过这个原初行为而成为**他自己**——在面对一个凌驾于它之上的意识的时候,潜入到不可探测的深处,以便营造一个绝不会遭到扬弃的开端,一个不能借助任何东西而触及的实在性根源;同理,神性生命的原初行为在做出决断的时候,也取缔了那个关于原初行为的意识,这个意识对于那个在原初行为里面已经被设定为根据的东西而言,只能在随后重新通过一个更高的启示而展现在它面前。只有这样才是真正的开端,一个永远都是开端的开端。那个决定,那个应当通过某个行为而造成一个真正开端的决定，不可以被**召回**(zurückgerufen)到意识面前，因此“召回”和“收回”(zurückgenommen)这两个词确实是同样的意思。一个反反复复重新做出决定的人从未造成一个开端。正因如此，性格是全部道德性的一个基本条件；缺乏性格本身就是一件不道德的事情。

这里同样可以确定，开端不可以认识自己。而这意味着，它不可以认识到自己是开端。没有什么东西从一开始就是，或者说没有什么东西从一开始就仅仅把自己看作是根据或开端。那是开端的东西，一定不能把自己看作是开端，毋宁说它应当把自己看作是本质(一个出于自己的目的而存在着的东西)，这样它才是一个真正的开端。

[VIII, 315] 因此那个否定性力量(这时上帝仅仅作为它而发挥作用)也不知道自己是根据，不知道是它设定了永恒的“是”。它不仅不知道这一点，更要以一种明确的方式否定和排斥A(随之也否定和排斥那个作为精神的更高统一体)，将其从“现在”完全驱赶出去。它是一个不能容忍任何东西的愤怒力量，即那个嫉妒心极重的犹太上帝在面对其他神灵时表现出的愤怒力量。它也必须停留在这种排他状态和孤独状态之中，直到它的时间得到充实，它才会倾其全力，让生命提升到最高的辉煌状态。

我们说，否定性力量驱赶爱的意志和精神的意志，但仅仅是为了把它们从“现在”驱赶出去。它把它们设定为“**非存在者**”，但正因如此，它们并不是绝对意义上的“非存在者”，毋宁说，它们是“未来”的存在者，并在这个意义上无论如何存在着(只不过处于隐蔽状态罢了)。

因此这个否定性力量仅仅就可能性而言,而非就现实性而言,设定了永恒的“是”,也就是说,它仅仅就可能性而言是上帝,而非就现实性而言是上帝。这样一来,整个统一体仍然不是一个现实的或得到实现的上帝。

那么这个统一体究竟是什么呢?答案是:它是上帝的永恒萌芽,它尚且不是一个现实的上帝,而是仅仅就力量而言是上帝;因此它是上帝心甘情愿把自己设定在其中的一个可能性(潜在性)状态,而且必然先行于现实的(在现实性里面启示出来的)上帝,而这些说法的前提是,在上帝之入于现实性的启示或诞生中,应当有一个转变,有一个秩序,有一个层次安排。

或许有些人会说:“因此上帝根本不存在。”绝非如此!因为,就可能性而言(这里指启示的可能性),整个上帝已经存在着。现在发挥着作用的否定性潜能阶次是一种力量(即一种可能性),能够设定肯定性潜能阶次,后者就和更高的统一体一样,虽然没有被设定为存在者,但作为“**非存在者**”(作为“未来”的存在者),无论如何已经被设定下来。没有任何人会认为,因为一个东西是可能的,或仅仅就可能性而言存在着,于是就绝对不会存在着;毋宁说,这个东西**存在着**,只不过处于可能性状态罢了。即使是在这里,我们早先指出的“非存在着的存在”与“非存在”之间的区分也不过是在一个更高的层次上展现出来。“因此上帝不存在”这句话有两层意思。说“上帝是**非实存者**”,这是我们认可的和主张的观点;反之,说“上帝绝对不存在”或“上帝是 [VIII, 316]

一种绝对意义的非实存者"，这是我们要否定的观点。也就是说，上帝作为"**非存在者**"，恰恰**存在着**，他只不过是作为"非存在者"而存在着，只不过是在内敛状态(implicite, in statu involutionis)中存在着。这个内敛状态，作为向着真正启示的过渡(作为一个中介)，至少不应当被那样一些人看作是有辱神性的，他们依据《圣经》的某些言辞，赋予上帝一种权力，让他能够在事物的井井有条的运转中抽身而出，能够隐藏他的面貌(即他的真正的自主体)，因此能够在某一段时间重新退回到内敛状态，并且在某些情况下作为单纯的自然界而发挥作用，而不是按照他的最内在的自主体和心灵而发挥作用。

既然迄今的整个历史进程已经足够清楚和足够明确地解释了这件事情，我们也没有必要重复强调这一点，即我们在这里谈论的，根本不是上帝的本质性存在(即他的位于自然界之外和之上的存在)，而是神性的实存，或用我们的术语来说，神性的外在启示，而神性已经通过它与永恒自然界的联系而被设定为一个存在者。

总的说来，即使是一个对此最为忧心忡忡的人，只要他完全清楚地认识到这些概念以及每一个陆续增添进来的规定的明确意思，就不会觉得整件事情里面有什么困难的或难以应付的东西。当然，要做到这一点，纯粹的意图、严肃的意愿、正直的努力等等都是必要条件，而在我们这个时代，这些都是很难指望的。在这个时代，一方面，那种主张"人不能认识任何东西"的懒人学说已经让绝大多数人不习惯进行任何一点较为敏锐的思考，另一方面,那些追求更高东西的人,只要在一件事情上遭遇到哪怕是最轻微和最无足轻重的障碍,就觉得自己可以满足于那些到处堆积如山的观念的单纯材料,而关于这件事情,他们自然已经提出了一些耸人听闻的奇谈怪论。

我们迄今提出的整个观点,其愈是重要,我们就愈是要尝试从另一个方面来加以解释。 [VIII, 317]

也就是说,人们可能会问,通过那个否定性力量,究竟是什么东西遭到了否定?无疑,这只能是那个通过先行环节而被设定的东西,即存在的独立性,或者说各个力量的分离崩析的状态。关键在于,通过这个否定,自然界的那个自由运动不可能倒退回来。也就是说,那个通过吸引性力量而遭到否定的东西,只能是一个在另一个视角下已经被设定的东西。这里仍然有着无差别或未分离状态,但这不是一种摆脱了全部差别的无差别,而是一种发挥着作用、否定着差别的无差别。但在这里遭到否定的,仅仅是分离状态和相互之间的自由,因此分离的源头作为未分离的东西而得到肯定,而那个力量,那个与全部自由相对抗的东西,则是处于非自由状态下的整体的肯定者。尽管如此,由于这个力量只能否定存在着的东西,所以在做出否定的时候,它认可了分离状态,也就是说,它通过否定而肯定了分离状态。

由此首先可以看出,否定性力量恰恰是通过否定而接纳了存在,恰恰是通过否定而把存在设定为它的存在。

现在,既然分离状态在遭到否定的时候恰恰重新被设定,那么一切无须否定就以现实的方式或显露的方式(explicite)被设定的东西，同样也必须通过否定而以内敛的方式(implicite)被设定。

毫无疑问，假若神性接纳存在，同时造成一种分离状态，那么这种情况就是一种以最大程度展现出来、谓述出来的实存。因为，当精神把一个活生生的灵魂(A^3)当作自己的直接主体，同时灵魂把一个外在的精神性—身体性本质当作自己的映像，在这种情况下，精神就充实了自己的实存。现在，这个自由的关系并没有得到肯定，而是遭到否定，但正因如此，它以一种否定的或内敛的方式被设定下来。因此我们可以说，之前描述的那个统一体至少是以一种内敛的方式被设定为上帝最初的现实实存。[VIII, 318] 问题在于，任何一个实存，正因为它是一个实存，岂非恰恰预设了一个封闭状态？哪一个实存不是首先处于一个内敛状态中呢？哪一个自由的生命不是从一个被否定状态那里解脱出来的？就此而言，我们确实可以说，既然那个完整的统一体仅仅是一个新的开端或第二个开端，那么它也仅仅是一个新的或更高的自然界，而这个自然界和最初的自然界是完全(toto genere)不同的。从现在起，只有唯一的一个现实的本质，它的吸引性潜能阶次表现为精神性东西，而被吸引的潜能阶次则是表现为相对而言的身体性东西。那个精神性潜能阶次就像一个发挥着作用的渴望或欲望，贯穿着整个永恒自然界，一旦它通过这个方式自然化(vernaturt)，就再也不能依靠自己而脱离自然界。永恒自然界的力量就是它的力量，它把这些力量当作自己的工具，并通过它们而对自己有所察觉。整体是一个真正不可分的个体。尽管如此，我们不要忘了，这个统一体之上还有一个原初的区分，因为自在地看来，那个否定性力量就是纯净精神，它和永恒自然界的关系始终如同存在者与存在的关系。虽然这个精神作为自然界而发挥着作用，但因为它是无意识的，所以它不是一个真正意义上的理知东西，但反过来说，它也绝不是一个无理知的、完全无理智的东西。这是一个实体式的精神，一个已经成为实体的精神，它不具有理智，毋宁说它本身在本质上就是理智；它不是一个具有意识的、返回到(折射回)自身之内的理智，而是一个盲目的、无意识的、必然的、类似于本能的理智。

这样一个力量，这个独立的、全能的东西，就是否定性意志，它把那个迄今一直保持沉默的本质的全部本原和力量凝缩在一起。通过这个方式，它从一个被动的统一体直接提升为一个主动的统一体，在这里，存在的全部力量不仅合为一体，而且第一次在同一个本质里面同等地发挥着作用。因为，当各个本原被设定在同一个潜能阶次那里，它们相互之间必然是处于一个平衡状态(äquipotent)；本原之间的那种从属关系已经被扬弃了；每一个本原都获得了自己的生命，迄今的自愿结合被一个盲目的强制性统一体取代了。

在之前的那个从属关系里，它们仅仅是让彼此感到愉悦，因为其中一方好像成了另一方的疗药；同样，每一个本原在自身内都仅仅通过那个有机结构而得到抚慰，因为一个力量相对另一个力量而言表现为根据或"非存在者"。现在，当各个本原和力量提升上来，发挥着同样的作用，它们相互之间就必然产生出一 [VIII, 319]

种厌恶和反感，以至于它们宁愿分道扬镳，也不愿处在一起。

正如我们已经看到的，一旦人们受控于一种情绪，他们就会带着这种情绪来看待一切东西，相应地，甜蜜转变为苦涩，温和转变为怒火，爱转变为恨，因为甜蜜之中同样包含着苦涩的根源，爱同样包含着恨的根源，后者虽然是隐蔽着的，但对于前者的持存来说却是必不可少的。同样在这里，当严肃成为占据统治地位的潜能阶次，在那个温柔流淌着的本原（A^2）里面，否定性力量也扭转方向，在那个原初封闭的东西（A=B）之内从隐蔽的深处凸显出来，也就是说，在A^2和A=B的内部，只有一些相互敌对的力量；至于统一体，由于它不再位于对立之外，而是已经与对立合为一体，所以它不再能够作为一个自由的、寂静的统一体脱身而出，而是感到自己仿佛死了一般。

这里是苦涩性的最初源泉，这种苦涩性是（甚至可以说必定是）全部生命的内核，任何时候，只要它没有得到抚慰，立即就会爆发出来，这时爱已经被强制着转变为恨，那个寂静温和的精神也不能发挥作用，而是遭受着敌对性的压制，因为通过生命的必然性，全部力量都已经深陷到这种敌对性里面。从这里发源出一种深沉的、包含在全部生命里面的烦闷，没有这种烦闷，就没有现实性；它是生命的毒素，一种必须加以压制的毒素，但是如果没有这个东西，生命就会安详地死去。

现在，当那些力量凝缩为一种具体的存在，随之品尝到自己的苦涩性，它们就在整体和个别本原里面提出要求，也就是说，每一个力量都想要摆脱严肃的统一体，单独基于自己的本性而存在。这就是全部生命的状况:它首先追求限制,从开阔状态进入到局促状态,以便感受到它自己,在这之后,当它处于局促的境地,并且感受到这种局促,它就要求返回到开阔状态,返回到它曾经置身其中的寂静的无;但是它不能做到这一点,因为它在这种情况下必须放弃它亲自吸引过来的生命,而且,即使它返回到过去的状态,仍然会渴望着摆脱这个状态,并且在这个渴望的驱使之下重新把一个存在者吸引过来。 [VIII, 320]

换言之,通过那个在自身内吸引着的精神,各个力量虽然被聚合在一起,但与此同时,无论在整体里面还是在个别部分那里,这些力量都在追求分道扬镳,而且,每一个力量愈是发挥着作用,也就是说,每一个力量愈是深深地陷入到局促状态中,它们就愈是强烈地追求着分道扬镳。收缩状态召唤出它的直接对立面,其唯一后果是一种永不间断的紧张状态,或者说全部力量的一种极度亢奋状态。然而,还没有等到它们重新接近最初的状态,还没有等到共同生命死去,那种渴望又重新苏醒过来,因为无论如何,它们都不可能放弃对于现实性的追求,因此必然再度落入到收缩性潜能阶次的手中。

因此这里没有常驻的生命,毋宁说只有扩张和收缩之间的一个持续更替,而刚才提到的统一体(即这个环节的整体)无非是神性的心脏的最初搏动点,这颗心脏通过永不间断的收缩和舒张寻求宁静,却始终求而不得。这里再度出现了一个不由自主的运动,它不断地从自身出发,不能够依靠自己而终止下来,因为通过每一个收缩,各个力量都重新发挥着作用,而收缩性意志已经屈从于它们的扩张欲望；尽管这个意志还没有感受到分离状态和已经开始的无作用状态，但它已经惊慌失措，担心实存会走向消亡，于是它把各个力量重新吸收过来。

也就是说，在一个完全不同的、比前一个环节更高的环节上，生命第二次陷入到一个不由自主的运动里面。

[VIII, 321] 这样我们就明白了，在这个环节上，存在者和它的存在一起形成了一个最为充满矛盾的本质。我们明白了，最初的实存就是矛盾自身，反过来，最初的现实性只能立足于矛盾，哪怕某些人说，这个矛盾绝不可能是一个现实的东西。一切生命都必须穿越矛盾的火焰；矛盾是生命的发动机和最内在的东西。有鉴于此，一本古老的书说道，太阳底下的一切行动都充满辛劳，一切事物都是通过劳作而消耗自身，但却从来不知疲倦，一切力量都在永不止息地相互搏斗。真正说来，假若只有统一体，假若一切东西都是处于平静状态，那么没有任何东西会愿意动弹一下，一切东西都会陷入到一潭死水之中，因为它们现在热切追求着的目标，岂非就是要摆脱躁动状态，进入到宁静状态？

我们在这里理解把握到的矛盾，乃是永恒生命的源泉；这个矛盾的建构乃是科学的最高任务。就此而言，指责哲学家把矛盾当作科学的开端，就好比指责一位悲剧作家，人们刚看到那个起着提示作用的序幕，就指责道，在这样一个开端之后，这部作品只能走向一个可怕的结局，走向残暴的行为和血腥的事件等等，殊不知悲剧作家的意图恰恰是要表达这个结局。

也就是说，我们并不畏惧矛盾，而是尽我们最大的努力在个别事物那里也正确地理解把握矛盾。

最初的自然界(A=B)是由各个力量形成的一个整体或体系,通过吸引着的潜能阶次,这个整体也成为一个聚合体,但我们又很难说这是一个"聚合体",因为这个聚合体在自身内发展出一个矛盾,根本不能在任何一个瞬间驻留下来。与此同时,通过包容着的潜能阶次,相互对立的两个力量在其中也达到了平衡。这个平衡应当是本质(A)的一个静态的根据,它转变为一个从自己的深处提升上来的平衡,而"非存在者"(B)则是提升为存在者。但是,聚合体尚未感受到各个力量的一致性和冲突,就希望分离崩析,因为各个力量在这个局面下对彼此都是不能 [VIII, 322] 容忍的。但是,聚合体被吸引着的潜能阶次的强大力量捏合在一起,而这个潜能阶次不断地把否定性力量从深处提升上来,与此同时,肯定性本质(A)试图对否定性力量加以压制,把它重新设定在潜能状态中。正因如此,聚合体始终保持为一种对于分离崩析的单纯追求(nisus),而这必然产生出一个循环运动。吸引着的力量不会停止发挥作用;到最后,当各个力量愈来愈精神化,达到一种最高程度的相互厌恶,在这种情况下,由于它们既不能够完全分道扬镳,又不能够保持和平共处,所以某个居间者现身出来(sich ereignet),这个东西仿佛在一种撕碎自身的暴怒状态下,把物质炸裂为一些个别的、独立的中心点,因为这些点仍然受制于相互冲突的力量,所以它们同样也是围绕着自己的轴心而运动。①

① 至于那个整体(B),因为和存在合为一体,所以自己撕碎了自己,好比人们在愤怒的时候说道:"我想撕碎我自己。"——谢林页边注

人们试图借助不同力量的平静的一体化作用来解释自然界里面的多样性,但这个做法是徒劳的。一切生成的东西都只能在烦闷中生成,正如"畏惧"(Angst)是每一个活生生的受造物的基本感受,同样,一切有生命的东西都只能在激烈冲突中孕育和诞生。谁会相信,自然界不是在恐怖的外在紊乱状态中、在混沌的内在交融状态中——在这些状态中,没有任何东西能够独善其身,毋宁说每一个东西都是和其他东西杂糅在一起——创造出如此之多的奇妙事物呢?谁会相信,自然界的创造是基于宁静和平静,而不是基于各个力量的激烈冲突呢?无机自然界的绝大多数产物岂非显然都是畏惧、恐怖、甚至绝望的产儿?[①] 在某些个别事件中,我们能够成为这个原初创造的见证人,这时我们看到,未来的人的最初根据只能在一种致命的冲突中、在一种恐怖的烦闷中、在一种经常转变为绝望的畏惧中形成。[VIII, 323] 如果这些情况在个别事物和微小事物里面都已经发生,难道在整体上,在世界体系的最初部分的产生过程中,还会是另外的情形?

引人注目的是,在整个自然界里面,每一个自足的、特殊的生命都是开始于一个围绕着自己的轴心的旋转运动,因此是开始于一个内在的冲突状态。无论是在最大的事物还是在最小的事物里面,无论是在行星的运行轨道里面,还是在那个只有借助显微镜才能观察到的世界——这个世界被先知先觉的林

① 此处参阅《神话哲学》,《谢林全集》第十二卷,第582页(XII, 582)。——原编者注

奈[1]称之为动物王国的混沌世界——的循环运动里面,圆周运动都展现为自足的、特殊的生命的最初形式,仿佛通过这个方式,一切封闭在自身之内、随之封闭在一个整体之内的东西,都必然直接落入到一种内在的冲突之中。这个注释至少能够表明,圆周运动的力量属于一些最古老的、亲自参与到最初的创造活动中的潜能阶次,而不是像当今的主流观点认为的那样,仅仅是一些以外在的和偶然的方式附加到受造物身上的力量。

现在,既然这些个别的、循环的整体的实存仅仅立足于否定性力量的提升和精神化,那么我们可以说,这些整体是一个真正暴动式的、创造性的、从"非存在者"进入到存在者的力量的产物,因此是最初的受造物。

假若否定性力量的精神化作用在那些受造物里面终止了,它们就会直接回落到普遍的存在里面。因此是那个精神化作用把它们提升到自主性,从现在起,那个精神化的力量是它们的自私性的根源,也就是说,它们据此获得了一个自足的、不依赖于自然界的普遍根据的根据(获得了它们自己的B或自主本原)。

尽管如此,虽然它们已经提升到自主性(提升到一种"基于自身的存在"),但仍然受制于吸引着的力量。现在,正因为它们具有自主性,在自身内具有它们自己的静止点(重心),所以它们凭借这个自主性,想要摆脱吸引着的力量的压制,不仅如此,由于它们在所有方面都远离了该力量的中心点,所以它们

---

① 林奈(Carl von Linné, 1707-1778),瑞典生物学家,植物分类学的奠基人。——译者注

[VIII, 324] 甚至想要成为该力量自身。因此这里首次出现了整体的最高程度的膨压状态(Turgor),因为每一个个别事物都想要挣脱普遍的核心,想要挣脱自己的重心或静止点。

我们此前已经指出,在原初力量的那个最终分离中(这时它们相对于一个更高东西而言降格为存在),一切东西逐渐从无形状的东西转变为有形状的东西。在那里,首次出现了“上”和“下”;尽管如此,各个力量的分道扬镳仅仅提供了一种精神性的分化(Expansum),这种分化是软弱无力的,它仅仅意味着,这里缺失了一个聚合性的、现实的(实在的)、提供关联的力量。只有加上那个发挥着限制作用、**现实地**制造出地方或位置的力量——虽然这些位置其实是每一个潜能阶次通过自己的本性就已经具有的,但仅仅以**可能的**方式具有——**空间**才会产生出来。广延(Extensio)已经以那个设定了空间的力量为前提,而且真正说来,只有通过我们指出的那个现象,即有机物的组成部分那里的“膨压状态”,广延才会得到解释。

按照迄今的主流观点,空间是一个无关紧要的、在所有方面都无限蔓延的虚空,个别事物仅仅是被放置在其中而已。然而空间的真正本质,或更确切地说,那个真正设定了空间的力量,是那个普遍的、把整体凝缩起来的原初力量。假若没有这个力量,或者说假若这个力量会终止,那么就既没有地方,也没有空间。就此而言,空间也不可能是一个无关紧要的东西,毋宁说无论在整体还是在个别东西里面,空间都只能是一个有机的东西。假若有人主张,空间就其内在的维度而言是无关紧要的,一个点和别的点没有区别,既没有真正的“上”和“下”,也没有真正的“右”和“左”、“后”和“前”,他必定就会无视那个奇妙的现象,即有机事物里面有一个提供秩序和位置的力量,在它的安排下,每一个组成部分的地位都是一个必然的地位,每一个组成部分在整体里面都只能存在于这个地方;同样他也会无视这个现象,即在有机物的层次序列里面,当一类事物相对于另一类更高的事物赢得或者失去了自己的意义和尊严,它的位置也会发生相应的改变。难道这样一个力量仅仅存在于个别的有机体里面,却不存在于伟大的整体里面?绝不可能!空间不是一个无关紧要的东西,毋宁说,它制造出真正的“上”和“下”,制造出真正凌驾于大地(尘世)之上的天空(天国),制造出一个在真正的意义上凌驾于自然界之上的魂灵世界,制造出一些观念,这些观念让我们重新和我们的父辈一样,真正敬畏这个世界整体,而不是将其看作是一个无关紧要的广延,既非以完满性为终极目标,也不具有一个真正的终结点和意味深长的尽头。因为无论在什么地方,开放就意味着不完满;封闭性是每一个作品的真正的完满性。那些观念之所以走向沦丧,并不是像人们以为的那样,完全归咎于哥白尼的学说,而是归咎于后来的那个缺乏精神的重力体系。 [VIII, 325]

那个把整体凝聚起来的神性力量不仅囊括了自然界,而且囊括了魂灵世界以及那个栖居在二者之上的宇宙灵魂。因此通过这个整体,魂灵世界和宇宙灵魂也获得了空间关系,而那个古老的信仰(相信魂灵居住在某个地方)也重新获得了意义和真理。

这就是那个终极目的,即尽可能让一切东西获得形状,获得可见的形体形式。正如古人所说的那样,形体性是上帝的道路的目标(finis viarum Dei),上帝也愿意以空间的方式(或者说在某个地方)和时间的方式启示自身。

唯有通过一个自外向内的收缩力量,宇宙才成为一个空间性的东西。单凭这一点就已经表明,无论可见的自然界还是宇宙都是封闭的,具有一个外向的界限[①]。既然收缩力量包围并且封闭着整体,那么真正说来,也是它设定了目标和界限。这个意思已经通过之前的那段引文,"他在深渊周围划出他的圆圈"[②],或"天空和大地是上帝的力量的延伸"等等,表达出来。当然,这不是指那个位于自然界之内的收缩力量,而是指那个把整体聚合起来的否定性力量。无论如何,只有永恒的上帝**自己**能够让[VIII, 326]自己成为有限的,只有**他自己**能够掌握他自己的存在,为其划出圆圈。也就是说,世界的外向的有限性在自身内包含着一个完满的内向的无限性。

整个在空间中延展的宇宙无非是神性的搏动的心脏,通过一些不可见的力量,这颗心脏维系在持续的跳动中,或者说在舒张和收缩之间持续更替。

通过"非存在者"的提升,个别事物首先被创造出来,它们借助自身内激发起来的自主性,必然想要摆脱吸引着的力量,摆脱

① 但这并不意味着它是**空间**内有限的。因为空间恰恰就是那个封闭性力量的自内向外的扩展。——谢林页边注

② 参阅《旧约·箴言》(8:27):"他在渊面的周围划出圆圈。"——译者注

那个普遍的中心点。由此产生出膨压状态,产生出一种朝向四面八方的离心运动,那在它们自身内激发起来的自主性愈是强大,这种离心运动就愈是激烈。但是,当它们摆脱吸引着的力量,它们立即就感到,那在它们自身内激发起来的自主性本原,还有它们的自足的生命——这种生命恰恰立足于自主性本原的持续诱导(召唤)——都走向消亡。因此它们再度落入到否定性力量的手中,重新陷入到吸引着的潜能阶次的锐利锋芒里面,并且通过每一个吸引而酝酿起愈来愈强的自主性。也就是说,它们自身内的那个黑暗力量,作为一个力量(Intensum),只能导致愈来愈强烈的紧张状态。

因此这个演进过程必然会到达一个点,在那里,存在的各个力量开始和存在者形成平衡。通过持续的上升,最终必然会出现吸引者和被吸引者之间的一个平衡。这是演进过程的目标和终点。上帝自己必定感受到了他的存在的全部深渊和恐怖力量。即使从辩证法的角度来看,这也是显而易见的,也就是说,如果纯净神性自身仅仅作为自然界而作用于某个东西,那么永恒自然界和那个东西是处于平衡状态的。因此在这个环节里,我们可以和柏拉图一样,设想上帝和一个粗野的、不顺从的物质或自然界进行斗争。但这里所说的"上帝"仅仅是一个可能的上帝,或者说一个仅仅作为自然界的上帝,而不是一个现实的上帝。

因此从这个方面来看,演进过程的目标仅仅是一个更替运动(motus alternus),一种永恒的吸气和呼气。收缩和舒张既是 [VIII, 327]

一切自然生命的最初环节,必然也是精神生命的开端。因为,如果说在当前的环节里,自在的自然东西首先成为一种自然生命,那么反过来,这个环节对于永恒自然界来说也是一种精神生命的最初阶梯,永恒自然界应当沿着这个梯子上升到精神生命。因此在这里,自然界的心脏仿佛仍然是一个纯净透明的东西,而在动物生命里面,心脏——它在它的最高形态里面仅仅以那个正方形(◇)为基本形式,而正方形是每一个宇宙天体的原初形态的表现——才成为一个外在可见的东西,而在接下来的塑造过程中,它已经被笼罩起来,愈来愈退缩到内部;在整个动物序列里面,心脏的位置逐渐从右边挤到中间,最终完全来到左边,亦即被设定为"过去"。在动物生命那里,那个远古的运动仍然保存在血液里面,保存在这种粗野的、不断分裂为微粒的物质里面——众多自然研究者或许已经发现,每一种物质在发展过程中同时也在围绕自己的轴心而运动——而这是许多充满才智和善意的人都没法解释的现象。看起来,没有什么东西比追求宁静的自然界更加渴望摆脱那个必然的更替运动,摆脱那个通过捆绑在一起的本原的相互敌对而产生出来的运动,而自然界要达到这个目的,只能借助于"清楚分节"(Artikulation)这一至高无上的奇迹,亦即通过舒张肌肉和收缩肌肉的系统,把相互冲突的力量分隔开来,因为肌肉虽然始终保留着循环运动的某一个方面,但它们作为意志控制下的触手,只能要么向内活动,要么向外活动。

在出离和回归、扩张和收缩的这个持续更替中,物质逐渐演变为内在精神的外在样式,由于内在精神不能制造出一个整体式的统一体(作为对于全部多样性的否定),所以它企图建立一个立足于多样性的统一体,亦即制造出一个体系,以建筑学的方式发挥作用。宇宙构造已经足够清楚地表明,当它最初产生出来的时候,有一个内在的精神性潜能阶次是在场的;同样不可忽视的是,在这个过程中,一个无理性的(非理性的)本原也有功劳,也曾共同发挥作用,这个本原只能被限制,但不能被完全消灭。就此而言,我们不可能像人们迄今尝试的那样,按照一些极为简单的关系来解释宇宙构造的有机法则。无论如何,这些法则不能通过一些单纯的概念,而是只能借助于现实性本身而加以阐释。 [VIII, 328]

但在当前的这个环节里,根本不可能有什么常驻不变的形态分化。因为,当整体达到最高程度的展现,恰恰在这种情况下,各个力量的极度亢奋状态在全体成员那里还会继续提升,最终到达这个地步,那个吸引着的潜能阶次竟然为着自己的实存而感到战栗不安,因为它害怕那个已经出现在个别事物里面的混沌状态也出现在整体里面。

也就是说,自主性本原起初被规定为静止状态和潜能状态,伴随着它的提升,物质的各种被动属性也随之张扬出来,而正如我们已经表明的,这些属性恰恰是立足于那个力量的削弱和压制,而那个力量一旦得到行使(激活)或精神化,就会成为一团烈焰。在一个有机物里面,如果那个仅仅是静态火焰的东西凸显出来发挥作用,这个有机物瞬间就会点燃;我们看到,从每一种强烈挤压的物质那里都会扬起火焰;而毫无疑问的是,甚至闪电里面的电火花也仅仅是一个通过高压而爆发出来的东西;还有一些可压缩的、合在一起能够发生燃烧反映的物质(气体),通过单纯的压力就会点燃;除此之外,每一个压力,即使是最轻微的压力,都会激发起电火花,因此我们几乎不能怀疑,通过适当的挤压,全部物质都能够在火焰中升腾而起——以上所有情况都说明,在那个原初状态里,随着极度亢奋状态的持续增长,物质必定会愈加陷入到一种炙热融化的状态中。

长久以来,所有自然研究者都认为,为了解释地球乃至整个可见的自然界的逐渐塑造过程,必须预设一个融化状态。然而[VIII, 329]在我们这个时代,由于人们借用了化学的全部比喻和形象说法,所以满足于一种“流体性融化”(类似于金属在酸中的融化)的观点。在他们看来,仿佛流体就是一个让人心安理得的终极答案,一个无条件的、无须继续解释的状态。但我们相信,可以通过另一个方式来证明,全部物质(尤其是全部宇宙天体)的最古老的状态是一种电性融化状态。也就是说,在电那里,那个二重性的火花,作为全部物质的真正内核,现实地显现出来:一方面是放射性的(+E),另一方面是否定性的、向着自身内吸引的(-E),后者充当着前者的根据。过去人们曾经错误地认为,电的根据在于一种单纯的缺陷,现在,人们从当今所谓的二元论出发,同样错误地认为,存在着两种同样肯定性的、仅仅相互对立的电。但实际上,其中一种电在本性上是否定性的,向着自身内吸引的,但它并不因此就是全然的无(单纯的缺失),正如自然界里面的收缩的基本力也不是单纯的缺陷。刚才已经提到的那些借助于电柱的导电尝试,虽然遭到了绝大多数自然研究者的严重忽视,但已经给出了一个非常明确的证明,即物质能够发生一种电性精神化和电性融化,在那种情况下,它不仅摆脱了自然的化学属性,而且摆脱了所有别的形体属性。

在这个炙热的电性融化状态中,我们发现,行星体系的那些最为成谜的成员,即彗星(扫帚星),直到现在都还在不断形成。这是我过去的说法。但现在我想说的是,仍然有一些未曾达成和解的宇宙天体在不断形成,仿佛活生生地见证着那个原初时间,因为没有任何东西能够阻止较早的时间在个别现象里面通过较晚的时间而延续下来,或反过来说,没有任何东西能够阻止较晚的时间首先出现在宇宙的这一些部分里面,而不是出现在宇宙的另一些部分里面。无论什么时代,人类都是带着战战兢兢的感觉去观察彗星,仿佛它们是一个征兆,预示着过去的时间、普遍的动荡又将回归,万物将要重新融化在混沌状态里面。很显然,在彗星那里,特殊的重心(自足的生命)尚未与普遍的重心达成和解;对此的证明是,从方向和位置来看,彗星的运行路线不同于行星的运行轨道,虽然如开普勒推测的那样,彗星的运动绝不会沿着一条直线前进和后退,但它们的运行路线同样不能说是弯曲的,而是在某种程度上是离心式的,因此它们在这条轨迹上的运动能够被看作是一种单纯的舒张和收缩。然而恰恰是这些运行路线,当它们接近太阳,然后又远离太阳的时候,其表现出来的变化和更替在根本上只能通过一种交互更替的扩张和收缩而得到解释。迄今为止,人们在所有重要的彗星那里都已经观察到,当它们接近太阳的时候,即在全部力量达到最高程

[VIII, 330]

度的亢奋状态的时候，在朝向太阳的那一面，彗核的轮廓逐渐消失，最终彗核完全消融在其中，与此同时，人们称之为彗发的那个东西，发生膨胀，拖出一条更长的彗尾。在1769年观察到的一个“长发星”[彗星]那里，当它从太阳那里回归(此事发生在当年的11月)，其彗发显得更加透明，人们能够更清楚地看到彗核，而整个彗星的外观则是发生了如此之大的变化，以至于一位观察者[①]用维吉尔[②]描述赫克托耳[③]的那句诗来形容它：

—— quantum mutatus ab illo!

Squalentem barbam et concretos sanguine crines,

Vulneraque illa gerens, quae circum plurima - solem

Accepit ——

(Aen. II, 274 sq.)

——此后他变化多大啊！

他蓬头垢面，头发上粘着血块，

遍体鳞伤，这是他被拖着环绕太阳

所受的伤——

(《埃涅阿斯纪》第二卷，第274行以下)[④]

---

① 《兰伯特论文集》，第三部分，第234、207页。——谢林原注。译者按，约翰·兰伯特(J. H. Lambert, 1728-1777)，德国数学家和物理学家。

② 维吉尔(Publius Vergilius Maro, 70 v.Chr. - 19 v.Chr.)，古罗马著名诗人，代表作为长篇史诗《埃涅阿斯纪》(*Aeneis*)。——译者注

③ 赫克托耳(Hektor)，特洛伊的英雄，死于阿喀琉斯之手。阿喀琉斯杀死他之后，用马车拖着他的尸体环绕特洛伊示威。——译者注

④ 谢林这里引用的字句与维吉尔的原文有出入。按原文，那些伤口是“他被拖着环绕他出生的城市所受的伤”，这里被改成“他被拖着环绕太阳所受的伤”。很有可能这是兰伯特自己针对彗星而做出的改动。——译者注

在从太阳那里回归的时候,这种聚合和松弛的原因只能是那个已经重新开始的舒张,以及重新向着物质性状态的趋近。自从这些情况首次(于1811年)被记载下来之后,人们已经多次更加准确地观察到那颗当时出现在天上的彗星。这颗彗星之所以引人注目,有很多原因,比如它有两条彗尾,在朝北的方向(即更具有精神性的那个方向)显得更加明亮,尤其是它的各种变化极为迅速,这些变化几乎让人不得不推测,它在接近太阳的时候曾经同样处于扩张和收缩的更替之中。在短短的1秒钟里,彗星观察者的视野里的光域能够扩张2.5度,这个情况按真正的广延来说,几乎相当于地理学上的一百万英里;这个现象甚至迫使那位卓越的观察者(施罗特尔[①])联想到一种巨大的、类似于电子力或电流力的原初力量。

[VIII, 331]

通过迄今的阐述,我们已经达到了目标;只要我们希望准确地规定那些时间——在这些时间之后,在这些时间里面,一切东西都是逐渐生成的——那么这个目标必然始终是我们的主要目标。我们认识到,对自然界而言,这第一个时间其实就是创造天体本身的时间。任何一个人,只要他使用健康的感官来观审这个不可把握的整体,难道不会始终觉察到,那些伟大的、恐怖的力量——它们使得整体第一次形成,并且直到现在都保留在整体的实存里面——远远超越于后来时间的全部力量之上?那产生出植物,产生出动物的东西,是一个温柔得多的力量,即一个

① 约翰·施罗特尔(Johann Hieronymus Schröter, 1745-1816),德国法学家,同时也是他那个时代最著名的天文学家之一。——译者注

后来时间的意志。如果我们把自然界理解为那个栖居在大全自身之内的艺术智慧,那么在这个意义上,可以说植物和动物是自然界的作品。然而天体远远超越于造型自然界的全部力量之上。它们是**上帝**的作品,单就其自身而言(不考虑随后的时间),也可以说是愤怒的作品,是那个最古老的力量(父亲力量)的作品。

“**上帝在开端创造了天空和大地**”[①]——通过寥寥数语,那部世界上最古老的书陈述出了一个时间,这个时间意味着一个完成,并且与随后的时间明确区分开来。尽管这些词语经常遭到误解,甚至遭到故意的忽视,但对于真正理解它的人来说,却具有不可估量的重要意义。在这些词语里,“**开端**”无论如何只能意指一个最初的、最古老的时间。这个时间应当与随后的时间明确区分开来,对此的证据是紧接着的几个词语:“**大地是荒芜而空虚的**”[②]——然而大地并不是在创造之前就是这样,因此严格说来,大地是在创造中或在创造之后才是这样。很显然,这段叙述想要表明,大地的这种荒芜和空虚是某种居间的东西,之前是那个**在开端**发生的创造,之后则是后来发生的创造。

[VIII, 332]

相应地,上帝也通过一个词语而把这个时间与随后的时间区分开来。如果说在这些词语里面,创造更多地是被暗示,而不是被描述,如果说这个创造与随后的创造是合为一体的,那么,为什么这里写着:“以罗欣(那个曾经掌控着各个力量的以罗欣

① 参阅《旧约·创世记》(1:1):“起初上帝创造天地。”——译者注

② 参阅《旧约·创世记》(1:2):“地是空虚混沌。”——译者注

或大全,那个存在者)**创造了**(schuf, bara)天空和大地"?为什么这里不像后面总是采取的说法那样,直接写道:"以罗欣在开端说:要有天空和大地"?又或者说,为什么这里不像第16小节那样,说他**制造了**(machte)两个巨大的光源,即太阳和月亮?[①] 因为假若第1小节所说的创造已经是一种**制造**,上帝就没有必要后来再去制造太阳和月亮了。但是,只要这个在开端的"创生"(Hervorbringung),作为所谓的"创造",不同于后来的"创生"(这个其实是一种言说),那么一切诠释都是说得通的。"bara"这个词语仅仅在开端被使用,而这恰恰是一个最具有决定性意义的证明,即《圣经》把最原初的创造看作是一个独自持存着的创造(看作是一个独立自足的时间的创造),并且希望把它与随后的创造区分开来,因此《圣经》只用寥寥数语就交代完那个创造的历史,仅仅用接下来的一些词语去暗示那个创造的最初成果。

我们很难理解,为什么近代人要煞费苦心,尽可能贬低"bara"[创造]一词的力量,说它仅仅意味着"塑造"(Ausbilden),而为了解释这一点,人们需要"exasciare"[制作]这个词。通过这样一些肤浅的解释,这个词语的词源学也已经变得晦涩难懂了。我们不希望再提出任何可能的比较,因为已经有足够多的例子:比如"bar"和"儿子",和古德语的"bären, gabären"[诞生],和希腊语的"βαρέω"[强制],和拉丁语的"parare"[制作]和"parere"[执行]等词语都是近似的;除此之外,绝大多数东方民

① 参阅《旧约·创世记》(1:16):"于是上帝造了两个大光,大的管昼,小的管夜,又造众星。"——译者注

族的方言里面都出现了“bar”这个词语，它和它的派生词总是意味着“外面的、向外的、外在的、陌生的”等等，而总的说来，“bara”这个动词的意思都是指“向外发挥作用”或“通过自发的（无意识的）存在而发挥作用”。对于所有这些不同的词义来说，[VIII, 333] 或许有一个共同的纽带，也就是说，各个动词虽然属于一个原初统一体，但经过长久的混杂之后，“a”和“ah”常常是混用的，因此如果人们在“barah”里面寻找“bara”的基本意思，就会得出“berith”这个词。正如在德语里面，“Bund”[约定]和“Bündniß”[联盟]来源于“Binden”[捆绑]，在拉丁语里面，“contractus”[契约]来源于“contrahere”[凝聚]，同样，“berith”来源于“barah”，因此这个词意味着“收缩”“吸引”，随之也意味着“**吞噬**”“吃饭”(2. Sam. 12, 17)[①] 等等[②]。上帝和人的每一种外在关系，包括上帝和整个自然界的关系(Gen. 9, 12)[③]，是一个约定(berith)，昼夜的更替这一自然机制是耶和华与白天和黑夜建立的一个约定(Jer. 33, 20)[④]，父亲与其儿子(bar)的关系也是一个约定；“新的约定”(ἡ καινὴ διαθήκη)和“新的创造”(καινὴ κτίσις)完全是同样的意思。

---

① 参阅《旧约·撒母耳记下》(12: 17)：“他家中的老臣来到他旁边，要把他从地上扶起来，他却不肯起来，也不同他们吃饭。”——译者注

② Num. 16, 30说：Jm beriah jifra Jehovah，意思是：倘若主推动那些原初力量。——谢林原注。译者按，此处参阅《旧约·民数记》(16: 30)：“倘若耶和华创作一件新事，使地开口，把他们和一切属他们的都吞下去……”

③ 参阅《旧约·创世记》(9: 12)：“上帝说：‘我与你们并你们这里的各样活物所立的永约是有记号的。’”——译者注

④ 参阅《旧约·耶利米书》(33: 20)：“耶和华如此说：你们若能废弃我所立白日黑夜的约，使白日黑夜不按时轮转……”——译者注

无论如何,如果谁想要完全认识词语的力量,最好读读这句话:“我耶和华,**塑造**光而**创造**黑暗者,**制造**善而**创造**恶。”[①] 在这里,最后一句话的“制造”和“创造”是同一个词语“bore”。自在地看来,没有任何人会主张,上帝是按照他的自由和意识而创造了黑暗和恶;但是,由于另外一些标示着有意识的创生的词语很明显是和“创造”(bara)相对立的,所以这个词语只能意味着一种不自由的、无意识的创造,这种创造就和创生一个实体一样,不需要理智,只需要权力和暴力。(这恰恰证明,《创世记》第1小节所说的那个“创造”不是一种完全结束了的创造。)为了澄清这个思想,人们需要回想一下那个古老的区分:上帝是原罪的实体性东西(物质性东西)的原因,但不是原罪的形式性东西的原因。刚才引用的那本书的另一个地方(Jes. 43, 7)[②] 非常清楚地表明,“bore”这个词语在这里仅仅意味着一种最低程度的创造(亦即一种不情愿的创造),因为在那个地方,“创造”“塑造”[作成]和“制造”[造作](实际上是同一个词语)显然标示着一个层次秩序。

[VIII, 334] 因此,尽管那个概念(“一种最初的、不自由的、同时又混沌的创造”)并不支持当前流行的各种观念,但是根据“bara”一词的意思,根据《圣经》紧接着的那些词语,我们对此还是可以确信不疑的,因为“大地”——在最初的几个词语之后,相关报道立即

① Jes. 45,7。——谢林原注。译者按,此处参阅《旧约·以赛亚书》(45: 7):“我造光,又造暗;我施平安,又降灾祸;造作这一切的是我耶和华。”

② 参阅《旧约·以赛亚书》(43: 7):“就是凡称为我名下的人,是我为自己的荣耀创造的,是我所作成、所造作的。”——译者注

退回到这个东西——在那个创造之后变得“荒芜而空虚”。这是路德的翻译；但是，基本语言的某些词语在某种情况下是同义的，即二者就其来源而言都是惊赞和惊诧的表现，既然如此，我想有没有这种可能，即那些词语暗示着一些相互对立的状态（我们在彗星那里仍然能觉察到这些状态），因为一个极大的扩张既是惊诧的对象，也是扩张东西的一个突如其来的沉陷或聚合。

或许这个阐释并不能让每一个人都完全理解刚才所说的一切东西，但我希望他们注意一点，即刚才描述的那个状态是一个“过去的”状态，完全不同于“现在的”状态（而人们的考察总是不自觉地以后面这个状态为基础），因此前者不能通过后者而得到理解，毋宁说它是后者的根据。

或许现在我们应当也来描述一下魂灵世界里面发生的事情；不过，勇于承认人类力量的局限性，这才是值得赞扬的。我们满足于这样一个认识，即普遍者里面的进程和自然界里面的进程只能是同一个进程，唯一的区别在于，这个进程的根据，即否定性力量，在自然界里面是外在的，在精神性本质里面则是内在的。因此人们可以说，在自然界里面，否定性力量得到提升，被导向内部，而在魂灵世界里面，否定性力量被导向外部，并遭到贬低。通过吸引，自然界获得了精神，而魂灵世界的本原获得了身体。在前者里面是收缩的东西，在后者里面是扩张，反之亦然。即使在这里，当各个魂灵仿佛作为一些个别的旋涡而摆脱了炙热力量的冲突，在它们那里，通过持续发挥着作用的吸引，自主性本性提升到这种程度，以至于各个魂灵最终能够和那个吸引着的潜能阶次保持平衡;即使在这里,演进过程也仍然处于收缩和舒张的一个更替运动中,因为整合力量不再能够完全控制存在的已经被唤醒的各种力量,毋宁说双方轮流着成为胜利者和失败者。就魂灵世界而言,这个时间是那些原初魂灵的最初创造的时间(尽管这个创造仍然是混沌的,仍然停留在单纯的开端里面),而魂灵世界里面的原初魂灵和自然界里面的天体恰恰是同一些东西。 [VIII, 335]

无论如何,现在是时候把目光投向真正的存在者了,这个东西的内核和外表都必然是遭罪的,必然已经被矛盾撕碎,正如一个有机本质在经历了剧烈的和无规则的运动之后,它的内核必然也是一同遭罪的。

这里我们权且只是指出,真正的存在者恰恰是那个向着自身或自身内部吸引的精神,那个控制着整个本质的精神。就此而言,那个曾经是永恒自然界的最高存在者的东西(A^3),对精神来说是一个纽带,把精神和从属的东西捆绑在一起。因此在当前的这个演进过程里面,二者是合为一体的,而那个普遍的灵魂只能被看作是一个直接的主体(或者按现在通行的语言来说,只能看被看作是那个精神的客观方面)。

在全部生命里面,痛苦是某种普遍的和必然的东西,是走向自由的必经之点。我们回想一下人类生命在自然意义和道德意义上的发展过程中经受的那些痛苦。我们不会讳言,哪怕是那个原初本质(外在启示出来的上帝的第一个可能性),当它自己发展自己的时候,也是处于遭罪的状态。遭罪是普遍的,不仅对人来说是如此，对造物主来说也是如此，这是走向辉煌的必经之路。造物主自己走过了一条怎样的道路，就必定带领人类走过同样一条道路。造物主必须分享他的本性或自然界中的全部盲目的、黑暗的、遭罪的东西，才能够把自己提升到最高意识。每一个本质都必须认清自身内的深渊；而如果脱离了遭罪，这就是不可能的。一切痛苦都仅仅来源于存在，又因为一切生物都必须首先把自己封闭在存在之内，然后才能够突破存在的黑暗，走向升华，所以自在的神性本质在启示自身的时候，也必须首先接纳本性或自然界，并在这个意义上遭罪，然后才能够欢庆自己的胜利解放。

[VIII, 336] 尽管如此，为了尽可能以一种自然的方式呈现出一切东西，我们必须在这里也区分出不同环节。首先，发挥作用的潜能阶次并不是从一开始就表现为一种全然的暴力，而是表现为一种轻柔的吸引，好比那种在深沉睡眠中先行于苏醒的吸引；随后，伴随着逐渐增长的强度，存在里面的各个力量已经被激发起一种沉闷的、盲目的作用，诞生出各种强大的、无形式的东西（因为存在还没有接触到精神的温和统一体）；再后来，因为不再处于那个亲密无间的或透澈可见的状态，不再沉迷于那些极乐的、预示着“未来”的通灵状态，那个存在于冲突中的本质已经在一些沉重的、从“过去”（即从存在）那里冒出来的迷梦中挣扎；到最后，伴随着逐渐激烈的冲突，那些在黑夜里诞生出来的东西就像粗野幻象一样，贯穿了本质的内核，通过这些幻象，本质第一次感觉到它的本性的全部恐怖方面。那种占据统治地位的、与存

在中的路线冲突相对应的感觉,亦即那种进退维谷的感觉,就是“畏惧”。在此期间,各个力量的亢奋状态日益增长,这导致收缩性力量害怕出现彻底的分离和完全的瓦解。但是,当收缩性力量自由地放弃自己的生命,仿佛把它看作是一个已经“过去的”东西,在这电光火石之间,它的本质的更高形态,还有精神的那种寂静的纯净性,就出现在它眼前。现在,这个与盲目的收缩意志相对立的纯净性是一个本质统一体,其中居住着自由、理智和区分。在这种情况下,收缩意志希望抓住一晃而过的自由,将其据为己有,以便通过这个方式而成为一个自由创造的和自觉的意志,从而摆脱冲突状态,克服各个力量的争执,让它的创造物也能够分享那个包含着理智、精神和美的本质统一体。然而这个盲目意志不可能抓住温和的自由,毋宁说,自由对它来说是一个过于强大的和不可把握的精神,在这种情况下,盲目意志震慑于精神的各种现象,因为它已经觉察到,精神是它的真正本质,而精神虽然很温和,但却是一个更为强大的东西,相比之下,盲目意志虽然严酷无情,但在精神的注视下却变得昏昏沉沉,只知道盲目地把手伸向精神,并且在它的创造物里面内在地模仿精神,仿佛这样就可以把精神紧抓在手里。但无论如何,盲目意志都好像是伴随着一个陌生的理智而发挥作用,同时却没有能力控制这个理智,因此这是一个介于意识的完全黑夜和凝思的精神之间的居间者。 [VIII, 337]

精神的这些照耀带来了一切东西,比如那种在世界构造里面具有理智的、井井有条的东西,通过这个方式,世界构造现实地显现为一个内在栖居着的精神的外在范型。一切最早的、原初的创造的基本力量**必定**是一个无意识的、必然的力量，根本不需要任何人格性的介入；正如人类的作品，愈是以与人无关的方式产生出来，我们愈是在其中认识到一种崇高的现实性力量。如果说在诗歌作品或其他作品里面，显现出一种“神示”(Eingebung)，那么其中必然也会显现出一个盲目的力量；因为只有这个盲目的力量才能够接受“神示”。一切有意识的创造都已经以一种无意识的创造为前提，前者仅仅是后者的展现和分化。

古人并不是无缘无故地谈到一种神性的和神圣的疯狂(Wahnsinn)。正如我们看到的，当已经处于自由开放状态的自然界愈是接近精神，它就愈是变得跌跌撞撞。诚然，自然界的全部事物都是处在一个昏昏沉沉的状态之中；但是有这样一些创造物，它们是在分离和一体化的斗争的最后阶段，在意识和无意识的斗争的最后阶段产生出来的，并且在自然界的创造中直接先行于人类，而我们发现，它们就是在一种类似于酒醉的状态中四处游走[①]。狄奥尼索斯的车乘都是由豹子或老虎拉着前进，这不是无缘无故的。当自然界目睹了本质，就陷入到一种粗野的、跌跌撞撞的激奋状态之中，而那些满怀憧憬的民族的古老的自然崇拜，就是在酒神狂欢节里喝得酩酊大醉，以欢庆这种激奋状态。与此相反，自然界的那个内在的自身撕裂，原初诞生的那个疯狂地在自身内运转的轮子，还有圆周运动在其中散发出来的

① 参阅《神话哲学》第427页(XII, 427)。——原编者注

可怕力量,则是出现在另一种更为恐怖的场面里:那是一些古老的敬神仪式,具体说来,要么是一些狂躁的自残行为,比如自宫 [VIII, 338] (Selbstentmannung)——这表明人们已经没法忍受那个压迫力量,或者说那个力量应当停止作为一个生殖的潜能阶次——要么是一个被撕碎的神的残肢断臂的巡回展示,要么是一些昏昏沉沉的、躁狂的舞蹈,要么是"万神之母"坐在一辆装备金属车轮的车上,带着人们浩浩荡荡列队前进,同时伴随着一种嘶哑咆哮的,时而令人迷醉、时而摧人心肠的音乐。一般说来,没有什么东西比音乐更加类似于那个内在的疯狂,因为通过音调的持续离心式的偏移和重新吸引,音乐以最清楚的方式模仿着那个原初运动,而且音乐本身就是一个转动的轮子,它从任意一个点出发,无论经过多少铺陈,总是会返回到那个开端。

对于这些描述,最大的证据在于,那个撕裂自身的疯狂直到现在都还是万物的最内在的东西,而且,只有通过一个更高理智的光明的制约乃至劝慰,它才成为自然界及其全部创造物的真正力量。自从亚里士多德以来,甚至出现了一个流行的说法,即如果一个人不带点疯狂的话,就做不成大事。反之我们想说的是:如果一个人不具有一个持续地走向疯狂的趋势(这个疯狂仅仅应当被克服,但绝不能完全缺失),就做不成大事。如果我们基于这个观点来区分不同的人,将颇有一些收益。比如我们可以说,有一类人是完全不具有疯狂的。这是一些没有创造能力和生产能力,反而以"理智清醒"自居的人,亦即所谓的"知性人"(Verstandesmenschen),而他们的作品和行为无非是一些冷冰冰的“知性作品”和“知性行为”。令人无比吃惊的是，有些人在哲学里面完全误解了“知性人”这个说法；也就是说，当他们听说“知性人”是一个带有贬义的或恶劣的头衔，随之不希望自己也是这样的人，于是就出于好意把知性与理性对立起来，而不是把疯狂与理性对立起来。问题在于，如果一个地方没有疯狂，那里当然也没有一种正确的、发挥作用的、活生生的知性（随之只有一种僵死的知性，只有一些僵死的“知性人”）；也就是说，除了通过征服、统治和管理疯狂，知性还能以别的什么方式证明自己呢？正因如此，疯狂的缺失就会走向另一个极端，即“愚蠢”（Blödsinn）或“痴呆”（Idiotismus），这个东西意味着全部疯狂的绝对缺席。至于另外一类具有疯狂的人，又可以区分为两种人。其中一种人征服了并且统治着疯狂，并通过这个方式展现出知性的最高力量；另一种人则是受疯狂统治的，因此是真正意义上的疯子。严格说来，人们不应当说，疯狂在他们那里“产生出来”，而是应当说，疯狂作为某种始终存在着的东西（因为如果没有一个持续地走向疯狂的趋势，也不会有意识），仅仅“现身出来”，如今不再屈服于一个更高力量的压制或统治。[VIII, 339]

过去在描述那个原初状态的时候，我们看到的仅仅是一个依靠自己的力量、完全独自发展着的自然界的普遍命运。俗话说，人有人来帮助，甚至有上帝来帮助；然而最初的自然界却是处于一种可怕的孤独之中，得不到任何帮助，它必须独自和这个混沌状态斗争到底。

以上就是对于大全一体（All- Einheit）的那个原初状态的简

单描述。从这个描述出发,但愿最近那些奢谈泛神论的人仔细想想,“泛神论”究竟是什么意思。绝大数人在谈论“一”和“全”的时候,仅仅看到“全”;至于那个在其中作为主体的“一”,根本就没有进入他们的视野。而他们所理解的“全”,是一个缺乏自主体的大全,就和那个最初的自然界一样。类似地是这样一些人,他们永恒地重复宣讲着宇宙的“和谐”和“奇妙统一体”,而这些空话早就已经让全部有识之士不堪重负。诚然,这两种人都有可能觉得真正的泛神论是一种可怕的东西;问题在于,假若他们有能力穿透事物的外在方面,就会发现,一切生命和实存(Dasein)的真正的基本质料恰恰是一种可怕的东西。

另外一些人认为,斯宾诺莎的学说是泛神论的真正原型。斯宾诺莎理应得到严肃的对待;无论如何我们不能否认,斯宾诺莎是我们的导师和先驱。在所有近代哲学家里面,或许唯有他 [VIII, 340] 朦胧地觉察到了那个原初时间(Urzeit),而我们已经尝试着为原初时间提出一个概念。

斯宾诺莎认识到了两个原初力量的那种强劲的平衡状态,他把二者分别称作广延的原初力量(从根源来说,其实是收缩力量?)和思维的原初力量(从对立来看,其实是广延力量或扩张力量?),使其相互对立。遗憾的是,他仅仅认识到了平衡状态,却没有认识到那个从平衡状态里面产生出来的冲突;当两个力量处于无所作为的并列关系,就不会有相互之间的激励或提升。这样一来,统一体就失去了二元性。而在这种情况下,他所说的实体,或两个力量的共同本质,就僵持在一种永恒的、不动的、无所作为的等同性之中。统一体本身仍然是一个纯粹的存在，它绝不会升华为存在者，绝不会现身为一个发挥作用的东西(in actu)；正因如此，从通常认定的对立来看，他只能被看作是一个实在论者，尽管这个意义上的实在论比莱布尼茨的唯心论高出一个层次。斯宾诺莎不是以统一体和二元性之间、两个所谓的"属性"与实体之间的活生生的冲突为主要研究对象，而是仅仅考察相互对立的双方，确切地说，他总是孤立地分别考察每一方，从未宣称统一体是双方的发挥作用的、活生生的纽带。就此而言，他的体系里面缺乏生命和推进过程。

那些在我所主张的统一体和斯宾诺莎主张的统一体之间划上等号的人，难道从来没有注意到"潜能阶次"(Potenz)这一概念？难道他们不知道，这个概念本身就已经把"推进过程""运动"等概念包含在自身之内？

无论如何，人们只需想想，在斯宾诺莎之前和之后，哲学经历了怎样的解体，全部概念经历了怎样的歧见，就会立刻认识到，纵观整个近代时期，斯宾诺莎是真正的科学的唯一嫡系传人。因此不难理解，每一个新的强有力的激励启发都必须首先返回到斯宾诺莎，然后从他那里出发。

近代哲学之父笛卡尔把世界撕裂为物体和精神，使二元性失去了统一体，而斯宾诺莎则是把物体和精神结合在唯一的一个、但却僵死的统一体中，使统一体失去了二元性：从此以后，如果统一体本身和二元性没有形成一个活生生的对立，随之重新提升到一个更高的统一体，那么哲学每前进一步都只会愈加陷 [VIII, 341]

入到一种片面性之中,最终在我们这个时代沿着两个截然不同的方向,分别到达一个最终的不能继续分解的东西。

在一种完全不同于斯宾诺莎的意义上,莱布尼茨也是一个二元论反对者。他从一开始就打算完全消灭存在,把一切东西都转化为表象,以至于上帝自身仅仅是一个以宇宙为对象的最高表象力。莱布尼茨掌握了一个统一体,但这不是一个双面的统一体,毋宁仅仅是一个片面的统一体。尽管如此,借助于那个仅存的观念性东西,他还是继承了早先的各个体系的完整内容,因为他虽然否认物体本身就具有一种现实的存在,但毕竟还是承认,物体是一些不依赖于我们的知识和思维的表象力。

唯心主义的这个最初现象,即莱布尼茨的理智主义,在科学的历史里面大致可以被看作是那个几乎于同一时间出现,尤其是通过乔达诺·布鲁诺而被唤醒的物活论的对立面;物活论和莱布尼茨一样,仅仅继承了斯宾诺莎的二元性的其中一个方面,只不过它继承的是“对立”。无论如何,就物活论把物质看作是一种自在的活生生的东西而言,它至少承认,这个存在之下或之内仍然有一种精神性的东西。

近代精神既然已经确立了这个方向,就不可能停在这里止步不前,因为分解过程还得继续。也就是说,在物活论唯一承认的存在或物质那里,仍然包含着一种精神性的东西,仍然包含着一种内在的生命。于是接下来的事情,就是要把物质转化为一种绝对僵死的东西(即一种缺乏任何内在性的外在性),转化为各个部分的单纯堆积,这些部分不是通过什么内在的东西,而是通过单纯的形状而相互区分开来。从这样一种物质出发，人们希望推导出活生生的自然界，推导出思维，推导出一个把人类的[VIII, 342]概念、情感和行为包揽进来的完整机械论体系。至于那个炮制出这种学说的民族，其本身就是这种学说的一个最真实的和最鲜活的表现。

余下的另一个方向，就是从理智主义唯一承认的观念东西出发，把蕴含在其中的实在东西推导出来。在莱布尼茨看来，物质、物体虽然是一些模糊的表象力，但毕竟是一些活生生的、独立的表象力。问题在于，如果一切东西都仅仅是表象力，为什么还需要实在东西这个累赘呢？为什么我们不能满足于我们直接确定的那个表象力，即人类的表象力呢？诚然，当德国唯心主义通过费希特而达到它的最高阶段，当自我成为存在者和存在的一个活生生的统一体，这个基本思想本来能够点燃我们的一丝希望，向着一种获得生命的、高阶的斯宾诺莎主义前进。遗憾的是，我们很快就发现，正如人民群众喜闻乐见的那样，时代精神另有看法：只有人或人类存在着，亦即作为表象力而存在着。

自从这种唯心主义在我们这里出现以来，它所确立的整个方向已经成为一个公开的秘密，而随着时间流逝，这个方向在其他科学里面，在各种艺术里面，在公众生活里面，都愈来愈占据统治地位。整个近现代神学所做的努力，无非是让基督教逐渐唯心主义化和空心化。在生活和公众看法里面，性格、美德、力量变得愈来愈无关紧要，与此相反，本来应当以那些东西为基础的所谓的“人道”（Humanität）却成了衡量一切事物的准绳，在这样一个时代,人们只会认可这样一个上帝,他的概念必须丢弃一切与权力和力量有关的东西。这个上帝的最高力量或最高生命表现仅仅存在于思维或知识之中,除此之外的一切东西都仅仅是他自身的一种空洞的模式化;这个世界仅仅是一幅肖像,甚至是肖像之肖像,无之无,阴影之阴影,而人也仅仅是一些肖像,仅仅是阴影的迷梦;这个民族抱着美好的意愿追求所谓的"启蒙",最终真的做到把一切东西都消融在思想之中,但它在抛弃黑暗东西的同时,也抛弃了一切强有力的东西,抛弃了那个(在这里名副其实的)"野蛮"本原,那个应当被征服,但不应当被消灭的本原,抛弃了一切伟大而美好的事物的基础。正如我们看到的,所有这些现象都是那个方向的必然后果。 [VIII, 343]

面对这种轻快而草率的思维,如果我们知道,有一个本原既不会在最敏锐的概念的溶媒里面融化掉,也不会在最具精神性的思维的火焰里面蒸发掉,这将是一件多么有益的事情!假若没有这个与思维相抗衡的本原,世界早就已经瓦解为无;只有这个不可征服的中心点维系着世界,帮助它抵抗那个绝不止息的精神的风暴。没错,它就是上帝的永恒力量。在最初的实存里面,必定有一个与启示相抗衡的本原,因为只有这样一个东西才能够成为启示的根据。既然有一个推动启示的力量,难道不应当也有一个抵抗启示的力量?如若不然,哪里还会有什么自由!在最初的实存里面,有一个非理性的、反抗分离的、随之反对创造的本原,表现为上帝内部的真正力量,正如在那部最为严肃的悲剧里面,它表现为"力量"和"暴力",作为宙斯的仆从,用铁链把那位热爱人类的普罗米修斯囚禁在四周环海的岩石上面。我们必须承认,这个本原是上帝的人格性,是上帝的"自身内存在"和"自为存在"。无论如何,根据古代哲学的一些言论,人格性已经被看作是一个终极行动或终极潜能阶次,在这种情况下,一个理智本质以直接的方式立于人们眼前。这个本原并不是如人们以为的那样,会导致上帝与受造物搅和在一起,毋宁说,上帝永恒地和受造物是分离的。受造物可以分享一切东西,唯一的例外是,它们不可能在自身之内拥有那个不朽的生命根据,不可能依靠自己并且通过自己而存在着。

人们绝不可以说,这样一个本原有辱于自在的神性本性,因为正是借助于它,**上帝本身**才是**上帝本身**,才是唯一的一个与所有别的东西截然区分开的上帝。那种认为这个发挥着作用的本原有辱于神性本性的观点,本身就包含着一个错误的前提。也就是说,这个发挥着作用的本原先行于实存着的上帝;而在实存着的上帝那里,它被克服了;但是,如果它有朝一日还要发挥作用,那么首先必须确定,这是否能够得到神性意志的同意。[VIII, 344]

从年岁的高低来看,实在论无疑是排在唯心主义前面。如果有人不承认实在论的优先性,那么他想要的就是一种缺乏先行内敛的发展过程;他只想要鲜花和由此结出的果实,却不想要那些提供营养的厚实土壤。正如**存在**是永恒者自身的力量和强硬方面,同样,实在论也是每一个哲学体系的力量和强硬方面。这个情况也适用于那句名言:"对于上帝的**敬畏**是智慧的开端。”[①]

每一个东西都承认,收缩力是每一个事物的真正发挥着作用的开端。如果发展过程要达到最伟大的辉煌,就不能指望一种轻松展现出来的东西,而是只能指望那种封闭的、仅仅通过对抗才决定展现自身的东西。遗憾的是,很多人不愿意承认存在的那个远古的神圣力量,他们希望从一开始就把它驱逐出去,而不是让它在自身内得到征服,并服从于爱。

凡是适用于实在论的东西,也适用于泛神论。正如实在论就年岁而言优先于所有别的观点,同样无可争议的是,泛神论也优先于它的对立面,即唯心主义和二元论。我们可以说,泛神论在神性启示之内是一个较早的和较老的体系。然而恰恰是原初时间的这个泛神论体系,这个以“大全一体”和“全然封闭”为标志的原初状态,应当通过随后的时间而愈来愈遭到排挤,并被设定为“过去”。

---

① 参阅《旧约·诗篇》(111: 10):“敬畏耶和华是智慧的开端,凡遵行他命令的是聪明人。”——译者注

人名索引

（说明：条目后的页码指德文版《谢林全集》的页码，
即本书正文中的边码。）

T

U

V

Z

主要译名对照

A

Abgrund 深渊

Absicht 意图

Absonderung 孤立化

das Absolute 绝对者

Affektion 情状

Ahndung 憧憬，预感

All 大全

Allheit 大全

Angst 畏惧

Anschauung 直观

intellektuelle Anschauung 理智直观

an sich 自在的，在其自身

An-sich 自在体

anziehen 吸引

Artikulation 清楚分节

Augenblick 瞬间

Ausdehnung 广延

das Ausgesprochene 被谓述者

das Aussprechliche 可谓述者

das Aussprechende 谓述者

B

Band 纽带

Befreiung 解脱，解放

Begierde 欲望

Begriff 概念

Beschreibung 描述

Bewußtsein 意识，意识存在

Bewußtwerden 意识生成

Beziehung 关联

Bezug 关联

Bild 形象，图像，肖像

Bildung 塑造

Blick 目光

C

Charakter 性格,特性

Copula 系词

coexistirend 共存

D

Darstellung 呈现

Daseyn 实存,存在

Dauer 延续,绵延

Denken 思维

Dialektik 辩证法

Differenz 差异

Ding 物,事物

Dogmatismus 独断论

doppelt 双重的

Dreieinigkeit 三位一体

Dualismus 二元论

dynamisch 动力学的

E

Egoität 自私性

Eigenheit 自私性

Ein - und Allheit 大全一体

Einbilden 渗透式塑造,内化

Einerlei 同一回事

Einheit 统一体

Eins 单一体

Einung 一体化

Einwicklung 内敛

Emanation 流溢

Emanationslehre 流溢说

Empirismus 经验论

Endabsicht 终极目的

endlich 有限的

das Endliche 有限者

Endlichkeit 有限性

Entfaltung 展现,展开

entgegengesetzt 相对立的

Entscheidung 决断

  sich entscheiden 做出决断

Entschluß 决定

  sich entschließen 做出决定

Entwicklung 发展,发展过程
Epos 史诗
Erde 大地,地球,尘世
Erfahrung 经验
Erinnerung 回忆
Erklärungen 解释
Erscheinung 现象
Erzählung 叙述
erzeugen 生出
esoterisch 内传的
Etwas 某个东西
ewig 永恒的
das Ewige 永恒者
der Ewige 永恒的上帝
Ewigkeit 永恒,永恒性
existentiell 实存意义上的
Existenz 实存
　das Existierende 实存者
exotersich 外传的

F

Fabel 故事
Form 形式
Fortschreiten 进步,前进
Freiheit 自由
　absolute Freiheit 绝对自由
　ewige Freiheit 永恒自由
Friede 平静
Freude 欢乐
für sich 自为的,自顾自的

G

Geburt 诞生,降生
Gefühl 情感
Gegenbild 映像
Gegensatz 对立
Gegenstand 对象
Gegenwart 现在,临在
gegenwärtig 当前的
Geist 精神
Geisterreich 魂灵王国
geistig 精神性的
　das Geistige 精神性东西
Geschichte 历史
Geschlecht 种族
Geschöpf 受造物

Gesicht 面貌
Glaube 信仰
Gleichgewicht 平衡
Gleichgültigkeit 漠不关心
Gleichheit 相同,等同
Gott 上帝,神
Götter 诸神
Gottheit 神性
göttlich 上帝的,神的,神圣的
Göttlichkeit 神性
Grund 根据
Grundkraft 基本力量

H

Handlung 行动
Harmonie 和谐
Heidentum 异教
Herr 主人
hervortreten 现身,凸显
Historie 历史
das Höhere 更高的东西
das Höchste 最高者
Hylozoismus 物活论

I

Ich 我,自我
Ichheit 自我性
ideal 观念的,观念意义上的
das Ideale 观念东西
Idealität 观念性
Idealismus 唯心主义
Idee 理念
Identität 同一性
Inexistenz 相互交织的存在
in sich selbst 自身之内,基于自身
Indifferenz 无差别
Individualität 个体性
das Innere

K

Kampf 斗争
Kontraktion 收缩
Kraft 力量,力
  ausbreitende Kraft 扩张力
  zusammenziehende Kraft 收缩力

Kreatur 受造物

Krisis 大分化

Kritizismus 批判主义

Körper 物体，形体

Körperlichkeit 形体性

Kunst 艺术

Kunstwerk 艺术作品

L

Lauterkeit 纯净性

Leben 生命

Lehre 学说，教导

Leib 身体

Leiblichkeit 身体性

Licht 光

Lust 乐趣

M

Machen 制造

Macht 权力，威力

Materie 物质

mechanisch 机械论的

Mittel 中介

Mittel-Begriff 居间概念

Mitteilung 分有，分享

Möglichkeit 可能性

Moment 环节

Moral 道德

Mysterien 神秘学

Mythologie 神话

N

Nachwelt 后世

nachweltlich 后世的

Natur 自然界，本性

Naturphilosophie 自然哲学

negativ 否定

Nichtigkeit 虚妄，虚无

Nichtphilosophie 非哲学

Nichts 无，虚无

Notwendigkeit 必然性

O

Objekt 客体

objektiv 客观的

Offenbarung 启示

öffentlich 公开的，公众的

Organ 器官，官能，机能

organisch 有机的

Organismus 有机体

P

Pantheismus 泛神论

Person 人格

Persönlichkeit 人格性

Phänomen 现象

physisch 自然的，物理的

positiv 肯定的

Potentialität 潜在状态

Potenz 潜能阶次

Prinzip 本原

Priorität 优先性

Prius 前提，先行者

Produzieren 创造

Prozeß 演进过程

Streit 冲突

R

Rad 轮子，论

Raum 空间

real 实在的，实在意义上的

das Reale 实在东西

Realismus 实在论

Realität 实在性

Reinheit 纯粹性

Reflexion 反思

Relation 关联

Religion 宗教

Ruhe 宁静

S

schaffen 创造

Schauen 直观

Schicksal 命运

Schlaf 睡眠

magnetischer Schlaf 磁力睡眠，催眠

schlechthin 绝对的

Schmerz 痛苦

schöpfen 创世

Schöpfung 创世

Schuld 罪过

Schwere 重力
Seele 灵魂
Sehen 观看
Sehnsucht 渴望,渴慕
Seyn 存在
  das Seyende 存在者
  das seyend-Seyn 存在着的存在
  das Nichtseyende 非存在者
  das Nichtseyn 非存在
Seynkönnen 能够存在
Selbstbejahung 自身肯定
Selbstbewußtsein 自我意识
Selbsterkennen 自我认识
Selbstgegenwärtigkeit 自身临在
Selbstheit 自主性
selig 极乐的
das Selige 极乐者
Seligkeit 极乐
Sinnenwelt 感官世界
sinnlich 感性的
sittlich 道德的
Sittlichkeit 道德
Simultaneität 同时性
Spekulation 思辨
spekulativ 思辨的
Sphäre 层面
spielen 嬉戏
Stärke 强大,强硬
stetig 持续不断的
Stetigkeit 延续性
Stille 寂静
Stoff 质料
Streben 追求
Stufe 层次
Subjekt 主体
subjektiv 主观的
  das Subjektive 主观东西
Substanz 实体
Sündenfall 原罪
Superiorität 优越性
Symbol 象征
System 体系

T

Tat 行为

Tathandlung 原初行动

Tatsache 事实

Teilnahme 参与,分享

Theosophie 神智论

Tiefe 深处,深渊

Totalität 总体性

Trieb 冲动

Tugend 德行,美德

Tun 行动

U

Übergang 过渡

Übergottheit 超神性

das Überseyende 超存在者

übersinnlich 超感官的

das Unbedingte 无条件者

Undringlichkeit 不可入性

unendlich 无限的

  das Unendliche 无限者

Unendlichkeit 无限性

Ungrund 无根据

unmittelbar 直接的

Universum 宇宙

das Unseyende 未存在者

Unterscheidung 区分

Urbild 原型

Ureinheit 原初统一体

Urkraft 原初力量

das Urlebendige 原初生命

Ur-Sache 原因,原初东西

Ursprung 起源

ursprünglich 原初的

Urwesen 原初本质

Urzeit 原初时间

V

Verborgenheit 遮蔽状态,隐蔽状态

Vergangenheit 过去

Verhältnis 关系,情况

Verhängnis 厄运

Verneinung 否定

Vernunft 理性

Vernunftmensch 理性人

Vernunftreligion 理性宗教

verschließen 封闭

Verstand 知性
  gemeiner Verstand 普通知性
Verstandesmensch 知性人
Vollendung 完满
Vorsehung 天命
Vorstellkraft 表象力
Vorstellung 表象
Vorwelt 前世
vorweltlich 前世的

W

das Wahre 真相
Wahrheit 真理
Wahnsinn 疯狂
weissagen 预言
Weltalter 世界时代
Weltbau 宇宙构造
Werk 作品
Werkzeug 工具
Wesen 本质
Wesen aller Wesen 全部本质之本质
Wesenheit 本质性
Widerspruch 矛盾
Widerstreit 冲突
Wille 意志
Willkür 意愿选择
wirken 发挥作用
Wirklichkeit 现实性
Wirkung 作用
Wirkungslosigkeit 不发挥作用
Wissen 知识
Wissenschaft 科学
Wissenschaftslehre 知识学
Wollen 意愿，欲求
Wort 词语，道

Z

Zeit 时间
  ganze Zeit 完整时间
  verschiedene Zeiten
Zeitalter
zeitlich 应时的，短暂的
zeitlos 与时间无关的
Zentrum 核心
zeugen 生出

Zeugung 生殖

Zorn 愤怒

Zukunft 未来

zusammengehen 聚合

Zusammenhang 联系

Zusammenziehung 收缩

Zustand 状态